D1671015

IMPRESSUM

© 2011 der Texte liegt bei den Autorinnen und Autoren
© 2011 mittendrin e.V., Köln
Redaktion: Wolfgang Blaschke
www.eine-schule-fuer-alle.info
Titelfoto: Ruprecht Stempell
Gestaltung: pixel pets, Köln, www.pixelpets.de
Herstellung und Verlag: Books on Demand GmbH, Norderstedt

ISBN: 9783842372115

Eine Schule für Alle. *Vielfalt leben!*

Materialien zum Kongress vom 12.–14. März 2010 in Köln

Herausgeber: mittendrin e.V., Köln

www.eine-schule-fuer-alle.info

INHALT

4. Neue Schulen aufbauen

5. Pädagogik für besondere Bedürfnisse/Unterrichtsmethoden

6. Nach dem Unterricht und draußen vor dem Schultor

7. Elternrolle / Elternberatung

8. LehrerInnenbildung

Wir danken unseren Referentinnen und Referenten für die Überlassung
der abgedruckten Texte.

VORWORT

Zweieinhalb Jahre ist es her, dass mittendrin mit seinem ersten Kongress „Eine Schule für Alle" an der Kölner Uni angetreten ist, eine breitere öffentliche Debatte um das Recht unserer Kinder auf Integration zu initiieren. Seitdem hat sich viel verändert. Die UN-Konvention über die Rechte von Menschen mit Behinderung hat der Elternbewegung für die Integration ihrer behinderten Kinder in die Regelschule neue Flügel verliehen. Die Medien interessieren sich für die Rolle der Sonderschulen und den Kampf für Inklusion. Und – nicht zu vergessen – die meisten Schulpolitiker haben inzwischen gelernt, das Wort Inklusion fehlerfrei auszusprechen. Wir könnten zufrieden sein, wenn wir nicht tagtäglich in den Verwaltungen und an den Schulen des gegliederten Schulsystems zusammen mit anderen Eltern erleben müssten, dass sich in der Praxis noch gar nichts geändert hat.

Mit zirkusreifen Verrenkungen versuchen Landesregierungen – namentlich in Nordrhein-Westfalen, Baden-Württemberg und Bayern – den Aufbau eines inklusiven Bildungssystems auf die lange Bank zu schieben. Als Vorwand dient dabei der Wunsch es besonders gut machen zu wollen. Integration und erst Recht Inklusion droht dabei unter einem Wust von neuen bürokratischen Verfahren zu ersticken.

Ihnen, die von Inklusion reden, aber denen es vor allem um den Erhalt ihrer Förderschulen geht, sagen wir heute:
- Es geht nicht um ein paar mehr Plätze im Gemeinsamen Unterricht. Es geht um einen Systemwechsel: den Aufbau eines inklusiven Bildungssystems, in dem alle Kinder selbstverständlich gemeinsam lernen und individuell gefördert werden.
- Es geht nicht darum, ob Kinder integrationsfähig sind. Es geht darum, die Schulen integrationsfähig zu machen.
- Es geht nicht darum, Kinder und Jugendliche mit Behinderung mit einem noch größeren fachlichen Expertenaufwand zu bevormunden. Es geht um Selbstbestimmung und selbstverständliche Teilhabe.

Der Kongress „Eine Schule für Alle. *Vielfalt leben!*" beweist mit all seinen Veranstaltungen – die wir hier dokumentieren – dass es keinen Grund gibt, Schüler zu sortieren und auszusortieren. Und deshalb gibt es auch keinen Grund, unseren Kindern das Recht auf Integration in die Regelschule auch nur einen Tag länger zu verweigern.

12. März 2010
mittendrin e.V.

GRUSSWORTE

Liebe Mitglieder des Vereins mittendrin e.V.,
liebe Eltern,

„EINE INKLUSIVE SCHULE IST EINE, DIE ALLE KINDER UND JUGENDLICHEN WILLKOMMEN HEISST."

Diese Kurzformel steht beispielhaft für das ehrgeizige Ziel, für das sich der Elternverein mittendrin e.V. seit nunmehr vier Jahren intensiv einsetzt.

Inklusion tritt dabei für das Recht aller Schülerinnen und Schüler ein, unabhängig von ihren Fähigkeiten oder Beeinträchtigungen sowie von ihrer ethnischen, kulturellen oder sozialen Herkunft miteinander und voneinander in „einer Schule für alle" zu lernen. Der Leitgedanke, dass verschieden sein normal ist, muss sich dabei in unserem gesellschaftlichen Bewusstsein weiter verfestigen. Ich bin der Auffassung, dass die individuellen Unterschiede der Schülerinnen und Schüler nicht als Last, sondern als Chance für das Lernen verstanden werden müssen. Gestützt durch die UN-Konvention und die dort beschriebenen Rechte der Menschen mit Behinderung, ist es mir wichtig, dass die sonderpädagogische Förderung so ausgebaut wird, dass Eltern eine wirkliche Wahlfreiheit haben und der Wunsch nach Unterrichtung an den allgemeinen Schulen, so auch den weiterführenden Schulen, erfüllt werden kann.

Ich werde mich weiter dafür einsetzen, dass sich die Rahmenbedingungen am Lern- und Lebensort Schule in Köln zukünftig noch stärker an den Bedürfnissen und Besonderheiten der Schülerinnen und Schüler ausrichten. Dabei freue ich mich über die gute, konstruktive und vertrauensvolle Kooperation mit dem Elternverein und hoffe, dass wir diesen Weg zum Wohle der Kinder in Zukunft weiter gemeinsam fortsetzen.

Mein Dank gilt dem gesamten Vorstand, allen Mitgliedern und Förderern des mittendrin e.V. für ihr großartiges Engagement zur Schaffung gleichberechtigter Bildungschancen für alle Kinder. Ich wünsche Ihnen, dass Ihre Erwartungen an den zweiten Kongress wieder übertroffen werden, Inklusion zunehmend als selbstverständlicher Bestandteil unseres Wertesystems wahrgenommen wird und wir die Herausforderung annehmen, diese Vielfalt zu leben.

DR. AGNES KLEIN
Dezernentin für Bildung, Jugend und Sport der Stadt Köln

GRUSSWORTE / FORTSETZUNG

Die GEW gratuliert dem Veranstalter mittendrin e.V. zu seinem Kongress in Köln. Bereits im Vorfeld zog er große öffentliche Aufmerksamkeit auf sich, hat bundesweit Bedeutung erlangt und war bereits kurz nach seiner Ausschreibung ausgebucht. Dies unterstreicht, wie aktuell das Thema „inklusive Bildung in einer Schule für alle" ist. Die Forderung von mittendrin e.V. nach Inklusion steht heute rechtlich auf der Basis der UN-Konvention für die Rechte der Menschen mit Behinderungen, die die Bundesregierung und der Bundesrat 2009 ratifiziert haben. Seitdem findet eine breite öffentliche Diskussion um die Verpflichtungen aus dieser Konvention statt. Gemäß deren § 24 darf Menschen mit Behinderungen der Zugang zur allgemeinen Schule nicht mehr verwehrt werden.

Die bildungspolitische Position der GEW ist eindeutig: Wir wollen eine Schule für alle Kinder – Kinder mit Behinderungen gehören dazu! Als Gewerkschaft setzenwir uns natürlich auch für die Interessen der Beschäftigten bei dem Umbau unseres Schulsystems ein. Es geht darum, sie mitzunehmen, sie zu beteiligen und für gute Arbeitsbedingungen zu sorgen. Nur mit engagierten Pädagoginnen und Pädagogen können Kinder und Jugendliche eine gute und motivierende Schulzeit erleben.

Wir müssen feststellen, dass es bisher keine Veränderung des Schulgesetzes NRW zum Recht auf inklusive Beschulung gibt. Die Regierungskoalition konnte sich bisher auf keine gemeinsame Position für ein Elternwahlrecht einigen. Und weil die Rahmenbedingungen für die notwendigen Umstrukturierungsprozesse gemäß UN-Konvention nicht klar sind, befürchten die Beschäftigten, dass mit dem Pilotprojekt „Kompetenzzentren" nur ein Sparmodell sonderpädagogischer Förderung eingeführt wird. Schritte zur Erweiterung des Gemeinsamen Unterrichts sind ebenfalls nicht zu erkennen. Das Beispiel der Neugründung einer Gesamtschule mit Gemeinsamem Unterricht in Köln-Nippes weist ins Gegenteil: Bei der Genehmigung der neuen Gesamtschule wurde der beantragte Gemeinsame Unterricht von der Bezirksregierung abgelehnt. Diese Entscheidung kann nur als ein Verstoß gegen Geist und Sinn der UN-Konvention verstanden werden.

Auf dem Weg zur Inklusion werden Eltern von Kindern mit Behinderungen mit Hilfe Ihres Kongresses der Politik deutlich machen, was sie für ihre Kinder wollen. Für den Kongress, der sich für die Umsetzung der UN-Konvention in tatsächliche Bildungspolitik einsetzt, wünsche ich Ihnen einen guten und vor allem erfolgreichen Verlauf.

ANDREAS MEYER-LAUBER
Vorsitzender der Gewerkschaft Erziehung und Wissenschaft
Nordrhein-Westfalen

Sehr geehrte Damen und Herren,

schon zum zweiten Mal findet in diesem Jahr der Kongress „Eine Schule für Alle" statt. Ich erinnere mich noch gut an den ersten Kongress im November 2007.

Seitdem hat sich viel verändert: die UN-Behindertenrechtskonvention mit dem Artikel 24 ist seit einem Jahr geltendes Recht in Deutschland. Nicht zuletzt aufgrund Ihres Engagements sind Eltern mutiger geworden, ihre Rechte einzufordern. Seit November 2007 gab es mehrere Gerichtsurteile, die Eltern behinderter Kinder im Kampf um eine gemeinsame Beschulung stärken. Gute Beispiele zeigen, wie es gelingen kann, sich selbst unter den herrschenden Rahmenbedingungen erfolgreich auf den Weg zu machen.

Auf der anderen Seite täuschen diese positiven Entwicklungen nicht darüber hinweg, dass wir noch einen langen Weg vor uns haben, bis Inklusive Schule in Deutschland Realität wird. Die Planungen zur Umsetzung der Konvention in die Schulgesetze der Länder sind bisher halbherzig. Ängste und Vorurteile versperren den Weg zur Teilhabe. Nach wie vor entscheiden nicht die Eltern, sondern Verwaltungsmitarbeiter über die Schulkarriere behinderter Kinder, werden für den Besuch einer allgemeinen Schule notwendige Hilfsmittel nicht genehmigt und müssen Eltern behinderter Kinder jedes Schuljahr wieder für einen Verbleib ihres Kindes an der Regelschule kämpfen. Nach wie vor werden in Deutschland deutlich weniger behinderte Kinder inklusiv beschult als in unseren Nachbarländern. Nach wie vor wird behinderten Kindern ein Menschenrecht aberkannt!

Es gibt also eine Menge zu tun. Ich weiß, dass auch dieser Kongress wieder einen wichtigen Beitrag dazu leisten wird, diese Tatsachen vehement anzuprangern und konsequent auf ihre Beseitigung zu drängen. Gleichzeitig können Eltern und Fachleute hier voneinander lernen, was nötig ist, um Inklusion in der Schule tatsächlich zu leben. Nur so kann der eingeschlagene Weg auch erfolgreich sein. Ich wünsche Ihnen für Ihre Arbeit viel Kraft und Erfolg.

Mit herzlichen Grüßen

HUBERT HÜPPE
Beauftragter der Bundesregierung für die Belange behinderter Menschen

Eine Schule für Alle. *Vielfalt leben!*

Eine Schule für Alle. *Vielfalt leben!*

Eine Schule für Alle. *Vielfalt leben!*

Eine Schule für Alle. *Vielfalt leben!*

Eine Schule für Alle. *Vielfalt leben!*

Eine Schule für Alle. *Vielfalt leben!*

Eine Schule für Alle. *Vielfalt leben!*

Eine Schule für Alle. *Vielfalt leben!*

Eine Schule für Alle. *Vielfalt leben!*

Eine Schule für Alle. *Vielfalt leben!*

Eine Schule für Alle. *Vielfalt leben!*

Eine Schule für Alle. *Vielfalt leben!*

Eine Schule für Alle. *Vielfalt leben!*

Eine Schule für Alle. *Vielfalt leben!*

Deutschland und die UN-Behindertenrechtskonvention

Prof. Vernor Muñoz

Es ist mir eine große Ehre, heute auf diesem Kongress sprechen zu dürfen. Wie Sie wissen ist die Konvention über die Rechte von Menschen mit Behinderungen die erste Konvention der Vereinten Nationen überhaupt, die sich direkt an Menschen mit Behinderungen und ihre Familienangehörigen wendet. Ich möchte all diesen Menschen und ihren Familienangehörigen hier und heute meinen Dank aussprechen für die hervorragende Arbeit, die sie geleistet haben. Wenn wir mit der inklusiven Bildung bisher noch nicht da sind, wo wir eigentlich hinwollen, liegt es daran, dass behinderte Menschen und ihre Familienangehörigen bisher nicht genügend gefragt worden sind. Dabei, das muss ich hier ganz deutlich sagen, sind Sie die Experten. Dank Ihnen wissen wir, dass die Bildung ein Menschenrecht ist, keine Dienstleistung oder gar ein Privileg, sondern ein Menschenrecht.

Leider ist Bildung für viele immer noch eine Dienstleistung oder gar ein Privileg, was dazu führt, dass Bildung häufig als ein Instrument angesehen wird, das den Gesetzen des Marktes zu gehorchen und den Interessen der Wirtschaft zu dienen hat. Wenn die Gesellschaft und der Staat Bildung als eine Dienstleistung oder ein Privileg ansehen, dann kommen sie ihren Verpflichtungen nicht nach. Dann geben sie zu wenig Geld für Bildung aus, verlangen Schulgeld von den Familien und kürzen viele der dringend notwendigen Ausgaben für die Bildung.

Dieses Ungleichgewicht führt zu einem eklatanten Widerspruch: Auf der einen Seite propagieren sie die falsche Idee, der wirtschaftliche Aufschwung sei das Hauptziel von Bildung, auf der anderen Seite verweigern sie vielen Menschen den Zugang zum Arbeitsmarkt. Diese utilitaristische Logik hat dazu geführt, dass behinderte Menschen als nicht produktiv angesehen wurden und werden. Und dieses Klischee ist wahrscheinlich einer der Hauptgründe, weshalb Menschen mit Behinderung das Recht auf Bildung abgesprochen wurde.

Seriösen Schätzungen zufolge gibt es 78 Millionen Mädchen und Jungen auf der Welt, die keinen Zugang zu Bildung haben. Von diesen wiederum haben 25 Millionen eine Behinderung. Nur ca. 5 % dieser 25 Millionen Kinder haben überhaupt eine Chance auf Bildung. Die Mehrheit derer, die keinen Zugang zur Bildung haben, lebt in den armen Ländern.
Dass Menschen mit Behinderung das Recht auf Bildung zugestanden wird, ist also die Ausnahme und das fördert eine doppelte Unmoral zutage: Auf der einen Seite kommt der Staat seinen Verpflichtungen gegenüber behinderten Mitmenschen nicht nach, auf der anderen Seite werden die Menschen, die von jeher benachteiligt waren, noch weiter benachteiligt.

Wer es als Mensch mit einer Behinderung schafft, eine Schule zu besuchen, stößt abermals auf eine Reihe von Konditionierungen, Vorurteile und Schwierigkeiten und kann sich nicht so entwickeln, wie es ihm eigentlich zustehen würde. In den Lehrplänen ist die individuelle Förderung leider kein zentrales Thema, was die Ungleichheit zwischen den Menschen in den Schulen weiter verschärft. Das Hauptmerkmal dieser Schieflage ist, dass Bildungseinrichtungen keine Ahnung von Menschenrechten haben. In den Schulen führen diese Rechte im Schulalltag ein Schattendasein. Wir müssen dafür kämpfen, dass die Regelschulen sich ändern und alle Schüler aufnehmen. Es geht nicht darum, dass die Schüler sich ändern: Die Schulen müssen sich ändern.

Der Aufbau eines inklusiven Bildungssystems ohne die aktive Beteiligung von Schülerinnen und Schülern mit Behinderung ist schlicht und einfach ein Ding der Unmöglichkeit. Inklusion geht nicht nur Menschen mit Behinderung etwas an, sondern wir müssen bei diesem Thema auch von den Rechten der Menschen ohne Behinderung reden, zusammen mit Behinderten lernen zu dürfen. Inklusion darf sich nicht auf eine bestimmte Schulform oder auf eine bestimmte Stufe der schulischen Bildung oder auf bestimmte Schülerinnen und Schüler beschränken, weil Inklusion keine Modeerscheinung ist. Inklusion gehört zu einem Bildungsprozess unbedingt dazu. Allein mit inklusiver Bildung gelingt es, ein Bildungssystem zu schaffen, in dem Respekt und die Achtung der Rechte aller Schülerinnen und Schüler zur Grundausstattung gehören. Deshalb ist es unredlich, einen inklusiven Kindergarten oder eine inklusive Vorschule aufzubauen, dabei aber das Gymnasium außen vor zu lassen.

Gleichstellung ist eine strukturelle Forderung und sie muss sich auf alle Aspekte des Lebens beziehen. Wir sollten sie nicht nur in den Schulen, sondern auch in unseren Familien und am Arbeitsplatz leben. Denn wir können nicht erwarten, dass eine Schule inklusiv ist, wenn in den Familien und am Arbeitsplatz Ungleichheit und Ausgrenzung herrschen. Der Kampf gegen Ausgrenzung und Ungleichheit ist auch ein Kampf für die Rechte der Frauen. Die Männer müssen ebenfalls etwas ändern, um einen Wandel in der Gesellschaft herbeizuführen. Der Kampf der Menschen mit Behinderung ist ein Kampf gegen das Patriarchat. Und wenn man diesen Begriff benutzt, bezieht man sich nicht ausschließlich auf die Beziehungen zwischen Mann und Frau, sondern wendet sich gegen alle Formen der Ungleichheit, bei denen dem Einen ein höherer Wert zugemessen wird als dem Anderen.

Wenn wir also von einer inklusiven Bildung sprechen, müssen wir zwei Prozesse in Betracht ziehen: Auf der einen Seite existiert die traditionelle Bildung, die auf einem patriarchalischen System beruht, die mehr spaltet, als dass sie verbindet, und die utilitaristisch ausgerichtet ist. Das ist nicht die Bildung, die wir wollen, wir wollen eine Bildung, die für alle Menschen, auch für behinderte Menschen, gut und angemessen ist. Inklusion und Integration sind nicht das Gleiche und schon gar keine Synonyme. Denn wenn behinderte und nicht behinderte Kinder unter einem Dach, aber in verschiedenen Klassenräumen lernen, verschärft das nur die Ausgrenzung behinderter Menschen. Inklusive Bildung bedeutet also, dass Schulen sich radikal ändern müssen. Schulen können nicht einfach weitermachen wie bisher.

Wenn man mich fragt was sich in einer Schule ändern muss, damit sie eine inklusive Schule wird, dann lautet meine Antwort, dass man nur eine Sache verändern muss. Eine winzige Kleinigkeit.

ALLES!

Es ist unmöglich, die Bildung innerhalb eines Systems zu demokratisieren, und allen zugänglich zu machen, das genau dies in der Vergangenheit verhindert hat.

Die Konvention über die Rechte von Menschen mit Behinderung erkennt also nicht nur die Rechte von Menschen mit Behinderung an, sondern sie ist die große Chance, das Bildungssystem grundlegend umzubauen. Mit dieser Konvention, die 15 Jahre nach der Erklärung von Salamanca verabschiedet wurde, stehen wir am Scheideweg. Und nur die Menschen mit Behinderung und ihre Familien können diese neue Richtung einschlagen. Und dieser Wandel, für den wir uns einsetzen, bezieht sich nicht nur auf die Lehrpläne oder auf den barrierefreien Zugang zur Schule. Selbst wenn viele Schüler mit Behinderung an den Regelschulen unterrichtet werden dürften, wir aber gleichzeitig an den aktuellen Strukturen nichts änderten, würde sich nichts Wesentliches verändern. Wer also glaubt, das Recht auf Bildung erschöpfe sich in dem Bau einer Rampe, täuscht sich.

Immer mehr Menschen auf der Welt haben inzwischen Zugang zu Bildung. In den letzten zehn Jahren haben über 20 Millionen Mädchen und Jungen eine Schule besucht, die diese Möglichkeit zuvor nicht hatten. Tatsache ist jedoch auch, dass noch niemals in der Vergangenheit so viele gut ausgebildete Menschen andere Menschen getötet haben wie jetzt. Tatsache ist auch, dass niemals zuvor so viele gut ausgebildete Menschen andere Menschen so schlecht behandelt haben wie jetzt. Niemals zuvor gab es so viel Gewalt von gebildeten Menschen wie heute.

Die zentrale Frage heißt deshalb: Wozu brauchen wir eigentlich Bildung? Bildung ist nicht etwa dazu da, die Probleme der Arbeitgeber zu lösen. Bildung ist dazu da, die Menschenwürde zu verteidigen.

Es ist unmöglich, das Problem mangelnder Menschenwürde zu lösen, wenn nicht alle Menschen mit einbezogen werden. Und es ist unmöglich, die Ungleichheit unter den Menschen aufzuheben, wenn wir nicht eine inklusive Gesellschaft aufbauen, in der alle den gleichen Zugang zu den Bildungseinrichtungen haben. In einem Bildungssystem, in dem Kinder schon früh in Schubladen gesteckt werden, in dem Eltern kein Mitspracherecht haben, wird es sehr schwierig sein, gleiche Chancen für alle zu schaffen. Die UN-Konvention gibt Eltern das bedingungslose Recht zu entscheiden, welche Art von Bildung ihre Kinder haben sollen. Deshalb ist es notwendig, dass die einzelnen Staaten ihre Verantwortung wahrnehmen und dieses grundlegende Menschenrecht in die Tat umsetzen.

Ich möchte meinen Vortrag mit einer kleinen Geschichte beenden, die ich immer wieder gerne erzähle, weil sie so lehrreich ist. Vielleicht kennen einige von Ihnen diese Geschichte bereits – ich erzähle sie aber trotzdem bei jeder sich bietenden Gelegenheit noch einmal. Ich erzähle diese Geschichte so gerne, weil sie zeigt, warum inklusive Bildung sinnvoll ist und warum es notwendig ist, ein System der inklusiven Bildung aufzubauen.

Diese Geschichte handelt von den Paralympics, die immer nach den olympischen Spielen stattfinden und an denen Menschen mit Behinderungen teilnehmen. Es war das Finale über 400 m Sprint. Die jungen Sprinterinnen hatten schon einige Ausscheidungsrennen hinter sich gebracht und gewonnen. Sie können sich wahrscheinlich vorstellen, wie nervös, begeistert und stolz sie waren, das Finale erreicht zu haben, zumal das Stadion absolut ausverkauft war.

Der Startschuss fällt, die Wettkämpferinnen rennen los und das ganze Stadion springt auf und feuert sie an. Doch kurz vor Ende des Rennens strauchelt eine der Sportlerinnen und stürzt. Sie können sich sicherlich vorstellen wie sich die Sportlerin gefühlt hat, wie enttäuscht und traurig sie war, dass alle ihre Träume so kurz vor dem Ziel plötzlich geplatzt waren.

Das gesamte Stadion verstummte.

Vielleicht war es wegen dieser Stille oder aus irgendeinem anderen Grund, dass sich alle anderen Mitstreiterinnen plötzlich umdrehten und auf das gestürzte Mädchen schauten. Und stellen Sie sich vor, alle anderen Sportlerinnen liefen zurück, halfen ihrer Mitstreiterin auf die Beine und rannten mit ihr zusammen über die Ziellinie.

Ich weiß nicht, ob die Geschichte wahr ist, aber eigentlich ist mir das auch egal. Das Wichtigste an dieser Geschichte sind die Lektionen, die ich daraus gelernt habe.

Erste Lektion: Bildung ist kein Wettbewerb. Denn Wissen und Lernen sind Gemeingüter unserer Gesellschaft. Der schulische Erfolg des einen darf nicht auf dem Misserfolg des anderen beruhen. Wenn es einem Menschen verwehrt wird zu lernen, dann ist er zum Tod verurteilt.

Zweite Lektion der Geschichte: Die besten Lehrerinnen und Lehrer sind meistens die Mädchen und Jungen selbst. Das heißt also, dass wir Erwachsene die Verpflichtung haben, unsere verlorene Kindheit zurückzuholen, um einfache Antworten auf komplizierte Fragen geben zu können. Wenn wir versuchen, wieder so zu handeln und zu denken wie Kinder, heißt das nicht, dass wir kindisch werden, sondern dass wir unsere Seele stärken.

Dritte Lektion: Wenn wir die großen Veränderungen betrachten, die sich in der Menschheitsgeschichte ereignet haben, die ganz großen Erneuerungen oder Erfindungen, dann sehen wir auf allen Gebieten, dass sie nicht von der Mehrheit hervorgebracht wurden, sondern von einer Minderheit, von ganz besonderen Menschen. Das heißt also, die Rechte von Menschen, die anders sind, zu schützen, die Rechte von Menschen mit Behinderung zu schützen, ist nicht nur eine Frage der Moral, sondern die Garantie dafür, dass die Menschheit überlebt. Diese Rechte nicht zu schützen, wäre schierer Wahnsinn.

Vierte und letzte Lektion dieser Geschichte: Wir sollten alles daran setzen, eine Gesellschaft aufzubauen, in der, immer wenn wir stolpern, jemand anderes in der Nähe ist, der uns wieder aufhilft. *Dankeschön!*

ZEIT FÜR DIE SCHULE FÜR ALLE

Dr. Irmtraud Schnell

„Alle Stunden fasse mit beiden Armen. So wirst du weniger vom Morgen abhängen, wenn auf das Heute du die Hand legst." (Seneca)

1. BILDUNG, BILDUNGSPOLITIK, GESELLSCHAFT UND ZEIT

Bildung und Zeit wurden zu verschiedenen Zeiten in verschiedenen Verhältnissen zueinander gesehen – seit einigen Jahren steht die Beschleunigung von Prozessen im Mittelpunkt – ob es dabei um Bildung geht oder junge Menschen vor allem als Orte betrachtet werden, in denen Wissen angehäuft wird, stellen Erziehungswissenschaftlerinnen und -wissenschaftler in Frage (z.B. Wimmer 2000, Döpinghaus 2009). Die vom Druck globaler Konkurrenz und globaler Steuerung von Bildungsprozessen überrollte Bildungspolitik folgt dem ökonomischen Paradigma und propagiert Qualitätsverbesserung, ohne dass es eine Verständigung darüber gäbe, was Qualität von Bildung über das Bestreben hinaus, bei der nächsten Vergleichsstudie besser abzuschneiden, eigentlich ausmache. Das Feld ist sehr komplex und ich kann nur einige Schlaglichter darauf werfen. Welche langfristigen gesellschaftlichen Folgen die kurzfristig ergriffenen Maßnahmen haben können beschreibt z.B. Münch (2009), der als Folge von modularisierten und durchorganisierten Bildungsgängen eine frühe Auslese von Eliten auf der einen und einer neuen Unterschicht der Geringqualifizierten auf der anderen Seite sieht. „Die Heranbildung einer Elite durch systematisch organisierte Programme hat jedoch ihren Preis. Sie geschieht auf Kosten der frühzeitigen Schließung von Karrierewegen nach oben. Damit fehlt es aber auch in den Spitzenpositionen an eigenständigen Charakteren mit gesellschaftlicher Verankerung. Es mangelt dann den Führungskräften sowohl an Originalität und Kreativität als auch an tief in der Biographie verwurzelter Bindung an die Gesellschaft" (Münch 2009, 88 f.). Wenn über Bildung keine Verständigung erzielt werde und der gemeinsame Nenner nur noch darin bestünde, sie als Investition in die Zukunft zu betrachten, gerate „Bildung zum effizienten Instrument der Dienstbarmachung von Menschen und ihres Nutzens als volkswirtschaftlich ertragreiches Humankapital", so Döpinghaus (Döpinghaus 2009, 167). Es gehe dann eher um die Anpassung an vorgegebene Ordnungsmuster und um die Ausbildung von Kompetenzen für solche Anpassungsleistungen (vgl. Döpinghaus 2009, 167), als dass Bildung im Verhältnis zu Gegenwart, Zukunft und vor allem im Hinblick auf alle Kinder und Jugendlichen betrachtet würde. Döpinghaus (a.a.O., 168) stellt fest, dass so der Bildungsbegriff seine politische kritisch-widerständige Dimension verliere und Bildung zur Pflege, Verwaltung und Kontrolle einerbestehenden sozialen Ordnung diene – darauf komme ich am Ende zurück.

Wie es als Vorbedingung jedes vernünftig-verantwortlichen Lebens gilt (vgl. Bollnow 1977, 222), wäre eine Planung für Bildung vorzunehmen, der eine kritische Sicht auf die Lage von Erziehung und Bildung im Land zu Grunde liegt.

Die Verantwortung für Erziehung und Bildung aller Kinder ist in unserem deutschen Bildungssystem aber eine geteilte (z.B. zwischen Bund und Ländern, Kommunen als Schulträger, zwischen Gymnasium, Real-, Haupt- und Gesamtschule). Keiner der Akteure muss die ganze Verantwortung übernehmen und vielleicht liegt darin der Grund für das Scheitern so vieler Schülerinnen und Schüler und für unsere vergleichsweise geringe Anzahl von Spitzenschülerinnen und –schülern. Die Tatsache, dass mehr als 20 % der jungen Menschen in unserem Land in ihrer Schullaufbahn nicht die Grundlagen, z.B. eine hinreichende Lesekompetenz, für Lebenstüchtigkeit bzw. Ausbildungsfähigkeit erhalten, ist eine Katastrophe – nicht nur, weil sich das in einem demokratisch verfassten Staatswesen nicht gehört, sondern auch, weil die Folgen uns in unangenehmer Weise einholen werden.

Die Bildungspolitik hat sich darauf geeinigt, durch schulformbezogene Standards das Leistungsniveau des deutschen gegliederten Schulsystems zu heben – bislang ohne durchschlagenden Erfolg. Sie nimmt damit die Zeit junger Menschen in einer ganz bestimmten Weise in Besitz – davon später. Seit Jahren kommt es zu einer Auslagerung der Pädagogik aus der Schule in vielerlei Projekte – Gewaltprävention, Zeitmanagement usw. – anstatt das ganze System vom Kopf auf die Füße zu stellen, d.h., von den Kindern und ihren vielfältigen Möglichkeiten und Bedürfnissen her zu denken. Unberührt davon bemühen sich viele Schulen, allen ihren Schülerinnen und Schüler, deren Lernausgangslagen berücksichtigend, gute Startchancen für ihr Leben zu geben. Weil sie dazu die Wirkungen der standardisierten Vorgaben abfedern müssen, bewegen sie sich mitunter im rechtsfreien Raum, wie wir heute Abend hören werden.

Wenn wir von der Schule für alle sprechen, geht es uns um eine andere, eine neue Ausrichtung für Unterricht, für Schulen, für das Bildungssystem und auch um gesellschaftliche Veränderungen im Sinne der Demokratie – um nicht mehr, aber auch nicht weniger!

Wir wissen, dass das gemeinsame Lernen für alle eine Bereicherung darstellen kann, dass separiertes Lernen allen Schülerinnen und Schülern hingegen wichtige Erfahrungen vorenthält und daher die Integration in die Gesellschaft nicht vorbereitet, und wir wissen, dass die Effizienz separierten Lernens im Hinblick auf nachhaltige sozial-emotionale wie kognitive Entwicklungen nicht bewiesen ist.

Es geht jetzt darum, die politische Auseinandersetzung um Erziehung und Bildung für alle zu führen. Grundlegende Änderungen im Bildungssystem sind erforderlich, wenn wir nicht wieder bei der Integration einzelner Schülerinnen und Schüler stehen bleiben wollen. Es geht darum, Entscheidungen zu treffen bzw. zu erstreiten. Es ist Zeit für die Schule für alle und Zeit für eine öffentliche Schule, in der ein anderer Umgang mit der kostbaren Lebenszeit aller jungen Menschen gepflegt wird. Es ist Zeit für eine Gesellschaft, die ihre Aufgabe für alle Mitglieder der zukünftigen Generation ernst nimmt.

Janusz Korczak, ein vor etwa 100 Jahren ziemlich unzeitgemäßer, leidenschaftlicher Vertreter der Rechte von Kindern, stellte fest: „Das Kind wird nicht erst Mensch, es ist schon einer" und unterstrich so die Bedeutung der Lebensphasen vor dem Erwachsensein als eigene Zeit von jungen Menschen, die nicht von Erwachsenen vereinnahmt werden dürfe.

Bei der Formulierung seiner Magna Charta Libertatis dachte er wohl nicht an Kinder und Jugendliche mit Behinderung, aber an überbehütete, wie er ihnen in seiner kinderärztlichen Praxis begegnete und vor allem an die in verschiedener Hinsicht gefährdeten und vernachlässigten, die mit ihm in den von ihm später gegründeten Waisenhäusern, zuletzt im Warschauer Ghetto, lebten und zur Demokratiefähigkeit erzogen wurden.

Er forderte: **Das Recht des Kindes auf den heutigen Tag**
                              Das Recht des Kindes so zu sein, wie es ist
                              Das Recht des Kindes auf seinen Tod

Korczaks Anspruch kann als Richtschnur für die didaktisch-methodische Umsetzung einer Schule für alle gelten – auf das von ihm geforderte Recht des Kindes auf seinen Tod, das ich als Recht des Kindes auf eine eigene, auch gefahrvolle Entwicklung verstehe, werde ich hier nicht eingehen.

Wie könnte also eine Schule, wie könnte Unterricht gestaltet werden, die einerseits die Zeit von Kindern als ihre Lebenszeit respektieren, andererseits die im Sinne der Konvention zu den Rechten von Menschen mit Behinderungen allen Mädchen und Jungen Zugang zum allgemeinen Schulsystem gewährt und angemessene Vorkehrungen trifft, um für alle eine erfolgreiche Bildung zu ermöglichen – und nicht nur zu erleichtern, wie es die amtliche deutsche Übersetzung für „to facilitate" vorsieht?

Die Hälfte aller Schülerinnen und Schüler mit Sonderpädagogischem Förderbedarf sind solche mit Förderbedarf Lernen. Dieser definiere sich im zeitlichen Abstand der Leistungen eines Kindes zur Klassennorm um zwei Jahre, so erläuterte es jüngst ein leitender nordrhein-westfälischer Beamter. Die inklusive Schule entwickelt ein anderes Verhältnis zur Lebenszeit von Kindern. Ich will schon hier auf die Gefahr hinweisen, durch eine flexiblere Zuordnung von Leistung und Zeit die behördliche Wahrnehmung und Erfüllung besonderen Unterstützungsbedarfs beim Lernen einzuschränken – da ist m.E. Wachsamkeit geboten. Schulen mit einem hohen Anteil belasteter Kinder brauchen eine generelle personelle Unterstützung. Die Inklusionsbewegung darf die Armen, die Vernachlässigten, die Geflohenen und die Unbequemen, also die, die ihren Bildungsweg mit ungünstigeren Ausgangslagen beginnen, nicht wieder aus dem Blick verlieren. Die Schule, die diese Kinder brauchen, ist inklusionstauglich.

SCHULE FÜR ALLE: GEGEN EINE EINSEITIGE INDIENSTNAHME DER SCHULE

Den Bildungsaufstieg der 70er Jahre verdankten die Betroffenen ökonomischen Interessen, daneben galt Bildung aber auch als Bürgerrecht für alle, von der FDP besonders nachdrücklich vertreten. Zur Zeit rückt der Qualifizierungsgedanke wieder in den Vordergrund, als Humankapital neben „Arbeit" und „Kapital" eigenständiger Produktionsfaktor.

Dagegen hat es der Anspruch eines Begriffs von Qualifikation, der nicht nur ökonomisch direkt relevante Prozesse umfasst, sondern auch auf Teilhabe am gesellschaftlichen Leben und auf persönliche Lebensführung gerichtet ist, schwer, sich zu behaupten. Die seit den 90er Jahren provozierte Stimmung sowie die ergriffenen bildungspolitischen Maßnahmen zielen vor allem auf die beschleunigte Optimierung des „Humankapitals" im oberen Leistungsspektrum. Wissenschaftliche Gremien, wie das Konsortium Bildungsberichterstattung und der Wissenschaftliche Beirat der KMK für die Gemeinschaftsaufgabe „Feststellung der Leistungsfähigkeit im internationalen Vergleich" (Vorsitz Jürgen Baumert) kritisieren daher die „hohe Stabilität zentraler Problemlagen", allerdings eher im Hinblick darauf, dass die Ergebnisse des deutschen Bildungssystems davon beeinträchtigt werden (Wissenschaftlicher Beirat 2008,6). Ermöglichung gesellschaftlicher Teilhabe aller jungen Menschen erforderte auch Maßnahmen im unteren Leistungsspektrum, die wir einfordern.

SCHULE FÜR ALLE: FÜR DIE PRIORITÄT VON ERZIEHUNG UND BILDUNG

In seiner neuen Theorie der Schule beschreibt Helmut Fend die Verteilungsfunktion des Bildungswesens als das zentrale „Rüttelsieb" in der Verteilung der Berufspositionen von einer Generation auf die andere. Die soziale Selektivität des Bildungswesens sei erneut ein wichtiges Thema geworden, die Prozesse, die innerhalb der „black box" schulischer Selektionsentscheidungen abliefen, seien zu rekonstruieren. Zu präzisieren sei, wie die Akteure Lehrpersonen, Eltern und Gleichaltrige dabei zusammenspielten (Fend 2006, 44; vgl. auch Ditton 2007).

Die soziale Selektivität unseres Bildungswesens kann deshalb so tiefgreifend wirken, weil das ganze Bildungswesen auf Selektion gepolt ist. Die selektionsfreie Spanne ist viel zu kurz, als dass Erziehung und Bildung ihre Wirkung entfalten könnten. Wir brauchen eine andere Prioritätensetzung – sie würde sich zuerst einmal in einer anderen Kultur der Rückmeldung von Leistungen äußern, welche die Arbeit von Kindern als das Produkt ihrer je möglichen Anstrengung zu einem bestimmten Zeitpunkt würdigt. Diese Kultur legte den Grund für die inklusive Schule.

SCHULE FÜR ALLE: BILDUNG BRAUCHT MUSSE

Wie sich die Beschleunigung des Lebens auf Bildungsprozesse auswirkt, wird noch wenig bedacht – der vermeintliche Druck, sie zu beschleunigen, steht zu sehr im Mittelpunkt. Auch in diesem Zusammenhang bietet die Hirnforschung gute Anhaltspunkte für Unterricht und Schule, wenn sie feststellt, dass unser Gehirn immer wieder Zeiten des Nichtstuns brauche: „ein gewisser Leerlauf im Kopf ist für unsere geistige Stabilität geradezu unabdingbar" (Schnabel 2009, 33).

Für Bildungs- und Erfahrungsprozesse sei die Zeitstruktur der Verzögerung konstitutiv, so auch Döpinghaus. „Im Moment der Verzögerung entstehen allererst die Erfahrungsspielräume, die Bildungsprozesse ermöglichen, die nicht gewissermaßen in der Reaktion auf eine Frage bestehen, sondern in einer Antwort, die die Frage als Fragliches selbst umgreift. Menschen betrachten und behandeln sich als Wesen, die im Rahmen einer Welt des Sinns und der Bedeutung antworten" (Döpinhaus 2009, 176). In seinem Beitrag „Das richtige Verhältnis zur Zeit" (1977) stellt Bollnow die Zeit, die uns der menschlichen Vollendung näher bringt, gegen das Argument der verrinnenden Zeit.

„Immer weniger Leute werden wissen, was sie tun, indem sie lernen, weshalb sie so tun. Die Handlung verkümmert zur Reaktion, je direkter der Weg von der Theorie zur Praxis ist, der gesucht wird", stellt Blumenberg fest und beschreibt den Typus gegenwärtiger Bildung als Anpassung und, in Bezug auf Marquard, als „Inkompetenzkompensationskompetenz" (Blumenberg, zit. nach Döpinghaus 2009, 175).

Es gehe, so Döpinghaus, in Bildungsprozessen darum, sich in Frage stellen zu lassen, und so den Widerständigkeiten und einem fragenden Denken Raum zu geben. Als Ergebnis komme es nicht darauf an, dass alle gleich aus ihnen herauskommen, sondern dass jeder anders herauskomme, als er hineingegangen ist.

Die Schule für alle hat es mit Kindern unterschiedlicher Auffassungsgabe, Lebenstempi und Anpassungsmöglichkeiten zu tun. Gerade darin könnte die Chance liegen, Bildungsprozessen lange Weile zu geben.

Schule für alle: für die Berücksichtigung belastender Lebenslagen

Wenn Kinder ins Schulalter kommen, sind sie längst keine unbeschriebenen Blätter mehr. Viele schleppen schon ein schweres Bündel mit sich, leiden unter Erfahrungen von Misshandlung oder Missbrauch, unter Mangelernährung und anderen materiellen Mangellagen, unter Vereinnahmung durch elterliche Überbehütung, an seelischem Unbehaustsein, an zeitlicher Überregulierung, unter nicht einschätzbaren zeitlichen Abläufen oder tragen Traumata der Flucht. Wenn ihnen allen erfolgreiches Lernen ermöglicht werden soll, gilt es, Schule als sicheren Ort der Regeln und verlässlichen Ordnungen mit zeitlichen Geländern zu gestalten. Das gelingt einerseits im überschaubaren Wechsel von gezielter Anstrengung und Freiheit, andererseits in Zusammenarbeit mit dem Umfeld, zu dem Schauspieler und Sänger ebenso gehören wie Sportvereine und die Polizei. „Um ein Kind zu erziehen, braucht es ein ganzes Dorf", oder mit Lauff: Wir müssen uns wieder zu einer elterlichen Gesellschaft entwickeln.

3. DAS RECHT DES KINDES SO ZU SEIN, WIE ES IST

SCHULE FÜR ALLE: ERZIEHUNG UND BILDUNG FÜR ALLE

Betrachten wir Erziehung und Bildung für die Verschiedenen im Horizont der Zeit, wie wir es in vielfältiger Weise bei Seitz (2005) verfolgen können, stellen unterschiedliche Entwicklungsverläufe wie Zeiterfahrungen von Kindern eine Herausforderung für Didaktik und Methodik dar.

Kulturen im Umgang mit Tages- und Jahreszeiten, verschiedene religiöse Orientierungen, familiäre zeitliche Essensgewohnheiten, Schichtarbeit von Eltern, Schlafgewohnheiten von Geschwistern und Eltern, aber auch eigene Beweglichkeit bzw. Bewegungsbedürfnisse wirken auf die Zeitwahrnehmung und -erwartung von Kindern. In der Schule kommen sie alle miteinander ins Spiel und müssen dort in der zeitlichen Gestaltung des Schultages sowohl ein Echo finden als auch als neue gemeinsame Kultur entstehen – Schulen haben dafür ganz verschiedene Wege gefunden (vgl. z.B. Grundschule Harmonie in Eitorf und Grundschule Berg Fidel in Münster). Montags wird in vielen Schulen der Plan der Woche beraten, täglich Besonderheiten des Tages, auf die der „Tagesmeister" hinweist. In der Grundschule Berg Fidel Münster erlebte ich, dass jeden Morgen in der Phase der Freiarbeit Kinder selbst bestimmen, wann sie in ihrem Arbeitsprozess eine Pause einlegen, um ihren eigenen Rhythmus kennen zu lernen. Im täglichen Lernklassenrat, der sich an die Freiarbeitsphase anschließt, werden die individuelle Zufriedenheit mit der eigenen Leistung und Zeiteinteilung benannt und auf ein allgemeines Niveau gehoben – das gilt für das Kind mit geistiger Behinderung genau so wie für besonders schnell auffassende Kinder.

SCHULE FÜR ALLE: ERZIEHUNG UND BILDUNG ANSTATT UND VOR FÖRDERUNG

Merkwürdig, im Hinblick auf die Beeinflussung der Entwicklungsprozesse von Kindern mit Behinderungen wird in der Regel von Förderung gesprochen, gar von individueller Förderung. Der Begriff verdankt sich wohl vor allem dem Wunsch, besondere Einrichtungen zu rechtfertigen und dauerhaft zu erhalten. Dabei werden allgemeine Schulen wie einstmals als unveränderbare Größen unterstellt, an denen Individuen scheitern. Das Versagen wird ihnen zur Last gelegt, nicht der Schule. Ich habe mich immer darüber gewundert, dass sich die Fachverbände im sonderpädagogischen Bereich nicht vehementer für eine auf Individuen ausgerichtete allgemeine Schule einsetzen. Mit dem Begriff Förderung verbindet sich in aller Regel ein reduziertes Bildungsangebot in einem sozial eingeschränkten Rahmen. Sie brauchen sich nur einen Moment klar zu machen, welche Quelle von Anregungen eine singende und musizierende Schulklasse für alle Beteiligten darstellt, oder der Vortrag erfundener Geschichten oder verschiedene Wege zu mathematischen Lösungen oder die Beratung und Arbeit an einem Projektthema. Alle Kinder und Jugendlichen haben ein Anrecht auf Erziehung und Bildung in der Gemeinsamkeit als Grundlage für ein möglichst selbstbestimmtes privates und berufliches Leben und es ist ein Trugschluss zu meinen, Kinder lernten mehr, wenn wir das Angebot begrenzen – sie brauchen, manche besonders viele und aufwendige, manche weniger, jedenfalls ausreichende und gute Strukturierungshilfen – das ist der Anspruch an alle Pädagoginnen und Pädagogen.

SCHULE FÜR ALLE: ACHTUNG VOR DER (HARTEN ENTWICKLUNGS-) ARBEIT VON KINDERN

Wenn Kinder sich entwickeln, sei es unter dem Druck der Erwartungen einer ganzen Großfamilie, deren einziger Sprössling er oder sie ist, sei es in einem Leben voller Unruhe am Tag und in der Nacht, um nur zwei Beispiele zu nennen, immer ist das Heranwachsen mit der harten Arbeit verbunden, ein eigener Mensch zu werden. In der Schule geht es dann darum, diese Entwicklungsarbeit wenigstens nicht zu stören. Die Rückmeldung zu Arbeitsergebnissen der Kinder dürfen sich daher nicht in erster Linie an den Leistungen anderer ausrichten, sondern an den je eigenen Fortschritten und an sachlichen Anforderungen (vgl. Jürgens 2005). Erwartungen an das Lerntempo werden im Respekt vor dem Bemühen der Kinder ausgesprochen. Gemeinsame Gedanken zu individuellen Lösungen tragen zur Metakognition aller bei. Immer geschieht Leistungsbewertung im Dialog, damit Kinder ihre eigene Entwicklung verstehen und womöglich steuern können, wie überhaupt Unterricht im Ganzen auf Dialog und Partizipation setzt, auch wenn es um Instruktion geht (Sonntag 2009).

SCHULE FÜR ALLE: ZEIT UND RAUM FÜR UNTERSCHIEDLICHE ENTWICKLUNGEN

Kognitive und auch emotional-soziale Entwicklungen können angeregt und – hoffentlich – letzten Endes bewirkt, aber nicht erzeugt werden. Sie werden negativ beeinflusst, wenn wir den Verlauf von außen und nicht verstehend bewerten. Es gilt, Unterricht so zu konzipieren, dass individuelle Entwicklungen und der Erwerb von Techniken befördert werden, gleichzeitig aber die gemeinsame Arbeit der Kinder als wichtigste Quelle der Anregung erhalten bleibt. Die Arbeit der Lehrkräfte besteht also vor allem darin, die richtigen Anregungen zum richtigen Zeitpunkt zu geben und Spielraum für eigene Vorhaben und für Zusammenarbeit zu lassen.

In der Grundschule Berg Fidel arbeiten Kinder in der freien Arbeit an bestimmten individuell weiterführenden sprachlichen und mathematischen Aufgaben, im „Freien Forscher Club" in Kooperation mit anderen an selbst gewählten Themen. Unterstützend dabei wirkt eine Vorlage, die ihnen hilft, Techniken der Erkundung zu erwerben. Es ist eine Lust, einem solchen Forscherclub beizuwohnen – inmitten des Feuereifers.

So ergibt sich – im Kreis der Integrationsforscherinnen und -forscher zur Zeit eine Kontroverse – ein Zusammenspiel von kooperativen und koexistenten Lernsituationen (vgl. Feuser 1998; Wocken 1998), die allerdings eingebettet sind in einen Rahmen, der auf die Achtung der Individualität und der gegenseitigen Unterstützung baut und in vielen kommunikativen Lernsituationen wie Kreisgesprächen, Klassenrat und gemeinsamen Erlebnissen gefüllt wird (Federolf 2010).

4. DIE SCHULE FÜR ALLE UND GESELLSCHAFTLICHE WIDERSPRÜCHE

Noch nie hat meiner Erinnerung nach in den vergangenen Jahrzehnten eine Bevölkerungsschicht ihren elitären Anspruch so blank und offen vertreten wie die Initiative in Hamburg, die sich ironischer Weise „Wir wollen lernen" nennt – betont man das Personalpronomen, wird wohl erst richtig deutlich, worum es geht. Machen wir uns nichts vor: Es geht nicht ohne politische Auseinandersetzung und sie könnte hart werden. Die „Schule für alle" steht im Widerspruch zum Erhalt von Privilegien.

Die Initiative „Wir wollen lernen" und gleich oder ähnlich Gesinnte im ganzen Land begehen einen Denkfehler: Auch sie werden nicht unberührt bleiben davon, wenn wir uns weiterhin damit abfinden, dass unser Bildungssystem zu viele Kinder zu früh an sich selbst zweifeln, die Leistungsbereitschaft aufgeben und sich von der Gesellschaft abwenden lässt. Kommunen tragen schwer an den Folgen. Sie verstehen daher, dass gute Erziehung und Bildung für alle einen wesentlichen Faktor eines gelingenden Gemeinwesens darstellt. Daher sollten wir die Entwicklung der inklusiven Schule auch lokal denken.

Die oben erwähnten wissenschaftlichen Gremien empfehlen „leistungsschwache Schülerinnen und Schüler ... unabhängig von ihrer sozialen und ethnischen Herkunft systematisch und massiv zu fördern" (Wissenschaftlicher Beirat 2008, 6). Oder: „-leistungsschwache Schülerinnen und Schüler – vor allem aus bildungsferneren Schichten und zugewanderten Familien – gezielter zu fördern, so dass ihre Bildungskarrieren erfolgs- und nicht misserfolgsbestimmt verlaufen" (Konsortium Bildungsberichterstattung 2006, 77). Beide Gremien stellen allerdings den selektiven Charakter, also Jahrgangsklassen, Ziffernzensuren, Klassenwiederholungen, Bildungsstandards und die gegliederte Schulstruktur nicht in Frage, allenfalls die frühe Aufteilung der Kinder im Alter von 9 Jahren. Den Kampf um die Schulstruktur müssen die aufnehmen bzw. aufrechterhalten, die für eine „Schule für alle" einstehen.

Denn ein von Beginn an die Bereitschaft und Anstrengung aller Kinder würdigender Unterricht in einer Atmosphäre sozialer Zugehörigkeit, auch bei aller Verschiedenheit und möglichst in jahrgangsübergreifenden Klassen, lässt Kinder sich selbst herausfordern. Am einfachsten ist, wenn die Grundschulen, die in diesem Sinne arbeiten, sich in die Sekundarstufe hinein weiterentwickeln oder in enge Kooperation mit bestehenden weiterführenden Schulen treten. So kann sich in unserem Land wirklich etwas ändern. Denn jetzt ist Zeit für die Schule für alle.

Jakob Muth hat einmal einen Vortrag gehalten zum Thema „Was brauchen behinderte Kinder?". Er beschrieb eine gute Schule, in der kindliche Individualität und Gemeinsamkeit im Mittelpunkt stehen. Eben darum geht es.

Literatur

Ackeren, Isabell von & Klemm, Klaus (2009): Entstehung, Struktur und Steuerung des deutschen Schulsystems. Eine Einführung. Wiesbaden

Bollnow, Otto Friedrich (1977): Das richtige Verhältnis zur Zeit. In: www.wernerloch.de/doc/VerhzurZeitA.pdf, S. 6

Ditton, Hartmut (2007): Der Beitrag von Schule und Lehrern zur Reproduktion von Bildungsungleichheit. In: Becker, R. & Lauterbach, W. (Hrsg.): Bildung als Privileg. Erklärungen und Befunde zu den Ursachen der Bildungsungleichheit. Wiesbaden, S. 243-271

Döpinghaus, Andreas (2009): Bildung und Zeit:Über Zeitdispositive und Lebenszeitregime. In: King, Vera & Gerisch, Benigna (Hg.): Zeitgewinn und Zeitverlust. Folgen und Grenzen der Beschleunigung. Frankfurt/ New York, S. 167-182

Federolf, Claudia (2010): Wie lässt sich individualisierter Unterricht konkret umsetzen? Eine Annäherung an inklusive Unterrichtsstrukturen. Schriftliche Arbeit zur Zweiten Staatsprüfung für das Lehramt an Grund-, Haupt-, und Real- und Förderschulen eingereicht dem Amt für Lehrerbildung in Frankfurt a. M.

Fend, Helmut (2006): neue Theorie der Schule. Einführung in das Verstehen von Bildungssystemen. Wiesbaden

Feuser, Georg (1998): GemeinsamesLernen am gemeinsamen Gegenstand. Didaktisches Fundamentum einer Allgemeinen (integrativen) Pädagogik. In: Hildeschmidt Anne & Schnell, Irmtraud (Hrsg.): Integrationspädagogik. Auf dem Weg zu einer Schule für alle. Weinheim und München, 19-35

Jürgens, Eiko (2005): Anerkennung von Heterogenität als Voraussetzung und Aufgabe pädagogischer Leistungsbeurteilung in Schulen. In: Bräu, Karin/ Schwerdt, Ulrich (Hg.): Heterogenität als Chance. Vom produktiven Umgang mit Gleichheit und Differenz in der Schule. Münster, S. 151-175

Konsortium Bildungsberichterstattung im Auftrag der Ständigen Konferenz der Kultusminister der Länder und des Bundesministeriums für Bildung und Forschung (Hrsg.) (2006): Bildung in Deutschland. Ein indikatorengestützter Bericht mit einer Analyse zu Bildung und Migration. Bielefeld. In: www.bildungsbericht.de/daten/gesamtbericht.pdf, Ausdruck vom 8.12.2008

Korczak, Janusz (1974): Wie man ein Kind lieben soll. Frankfurt

Münch, Richard (2009): Globale Eliten, lokale Autoritäten. Bildung und Wissenschaft unter dem Regime von MISA, McKinsey & Co. Frankfurt am Main

Schnabel, Ulrich (2009): Die Wiederentdeckung der Muße. Nichtstun ist wertvoll. Doch wir haben es verlernt, weil wir nicht mehr aus dem immer schnelleren Alltag ausbrechen können. Die Zeit 30.Dezember 2009, 33.

Seitz, Simone (2005): Zeit für inklusiven Sachunterricht. Baltmannsweiler

Sonntag, Miriam (2009): Inklusive Didaktik in der politischen Bildung des Sachunterrichts. Schriftliche Arbeit zur zweiten Staatsprüfung für das Lehramt an Förderschulen im Land Hessen eingereicht dem Amt für Lehrerbildung in Frankfurt a. M.

Wimmer, Michael (2002) Bildungsruinen in der Wissensgesellschaft. Anmerkungen zum Diskurs über die Zukunft der Bildung. In: Lohmann, Ingrid & Rilling, Rainer (Hrsg.): Die verkaufte Bildung. Kritik und Kontroversen zur Kommerzialisierung von Schule, Weiterbildung, Erziehung und Wissenschaft. Opladen, 45-68.

Wissenschaftlicher Beirat für die Gemeinschaftsaufgabe „Feststellung der Leistungsfähigkeit im internationalen Vergleich" (2008): Stellungnahme des Beirats zu den Ergebnissen von PIRLS/ IGLU 2006 I und PISA 2006 I

Wocken, Hans (1998): Gemeinsame Lernsituationen. Eine Skizze zur Theorie des gemeinsamen Unterrichts. In: Hildeschmidt Anne & Schnell, Irmtraud (Hrsg.): Integrationspädagogik. Auf dem Weg zu einer Schule für alle. Weinheim und München, 37-52

Eine Schule für Alle. *Vielfalt leben!*

Eine Schule für Alle. *Vielfalt leben!*

Eine Schule für Alle. *Vielfalt leben!*

Eine Schule für Alle. *Vielfalt leben!*

Eine Schule für Alle. *Vielfalt leben!*

Eine Schule für Alle. *Vielfalt leben!*

Eine Schule für Alle. *Vielfalt leben!*

Eine Schule für Alle. *Vielfalt leben!*

Eine Schule für Alle. *Vielfalt leben!*

Eine Schule für Alle. *Vielfalt leben!*

Eine Schule für Alle. *Vielfalt leben!*

Eine Schule für Alle. *Vielfalt leben!*

Eine Schule für Alle. *Vielfalt leben!*

Eine Schule für Alle. *Vielfalt leben!*

DIE RECHTLICHE BEDEUTUNG DER UN-KONVENTION FÜR DIE SCHULPOLITIK IN DEUTSCHLAND

Dr. Joachim Steinbrück

I. EINLEITUNG

Im Dezember 2008 haben Bundestag und Bundesrat dem "Gesetz zu dem Übereinkommen der Vereinten Nationen vom 13.12.2006 über die Rechte von Menschen mit Behinderungen sowie zu dem Fakultativprotokoll vom 13.12.2006 zum Übereinkommen der Vereinten Nationen über die Rechte von Menschen mit Behinderungen" zugestimmt.

Das Ratifizierungsgesetz wurde noch im Dezember 2008 im Bundesgesetzblatt veröffentlicht [2] und ist am 01.01.2009 in Kraft getreten (Art. 2 Abs. 1 des Ratifizierungsgesetzes). Das Übereinkommen (nachfolgend: Behindertenrechtskonvention – BRK) selbst ist im Frühjahr 2009 in Kraft getreten. Es basiert auf den zentralen Menschenrechtsabkommen der Vereinten Nationen und konkretisiert die dort verankerten Menschenrechte für die Lebenssituation von Menschen mit Behinderungen. Das Übereinkommen verbietet die Diskriminierung von Menschen mit Behinderungen in allen Lebensbereichen und garantiert ihnen die bürgerlichen, politischen, wirtschaftlichen, sozialen und kulturellen Menschenrechte.

Das Fakultativprotokoll ist ein eigenständiger völkerrechtlicher Vertrag. Es enthält Verfahrensregelungen, die darauf abzielen, die Umsetzung und Überwachung der BRK zu stärken. [3]

In dem vorliegenden Beitrag wird zunächst die Wirkungsweise der BRK dargestellt und Art. 24 BRK untersucht, der eine umfassende Regelung zum Recht auf Bildung von Menschen mit Behinderungen enthält. Im Anschluss hieran wird am Beispiel des neuen Bremischen Schulgesetzes (BremSchulG) untersucht, welche Schlussfolgerungen aus der BRK, insbesondere auch aus ihrem Art. 24 für die Bildungspolitik in Deutschland, zu ziehen sind. Abschließend wird die Frage der praktischen Umsetzung des schulgesetzlichen Auftrages der Entwicklung eines inklusiven Bildungssytems erörtert.

II. DIE WIRKUNGSWEISE DER BEHINDERTENRECHTSKONVENTION

1. STAATLICHE VERPFLICHTUNG ZUR UMSETZUNG DER KONVENTION

Mit der Ratifizierung der BRK erlangen die in ihr enthaltenen Verpflichtungen mit dem Zeitpunkt ihres In-Kraft-Tretens für die Bundesrepublik Deutschland Verbindlichkeit. Dies folgt aus Art. 43 und 45 der BRK. [4]

Dies bedeutet, dass die Gesetzgebung des Bundes und der Länder so auszurichten ist, dass die in der BRK geregelten Rechte verwirklicht und in nationale Regelungen umgesetzt werden [5] müssen, um innerstaatliche Geltung zu erlangen. [6]

Die Bestimmungen der BRK, die noch umgesetzt werden müssen, begründen also keine unmittelbaren Rechtsansprüche, auf die eine Klage vor einem deutschen Gericht gestützt werden könnte. Allerdings kennt die BRK auch Regelungen, die nach dem Völkerrecht sofort anwendbar sind. [7] So ist insbesondere auch der Schutz vor Diskriminierung unmittelbar gewährleistet. Aufgrund dessen ist die Verwehrung des Zugangs zu inklusivem Unterricht an der allgemeinen Schule im Einzelfall grundsätzlich als diskriminierender staatlicher Eingriff zu werten, gegen den ggf. mit einer Klage vorgegangen werden kann. [8] Diese Position ist jedoch nicht unumstritten: Der VGH Kassel vertritt in seinem Urteil vom 12.11.2009 [9] die Auffassung, dass die Bestimmungen in Art. 24 BRK nicht die Voraussetzungen für eine unmittelbare Anwendbarkeit erfüllen, weil es ihnen an der hierfür erforderlichen Bestimmtheit fehlt. Nach dieser Ansicht kann eine Klage der Erziehungsberechtigten eines behinderten Kindes gegen die Aussonderung in eine Förderschule nicht auf Art. 24 BRK gestützt werden.

Die Pflicht zur Umsetzung der Regelungen des UN-Übereinkommens in innerstaatliches Recht richtet sich nach der allgemeinen Kompetenzordnung des Grundgesetzes. Hiernach sind die Länder für die Gesetzgebung des schulischen Bildungsrechts und damit auch für die Transformation der entsprechenden Reglungen der BRK in nationales Recht zuständig. [10]

2. MECHANISMEN ZUR DURCHSETZUNG DER BRK

Die BRK enthält internationale und nationale Überwachungsmechanismen, die ihre Umsetzung gewährleisten sollen.

Auf der internationalen Ebene sind dies

- der Ausschuss für die Rechte von Menschen mit Behinderungen, nach Art. 34 BRK, der die Einhaltung der Konvention überwacht,
- das Berichtswesen nach Artikel 35 BRK, wonach die Vertragsstaaten verpflichtet sind, dem Ausschuss über die Rechte von Menschen mit Behinderungen erstmalig innerhalb von zwei Jahren nach in Kraft treten der BRK und anschließend mindestens alle vier Jahre über die Maßnahmen zur Umsetzung der Konvention zu berichten,
- das individuelle Beschwerdeverfahren nach Art. 1 des Fakultativprotokolls zur BRK, dem zufolge auch Individuen und Gruppen, die geltend machen, Opfer einer Verletzung des Übereinkommens durch den Vertragsstaat zu sein, beim Behindertenrechtsausschuss ein individuelles Mitteilungsverfahren einleiten können,
- das Untersuchungsverfahren, das bei schwerwiegenden oder systematischen Verletzungen der Konventionsrechte, gemäß § 6 des Fakultativprotokolls zur BRK, durch den Behindertenrechtsausschuss eingeleitet werden kann. [11]

Die innerstaatliche Durchführung und Überwachung der Konvention ist in Art. 33 BRK geregelt.

Hiernach sind zu bestimmen

- eine oder mehrere staatliche Anlaufstellen für Angelegenheiten im Zusammenhang mit der Durchführung der BRK (Art. 33 Abs. 1),
- eine unabhängige Mechanismen einschließende Struktur für die Förderung, den Schutz und die Überwachung der Durchführung der BRK (Art. 33 Abs. 2). Der Begründung des Ratifizierungsgesetzes entsprechend hat die Bundesregierung mit der Wahrnehmung dieser Aufgabe das Deutsche Institut für Menschenrechte in Berlin bestimmt. [12]

Nach Art. 33 Abs. 3 BRK wird die Zivilgesellschaft, insbesondere Menschen mit Behinderungen und die sie vertretenden Organisationen, in den Überwachungsprozess einbezogen und nimmt in vollem Umfang daran teil.

III. Das Recht auf Bildung nach Art. 24 BRK

1. Die Pflicht zur Gewährleistung eines inklusiven Bildungssystems

Die Vertragsstaaten anerkennen nach Art. 24 BRK das Recht von Menschen mit Behinderungen auf Bildung. Weiter heißt es in der amtlichen Übersetzung des Art. 24 Abs. 1 BRK:

"Um dieses Recht ohne Diskriminierung und auf der Grundlage der Chancengleichheit zu verwirklichen, gewährleisten die Vertragsstaaten ein integratives Bildungssystem auf allen Ebenen und lebenslanges Lernen mit dem Ziel,

a) die menschlichen Möglichkeiten sowie das Bewusstsein der Würde und das Selbstwertgefühl des Menschen voll zur Entfaltung zu bringen und die Achtung vor den Menschenrechten, den Grundfreiheiten und der menschlichen Vielfalt zu stärken;

b) Menschen mit Behinderungen ihre Persönlichkeit, ihre Begabungen und ihre Kreativität sowie ihre geistigen und körperlichen Fähigkeiten voll zur Entfaltung bringen zu lassen;

c) Menschen mit Behinderungen zur wirklichen Teilhabe an einer freien Gesellschaft zu befähigen."

Die Übersetzung der Worte "inclusive education system" in der englischsprachigen Fassung der Konvention mit "integratives Bildungssystem" in der amtlichen deutschen Übersetzung ist auf vielfache Kritik gestoßen. [13]

Dabei ist für den Inhalt der Verpflichtungen aus Art. 24 Abs. 1 S. 2 BRK entscheidend, welcher Integrationsbegriff ihm zugrunde liegt. Die Debatte über den Begriff der Integration ist – vereinfacht ausgedrückt – im Wesentlichen durch zwei Konzepte geprägt – dem Integrations- und dem Inklusionskonzept:

Nach dem Integrationskonzept besuchen Schüler mit Behinderungen gemeinsam mit denjenigen ohne Behinderungen allgemein bildende Schulen. Dabei wird den Schülern mit Behinderungen eine sonderpädagogische Unterstützung zuteil. Als "Mainstreaming" verlangt das Integrationskonzept in erster Linie eine Anpassungsleistung von den Schülern mit Behinderungen an die bestehenden Schulstrukturen. Damit korrespondierend sieht das Konzept der Integration Änderungen der Schulorganisation, des Curriculums sowie der Lehr- und Lernstrategien im größeren Umfang regelmäßig nicht vor.

Das Konzept der inklusiven Erziehung beruht auf dem Prinzip, alle Schüler, ungeachtet ihrer individuellen Unterschiede, gemeinsam zu unterrichten. Heterogenität wird nicht als Problem, sondern als Bereicherung gesehen. Ziele der inklusiven Erziehung sind insbesondere die Anerkennung und Wahrung der Vielfalt sowie die Bekämpfung diskriminierender Einstellungen und Werte. Angestrebt wird eine Schule für alle. Die Erreichung dieser Ziele setzt im Gegensatz zum Konzept der Integration eine systemische Veränderung im Schulwesen voraus, und zwar im Hinblick auf die Schulorganisation, die Lehrpläne, die Pädagogik, die Didaktik und Methodik sowie die Lehrerausbildung. Auch für Schüler mit Behinderungen soll eine Unterrichtssituation geschaffen werden, in der ihr Bildungspotential optimal entfaltet werden kann.
Die Umsetzung des Inklusionskonzepts setzt einen lernzieldifferenzierten Unterricht voraus. Das geforderte Leistungsniveau soll der Leistungsfähigkeit der Schüler mit Behinderungen angepasst werden. Anderenfalls wäre in der Schulpraxis die überwiegende Mehrzahl der Schüler mit Behinderungen durch einen zielgleichen Unterricht überfordert.

Inklusion will die noch bestehenden Exklusionseffekte eines bloßen Integrationskonzepts überwinden. [14]

Verbindlich ist nach Art. 50 BRK u. a. der englischsprachige Wortlaut, nicht hingegen gleichermaßen die deutschsprachige Übersetzung. Deshalb ist nach Art. 24 Abs. 1 S. 2 der BRK ein inklusives Bildungssystem ("inclusive education system") zu gewährleisten. Dies schließt die (Fort-) Existenz von Förderschulen jedoch nicht grundsätzlich aus. [15]
Die Verpflichtung zur Gewährleistung einer inklusiven Erziehung bezieht sich dabei auf alle Ebenen des Bildungssystems und auf ein lebenslanges Lernen. Gemeint sind damit alle Schulstufen sowie die Hochschulen und der Bereich der Erwachsenenbildung.

2. Kein Ausschluss aus dem allgemeinen Bildungssystem

Die Vertragsstaaten haben nach Art. 24 Abs. 2 BRK u.a. sicherzustellen,

- dass Menschen mit Behinderungen nicht aufgrund von Behinderung vom allgemeinen Bildungssystem ausgeschlossen und dass Kinder mit Behinderungen nicht aufgrund von Behinderung vom unentgeltlichen und obligatorischen Grundschulunterricht oder vom Besuch weiterführender Schulen ausgeschlossen werden (Art. 24 Abs. 2 Buchstabe a).

- dass Menschen mit Behinderungen gleichberechtigt mit anderen in der Gemeinschaft, in der sie leben, Zugang zu einem integrativen, hochwertigen und unentgeltlichen Unterricht an Grundschulen und weiterführenden Schulen haben (Art. 24 Abs. 2 Buchstabe b).

Diese Verpflichtung, aus Art. 24 Abs. 2 Buchstabe b, ist u.a. auch darauf ausgerichtet, dass der Zugang für Schüler mit Behinderungen gleichberechtigt mit anderen in der Gemeinschaft, in der sie leben, erfolgt. Dies bedeutet, dass Kinder und Jugendliche mit Behinderungen möglichst in ihrer Lebensgemeinschaft und Umgebung, in der sie aufwachsen, Zugang zum Grundschulunterricht und zur Sekundarschulbildung haben (sozial-inklusiver Aspekt). Daher ist es nicht ausreichend, wenn die Vertragsstaaten ihre inklusiven Schulangebote auf nur einige wenige Schulen konzentrieren. Die Vertragsstaaten sind vielmehr zur Gewährleistung einer flächendeckenden Versorgung mit inklusiven Schulen verpflichtet. [16]

3. Individuell angepasste Unterstützung und Förderung

Nach Art. 24 Abs. 2 Buchstaben c, d und e BRK sind die Vertragsstaaten verpflichtet, innerhalb des allgemeinen Schulsystems eine bestmögliche individuelle Unterstützung anzubieten, um den Schülern mit Behinderungen eine wirksame Bildung zu ermöglichen. [17]
Art. 24 Abs. 3 BRK bestimmt, dass die Vertragsstaaten Menschen mit Behinderung ermöglichen, lebenspraktische Fertigkeiten und soziale Kompetenzen zu erwerben, um ihre volle und gleichberechtigte Teilhabe an der Bildung und als Mitglieder der Gemeinschaft zu erleichtern. Zur Erreichung dieses Zwecks werden, in Art. 24 Abs. 3 Buchstaben a, b und c BRK, konkretere Einzelverpflichtungen zur Förderung und Unterstützung von Schülern mit Behinderungen genannt. Diese zielen insbesondere auf Kinder und Jugendliche mit Sinnesbehinderungen ab.

3.1 Erleichterung des Braille-Schrifterwerbs, von Orientierungs- und Mobilitäts- sowie anderer Fertigkeiten

Nach Art. 24 Abs. 3 Buchstabe a gehört es zu den Maßnahmen der Mitgliedstaaten, das Erlernen von Brailleschrift, alternativer Schrift, ergänzenden und alternativen Formen, Mitteln und Formaten der Kommunikation, den Erwerb von Orientierungs- und Mobilitätsfertigkeiten sowie die Unterstützung durch andere Menschen mit Behinderungen und das Mentoring zu erleichtern.Diese Regelung ist insbesondere auch für blinde und hochgradig sehbehinderte Schülerinnen und Schüler von großer Bedeutung, werden die Mitgliedsstaaten doch verpflichtet, den Erwerb "blindentechnischer Grundfertigkeiten", nämlich der Braille-Schrift sowie von Orientierungs- und Mobilitätsfertigkeiten, zu erleichtern.

Durch die Nennung alternativer Schrift, "ergänzender und alternativer Formen", Mitteln und Formaten der Kommunikation wird aber auch die Förderung gehörloser und hörbehinderter Kinder und Jugendlicher angesprochen.

3.2 Erleichterung des Erwerbs der Gebärdensprache

Nach Art. 24 Abs. 3 Buchstabe b erleichtern die Vertragsstaaten das Erlernen der Gebärdensprache und die Förderung der sprachlichen Identität der Gehörlosen. Diese Regelung ist - wie
sich aus ihrem eindeutigen Wortlaut ergibt – auf die Erleichterung des Erwerbs der Gebärdensprache ausgerichtet. Sie korrespondiert mit Art. 30 BRK (Teilhabe am kulturellen Leben,
Erholung und Sport), in dem ausdrücklich anerkannt wird, dass gehörlose Menschen nicht nur
mit Gebärdensprache und anderen Mitteln kommunizieren können, sondern inzwischen eine
eigene Kultur der Gehörlosen entwickelt haben. [18]

3.3 Sicherstellung der Bildung blinder, gehörloser und taubblinder Menschen

Gemäß Art. 24 Abs. 3 Buchstabe c BRK stellen die Vertragsstaaten sicher, dass blinden, gehörlosen oder taubblinden Menschen, insbesondere Kindern, Bildung in den Sprachen und
Kommunikationsformen und mit den Kommunikationsmitteln, die für den Einzelnen am besten
geeignet sind, sowie in einem Umfeld vermittelt wird, das die bestmögliche schulische und
soziale Entwicklung gestattet.
Sichergestellt werden soll hiernach einerseits die Vermittlung der Bildung in den Sprachen,
Kommunikationsformen und mit den Kommunikationsmitteln, die für den Einzelnen am besten
geeignet sind; andererseits soll die Bildung in einem Umfeld erfolgen, das die bestmögliche
schulische und soziale Entwicklung gestattet. Diese Regelung geht auf Forderungen der Verbände blinder und gehörloser Menschen zurück.[19] Nach ihr kann ein gesonderter Unterricht
vor allem in Fällen geboten sein, in denen ein separierter Unterricht für die Ausbildung besonderer Fertigkeiten von Behinderten erforderlich ist oder in denen ein inklusiver Unterricht mit
Nachteilen für das Wohl des Schülers mit Behinderung verbunden ist. Vertreten wird hierzu,
dass ersteres etwa für das Erlernen von Blindenschrift und Gebärdensprache, Letzteres etwa
für bestimmte Ausprägungen des Autismus der Fall sein kann. [20]
Ein Verzicht auf eine inklusive Beschulung sinnesbehinderter oder autistischer Kinder ist jedoch nicht von vornherein geboten, wie beispielsweise die Beschulung autistischer Kinder an
allgemeinen Schulen in Berlin [21] sowie die integrierte Beschulung blinder und sehbehinderter
Schüler mit Unterstützung des Landesförderzentrums Sehen in Schleswig [22] zeigen.
Für gehörlose Schülerinnen und Schüler ist ein Umfeld erforderlich, in dem sie Kontakt zu anderen gehörlosen Kindern und Jugendlichen haben, mit denen sie die Gebärdensprache praktizieren und ihre eigene Kultur leben können. Die Einzelintegration dürfte im Allgemeinen für
gehörlose Menschen kein Umfeld bieten, das ihnen eine bestmögliche schulische und soziale
Entwicklung gestattet.

An Stelle einer segregierten Beschulung gehörloser und stark hörbehinderter Kinder und Jugendlicher in Förderschulen sind dabei auch Formen kooperativen Unterrichts denkbar, bei
denen der Unterricht zum Teil getrennt erfolgt, z.B. um den gehörlosen Schülerinnen und Schülern die Gebärdensprache zu vermitteln, und teilweise gemeinsam.

4. Einstellung und Fortbildung von Lehrkräften

Nach Art. 24 Abs. 4 BRK treffen die Vertragsstaaten geeignete Maßnahmen zur Einstellung von Lehrkräften einschließlich solcher mit Behinderungen, die in Gebärdensprache oder Brailleschrift ausgebildet sind, und zur Schulung von Fachkräften und Mitarbeitern und Mitarbeiterinnen auf allen Ebenen des Bildungswesens. Diese Schulung schließt die Schärfung des Bewusstseins für Behinderungen und die Verwendung geeigneter ergänzender und alternativer Formen, Mittel und Formate der Kommunikation sowie pädagogische Verfahren und Materialien zur Unterstützung von Menschen mit Behinderungen ein.

Diese Regelung, die auf die Einstellung qualifizierter Lehrkräfte sowie die Fortbildung von Lehrerinnen und Lehrern abzielt, wirkt sich mittelbar auch auf die Inhalte der Lehreraus- und -fortbildung aus: Die auch insoweit zuständigen Bundesländer haben sicherzustellen, dass einerseits hinreichend kompetente Sonderpädagogen und -pädagoginnen mit dem erforderlichen Spezialwissen (z.B. Blinden- und Sehbehindertenpädagogen mit Brailleschriftkompetenz oder Gehörlosenpädagogen mit Gebärdensprachkompetenz) und andererseits bei einem auf Inklusion ausgerichteten Schulsystem in der allgemeinen Lehrerausbildung auch inklusionspädagogisches Wissen vermittelt wird.

5. Zugang zur Hochschul-, Berufsausbildung und Erwachsenenbildung

In Art. 24 Abs. 5 verpflichten sich die Vertragsstaaten, sicherzustellen, dass Menschen mit Behinderungen ohne Diskriminierung und gleichberechtigt mit Anderen Zugang zu allgemeiner Hochschulbildung, Berufsausbildung, Erwachsenenbildung und lebenslangem Lernen haben. Zu diesem Zweck stellen die Vertragsstaaten sicher, dass für Menschen mit Behinderungen angemessene Vorkehrungen getroffen werden. Damit werden in Art. 24 auch die sich der Schule anschließenden Bildungsbereiche, einschließlich der Prozesse lebenslangen Lernens, angesprochen, zu denen ein diskriminierungsfreier und gleichberechtigter Zugang für Menschen mit Behinderung zu eröffnen ist. Als Maßnahmen, die von den Vertragsstaaten zu ergreifen sind, kommt der Abbau von baulichen sowie von Kommunikations- und Informationsbarrieren sowie eine einkommens- und vermögensunabhängige Kostenübernahme notwendiger Hilfsmittel in Betracht.

IV. Das neue Bremische Schulgesetz

1. Struktur des Schulsystems und der sonderpädagogischen Förderung

Die Bundesländer sind — wie gezeigt — verpflichtet, die sich aus Art. 24 BRK ergebenden Anforderungen bei der Ausgestaltung ihres jeweiligen Schul- und Hochschulsystems sowie der Lehreraus- und Fortbildung umzusetzen. Das Bremische Schulgesetz (BremSchulG) in seiner Fassung vom 23.06.2009 [23] trägt nach der Gesetzesbegründung der Bestimmung des Art. 24 BRK bereits Rechnung.

Das bisherige System der Förderung von behinderten Schülern und Schülerinnen in Bremen bietet ein buntes Bild: In der Stadtgemeinde Bremen gab es im Schuljahr 2007/08 insgesamt 20 öffentliche Förderzentren sowie eine privat getragene Schule. Die öffentlichen Förderzentren arbeiten, wenn auch mit unterschiedlichen Gewichtungen, sowohl integrativ als auch mit an ihren eigenen Standorten erteiltem Unterricht für Klassen und Gruppen, in denen ausschließlich Förderschüler und -schülerinnen unterrichtet werden. Im Schuljahr 2007/08 arbeiten noch zwölf (vom Schuljahr 2008/09 nur noch elf Förderzentren in den Förderschwerpunkten "Lernen, Sprache und Verhalten), drei Förderzentren in dem Förderschwerpunkt "Wahrnehmung und Entwicklung", ein Förderzentrum arbeitet im Schwerpunkt "Soziale und emotionale Entwicklung" und dreiunddreißig jeweils ein weiteres Förderzentrum in den Förderschwerpunkten "Sehen", "Körperliche Entwicklung", "Hören" sowie "Krankenhaus- und Hausunterricht". Die privat getragene Förderschule arbeitet im Förderschwerpunkt "Lernen". [24]
Im Förderschwerpunkt "Lernen, Sprache, Verhalten" findet In den Klassen 1–4 die Förderung in den zugeordneten Grundschulen statt, zuweilen integrativ, zuweilen in gesonderten Klassen in der Grundschule, die dann mit anderen (nichtintegrativen) Klassen in bestimmten Bereichen kooperieren. Ein FöZ LSV (Burgdamm) ist eine "Schule ohne Schüler", d.h. sie führt am eigenen Standort keine eigenen Klassen, sondern unterstützt mit ihren Ressourcen vollständig die allgemeinen Schulen. In den Klassenstufen 5–10 findet in den übrigen FöZ der Unterricht in den FöZ statt, in einem FÜZ wird zusätzlich in den Klassen 5 - 6 auch integrativ gefördert. [25]
Schülerinnen und Schüler mit dem Förderschwerpunkt emotionale und soziale Entwicklung sind teilweise FÜZ mit dem Schwerpunkt LSV zugeordnet, teilweise dem FÜZ soziale und emotionale Entwicklung.

Im Förderschwerpunkt Hören erhalten hörgeschädigte Schülerinnen und Schüler sonderpädagogische Förderung entweder im FÜZ Hören oder – durch dieses unterstützt – in allgemeinen Schulen. Entsprechendes gilt für blinde und sehbehinderte Kinder und Jugendliche und das FÜZ sehen. [26]

Im Förderschwerpunkt körperliche und motorische Entwicklung wird der weitaus überwiegende Teil der Schülerinnen und Schüler in dem entsprechenden Förderzentrum (ca. 92 %) unterrichtet. [27]

Im Förderschwerpunkt geistige Entwicklung (Wahrnehmung und Entwicklung) kooperieren die drei in der Stadtgemeinde Bremen bestehenden FÜZ mit allgemeinen Schulen; im Rahmen der sog. Koop-Klassen werden Gruppen von "Förderschülern" gemeinsam mit den Schülern der allgemeinen (Kooperations-) Schule, zeitweise aber auch separat unterrichtet. [28]

1.2 DIE ÄNDERUNGEN DURCH DAS NEUE BREMISCHE SCHULGESETZ

Die Veränderungen im Bremischen Schulsystem lassen sich wie folgt zusammenfassen:
- das neue Schulsystem wird zukünftig im Sekundarbereich I nur noch zwei gleichwertige Schularten haben, die Oberschule und das Gymnasium. Die Oberschule ermöglicht das Abitur nach 13 Jahren, das Gymnasium nach zwölf Jahren. Es sollen auch Oberschulen entwickelt werden, die das Abitur nach 13 Jahren anbieten (§ 20 BremSchulG).

- nach dem neuen Schulgesetz haben bremische Schulen den Auftrag, sich zu inklusiven Schulen zu entwickeln (§ 3 Abs. 4 BremSchulG).

- die bisherigen Förderzentren, die für die sonderpädagogische Förderung behinderter Schülerinnen und Schüler zuständig sind, sollen schrittweise aufgelöst werden. An ihre Stelle treten Zentren für unterstützende Pädagogik an allgemeinen Schulen und regionale Beratungszentren (ReBuZ). Die Einführung der Zentren für unterstützende Pädagogik soll mit dem Schuljahr 2010/2011 beginnen. Als eigenständige Schulen und anwählbare Alternative zum gemeinsamen Unterricht behinderter und nicht behinderter Schüler und Schülerinnen sollen allerdings die Schule für Hörgeschädigte, die Schule für Sehgeschädigte sowie die Schule für körperliche und motorische Entwicklung dauerhaft erhalten bleiben. Zukünftig haben die Erziehungsberechtigten eines Kindes mit sonderpädagogischem Förderbedarf das Recht, im Rahmen der Kapazitäten zu entscheiden, ob die sonderpädagogische Förderung in einer allgemeinen Schule oder einem Förderzentrum stattfinden soll, soweit ein solches Förderzentrum noch fortbesteht. Den geeigneten Förderort bestimmt die Senatorin für Bildung und Wissenschaft (§ 70a BremSchulG).

- vorgesehen im Schulgesetz ist ein Entwicklungsplan des Landes zur schulischen Förderung von Schülerinnen und Schülern mit Bedarf an unterstützender Pädagogik und sonderpädagogischer Förderung. Dieser soll einen Zeitrahmen für den Übergang von den bisherigen Förderzentren zu den zukünftigen Zentren für unterstützende Pädagogik an den allgemeinen Schulen sowie Perspektiven und Maßnahmen für die Realisierung des Auftrags zur gemeinsamen Gestaltung des Unterrichts und des weiteren Schullebens für behinderte und nicht behinderte Schülerinnen und Schüler aufzeigen (§ 35 Abs. 4 BremSchulG).

- durch die in die allgemeinen Schulen eingegliederten Zentren für unterstützende Pädagogik soll dort die sonderpädagogische sowie weitere unterstützende Pädagogik gewährleistet werden (§ 22 BremSchulG).

- die neu geschaffenen regionalen Unterstützungs- und Beratungszentren sollen die schülerbezogene Beratung und Unterstützung dezentral wahrnehmen. Schüler, deren Lern- oder Sozialverhalten dies erforderlich macht oder von denen dauerhafte Störungen der Unterrichts- und Erziehungsarbeit ausgehen, können vorübergehend auch in den ReBuZ unterrichtet werden; die Zuweisung soll zwei Schuljahre nicht übersteigen (§ 55 Abs. 4 BremSchulG, § 14 Abs. 2 Bremisches Schulverwaltungsgesetz) [29].

2. Fragen der praktischen Umsetzung des Konzepts zur Entwicklung eines inklusiven Bildungssystems

Nachdem die Höhen der Änderung des Schulgesetzes in Bremen erklommen worden sind, liegen jetzt vor allen Beteiligten die Mühen der Ebene, auf der die neuen Regelungen umgesetzt und ein inklusives Schulsystem entwickelt werden müssen. Im Zentrum stehen dabei der Aufbau von Zentren für unterstützende Pädagogik an den allgemeinen Schulen und der Aufbau der Regionalen Beratungs- und Unterstützungszentren (ReBUZ). Da auch die Förderzentren, deren Fortbestand durch das Schulgesetz nicht garantiert wird, zur Zeit noch bestehen, können die Eltern bzw. Erziehungsberechtigten auf der Grundlage des ihnen gewährten Wahlrechts entscheiden, ob ihr Kind an einer allgemeinen Schule (gemeinsam) oder an einem FÜZ unterrichtet werden soll. Damit beeinflusst der "Elternwille" den Prozess der Umgestaltung des Systems wesentlich.

Am 16.02.2010 titelte der "Weser-Kurier" – die größte Tageszeitung im kleinsten Bundesland – "Förderkinder an der Oberschule – Inklusion – Bremens Bildungsbehörde unter Druck". Berichtet wurde, dass sich zwei Drittel der Eltern von Kindern mit "Defiziten in den Bereichen Lernen, Sprache und Verhalten" sich dazu entschlossen hätten, ihren Nachwuchs auf eine Regelschule zu schicken. Nicht deutlich wurde in diesem Artikel jedoch, dass es sich lediglich um diejenigen Schüler handelt, die mit Beginn des neuen Schuljahres von Klasse 4 nach Klasse 5 wechseln. Nach den Sommerferien sollen 33 von 162 fünften Klassen inklusiv sein; in diesen Klassen sollen 17 Schülerinnen und Schüler ohne sonderpädagogischen Förderbedarf und fünf mit einem entsprechenden Bedarf gemeinsam unterrichtet werden. Zusätzlich soll ein sonderpädagogisch qualifizierter Lehrer mit einer halben Stelle in einer solchen Klasse eingesetzt werden. Die Personalauswahl hierfür soll bis zu den Osterferien abgeschlossen sein. Nach diesen Ferien sollen gemeinsame Fortbildungen der entsprechenden Jahrgangsteams der Lehrer der allgemeinen Schule mit den hinzukommenden Sonderpädagogen beginnen.

Die Kritik an diesem Prozess ist vielfältig:
- Er sei zu schnell und müsse verlangsamt werden,
- die Zahl der "Förderkinder" pro Klasse müsse von fünf auf vier reduziert werden,
- da im ersten Jahr des Umstellungsprozesses pro allgemeiner Schule nur eine sonderpädagogische Lehrkraft zum Einsatz komme, bestehe die Gefahr der Vereinzelung und die Organisation von Vertretungen, z.B. bei Krankheit, sei schwierig,
- die (noch) bestehenden Förderzentren müssten eine zumindest befristete Koordinierungs- und Unterstützungsaufgabe in diesem Prozess erhalten,
- insgesamt sei zu befürchten, dass das "Haushaltsnotlageland" Bremen den Prozess der Entwicklung eines inklusiven Schulsystems nicht mit den notwendigen Ressourcen hinterlegen könne.

Neben der kurzfristigen Aufgabe der Vorbereitung des nächsten Schuljahres sind im Prozess der Umsetzung des neuen Schulgesetzes weitere "Baustellen" vorhanden:
- Eine "Großbaustelle" ist die Herausbildung der Oberschulen, die konzeptionell im Wesentlichen der Integrierten Gesamtschule entsprechen.

- daneben muss im Schulentwicklungsplan "Inklusion" der weitere Prozess der Umgestaltung des Systems der sonderpädagogischen Förderung festgelegt werden, insbesondere auch das Auslaufen der FÜZ, deren Fortbestand durch das jetzige Schulgesetz nicht vorgesehen ist.

- vor allem wird dabei auch darüber zu entscheiden sein, wie die bereits bisher mit allgemeinen Schulen kooperierenden FÜZ für Wahrnehmung und Entwicklung in Zentren für unterstützende Pädagogik an allgemeinen Schulen umgewandelt werden können und wie verfahren werden soll, wenn in den nächsten Schuljahren nennenswerte Teile der Eltern, z.B. jeweils die Hälfte den gemeinsamen Unterricht in der allgemeinen Schule oder den Unterricht in einem FÜZ anwählt (Soll dann auf Dauer ein "duales Fördersystem" aufrechterhalten werden und kann ein solches System ressourcenmäßig gut ausgestattet werden?).

Die angedeuteten Probleme bei der Umwandlung des Schulsystems könnten sich dann noch verschärfen, wenn der Prozess des Umbaus deutlich verlangsamt und gleichzeitig eine große Zahl von Eltern den Anspruch ihrer Kinder auf gemeinsamen Unterricht gerichtlich durchsetzen würde; eine solche Entwicklung könnte die Schwierigkeiten und Probleme im System weiter verschärfen. Deshalb besteht zu einem zügigen und gleichermaßen umsichtigen Prozess der Umgestaltung des Bildungssystems in Richtung auf eine inklusive Schule im Lichte der Behindertenrechtskonvention keine Alternative mehr.

Fußnoten

1 Der vorliegende Text ist eine überarbeitete und aktualisierte Fassung des Vortrages, den der Verfasser am 29.01.2009 während der Tagung "Alle inklusive" der Behindertenbeauftragten der Bundesregierung in Berlin gehalten hat; es gilt das gesprochene Wort.

2 BGBl. Teil II, 2008, S.1419.

3 Vgl. BR-Drucks. 760/08 S.§1; Bielefeldt, Zum Innovationspotential der UN-Behindertenrechtskonvention, 2. aktualisierte Aufl., Mai 2008, Deutsches Institut für Menschenrechte, Essay Nr. 5.

4 Poscher/Langer/Rux; Gutachten zu den völkerrechtlichen und innerstaatlichen Verpflichtungen aus dem Recht auf Bildung nach Art.§24 des UN-Abkommens über die Rechte von Menschen mit Behinderungen und zur Vereinbarkeit des deutschen Schulrechts mit den Vorgaben des Übereinkommens – erstellt im Auftrag der Max-Traeger-Stiftung und der Gewerkschaft Erziehung und Wissenschaft, 2008, S. 12

5 Vgl. Lachwitz, UNO-Generalversammlung verabschiedet Konvention zum Schutz behinderter Menschen, Horus 1/2008, S. 4 = Rechtsdienst der Lebenshilfe 1/07, S. 37 ff.

6 Vgl. Poscher/Langer/Rux, a.a.O., S. 16.

7 So im Ergebnis auch Poscher/Langer/Rux, a.a.O., S. 32.

8 Riedel, Gutachten zur Wirkung der internationalen Konvention über die Rechte von Menschen mit Behinderung und ihres Fakultativprotokolls auf das Deutsche Schulsystem, S. 22.

9 VGH Kassel, Urteil vom 12.11.2009, Az.: 7 B 2763/09.

10 Poscher/Langer/Rux; a.a.O., S. 16.

11 Vgl. zu alledem auch Poscher/Langer/Rux, a.a.O., S. 35 ff.

12 BT-Drucks. 16/10808, S. 68.

13 Vgl. hierzu nur die Zusammenfassung der Sachverständigenanhörung des Ausschusses für Arbeit und Soziales des Deutschen Bundestages vom 24.11.2008 in der Beschlussempfehlung und dem Bericht vom 03.12.2008, BT-Drucks. 16/11234, S 6 ff.

14 So Poscher/Langer/Rux, a.a.O., S. 21f. m.w.N.

15 So Poscher/Langer/Rux, a.a.O., S. 24.

16 Poscher/Langer/Rux, a.a.O., S. 28.

17 Vgl. Poscher/Langer/Rux, a.a.O., S. 29.

18 Vgl. Lachwitz, a.a.O., Horus 1/2008, S. 7.

19 Vgl. den entsprechenden Hinweis bei Poscher/Langer/Rux in Fn 74.

20 Ähnlich auch Poscher/Langer/Rux, a.a.O., S. 31.

21 Weitere Hinweise hierzu sind auf der Internetseite http://www.autismus-berlin.de/angebote.phb zu finden.

22 Weitere Informationen hierzu sind auf der Internetseite www.LFS-Schleswig.de zu finden.

23 BremGBl. S. 237.

24 Vgl. hierzu im Einzelnen Klemm/Preuss-Lausitz, Gutachten zum Stand und den Perspektiven der sonderpädagogischen Förderung in den Schulen der Stadtgemeinde Bremen, Essen/Berlin 2008, S. 32 ff.

25 Klemm/Preuss-Lausitz, A.a.O., S. 43 ff.

26 Klemm/Preuss-Lausitz, a.a.O., S. 5 ff.

27 Klemm/Preuss/Lausitz, a.a.O., S. 69.

28 Klemm/Preuss/Lausitz, a.a.O., S. 70 f. m.w.N.

29 Wegen der weiteren Einzelheiten der Änderungen im Bremischen Schulsystem vgl. auch die Gesetzesbegründung, Bremische Bürgerschaft, Drs. 17/778 und Drs. 17/847.

Architektur eines inklusiven Bildungswesens
Eine bildungspolitische Skizze

Prof. Hans Wocken

1. Gebot der UN-Konvention

Seit dem 26. März 2009 ist die Konvention der Vereinten Nationen über die "Rechte behinderter Menschen" in Kraft. Bundestag und Bundesrat haben dieser Konvention einvernehmlich zugestimmt. Nun sind die Bundesländer am Zuge, die Bestimmungen der Behindertenrechtskonvention (BRK) in Landesrecht umzusetzen.

Die BRK ist ein Dokument von einer überragenden historischen Bedeutung. Sie enthält eben nicht eine Liste von frommen Wünschbarkeiten und unverbindlichen Empfehlungen, sondern einen prägnanten Katalog von Anforderungen, die mit dem Status einer menschenrechtlichen Verpflichtung ausgestattet wurden. Die BRK fordert nicht besondere Rechte für Menschen mit Behinderungen, sondern schlicht und einfach die gleichen Rechte für Menschen mit Behinderung. Zentrale Leitziele sind das bedingungslose Verbot jeglicher Formen von Diskriminierung, das unbedingte Recht auf Selbstbestimmung und das uneingeschränkte Recht auf gleiche Teilhabe.

Für den Bereich Schule und Bildung enthält die BRK konkrete Bestimmungen, die für die Gestaltung des Bildungswesens eine weitreichende Bedeutung haben. In § 24 der BRK heißt es:

"Die Vertragsstaaten anerkennen das Recht von Menschen mit Behinderungen auf Bildung. Um dieses Recht ohne Diskriminierung und auf der Grundlage der Chancengleichheit zu verwirklichen, gewährleisten die Vertragsstaaten ein inklusives Bildungssystem auf allen Ebenen und lebenslanges Lernen."

Mit dieser Vorschrift werden sich die folgenden Ausführungen beschäftigen.

2. Merkmale eines inklusiven Bildungssystems

Wie kaum anders zu erwarten, ergeht über die Zielbestimmung "inklusives Bildungssystem" eine äußerst kontroverse Diskussion. Aus dem konservativen Lager gab es Stimmen, die eine recht simple Argumentationskette ins Feld führten: Behinderte Kinder können ausnahmslos Sonderschulen besuchen; sie sind damit auch in das Bildungswesen inkludiert, und es gibt folglich keinerlei Handlungsbedarf. Auf der anderen Seite deuten die fortschrittlichen Kräfte den Terminus "inklusives Bildungssystem" als eine Aufforderung zu einer Abschaffung jeglicher Gliederung: keine Gymnasien, keine Realschulen, keine Sonderschulen, sondern nur noch und einzig und allein eine gemeinsame Schule für alle.

Die herrschende, mehrheitsfähige Auslegung der BRK sieht anders aus. Die BRK äußern sich schlichtweg nicht zu Fragen der Schulstruktur. Nirgendwo steht ein Satz, dass es Sonderschulen nicht mehr geben dürfe, und nirgendwo wird etwa die Abschaffung des Gymnasiums gefordert. Allen sensiblen Bürgerinnen und Bürgern kann deshalb vorab die tröstliche und beruhigende Botschaft überbracht werden, dass weder Gymnasien noch Sonderschulen ausdrücklich verboten sind.

Der BRK geht es nicht um eine Suspendierung gegliederter Schulstrukturen, sondern um Nichtdiskriminierung, Gleichberechtigung und Teilhabe. Schüler mit Behinderungen dürfen die gleiche Schule besuchen wie das Nachbarskind. Das ist die einfache und doch so gewichtige Botschaft der UN-Konvention. Mit diesem Recht auf den Besuch der gleichen Schule, die auch die anderen Kinder besuchen, korrespondiert ein Verbot der Sonderschulpflicht. Eine zwangsweise Einweisung in Sonderschulen kann und darf es künftig nicht mehr geben. Denn die Vertragsstaaten haben sich im §24 dazu verpflichtet sicherzustellen, "dass Menschen mit Behinderungen nicht aufgrund von Behinderung vom allgemeinen Bildungssystem ausgeschlossen werden". Was ist nun aber unter einem inklusiven Bildungssystem zu verstehen?

Zur Beantwortung dieser Frage leistet das sogenannte "4A-Schema" gute Dienste: "availability" (Verfügbarkeit), "accessibility" (Zugänglichkeit), "acceptability" (Akzeptierbarkeit) und "adaptability" (Anpassungsfähigkeit). Das 4A-Schema geht auf Katherina Tomasevski zurück, die von 1998 bis 2004 als erste UN-Sonderberichterstatterin zum Recht auf Bildung tätig war. Ihr menschenrechtsbasierter Bildungsansatz fand internationale Anerkennung und wurde 1999 auch in den Allgemeinen Kommentar ("general comments") des Sozialpaktausschusses der Vereinten Nationen aufgenommen (Deutsches Institut für Menschenrechte 2005, 265f.):

(1) Verfügbarkeit
Bildung ist ein allgemeines Gut, das für alle Kinder in gleicher Weise frei verfügbar sein muss. Bildung in separaten Institutionen widerspricht dem Gleichheitsgebot. Der oberste US-amerikanische Gerichtshof hat im Jahr 1954 im Falle der schwarzen Pfarrerstochter Linda Brown das weltweit beachtete Urteil gesprochen: „Separate is not equal" (getrennt ist nicht gleich). Mit diesem Urteil wurden aussondernde Schulen als eine diskriminierende Verletzung des Gleichheitsgebots und damit als verfassungswidrig deklariert. Damit inklusive Bildungsangebote wirklich eine wählbare Option sind, müssen sie auch in ausreichendem Maße real vorhanden sein. Inklusion muss allen Kindern und Eltern, die es wollen, grundsätzlich möglich sein.

(2) Zugänglichkeit
Bildungseinrichtungen müssen wirtschaftlich und physisch zugänglich sein. Wirtschaftlich zugänglich ist Bildung, wenn sie für alle erschwinglich ist. Eltern behinderter Kinder dürfen nicht

zur Kasse gebeten werden, wenn sie eine inklusive Bildung wünschen. Physisch zugänglich ist Bildung dann, wenn die Bildungseinrichtungen barrierefrei gebaut sind und in einer zumutbaren Entfernung liegen. Inklusive Bildungsangebote müssen erreichbar, also wohnortnah vorgehalten werden; also ein Bildungsangebot, das Schüler mit Behinderungen "mit anderen in der Gemeinschaft, in der sie leben" (BRK 42, 2d), wahrnehmen können.

(3) Akzeptierbarkeit

Das Kriterium der Akzeptierbarkeit bzw. Angemessenheit bezieht sich auf Form, Inhalt und Qualität der Bildung. Kinder und Jugendliche haben das Recht auf Teilhabe am gleichen Curriculum und dürfen nicht auf reduzierte Sondercurricula festgelegt werden. Eine diskriminierungsfreie Akzeptierbarkeit ist nur dann gegeben, wenn auch die pädagogischen Methoden und Hilfen hochwertig sind. Nur eine Bildung, die dem fortgeschrittenen Stand des pädagogischen Könnens und Wissens entspricht, ist qualitativ akzeptabel. Akzeptierbarkeit beinhaltet insbesondere die Forderung nach einer angemessenen Ausstattung mit allen notwendigen Ressourcen. Innerhalb der Regelschule muss die notwendige materielle Ausstattung und personelle Unterstützung verfügbar sein, um alle Kinder mit und ohne Behinderungen ihren individuellen Möglichkeiten entsprechend fördern zu können.

Die UN-Konvention verwendet für das Kriterium der Akzeptierbarkeit auch den Begriff der "angemessenen Vorkehrungen für eine wirksame und gleichberechtigte Teilhabe". Die Wortschöpfung "passgenaue Förderung", die gegenwärtig in sonderpädagogischen Kreisen zum Modewort avanciert, sollte dagegen baldmöglichst aus dem Wortschatz der Pädagogik gestrichen werden. "Passgenaue Förderung" suggeriert, dass das pädagogische Problem einer angemessenen Passung zwischen Förderbedarf und Förderangebot mit einer technologischen Präzision gelöst werden könne, und erzeugt die Vorstellung, als könnten und sollten behindertes Kind und spezielle Förderung so zusammenpassen wie Schraube und Mutter. Entwicklung und Lernen ereignen sich aber nach Piaget gerade dann, wenn dosierte Widersprüche und mangelnde Passungen gegeben sind. Das Bildungsgefälle einer heterogenen Lerngruppe ist lernförderlicher und stimulierender als das reduktive, sedierende Entwicklungsmilieu sonderpädagogischer Schonräume.

Zur Beurteilung der Angemessenheit kann der Grundsatz der Ressourcengleichheit herangezogen werden. Sonderschulen und inklusive Schulen müssen in vollem Umfange gleichwertig mit allen Ressourcen ausgestattet werden. Keine Schulform darf bevorzugt oder benachteiligt werden. In beiden Schulformen muss eine hinlängliche Passung zwischen den Förderbedarfen aller Kinder und den erforderlichen schulischen Förderressourcen hergestellt werden. Das Kriterium der Angemessenheit impliziert damit zugleich eine deutliche Warnung, die Inklusionsreform für Sparzwecke zu missbrauchen oder auf Sparniveau umzusetzen. Eine unzureichend und schlecht ausgestattete inklusive Schule wäre ein unattraktives Billigmodell, das den Eltern als Zumutung erscheinen muss und in der Folge wegen der inakzeptablen Qualität von ihnen nicht gewählt wird.

(4) Anpassungsfähigkeit

Die Schule muss sich an den Lebenslagen der Kinder orientieren und den unterschiedlichen Bedürfnissen der Kinder Rechnung tragen. Der diversity-Ansatz der inklusiven Bildung räumt den Kindern das Recht auf Verschiedenheit ein. Alle Kinder sind gleich und verschieden; alle Kinder sind mit gleichen Rechten ausgestattet und zugleich in ihrer Unterschiedlichkeit willkommen. Das bedeutet beispielsweise, dass die sprachliche Identität der Gehörlosen anerkannt und gefördert werden muss, oder dass für leistungsschwache Kinder das Prinzip des zieldifferenten Lernens zunächst im Aneignungsprozess und dann insbesondere bei der Leistungsevaluation anzuwenden ist. Eine diskriminierungsfreie Bildung fordert die Anpassung der Schule an die Kinder und nicht umgekehrt.

Ein inklusives Schulsystem muss diesen vier Strukturmerkmalen des Menschenrechts auf Bildung genügen. Es spielt also keine Rolle, ob es daneben weiterhin andere Schulen wie Sonderschulen oder Gymnasien gibt. Wichtig ist allein, dass inklusive Bildungsangebote verfügbar, wohnortnah, hochwertig und bedürfnisgerecht sind.

Für zweierlei Zwecke kann die UN-Konvention indessen nicht genutzt werden: Erstens kann aus der Konvention nicht gefolgt, dass das Schulsystem in Gänze gesamtschulartig verfasst sein muss und dass es außer der einen Schule für alle keine anderen Schulformen mehr geben dürfe. Und zweitens kann aus der Konvention nicht hergeleitet werden, dass es auf jeden Fall Sonderschulen geben muss.

Der Verband Sonderpädagogik (VdS) fordert in der aktuellen bildungspolitischen Debatte den ungeschmälerten Erhalt der gesamten Palette der tradierten Sonderschularten. Auch die Kultusministerien der Bundesländer sprechen sich in ihrer überwiegenden Mehrheit für den Erhalt der Sonderschulen aus. Es ist ohne Frage legitim, die Konservierung des Sonderschulsystems bildungspolitisch zu vertreten, aber in der Debatte ist ein außerordentlich hohes Maß an seriöser und rationaler Rechtfertigung einzufordern. Die Bestandsgarantien und -forderungen können sich zur ihrer Legitimierung allerdings auf keinen Fall auf die Behindertenrechtskonvention berufen. Die BRK stuft separierende Sonderschulen unzweideutig als ungleiche Behandlung von Kindern mit und ohne Behinderung und damit als Diskriminierung ein.

Ein inklusives Bildungssystem unterscheidet sich von einem gegliederten Schulwesen durch andere organisatorische, materielle und personelle Rahmenbedingungen. Im Folgenden soll nun die veränderte Struktur eines inklusiven Bildungssystems entfaltet werden.

3. DAS INKLUSIVE REGELSYSTEM

Zur Inklusion aller Kinder mit Behinderungen bedarf es zweierlei Systeme. Das erste System ist für die Inklusion von behinderten Kindern mit den Förderschwerpunkten Lernen, Sprache und emotionale und soziale Entwicklung zuständig.

Das inklusive Regelsystem soll durch ein gedankliches Planspiel begründet und schrittweise entfaltet werden. Man stelle sich eine einzügige Grundschule mit vier Klassen vor. Jede Klasse möge 25 Kinder haben. Die Grundschule wird von allen Kindern des Schulsprengels besucht, sie ist also ein getreues Abbild der sozialen Umgebung. In dieser unausgelesenen Grundschule befinden sich dann selbstverständlich auch Kinder mit Beeinträchtigungen, die auf besondere pädagogische Hilfe und Unterstützung angewiesen sind. Im Laufe der Grundschulzeit haben etwa zehn Prozent aller Kinder erhebliche Beeinträchtigungen des Lernens, der Sprache und des Verhaltens.

Der Prozentsatz von zehn ist keine empirisch ermittelte Größe, sondern eine begründete Schätzung. Fragt man etwa die Lehrerin eines ersten Schuljahres, wie viele "Sorgenkinder" sie in ihrer Klasse hat, die nicht mitkommen und besonderer Unterstützung bedürfen, so wird jede Lehrerin mühelos zwei bis drei Kinder nennen können. Unter diese zehn Prozent sind nicht allein jene Kinder subsummiert, die bereits manifeste Lernbehinderungen, Sprachbehinderungen und Verhaltensstörungen haben und jetzt Sonderschulen besuchen, sondern auch Kinder mit weniger gravierenden Lern-, Sprach- und Verhaltensstörungen. Diese Kinder gelten auch als "Risikokinder", als "von Behinderung bedroht"; sie benötigen ebenfalls eine zusätzliche Unterstützung, die einer möglichen Überweisung in die Sonderschulen präventiv vorbeugen soll.

Die Zehn-Prozent-Quotenregelung gilt es nun, auf die Schule anzuwenden. In einer Grundschule mit vier Klassen sind dann also etwa zehn Kinder sondererziehungsbedürftig. Die Zuweisung einer sonderpädagogischen Ressource zur Förderung dieser zehn Kinder orientiert sich "dem Prinzip der Ressourcengleichheit folgend" an der durchschnittlichen Klassenfrequenz in Förderschulen; diese beträgt laut Statistik der Kultusministerkonferenz (KMK) im Jahre 2008 für den Förderschwerpunkt Lernen 11,0, für alle anderen Förderschwerpunkte noch weniger. Die zehn Förderkinder an der gedachten Musterschule sind damit also genau so viel wie eine durchschnittliche Klasse an einer Förderschule. Aus der faktischen Existenz von zehn Prozent Förderkindern an einer unausgelesenen Grundschule kann gefolgert werden, dass diese Grundschule dann einen begründeten Anspruch auf eine volle Sonderpädagogenstelle hat. Für diese zehn Kinder sollte jede Grundschule eine volle Sonderpädagogenstelle mit den Fachrichtungen Verhaltensgestörten-, Lern- oder Sprachbehindertenpädagogik erhalten.

Verallgemeinert man das Planspiel mit der Musterschule, dann ergibt sich für die Organisation einer inklusiven Schule eine einfache Regel: Für vier Klassen bzw. 100 Kinder erhält jede Schule eine Sonderpädagogenstelle. Diese Ressourcenzumessung wird auch mit dem Begriff "sonderpädagogische Grundausstattung" belegt. Bei einer Lehrerwochenstundenzahl von 27 Unterrichtsstunden wäre der Sonderpädagoge an jedem Schultag mindestens eine Unterrichtsstunde in jeder der 4 Klassen und hätte dann noch sieben Stunden freie Kapazitäten für Beratung, Eltern- und Netzwerkarbeit, Extraförderung und Ähnliches.

Die Anwesenheit von etwa drei Förderkindern wirkt sich auch auf die Klassenfrequenz aus. In den Förderschulen mit den Schwerpunkten Lernen, Sprache und Verhalten ist die Klassenfrequenz etwa halb so groß wie in den Grund- und Hauptschulen. Daraus kann gefolgert werden, dass die drei Förderkinder in einer inklusiven Klasse nicht einfach, sondern doppelt gezählt werden dürfen. Eine inklusive Klasse besteht dann aus 19 nichtbehinderten Kindern und drei Förderkindern, also real aus 22 Kindern. Wegen der Doppelzählung der Förderkinder beträgt die virtuelle Klassengröße wiederum 25 Kinder" – die Senkung der Klassenfrequenz ist damit kostenneutral.

Das vorgeschlagene Organisationsmodell eines inklusiven Regelsystems ist durch zwei Charakteristika gekennzeichnet:

(1) Systemische Ressourcenzuweisung

Die pauschale Zuweisung eines Sonderpädagogen für zehn Prozent aller Schüler wird nicht von einer diagnostischen Etikettierung der Kinder mit Beeinträchtigungen abhängig gemacht. Die sonderpädagogischen Ressourcen werden nicht mehr ad personam für namentlich benannte Kinder, nicht mehr personbezogen, sondern schulbezogen gewährt. Der Umfang der zusätzlichen Ressourcen wird durch eine festgesetzte Bedarfsquote berechnet; dieses Steuerungsmuster kann auch als prävalenzbasierte Ressourcenakquise bezeichnet werden. Bei nichtbehinderten Kindern verhält es sich übrigens nicht anders. Lehrerinnen werden üblicherweise nicht einzelnen Kindern, sondern immer ganzen Klassen zugeordnet, und kein nichtbehindertes Kind hat einen Anspruch auf einzelne Lehrerstunden, quasi auf Bruchteile einer Lehrerin.

Die systemische Ressourcenzuweisung löst auf elegante Art und Weise ein schwieriges Problem, das in der Integrationsforschung unter dem Begriff "Ressourcen-Etikettierungs-Dilemma" diskutiert wurde. Dem Dilemma liegt die folgende Logik zugrunde: Voraussetzung für zusätzliche Lehrerstunden ist das Erkennen und Feststellen von Förderbedarfen. Diagnose und Etikettierung von Förderbedarfen bzw. von Behinderungen sind die unabdingbare Voraussetzung für die Bereitstellung zusätzlicher pädagogischer Ressourcen. Wer zusätzliche Lehrerstunden haben will, muss als Vorleistung behinderte Kinder namentlich benennen. Wenn diese Voraussetzung erfüllt ist, wenn also Kinder mit Förderbedarf diagnostisch ermittelt und aktenkundig gemeldet worden sind, erst dann werden zusätzliche Lehrerstunden für die etikettierten Kinder bewilligt. Im Alltagsjargon werden Kinder mit sonderpädagogischem Förderbedarf gelegentlich auch als "Rucksackkinder" bezeichnet. Zum persönlichen, unveräußerlichen Marschgepäck von "Bedarfskindern" gehören bestimmte Lehrerstunden, die sie mit sich herumtragen, wo auch immer sie sind.

Dem Junktim zwischen Bedarfsdiagnose und Ressourcenangebot liegen der ursprünglichen Intention nach durchaus positive Absichten der Ressourcensicherung und Ressourcenlegitimation zugrunde:
Es soll erstens sichergestellt werden, dass alle Kinder, die besonderer Entwicklungshilfen bedürfen, diese auch wirklich erhalten. Die amtliche Bescheinigung eines Förderbedarfs soll gewährleisten, dass bedarfsdeckende Förderangebote glaubwürdig eingefordert und gegebenenfalls auch gerichtlich durchgesetzt werden können. Das diagnostische Testat "Behinderung" bzw. "Förderbedarf" hat die Funktion eines Berechtigungsscheins für Lehrerstunden.

Zweitens erscheint die Vergabe zusätzlicher Mittel nur dann gerechtfertigt, wenn die Empfänger tauch nachweislich und anerkanntermaßen bedürftig sind. Damit zusätzliche Lehrerstunden für eine inklusive Klasse ohne Neid und Groll von anderen akzeptiert werden können, müssen einsichtige und nachvollziehbare Gründe angeführt werden. Es bedarf der Rechtfertigung, warum in einer Schulklasse nur ein Lehrer tätig ist und in einer anderen Klasse dagegen zeitweise ein zweiter Lehrer mithilft.

Die guten Absichten der Bedarfs-Angebots-Logik sind unstrittig. In der Praxis integrativer Schulversuche und -reformen hat dieses Prinzip indes zu problematischen, ja paradoxen Erscheinungen geführt (Wocken 1996). Was einmal als ein Instrument zur Ressourcensicherung gedacht war, wird umfunktioniert in ein Instrument zur Ressourcenbeschaffung. Die Feststellungsdiagnostik wurde und wird missbräuchlich zur Konstruktion von Behinderungen genutzt, um Bedarfe zu generieren und Ressourcen zu akquirieren. Wenn die Logik des Bedarfs-Angebots-Junktims nicht aufgehoben wird, dann sind die Inflationierung von Förderbedarfen sowie die Eskalation von Bedarfsanforderungen und damit auch expandierende Ressourcenhaushalte die unausweichliche Folge.

(2) Dekategorisierung und Nichtetikettierung
Das inklusive Regelsystem kennt keine Aufnahmeverfahren, keine Förderausschüsse und keine diagnostischen Prozeduren, mit deren Hilfe Kinder als "behindert" gekennzeichnet werden. Im inklusiven Regelsystem gibt es weder "Gutachtenkinder" noch "Förderbedarfskinder" noch Kinder, die namentlich mit dem Etikett "lernbehindert", "sprachbehindert" oder "verhaltensgestört" gekennzeichnet sind. Die inklusiven Regelklassen nehmen nach dem Wohnortprinzip sehr wohl Kinder mit Lern-, Sprach- und Verhaltensstörungen auf, verzichten aber auf die traditionellen Behinderungskategorien "lernbehindert", "verhaltensgestört", "sprachbehindert". Die "behinderten" Kinder sind da, aber niemand kennt ihren Namen. Der Stempel "Behinderung" für diese Kinder muss nicht sein; er ist überflüssig und vielfach sogar schädlich. Wir wissen ja eh, dass es an jeder Schule, wo auch immer, diese Kinder gibt, und wir müssen ihre Existenz nicht erst noch durch eine diskriminierende Etikettierung als Behinderte belegen. Der Verzicht auf eine Statusdiagnostik ist im Übrigen nicht misszuverstehen als ein Verzicht auf Diagnostik überhaupt; eine lernprozessbegleitende Diagnostik hat auch in einer inklusiven Didaktik einen unverändert hohen Stellenwert.– Die dargestellte Programmatik der Nichtetikettierung von Kindern mit Behinderungen wird in der internationalen Fachdiskussion unter dem Stichwort "Dekategorisierung" erörtert (Benkmann 1994).

Wenn also diese sonderpädagogische Grundausstattung – ein Sonderpädagoge für vier Klassen bzw. 100 Kinder – verlässlich erwartet werden kann, dann werden wir in naher Zukunft auf die Behinderungskategorien "Lernbehinderte", "Verhaltensgestörte", "Sprachbehinderte" verzichten können. Für alle diese Kinder ist ja dann durch die Grundausstattung von vornherein, im wahrsten Sinne präventiv, gesorgt. Mit der Abschaffung dieser Behinderungsbegriffe wäre ein gutes Stück mehr Normalität gewonnen. Die Maßnahme "Sonderpädagogische Grundausstattung" läuft also auf eine Abschaffung der Behinderungsbegriffe Lernbehinderung, Verhaltensstörung, Sprachbehinderung hinaus, nicht jedoch auf eine

Abschaffung der sonderpädagogischen Hilfen für eben diese Kinder.

Das vorgeschlagene Modell eines inklusiven Schulsystems soll nun noch um zwei Modifikationen ergänzt werden:

(1) Schuleigenes Personalbudget

Als personelle Ressource für eine sonderpädagogische Grundausstattung wurde eine volle Sonderpädagogenstelle ins Spiel gebracht. Genauer und besser sollte es allerdings heißen: eine zusätzliche Personalressource im finanziellen Umfang einer Sonderpädagogenstelle. In der Schulwirklichkeit gibt es kaum noch einzügige Schulen. Es wäre vorstellbar, dass mehrzügige Schulen sich nicht jeweils für vier Klassen immer einen Sonderpädagogen wünschen, sondern auch andere Professionen (z. B. Sozialpädagogen, Erzieher) für eine bedarfsgerechte Inkludierung von behinderten und benachteiligten Kindern nützlich oder notwendig halten. Deshalb wird vorgeschlagen, inklusiven Schulen ein gewisses Maß an pädagogischer und finanzieller Autonomie einzuräumen. Inklusive Schulen erhalten für jeweils 100 Kinder einen zusätzlichen Personaletat im Umfang einer Sonderpädagogenstelle. Dieses Budget können die Schulen für zusätzliche professionelle Kompetenzen verwenden und nach eigenem Gutdünken einen Mix unterschiedlicher Professionen "einkaufen".

(2) Sozialräumlicher Korrekturfaktor

Die Einzugsbereiche von Schulen sind nicht selten extrem unterschiedlich. Schulen in sozialen Brennpunkten haben durchaus mehr und schwierigere Problemlagen, die die Zehn-Prozent-Annahme quantitativ und qualitativ übersteigen. Schulen mit bekanntermaßen prekären Problemlagen sollten deshalb über die sonderpädagogische Grundausstattung hinaus eine erhöhte Ressourcenzuweisung erhalten, die nach sozialen Indizes (Anzahl der Arbeitslosen, Anzahl der Migranten, Anzahl der Sozialhilfeempfänger, u. a.) rational begründbar zu ermitteln ist.

4. DAS INKLUSIVE UNTERSTÜTZUNGSSYSTEM

Das dargestellte inklusive Regelsystem ist für Kinder der Förderschwerpunkte Lernen, Sprache, emotionale und soziale Entwicklung zuständig. Wie ist nun die Inklusion der anderen Kinder mit speziellen Behinderungen, also der Förderschwerpunkte Sehen, Hören, geistige Entwicklung, körperliche und motorische Entwicklung zu organisieren?

Die Kinder der ersten Gruppe (Lernen, Sprache, Verhalten) unterscheiden sich in einem eigentlich banalen Merkmal von den Kindern mit speziellen Behinderungen, das ungeachtet seiner Banalität für die Organisation einer inklusiven Schule höchste Relevanz hat: Die Kinder mit speziellen Behinderungen sind selten! Die speziellen Behinderungsarten haben allesamt Prävalenzraten unter einem Prozent, während "wie dargestellt" die Kinder mit Lern-, Sprach- und Verhaltensproblemen ja eine Häufigkeit von etwa zehn Prozent aufweisen. Schwerhörige Kinder etwa haben eine Prävalenzquote von ca. 0,1 Prozent, d. h. etwa jedes tausendste Kind ist schwerhörig. Die Seltenheit der Kinder mit speziellen Behinderungen ist der einzige und maßgebliche Grund, warum ihre schulische Inklusion in einer anderen Organisationsform erfolgen muss. Wenn zum Beispiel nur jedes tausendste Kind schwerhörig ist, dann kann die Zuweisung einer fachlichen Personalressource nicht mehr wie in dem inklusiven Regelsystem präventiv durch eine sonderpädagogische Grundausstattung erfolgen. Jeder inklusiven Schule von vornherein jeweils einen Sonderpädagogen für alle speziellen Fachrichtungen zuzuweisen – das kann vernünftigerweise niemand fordern und auch nicht bezahlen.

Förderschwerpunkt	%
Lernen	2,6
Sprache	0,6
Emotionale und soziale Entwicklung	0,7
Sehen	0,1
Hören	0,2
Körperliche und motorische Entwicklung	0,4
Geistige Entwicklung	1,0

Bei den seltenen Behinderungsarten sollte daher wie bisher üblich der sonderpädagogische Förderbedarf formell festgestellt und darauf aufbauend eine personbezogene Zuweisung zusätzlicher und fachlich angemesser Pädagogenstunden vorgenommen werden. Bei Kindern mit speziellen Behinderungen wird also sowohl am Behinderungsbegriff wie auch an einer kindbezogenen Feststellungsdiagnostik und Ressourcenadministration festgehalten.

Die zusätzlichen Lehrerwochenstunden für Kinder mit speziellen Behinderungen können etwa nach folgenden Formeln berechnet werden: (1.) Lehrerwochenstunden von Sonderpädagogen (LWSt)/Klassenfrequenz der speziellen Förderschule (KFreq) oder (2.) Lehrerwochenstunden (LWSt)/Schüler-Lehrer-Relation (SLR). Diese Formel hat keine unabweisbare fundierende Sachlogik – das sei freimütig eingestanden. Die Anwendung des Algorithmus führt aber zu Ergebnissen, die durchaus diskutabel sind und dem postulierten Gesetz der Ressourcengleichheit zur Geltung verhelfen können (siehe Tabelle unten). Die in der Spalte LWSt/KFreq dargestellte Wochenstundenzahl stellt in jedem Fall die unbedingte Mindestressource dar, die nicht unterschritten werden darf.

Zusätzliche Sonderpädagogenstunden pro behindertes Kind bei inklusiver Unterrichtung

Schwerpunkt	LWSt	KFreq	SLR	LWSt/KFreq	LWSt/SLR
Lernen	27	11,0	7,5	2,45	3,60
übrige	26	09,1	5,3	2,86	4,91

In der zweiten Organisationsform, das hier inklusives Unterstützungssystem genannt wird, hat jeder Sonderpädagoge genauso viele Kinder wie in der entsprechenden Förderschule. Da gibt es keinerlei Unterschiede zwischen Förderschule und inklusivem Unterstützungssystem. Aber in einem inklusiven Unterstützungssystem findet der Sonderpädagoge "seine" Kinder nicht in einer einzigen Klasse vor, sondern die Kinder mit speziellen Behinderungen sind auf verschiedene Klassen und Schulen verteilt. Die behinderten Kinder kommen nun nicht mehr zum Sonderpädagogen in die Förderschule, sondern der Sonderpädagoge geht jetzt zu den behinderten Kindern hin. Die sonderpädagogische Förderung der behinderten Kinder erfolgt nun durch eine ambulante Unterstützung. Der Sonderpädagoge ist in dem zweiten System kein Klassenlehrer mehr, sondern ein "Wanderlehrer", der von Klasse zu Klasse, von Schule zu Schule geht und dort "seine" Kinder aufsucht.

Beispielhafte Vorbilder für ein ambulantes sonderpädagogisches Unterstützungssystem sind die Schleswiger Schule für Blinde und Sehbehinderte, der "Mobile sonderpädagogische Dienst" (MSD) in Bayern oder die "Regionalen Beratungs- und Unterstützungsstellen"(REBUS) in Hamburg, um nur einige Beispiele zu nennen. In einigen Bundesländern und in der Fachdiskussion werden ambulante Unterstützungssysteme auch unter dem Begriff "Förderzentrum" erörtert.

Es sind insbesondere zwei Merkmale, die zur Charakterisierung eines mobilen sonderpädagogischen Servicezentrums wichtig sind:

(1) Zentrum für pädagogische Professionen
Die Pädagogen eines ambulanten sonderpädagogischen Dienstes sind durchaus nicht "obdachlos" und alleweil "on the road", sondern ganz seriös in einem Dienstgebäude ansässig, das sie für Teamkonferenzen, für eine Fachbibliothek, für behinderungsspezifische Medien oder für öffentliche Sprechstunden nutzen können. In diesem multiprofessionellen Zentrum haben sie auch ihre Dienstzimmer und ihre kollegiale "Heimat". Aber in dem neuen inklusiven Professionszentrum gibt es keine Klassen und keine Kinder mehr. Förderzentren sind "Schulen ohne Schüler"!

Das Eigenschaftspaar ambulant-stationär bezeichnet die markanteste Differenz zwischen Sonderschulen und Förderzentren. Sonderschulen sind ohne ambulante Dienste denkbar, Förderzentren nicht. Sonderschulen sind ohne stationäre Lerngruppen nicht denkbar, Förderzentren dagegen durchaus. Für die Sonderschulen sind stationäre Gruppen konstitutiv, für die Förderzentren ambulante Arbeit. Sonderschulen brauchen als Existenzbegründung und -nachweis hauseigene Schüler; Förderzentren können dagegen sehr wohl als Schulen ohne Schüler existieren. Dies ist die alles entscheidende Differenz zwischen Sonderschulen und Förderzentren.

(2) Systemische Arbeit
Die Tätigkeit von Sonderpädagogen an Förderzentren kann grob in zwei Arbeitsbereiche eingeteilt werden: 1. Unterrichtsarbeit und 2. Beratungsarbeit. Unterrichtsarbeit meint pädagogische Arbeit mit behinderten Kindern (Mitarbeit im Unterricht, spezielle Förder- und

Therapiemaßnahmen; Spielgruppen usw.). Beratungsarbeit meint pädagogische Arbeit für behinderte Kinder (Elternberatung, Mediendienst, Entwicklung von Förderplänen, Koordination sozialer Dienste usw.).

Sonderpädagogische Servicezentren unterscheiden sich zum Teil erheblich in der Art und Weise, ob die professionellen Mitarbeiter in unmittelbarem Kontakt mit der Klientel stehen, sie auch unterrichten und fördern, oder ob sie ihren Tätigkeitsschwerpunkt mehr oder minder auf Beratungsarbeit verlagert haben. In der vielfältigen Landschaft von Förderzentren präsentieren sich auch "Beratungszentren", die mit Kindern selbst kaum noch Umgang haben und sich ganz und gar auf Fortbildung, Elternarbeit, Öffentlichkeitsarbeit, Innovationsbegleitung und Dokumentation konzentrieren.

Die neue Arbeitsweise eines inklusiven Unterstützungssystems lässt sich als "systemische Förderung" charakterisieren.

Einem behinderten Kind ist ja "mit einem bisschen Sonderförderung" jeden Tag keineswegs ausreichend geholfen, weil es auch außerhalb etwaiger spezieller Förderzeiten und außerhalb sonderpädagogisch begleiteter Unterrichtsstunden besonderer Hilfen bedarf. Auch im übrigen, im "sonderschullehrerlosen" Unterricht sind bei behinderten Kindern weiterhin sonderpädagogische Maßnahmen erforderlich, die dann der gerade abwesende Sonderpädagoge nicht mehr beisteuern kann, sondern notwendigerweise von den jeweils präsenten Pädagogen (Klassenlehrer, Fachlehrer, Schulbegleiter usw.) geleistet werden müssen. Zur Sicherung der Nachhaltigkeit verlagert sich das Ziel ambulanter sonderpädagogischer Tätigkeit mehr oder minder weg von der unmittelbaren Arbeit mit den Kindern hin auf das Umfeld der Kinder. Nicht die behinderten Kinder müssen für das System fit gemacht werden, sondern umgekehrt das System für das behinderte Kind. Die Eltern, die Klasse und die zuständigen Lehrer müssen lernen, mit den anwesenden behinderten Kindern umzugehen. Diese Systemberatung und -förderung ist die zentrale Aufgabe eines ambulanten sonderpädagogischen Kompetenzzentrums. Die Organisationsform "inklusives Unterstützungssystem" ist auf eine systemische, indirekte Unterstützung ausgerichtet und betreibt keine defektorientierte "Klempnerei" mehr (Reiser 1998; Hinz 2009). Eine aufgeklärte, inklusive Sonderpädagogik hat längst die Abkehr vom defektologischen Ansatz vollzogen und ergänzt die direkte Arbeit mit den Kindern durch indirekten Support, also durch Beratung von und Kooperation mit Umfeldsystemen (Betz/Breuninger 2000; Reiser/Willmann/Urban 2007).

Die direkte sonderpädagogische Arbeit "mit dem Kind" und "am Kind" bleibt natürlich auch in der inklusiven Pädagogik weiterhin wichtig und unersetzlich. Aber die Arbeit "für das Kind" und "um das Kind drum herum", also Beratung, Kooperation, Vernetzung, eben systemische Arbeit, ist nicht minder wichtig.

5.1 Struktur des Bildungssystems

Die Tabelle enthält zunächst eine kompakte Zusammenfassung der wesentlichen Merkmale der beiden Organisationsformen eines inklusiven Bildungssystems. Die kursiven Zahlen geben die virtuelle Anzahl der Kinder wieder.

Strukturelle Subsysteme eines inklusiven Bildungssystems

	Regelsystem		Unterstützungssystem	
Klientel	− Lernbehinderungen − Sprachbehinderungen − Verhaltensprobleme		− Hörbehinderungen − Sehbehinderunge − Körperbehinderungen − Geistige Behinderungen	
Klasse	− mit Förderbedarf − ohne Förderbedarf − Summe	3 (6) 19 (19) 22 (25)	− mit speziellem Förderbedarf − mit Förderbedarf − ohne Förderbedarf − Summe	1 (3) 3 (6) 16 (16) 20 (25)
Personal	1 Stunde pro Klasse und Tag (1 Sonderpädagoge für 4 Klassen)		Je Kind ~2−3 Stunden pro Woche zusätzlich (1 Sonderpädagoge für 10 Kinder)	

Die vorgestellte Struktur eines inklusiven Bildungssystems will nicht als ein Modell verstanden werden, das 1:1 umgesetzt werden muss. Die zweigliedrige Organisationsstruktur ist vielmehr ein Grundmuster, das je nach regionalen und lokalen Ausgangslagen (Trägerschaft, Sozialraum usw.) und nach speziellen Zielsetzungen und Erfordernissen variabel angepasst werden muss.

Zu dem Entwurf eines inklusiven Bildungssystems ist einschränkend hinzuzufügen, dass vorwiegend die Personengruppe der Kinder mit Behinderungen konzeptionell einbezogen wurde. Inklusion ist aber mehr als Integration, sie bezieht ausnahmslos alle Kinder in ihrer ganzen Vielfalt mit ein. Eine besondere Aufmerksamkeit muss in einem inklusiven Schulsystem, das dem Anspruch größerer Chancengerechtigkeit genügen will, auf Kinder mit Migrationshintergrund und Kinder in Armut gerichtet sein. Und nicht zuletzt muss eine inklusive Schule sich auch die Förderung besonderer Begabungen und Talente angelegen sein lassen.

Der Aufbau eines inklusiven Bildungssystems wird in den Anfängen mit mancherlei Problemen zu tun haben. Zum gegenwärtigen Zeitpunkt sind etwa folgende Aufgaben noch nicht oder nur schwer zu bewältigen:

(1) Gehörlose Kinder, die keine Lautsprache beherrschen und auf Gebärdensprache angewiesen, sind gegenwärtig schwer inkludierbar, weil es auf dem Markt nicht genügend Gebärdendolmetscher gibt.

(2) Kinder mit gravierenden Mehrfachbehinderungen benötigen ein ganztägiges Schulangebot. Wenn die wohnortnahe Schule nur halbtägig geführt wird, ist ein Verzicht auf eine ganztägige Betreuung und Erziehung weder den Kindern noch ihren Eltern zumutbar.

(3) Kinder mit einer psychiatrischen Symptomatik, mit einem hohem Aggressions- und Unruhepotential stellen das friedliche Zusammenleben und effektive Lernen radikal in Frage; sie benötigen in vielen Fällen eine Einzelbetreuung.

4.2 Prozess der Inklusionsreform

Ein inklusives Bildungssystem kann nicht von heute auf morgen installiert werden. Das Bundesverfassungsgericht hatte in seinem Grundsatzurteil aus dem Jahr 1994 zwar das Primat der Integration anerkannt, aber unter Ressourcenvorbehalt gestellt. Im Lichte der völkerrechtlich bindenden BRK dürfte der Ressourcenvorbehalt in dieser Form nicht mehr haltbar sein (Riedel 2010, 38). Auch die BRK erachtet finanzpolitische Verhältnismäßigkeitserwägungen als durchaus legitim. Sie fordert mit pragmatischem Augenmaß eine schrittweise Umsetzung (Prinzip der progressiven Implementation) sowie die bestmögliche Ausschöpfung aller vorhandenen und nutzbaren Ressourcen.

Abschließend sollen für den inklusiven Reformprozess einige strategische Richtziele und Empfehlungen benannt werden:

(1) In den Förderschwerpunkten Lernen, Sprache und Verhalten sollte eine inklusive Unterrichtung die verpflichtende Regel sein. Die Förderschulen dieser Förderschwerpunkte sind aufzulösen. Ab einem vereinbarten Reformstart werden in diesen Förderschulen keine neuen Klassen mehr eingerichtet und alle Ressourcen an die inklusive Schule transferiert.

Die Auflösung dieser Förderschulen ist u. a. auch mit finanziellen Argumenten begründbar. Wenn in erwartbarer Zeit etwa die Hälfte aller Eltern dieser Förderschulen inklusive Bildung wählen wird, können viele Förderschulstandorte nicht mehr gehalten werden, was zu längeren Schulwegen oder gar zur Einrichtung von Schulinternaten führen wird.

Ein doppeltes Fördersystem für die Förderschwerpunkte Lernen, Sprache und Verhalten ist unabweisbar auch mit einem doppelten Finanzbedarf verknüpft. Die Finanzierung eines doppelten Fördersystems für Schüler mit Behinderungen ist die denkbar teuerste Lösung überhaupt.

(2) In den Förderschwerpunkten Sehen, Hören, körperliche und motorische sowie geistige Entwicklung sollten auf absehbare Zeit weiterhin entsprechende Förderschulen als Wahlmöglichkeit für die Eltern vorgehalten werden. Die Option der Eltern von Kindern mit speziellen Behinderungen, sich schon jetzt für eine inklusive Schule zu entscheiden, bleibt selbstredend davon unberührt.

(3) Die wichtigste innovationsbegleitende Maßnahme ist eine intensive berufsbegleitende Fortbildung des pädagogischen Personals. Fortbildung ist wichtiger als Ausbildung", mindestens in der Implementationsphase. Alle pädagogischen Professionen im Handlungsfeld Schule sind auf einen inklusiven Umgang mit Vielfalt und Heterogenität in aller Regel nicht vorbereitet. Das Gelingen und die Qualität der Inklusionsreform hängen zu allererst vom engagierten Mittun und von der unterrichtlichen Kompetenz der beteiligten Lehrerinnen und Lehrer ab. Die Teilnahme an Fortbildungsmaßnahmen sollte verpflichtend gemacht werden; sie kann im ersten Jahr mit einer Stunde Unterrichtsnachlass vergütet werden. Es wäre hilfreich, wenn auf Landesebene von einem Kompetenzteam, das in Theorie und Praxis einer inklusiven Unterrichtung Experte ist, Fortbildungsmodule und -materialien erarbeitet würden, die dann kommunalen oder regionalen Fortbildungseinrichtungen als Handreichungen zur Verfügung gestellt werden.

(4) Eine inklusive Schule ist schwerlich realisierbar ohne den stützenden Kontext einer inklusiven Gesellschaft. Eine von breiten Schichten ungewollte, ungeliebte und nicht mitgetragene Reform ginge mit Sand im Getriebe an den Start und müsste ohne das stabilisierende und stützende Netz eines gesamtgesellschaftlichen Inklusionswillens auskommen. Inklusive Bildung braucht die Anteilnahme der Zivilgesellschaft. Bildungspolitik und -verwaltung sollten deshalb auf allen Ebenen Öffentlichkeitsarbeit und "Bewusstseinsbildung" (BRK § 8) betreiben und sich werbend für die Inklusionsreform einsetzen. Die Träger der Schulen, der Sozial- und Jugendhilfe und die allgemeinen Schulen müssen über den anstehenden Reformprozess informiert werden. Ganz konkret ist die Einführung einer Informationspflicht unerlässlich: Alle Schulen sind zu verpflichten, bei festgestellten besonderen Förderbedarfen die Eltern verbindlich auf die Möglichkeit einer inklusiven Unterrichtung hinzuweisen

Im Zusammenhang mit der "Bewusstseinsbildung" soll auch ein ermunterndes und mahnendes Wort an die Sonderpädagogik gerichtet werden. Der Bundesbehindertenbeauftragte Hüppe (CDU) hat die inklusionspolitische Lage treffend beschrieben: Es geht nicht mehr um die Frage "Ob", sondern allein um das "Wie". Die UN-Behindertenrechtskonvention mit freundlich-unverbindlicher Diplomatie "zu begrüßen", wie es derzeit landauf und landab geschieht, ohne eine erkennbare bildungspolitische Neuorientierung zu signalisieren – das reicht nicht. Vom VdS muss erwartet werden, dass er sich an die Spitze des Reformprozesses setzt, was gegenwärtig keineswegs der Fall ist. Der VdS, die europaweit größte Standesorganisation der Sonderpädagogik, hat einmal mit der Namensänderung in "Verband Sonderpädagogik" ein innovatives Zeichen gesetzt. Den aktuellen Positionspapieren zufolge regrediert der Verband wieder auf seinen historischen Ursprung als "Verband deutscher Sonderschulen (VdS)". Wer für die ungeschmälerte Erhaltung von Sonderschulen eintritt, plädiert nicht für Inklusion, sondern für Selektion! Im Klartext: Der VdS muss sich den Vorwurf gefallen lassen, im Verein mit dem Philologen- und Realschullehrerverband bewusst und absichtsvoll ein selektives Schulsystem zu unterstützen.

Der Aufbau eines inklusiven Bildungssystems ist eine große Herausforderung für alle. Es ist eine Bildungsreform von historischem Ausmaß, sowohl hinsichtlich des quantitativen Umfangs wie auch bezüglich der qualitativen Ausgestaltung. Eltern, Lehrer, Schulen, Universitäten, Parteien und Verbände, Bildungspolitik und Bildungsverwaltung sind zu einem gesellschaftlichen Schulterschluss aufgefordert, der zur Bewältigung dieser Jahrhundertaufgabe unabdingbar ist. Als mittelfristiges Ziel könnte eine Agenda 2020 vereinbart werden, die eine Integrationsquote von 80 Prozent anstrebt. Damit würde die Bundesrepublik Deutschland Anschluss an jene Länder finden, die in Europa und in der ganzen Welt in der Verwirklichung eines inklusiven Bildungssystems führend sind. Die Kinder mit Behinderungen warten darauf; sie haben ein Recht auf gleiche und gemeinsame Bildung.

Anmerkung

Der Vortrag von Hans Wocken „Architektur eines inklusiven Bildungssystems. Eine bildungspolitische Skizze" ist zuerst erschienen in: Gemeinsam leben. Zeitschrift für integrative Erziehung 18 (2010), Heft 3, 167-178

Wir danken dem Juventa Verlag für die Abdruckgenehmigung.

Literatur

[BRK] (2009): Übereinkommen über die Rechte von Menschen mit Behinderungen. (Behindertenrechtskonvention). Schattenübersetzung des Netzwerk Artikel 3 e.V. Berlin.

Benkmann, R. (1994): Dekategorisierung und Heterogenität – Aktuelle Probleme schulischer Integration von Lernschwierigkeiten in den Vereinigten Staaten und der Bundesrepublik Deutschland. In: Sonderpädagogik, 24, S. 4-13.

Betz, Dieter/Breuninger, Helga (1987): Teufelskreis Lernstörungen. Theoretische Grundlegung und Standardprogramm. 2. Aufl. München: Psychologie Verlags Union.

Deutscher Bildungsrat, Empfehlungen der Bildungskommission (1976): Zur pädagogischen Förderung behinderter und von Behinderung bedrohter Kinder und Jugendlicher. 2. Aufl. Stuttgart: Klett.

Deutsches Institut für Menschenrechte (Hrsg.) (2005): Die „General Comments" zu den VN-Menschenrechtsverträgen. Deutsche Übersetzung und Kurzeinführungen. Baden-Baden: Nomos.

Hinz, A. (2006): Kanada – ein ‚Nordstern' in Sachen Inklusion. In: Platte, A./Seitz, S./Terfloth, K. (Hrsg.): Inklusive Bildungsprozesse. Bad Heilbrunn, S. 149-158.

Hinz, A. (2007): Inklusion – Vision und Realität! In: Katzenbach, D. (Hrsg.): Vielfalt braucht Struktur. Heterogenität als Herausforderung für die Unterrichts- und Schulentwicklung. Frankfurt: J. W. Goethe-Universität (Frankfurter Beiträge zur Erziehungswissenschaft), S. 81-98.

Klemm, K. /Preuss-Lausitz, U. (2008): Gutachten zum Stand und zu den Perspektiven der sonderpädagogischen Förderung in den Schulen der Stadtgemeinde Bremen. Essen und Bremen.

Lindmeier, Bettina (2005): Kategorisierung und Dekategorisierung in der Sonderpädagogik. In: Sonderpädagogische Förderung, 2, S. 131-149.

Lindmeier, Ch. (2008): Inklusive Bildung als Menschenrecht. In: Sonderpädagogische Förderung heute, S. 354-375.

Netzwerk Artikel 3 (Hrsg.) (2009): Übereinkommen über die Rechte von Menschen mit Behinderungen. Korrigierte Fassung der zwischen Deutschlad, Liechtenstein, Österreich und der Schweiz abgestimmten Übersetzung. [Schattenübersetzung] Berlin.

Reiser, H. (1998): Sonderpädagogik als Service-Leistung? Perspektiven der Berufsrolle. Zur Professionalisierung der Hilfsschul- bzw. Sonderschullehrerinnen. In: Zeitschrift für Heilpädagogik, 49, S. 46-54.

Reiser, H./Willmann, M./Urban, M. (Hrsg.) (2007): Sonderpädagogische Unterstützungssysteme bei Verhaltensproblemen in der Schule. Innovationen im Förderschwerpunkt Emotionale und Soziale Entwicklung. Bad Heilbrunn: Klinkhardt.

Riedel, Eibe (2010): Gutachten zur Wirkung der internationalen Konvention über die Rechte von Menschen mit Behinderung und ihres Fakultativprotokolls auf das deutsche Schulsystem. o. o:: Universität Mannheim.

Verband Sonderpädagogik (VDS) (2010): Positionspapier zur inklusiven Bildung. Würzburg.

Wocken, H. (1995a): Zukunft der Sonderpädagogik. In: Evangelische Französisch-reformierte Gemeinde Frankfurt (Hrsg.): Spuren. Gemeinsamer Unterricht von Kindern mit und ohne Behinderung in Hessens Grundschulen. Bonn: Reha-Verlag (Lernziel Integration, Nr. 15) (Lernziel Integration, Nr. 15), S. 214-224.

Wocken, H. (1997): Beiträge zur Geschichte der Integration. In: Sonderpädagogik in Schleswig-Holstein, 26, 4, S. 190-195.

Wocken, H. (1999): Ambulanzlehrerzentren – Unterstützungssysteme für integrative Förderung. In: Heimlich, U. (Hrsg.): Sonderpädagogische Fördersysteme. Auf dem Wege zur Integration. Pfaffenweiler: Centaurus (Pädagogik) (Pädagogik), S. 79-96.

Wocken, H. (2001): Integration. In: Antor, G./Bleidick, U. (Hrsg.): Handlexikon der Behindertenpädagogik. Schlüsselbegriffe aus Theorie und Praxis. Stuttgart: Kohlhammer, S. 76-80.

Wocken, Hans (1991): Ambulante Sonderpädagogik. In: Zeitschrift für Heilpädagogik, 42, S. 104-111.

Wocken, Hans (1996): Sonderpädagogischer Förderbedarf als systemischer Begriff. In: Sonderpädagogik, 26, S. 34-38.

Wocken, Hans (1996): Das Ende der kategorialen Behindertenpädagogik. In: Sonderpädagogik, 26, 1, S. 57-62.

Wocken, Hans (2010): Integration & Inklusion. Ein Versuch, die Integration vor der Abwertung und die Inklusion vor Träumereien zu bewahren. In: Stein, Anne-Dore/Niediek, Imke/Krach, Stefanie (Hrsg.): Integration und Inklusion auf dem Wege ins Gemeinwesen. Möglichkeitsräume und Perspektiven. Bad Heilbrunn: Klinkhardt, S. 204-234.

Integration – keine Sache der Beliebigkeit: Das fachlich zu Machende und politisch Notwendige [1]

Prof. Georg Feuser

1. ... Es ist, wie es ist

Mein Dank gilt dem Elternverein mittendrin e.V. für das große Engagement, nach langen Jahren diesbezüglich weitgehender Abstinenz in neuer Weise für die Sache der Integration eine gesellschaftlich relevante und politisch wirksame Öffentlichkeit zu schaffen. Auch danke ich für die Möglichkeit, hier als eine der Fachpersonen für Fragen der Integration und Inklusion sprechen zu dürfen. Meine Vortragstätigkeit in dieser Sache ist längst weit in den dreistelligen Zahlenraum vorgedrungen, wenn ich sie auflisten würde; und das mag für viele Kolleginnen und Kollegen sich ähnlich darstellen. Dennoch treten wir im vierten Jahrzehnt der Entwicklung der Integration in Theorie und Praxis noch immer weitgehend auf der Stelle. Dies sowohl hinsichtlich der quantitativen als vor allem auch bezogen auf die qualitative Seite der Entwicklung dieses wohl bedeutendsten reformpädagogischen Anliegens seit den 1920er-Jahren. Die bisherige Entwicklung teile ich in drei Phasen ein:

Eine erste kennzeichnete die in Deutschland und vor allem in Österreich breit getragene Elternbewegung, assoziiert mit Fachleuten, die der gesellschaftspolitisch orientierten Friedensbewegung keineswegs nachstand. Sie war von einem tiefen Gleichheits- und Gerechtigkeitsempfinden getragen, Kindern mit und ohne Behinderungen ein gemeinsames Leben und Lernen in Kindergärten und Schulen zu ermöglichen, ohne dass nach individuell feststellbaren Merkmalen oder der Herkunft der Kinder und Jugendlichen selektiert und segregiert und Bildung gewährt oder eben parzelliert bis vorenthalten wird. Denen sie vorenthalten wurde, wirft man heute von höchsten Stellen vor, dass sie „bildungsfern" seien. Auch in der Integrationsdebatte hat die Sprache von den „bildungsfernen Schichten" ohne Reflexion Einzug gehalten. [2] Von gesellschafts- und bildungspolitischem Einsatz getragen konnten den bildungspolitisch Verantwortlichen Praxisfelder für die Realisierung eines gemeinsamen Unterrichts auch im Bereich schulischer Bildung abgerungen werden – durchgängig als Schulversuche. Sie waren ein zweischneidiges Schwert. Zum einen brachten sie Freiräume für die Schulentwicklung im Sinne der Integration, ohne an die totalen Ausgrenzungsmechanismen von der Note über das Sitzenbleiben bis hin zum Verweis in die Sonderschule gebunden zu sein. Zum anderen brachten sie aber auch die Sollbruchstelle der Integration in dem Sinne mit ins Spiel, dass durch die Herrschaft sichernde Praxis des „divide et impera", die gemeinsame Kraft der Integrationsbewegung zerschlagen und in Teilsysteme aufgespalten und zersplittert wurde. Politisch gesehen wurde durch das sich etablierende Prinzip des „Teile und herrsche" das Integrationsanliegen im Bildungssystem geschwächt bis besiegt. Nicht selten drängt sich mir in Analyse der Integrationspraxen der Gedanke auf, dass die Integrationsbefürworter fleißig daran arbeiten, die Integration in die Segregation zu inkludieren anstatt diese zu entzaubern und zu überwinden. Dies nach dem Motto, Integration mit den Mitteln des selektierenden und segregierenden Systems zu realisieren, was derart widersprüchlich ist, dass dafür als bildhafter Vergleich nicht einmal der Mythos des Sisyphos herangezogen werden kann. In meinem Gastland laufen alle unter Integration firmierenden Anstrengungen unerbittlich darauf hinaus. Das Paradoxon der Integration gewinnt Gestalt.

In der zweiten Phase waren wir, auch durch ständige Nöte hinsichtlich der erforderlichen Rahmenbedingungen, die nie wirklich sachangemessen gewährt wurden und von Schuljahr zu Schuljahr neu verhandelt werden mussten – auch eine Taktik der Vernichtung von Idee und Arbeitskraft –, an vielen Orten damit beschäftigt, dennoch eine qualitativ angemessene Praxis der Integration zu realisieren. Als dann die Kultusminister und ihre nachgeordneten Behörden plötzlich ihre Fürsorgepflicht für die Lehrpersonen entdeckten und über Integration abgestimmt werden konnte, war es großen Teilen der Lehrerschaft möglich geworden, sich ganz aus der Verantwortung für diese Entwicklungen zu ziehen. Das vollzog sich selbst in einzelnen Kollegien von Schulen, in denen einige LehrerInnen eine I-Klasse führten, die anderen dem, wenn es gut ging, neutral und ohne Mitwirkung gegenüberstanden. Integration wurde beliebig gemacht. So war es nur noch ein kleiner Schritt, dass im Schulsystem unzählige Varianten integrativen Unterrichts wie Pilze aus dem Boden schossen. Mit dem Etikett der Integration versehen wurde auf der Vorderbühne mit sich umarmenden behinderten und nichtbehinderten Kindern, was in ebenso unzähligen Filmen festgehalten wurde, vermeintlich inklusiv gearbeitet, auf der Hinterbühne aber das Geschäft einer neuen Form der Segregation im Feld der Schule praktiziert, um einem Ansatz aus den Arbeiten von Goffman (2006) zu folgen. Man glaubte, dass das, was man entsprechend etikettierte, auch das sei, was man machte. Dieser Glaube, so meine Auffassung, dominiert bis heute den Diskurs um Integration und vor allem den um Inklusion. Erste Rechtsregelungen auf Länderebene wurden beschlossen und – auch dies meine Auffassung – dadurch zu einem viel zu frühen Zeitpunkt der Entwicklung der Integration deren Vorläufigkeit auf dem Verordnungs- oder Gesetzesweg zementiert. Die Bewegung war definitiv entpolitisiert und durch die zahllosen Beliebigkeiten in der Umsetzung des Integrationsanliegens in sich selbst voller Widersprüche und nach außen auch unglaubwürdig geworden; zumindest politisch nicht mehr überzeugend. Der wissenschaftliche Diskurs hat, von wenigen Ausnahmen abgesehen, die Hinterbühne nicht analysiert, die Widersprüche nicht benannt, die Probleme unter den Teppich gekehrt – und neue Kulissen für die Vorderbühne gemalt, die Inklusion.

Damit war für eine sich nun abzeichnende dritte Phase die Integration in die Beliebigkeit des Dafür- oder Dagegenhaltens von Eltern und Lehrern, letztlich weitgehend in die Hände der Lehrerschaft gegeben. Diese, so meine Auffassung, hätte ohne eine vorauseilende Gehorsamshaltung weiter zu kultivieren, mit der nötigen Zivilcourage und fachlichen Orientierung an den humanwissenschaftlichen Erkenntnissen ihres Faches, sei es die Regel- oder Sonderpädagogik, eine wissenschaftlich fundierte und auch qualitativ als Integration zu bezeichnende Praxis weitergehend entfalten können, als dies bis heute der Fall ist. In solidarischer Verbundenheit von Schule und Elternschaft könnte auf dem heutigen Stand einer doch bemerkbaren Bewusst-seinsveränderung in der Schullandschaft viel weitergehender reformpädagogisch gearbeitet werden, als dies der Fall ist. Einzelne Schulen beweisen das.

Bezogen auf ein Entwicklung induzierendes Lernen, das den Erkenntnisgewinn und die Entfaltung einer zur Selbst- und Mitbestimmung und zur Solidarität fähigen Persönlichkeit zum Ziele hat, gibt es zu einer Allgemeinen Pädagogik, in der Lernen durch die Kooperation aller an einem Gemeinsamen Gegenstand geschieht und die erforderlichen Differenzierungen sich am Verhältnis von aktueller und nächster Zone der Entwicklung der Lernenden orientiert, keine Alternative (Feuser 1989, 1995). Anders gesagt: Fundierte humanwissenschaftliche Erkenntnisse auf einem aktuellen Stand für ein selektierendes und segregierende Erziehungs-, Bildungs- und Unterrichtssystem gibt es nicht, aber dieses erfüllt, wie schon angedeutet, in der besten Weise die Funktionen, die seitens Gesellschaft und Politik mit dem institutionalisierten Bildungssystem angestrebt werden. Das Etikett der Inklusion belebt vielleicht die ursprüngliche Zielsetzung der Integration wieder, von der ich nie abgelassen habe, ist aber hinsichtlich der Geschichte ihrer Entwicklung und aktuellen Lage nicht mehr als ein Euphemismus, der für das Schreiben von Artikeln und Karrieresprünge geeignet sein mag, aber nicht für die Umwälzung eines weitgehend menschenrechtsverachtenden und Ungleichheit produzierenden und reproduzierenden Unterrichtssystems, das wir weiter bedienen, weil es letztlich doch die in unserem kollektiven Unbewussten habituierten gesellschaftlichen Stereotypen befriedigt. Wäre das nicht der Fall, würde die Lehrerschaft längst in Erkenntnis der eigenen Persönlichkeitszerstörung, die das System bei ihnen bedingt, in den Ausstand treten, denn sie möchten für die Kinder arbeiten, müssen aber gegen sie und ihre Lern- und Erkenntnisinteressen agieren, Lerngruppen nach Geburtsjahrgängen bilden, mit falschen Maßstäben bewerten, mit fraglichen Tests und Klassifikationsschemata einen „sonderpädagogischen Förderbedarf" attestieren, auf dieser Basis selektieren und in ihrem Unterricht Wissen vermitteln, das ohne Erkenntnis bleibt, weil es didaktisch nicht aus einem auf Erkenntnisgewinn hin angelegten Unterricht resultiert. Aber das reicht aus, wenn die späteren, an einer Nützlichkeitsoptimierung bestehenden Verwertungsinteressen den Bildungsplan diktieren und das Handlungsfeld Schule bestimmen. Machen wir uns doch keine Illusionen: Alles, was in der Öffentlichkeit mit der Institution Schule als diese essentiell kennzeichnend in Zusammenhang gebracht wird, dient nicht menschlichem Lernen und einer dadurch sich herausbildenden Persönlichkeitsentwicklung. Es sind Ordnungsmittel, die ein ständisch orientiertes, schicht- und nationalitätenspezifisch Privilegien sicherndes Vergabesystem gesellschaftlicher Zuweisungen von Teilhabe an Arbeit und Kultur effizient steuert und nachhaltig sichert, was einer demokratisch verfassten Gesellschaft nicht würdig ist. Die Lernfähigkeit einiger Schüler ist so groß, dass sie trotz dieses Schulsystems den Berechtigungsschein zum Besuch der Sonderschule erwerben, die sich Universität nennt. Eine teuere Eintrittskarte zu den oberen Rängen der Gesellschaft; die Verletzungen, die ihren Erwerb mit sich bringen, werden nicht diskutiert. Den Preis haben sie – und oft auch ihre Mitmenschen – ein Leben lang zu bezahlen. Manche geben ihre Eintrittskarte oder die erfahrenen Verletzungen zurück. Dann geht ein Aufschrei durch die Republik, weil man plötzlich dessen ansichtig wird, dass in der Psyche eingefrorene Empathie und Sozialität wie ein Eisberg im Meer sich zu gut 80 % unter der Oberfläche verbirgt und, wenn er tief unten im Unbewussten geschmolzen ist, sich drehen kann und große Energien freisetzt. Abgehandelt wird dann, outputorientiert, wie wir sind, die Tat. Die vielen und komplexen Prozesse, die sie hervorbringen, bleiben im Dunkeln.

Ich möchte diesen ersten Aspekt meiner Ausführungen mit den Worten von Horst-Eberhard Richter zusammenfassen, die ich oft an den Schluss meiner Ausführungen gestellt habe. Sie bezeichnen für mich überdeutlich, warum die Integrationslandschaft so ist, wie sie ist, und was in Sachen Integration im Feld der Pädagogik schief gelaufen ist. Sie lautet: „Wenn man im Machen nicht mehr anwendet, was man erkannt hat, kann man schließlich auch nicht mehr erkennen, was zu machen ist" (1978, 23).

Dieses Zitat in den Anfang meiner Ausführungen zu nehmen, mag auch der Tatsache geschuldet sein – das soll nicht verschwiegen werden – dass ich seit 1. Februar d. J. im siebten Lebensjahrzehnt tatsächlich in Pension gegangen bin, nachdem wir in Zürich die Regel- und Sonderpädagogik in einem neuen gemeinsamen „Institut für Erziehungswissenschaft" zusammenführten und die Neu- bzw. Wiederbesetzung der Lehrstühle für den Bereich Sonderpädagogik unter den Bezeichnungen „Bildung und Integration" und „Gesellschaft, Partizipation und Behinderung" realisieren konnten. (3) 1931 war an der Universität Zürich ein Extraordinariat, das die Heil- und Sonderpädagogik erstmals in Europa universitär verankerte, eingerichtet und von Heinrich Hanselmann (1885–1960) vertreten worden. Als er im 65. Altersjahr in Pension ging, schrieb er in einem Brief vom 24. März 1951, aus dem ich auszugsweise zitiere: „Und nun noch eine persönliche Mitteilung. Ich bin letzten Oktober wegen Erreichung der Altersgrenze (65) freiwillig in den Ruhestand getreten, um endlich arbeiten zu können [...]. Ich fange nun an, mich wohlzufühlen in einem inneren Zustande, der nicht mehr jenseits von Ethos und Pathos sein muss, wie ihn die 'Wissenschaftlichkeit' und „Objektivität" vorschreibt. Nun will ich meine Lebensarbeit zusammenfassen" (Hanselmann 1962, S. 48). Diesen Grundsatz will ich mir auch für meine weiteren Ausführungen zu Eigen machen.

2. NUN HABEN WIR DIE UN-KONVENTION – DIE X-TE

Die heute in einer für die deutschsprachigen Länder abgestimmten Übersetzung vorliegende UN-Konvention (rechtsverbindlich ist sie in sechs UN-Sprachen, zu denen Deutsch nicht gehört), wird auch als Behindertenrechtskonvention tituliert. Diese Bezeichnung bringt den eigentlichen Kern der Konvention zum Ausdruck, die insgesamt und unmittelbar als Meilenstein in der Behindertenbewegung und der Behindertenpolitik bezeichnet werden kann, aber – dies meine Auffassung – in Sachen eines inklusiven Bildungssystems nur sehr mittelbar und unterstützend wirksam werden kann. Die Gefahr, sie als Durchsetzungsinstrument für Integration und selbstbestimmte Teilhabe zu überhöhen und aus ihr einen neuen, wiederum die Wirklichkeit verschleiernden Mythos zu kreieren, schätze ich schon jetzt für sehr hoch ein. Die Frage der Bildung und damit der für unser Berufsfeld relevante Bereich ist im § 24 zwar breit ausgeführt, aber in dem für die Konvention zentralen § 12 nicht unmittelbar erwähnt. Der § 12 regelt unter der Überschrift „Gleiche Anerkennung vor dem Recht" dass Menschen mit

Behinderungen gleichberechtigte Rechtssubjekte sind (Abs. 1 und 2), ihnen Unterstützung in der Ausübung ihrer Rechts- und Handlungsfähigkeit zu gewähren ist (Abs. 3). Der Abs. 5 verlangt, „dass Menschen mit Behinderungen das gleiche Recht wie andere haben, Eigentum zu besitzen oder zu erben, ihre finanziellen Angelegenheiten selbst zu regeln und gleichen Zugang zu Bankdarlehen, Hypotheken und anderen Finanzkrediten zu haben, und (dass die Vertragsstaaten; GF) gewährleisten, dass Menschen mit Behinderungen nicht willkürlich ihr Eigentum entzogen wird" (2009, S. 16). Dieser für die Anerkennung von Rechten bedeutendste Paragraph der Konvention sieht ein Recht auf gleiche Bildung nicht vor und das leistet auch der § 24, Bildung, in einer dem § 12 vergleichbaren Form nicht, auch wenn es dort heißt, dass die Vertragsstaaten ein integratives Bildungssystem auf allen Ebenen gewährleisten.

Was hier unter „integrativ" verstanden wird, wie ein solches Bildungssystem auszusehen und welchen Standards didaktischer Art es zu genügen hat, wird nicht bezeichnet. Damit bleiben den alten Beliebigkeiten wiederum Tür und Tor geöffnet. Auch dürfte die Begründung und Legitimierung des Fortbestehens von Maßnahmen eben auch der „Sonderschulung" z.B. für schwerer geistig- und mehrfach behinderte, für tiefgreifend entwicklungsgestörte Kinder und Jugendliche und solche mit „herausfordernden Verhaltensweisen" auch angesichts der Konvention kein besonderes Problem sein, auch wenn der § 12 im Absatz 4 fordert, dass „die Maßnahmen verhältnismäßig und auf die Umstände der Person zugeschnitten sind, dass sie von möglichst kurzer Dauer sind und dass sie einer regelmäßigen Überprüfung durch eine zuständige, unabhängige und unparteiische Behörde oder gerichtliche Stelle unterliegen" (S. 16).

Bei aller Wertschätzung der Konvention als ein Meilenstein der Behindertenbewegung und -politik, deren Wurzeln letztlich in das „Internationale Jahr der Behinderten" 1981 zurückreichen (4) und die bis heute einen schwierigen, aber doch erfolgreichen Weg genommen hat, sollte man die Augen nicht davor verschließen, welcher Geist durch den zentralen Artikel des § 12 weht: der von finanziellen Angelegenheiten, von Bankdarlehen, Hypotheken und Finanzkrediten, aber nicht der eines inklusiven Bildungsweges. Der damals sehr wesentlich von Franz Christoph gegen das UNO-Jahr der Behinderten organisierte und getragene Protest und dessen Bezeichnung als „Jahr der Behinderer", sollte uns verdeutlichen, dass es auch heute keine Linearität der Wirkungsweise einer unbenommen begrüßenswerten internationalen Vereinbarung hinsichtlich ihrer nationalen Umsetzung gibt, noch dazu, wenn föderale Strukturen einer Bildungshoheit geradezu als sakrosankt gelten – von einer Einklagbarkeit inklusiver Bildung ganz zu schweigen.

Blicken wir zurück: Global gesehen haben wir es mit der Frage der Integration längst mit einer Menschenrechtsfrage zu tun. Ich erinnere hier an das UN-Weltaktionsprogramm für behinderte Menschen von 1983, wo gesagt wird, „... die Erziehung von behinderten Menschen sollte so weit wie möglich im Regelschulsystem stattfinden ... "(Art. 120), an die UN-Konvention über die Rechte des Kindes von 1989 wo in Art 23.1/3 gefordert wird, dass „... das behinderte Kind wirklichen Zugang zu Erziehung, Ausbildung und Gesundheitsdiensten hat und diese nutzen kann, [...] sodass die möglichst vollständige soziale Integration des Kindes ermöglicht wird ...", an das UNESCO Salamanca-Statement von 1994, das im Punkt 3 u. a. alle Regierungen auffordert, „das

Prinzip Erziehung ohne Ausgrenzung auf rechtlicher oder politischer Ebene anzuerkennen ...", wie im Punkt 2 betont wird, dass Regelschulen mit einer integrativen Orientierung das wirksamste Mittel sind, „eine Gesellschaft ohne Ausgrenzung aufzubauen und eine Erziehung für alle zu verwirklichen" und „Kinder mit Sondererziehungsbedürfnissen Zugang zur Regelschule haben" (Pkt. 3) müssen, sowie an den Abschlussbericht, in dem es heißt: „Der tiefe Grund für Lernschwierigkeiten liegt im Schulsystem selber."

Die Behindertenrechtskonvention setzt diese Entwicklung eindeutig und klar fort. Nur, wenn ich die auf diese Konvention bezogene Euphorie beobachte, gewinne ich den Eindruck, dass unsere Initiativen zur Umwandlung des Bildungssystems allein einer international gültigen Rechtsform und -norm bedurft hätten. Wäre das der Fall, dann hätten wir sie schon 1983 mit dem UN-Weltaktionsprogramm für behinderte Menschen und seit 1994 mit dem UNESCO Salamanca-Statement gehabt und müssten uns heute nicht verhalten, als wäre das Rad der Integration, Inklusion und Teilhabe erst 2009 mit der Behindertenrechtskonvention in die Welt gekommen. Ich spreche der Konvention nicht ab, eine gute Brise Wind zu sein, die das Boot Integration kräftig vorantreiben kann, um den Hafen der Inklusion erreichen zu können; aber die Segel müssen auf den Booten gesetzt werden, d. h. von uns in den Regel- und Sonderschulen! Worauf wollen Sie denn noch warten?

3. Exklusion! – und selbstbestimmte Integration

Die diversen Sozialwelten, in denen wir leben, haben mittels ihrer Macht- und Kapitalstrukturen – bezogen auf das, was wir Gesellschaft nennen – soziale Felder und Spiel-Räume geschaffen und unterhalten diese, aus denen sie sich selbst schöpfen – so vor allem das Erziehungs-, Bildungs- und Unterrichtssystem. Man könnte dieses im Sinne Bourdieu'scher Kategorien als eine Struktur verstehen, die ihrer Funktion nach als ein Feld der Transformation von wesentlich der Herkunftsfamilie entstammendem ökonomischem und schon vorhandenem sozialem Kapital in kulturelles, hier vor allem in Bildungskapital und in symbolisches Kapital das seinerseits wiederum das soziale und kulturelle Kapital und vor allem die dahinter stehende und damit verbundene Macht mehrt. Diese Prozesse umfassen heute durch Fort- und Weiterbildungsmaßnahmen im Sinne eines life-long-learning die gesamte Lebensspanne.

Zur Optimierung dieser Transformationsleistungen hat das Erziehungs-, Bildungs- und Unterrichtssystem eine ihm eigene und für es typische Organisationsstruktur hervorgebracht, die im Prozess seiner Institutionalisierung eine Funktions- und Strukturlogik der Exklusions- und Inklusionsprozesse vom regelpädagogischen in das Parallelsystem der Heil- und Sonderpädagogik reguliert und steuert. Damit konnte einerseits dem Begehren demokratischer Kräfte auf Bildung für alle dem Anschein nach entsprochen werden, ohne den Reproduktionsmechanismus feudalistischer Machtverhältnisse aufzugeben. Entsprechend akkumuliert im Humankapital nicht nur die Produktion kulturellen und symbolischen Kapitals, sondern auch die Produktion und Reproduktion sozialer Ungleichheit – dies in totalem Widerspruch zur demokratischen Verfasstheit unserer Gesellschaften, der aber für „normal" gehalten wird. Die verschleiernde

Decke darüber wird z. B. mit den Begriffen der „Chancengleichheit" und „Bildungsgerechtig-keit" verziert; es ließen sich noch eine ganze Reihe anderer wohlklingender Bezeichnungen nennen, die diesbezüglich nur Schall und Rauch sind.

Durch die Inklusion des Personenkreises, der in Sonderschulen „gefördert" wird, zu großen Anteilen in den Sonderarbeitsmarkt bzw. in die Heim- und Arbeitswelt der Behindertenfürsor-ge, bleibt dieser dem Kreislauf der Produktion von Humankapital im Prozess funktionaler Dif-ferenzierung der Gesellschaft wirksam entzogen, die dadurch hinsichtlich der Kosten-Nutzen-Balance sehr ausgewogen bleiben kann. Das exkludiert diesen Personenkreis, wie das in einer funktional differenzierten Gesellschaft für das gesamte Prekariat der Fall ist, aus dem Prozess permanent wechselnder Teilsysteminklusion eines „bürgerlichen" Alltags oder, anders gesagt, es entzieht Menschen dem Prozess der exklusions-inklusionsgenerierten Systemwechsel, die den daran gekoppelten Kompetenzmerkmalen, Qualifikationsprofilen und Verhaltenscodices nicht entsprechen. Sie werden sozusagen immobilisiert und in extrem wenigen Systemen (z. B. in einem Wohnheim, in der Werkstatt für Behinderte) geradezu eingefroren. Aus dieser Pers-pektive kommt der Begriff der „Totalen Institution" (Goffman) in neuer Weise zum Tragen. Was den so total Inkludierten vorenthalten wird, ist die Möglichkeit der Exklusion und dadurch die Möglichkeit ihrer selbstbestimmten bzw. assistierten Integration in Felder der Partizipation an Kommunikation (z. B. in Feldern des Konsums, der Kultur, von Bildung), die Gesellschaft kons-tituiert. Durch Exklusion diese Partizipation zu ermöglichen, definiere ich im gesellschaftspo-litischen Feld, das ich bisher zu skizzieren versucht habe, als Integration – sie geht unmittelbar mit der Enthospitalisierung und Deinstitutionalisierung einher und hat in diesen ihre Voraus-setzung.

Wenn nun Gesellschaft, wie Luhmann (1984, S. 535) zeigt, als umfassendes Sozialsystem im Sinne der Gesamtheit aller erwartbaren Kommunikationen zu verstehen ist und soziales Geschehen als selbstreferenzieller Prozess der Erzeugung von Kommunikation durch Kommunikation, so ist in der Behandlung der für die soziale und pädagogische Arbeit daraus sich ergebenden Herausforderungen, wie Bardmann (2008) verdeutlicht, letztlich dadurch zu entsprechen, dass „fremd erzeugte Inklusions-/Exklusionsprobleme in eigenverantwortlich zu bearbeitende Fälle individueller Hilfsbedürftigkeit" überführt werden und als eine Art sekundäres Funktionssys-tem mit der Inklusion bei den Exklusionen der primären Funktionssysteme anzusetzen. Das entspricht dem Versuch der Vermeidung der Ausgrenzung aus den Regelsystemen.

Gleichbedeutend damit geht es aber auch darum zu klären, wie durch Teilhabe an Kommu-nikation zur Kommunikation befähigt und durch diese Befähigung wiederum die Teilhabe an Kommunikationen ermöglicht werden kann. Inklusion, so Luhmann (1990, S. 346), erreicht, wer kommunizieren kann, was man kommunizieren kann. Was man kommunizieren kann, hängt von den Erwartungsstrukturen sozialer Systeme ab und wer es kommunizieren kann, hängt von den Zugangsbedingungen zu bestimmten sozialen Zusammenhängen, z. B. zu Bildung ab, wie Kneer und Nassehi (2000) ergänzend schlussfolgern. Damit verweise ich auf das durch die Parallelität von Regel- und Heil- und Sonderpädagogik charakterisierte Binnensystem des Erziehungs-, Bildungs- und Unterrichtssystems derart, dass ersteres jene exkludiert, die den

Bildungsstandards nicht entsprechen oder zu entsprechen vermögen und letzteres durch Akte totaler Inklusion der Betroffenen Exklusionen und damit auch die Partizipation am Regelsystem der Bildung verhindert. Diese Partizipation hat, wie deutlich werden dürfte, nicht nur die Exklusion aus Sondersystemen, sondern auch die Aufgabe eines schulform- und schultypenbezogenen Bildungsreduktionismus zur unabdingbaren Voraussetzung.

Sehr deutlich dürfte dabei sein, dass die zirkuläre, sich selbst reproduzierende Verstrickung von Exklusion und Inklusion zwischen den beiden pädagogischen Domänen für den Prozess der Integration mit zweierlei verbunden ist: zum einen mit der Synthese beider Systeme die referenziell zu einem heute möglichen human- und erziehungswissenschaftlichen Erkenntnisstand zu einer „Allgemeinen Pädagogik" emergieren können und die zum anderen mittels einer „entwicklungslogischen Didaktik" in vielfältigen Lernfeldern – sie sind Sozialwelten – die Partizipation aller an Kommunikationen ermöglichen (Feuser, 2008a). Sie ist wiederum unverzichtbare Voraussetzung der Befähigung zu Kommunikation.

Ohne den hier vorgenommenen Versuch der Positionierung des Integrationsbegriffs, mit dem ich dezidiert nicht von der illusionären Vorstellung einer einheitlichen Gesellschaft ausgehe, aus der Behinderte, Migranten, Arbeitslose, Obdachlose, psychisch Kranke u. a. ausgeschlossen oder in die hinein sie zu inkludieren wären, dürfte deutlich werden, weshalb ich für die Relevanz des Inklusionsbegriffes an Stelle des Integrationsbegriffes im Erziehungs- und Bildungssystem keinen vernünftigen Grund sehe. Im mindesten Fall müsste begrifflich dahingehend differenziert werden, dass mit Blick auf die Sonderpädagogik die Exklusion der durch totale Inklusion Behinderten zu betreiben wäre und mit Blick auf das regelpädagogische System für die, die bereits in diesem sind, die Inklusion zu erhalten wäre und für jene, die erst gar nicht in dieses hineinkommen bzw. aus dem Sondersystem exkludiert werden, die Integration. Man könnte das auch als Integration i.w.S. bezeichnen.

Stichweh (2005) bezeichnet die Dialektik von Inklusion und Exklusion als „Leitunterscheidung der Gesellschaftstheorie" (S. 35) und Castel macht mit Nachdruck darauf aufmerksam, dass Ausschluss (mithin sowohl Inklusion wie Exklusion) keine analytischen Begriffe sind und mit der Feststellung, dass in unserem Bereich „Behinderte" Ausgeschlossene sind, kein erklärender Erkenntnisgewinn verknüpft ist. Die Forderung lautet: „Es geht darum, das Kontinuum von Positionen zu rekonstruieren, durch das die „drinnen" und die „draußen" verbunden sind, um die Logik zu erfassen, nach der die „drinnen" und die „draußen" produzieren" (ebd. S. 14) – eben auch Bildung. In Ermangelung solcher Analysen ist es in der Regel- und Heil- und Sonderpädagogik praktisch unterblieben, die Exklusion (aus dem regulären Bildungswesen) und die Inklusion (ins Sonderschulwesen) als ein Verbindendes zu thematisieren. Die Arbeiten haben sich darauf kapriziert, die jeweiligen Gruppen als solche zu identifizieren, was zu einer extremen Parallelität von Regel- und Sonderpädagogik geführt hat. Die Bemühungen richteten sich in der Spanne von der Statusdiagnostik über die Förderdiagnostik bis hin zur Feststellung eines „sonderpädagogischen Förderbedarfs" auf Maßnahmen technischer Bewältigung der Realität von Inklusion und Exklusion. Übereinstimmend damit schreibt Castel (2000): „Bei den sichtbarsten Folgen einer sozialen Dysfunktion zu intervenieren scheint leichter und realistischer zu sein, als den Prozess unter Kontrolle zu bringen, der sie auslöst; um die Folgen kann man sich nämlich in technischer Weise kümmern, während die Beherrschung des Prozesses eine politische Behandlung des Problems erfordert" (S. 18). Sind wir, so wäre mit Begriffen von Basaglia/Basaglia-Ongaro (1980) zu fragen, als PädagogInnen im bestehenden selektiven und segregierenden Erziehungs-, bildungs- und Unterrichtssystem nicht längst zu „Technikern des praktischen Wissens" geworden, die, zur Wahrung gesellschaftlicher Ausgrenzungsinteressen im Grunde „Befriedungsverbrechen" begehen?

4. WAS BRAUCHT DER MENSCH?

Für eine subjektwissenschaftliche Pädagogik dürfte die Frage: Was braucht der Mensch? eine sehr zentrale sein und die Antworten, die darauf gegeben werden können, ihren Auftrag hinsichtlich der Gestaltung des Erziehungs-, Bildungs- und Unterrichtssystems beschreiben. Diese Frage wird im Film „Ursula – oder das unwerte Leben" [5], der im Mai 1966 fertiggestellt wurde, aber in noch davorliegende Jahre zurückreicht, aufgeworfen. Ich möchte hier auf eine kleine Sequenz aus diesem Film zurückgreifen und sie analysieren, um aufzuzeigen, dass die Antwort, die gefunden werden kann, keine Entdeckung der Integration ist und auch nicht aus der Inklusion gewonnen werden kann, sondern sie letztlich nötig macht, wenn Persönlichkeitsentwicklung induzierendes Lernen einmal das primäre Anliegen von Schule sein sollte. Im Film wird die Frage ebenso eindeutig und klar beantwortet, wie sie gestellt wird. „Zuwendung, Anerkennung, Geltung, sinnvolle Beschäftigung und Liebe".

Der Film, gesprochen von Helene Weigel (1900–1971), basiert, entlang der Geschichte der Enthospitalisierung des Kindes Ursula und dessen Aufnahme in eine Pflegefamilie, auf der eindrücklichen Arbeit von Mimi Scheiblauer (1891–1968), die die Rhythmik in der Heilpädagogik etabliert hat und in zentralen Anteilen auf ihren Erstkontakten mit z. T. schwer beeinträchtigten und lang hospitalisierten Kindern, Jugendlichen und Erwachsenen, deren „Be-Hinderung" in ihrem Ausschluss von der Teilhabe am sozialen Verkehr, von Bildung und Kultur und durch ihre totale Inklusion in sie verwahrende Anstalten und Heime, mithin in einer hochgradigen Isolation zu suchen ist und nicht in ihrer Person – in der Vorenthaltung zu kommunizieren, was kommuniziert werden kann. Gewidmet ist das Schaffen von Mimi Scheiblauer Heinrich Hanselmann (1885–1960). Wir finden die Antwort dort, wo wir sie am wenigsten vermuten.

Bezug nehme ich im Folgenden auf die erste Begegnung von Mimi Scheiblauer mit dem Kind Charlie, das in einer traditionellen Anstalt für Behinderte in einem Laufstall liegt, als idiotisch, blind und taub gilt, mit einer Ronde hantiert und seine Augen stimuliert. Frau Scheiblauer erregt mit einer Rasselbüchse seine Aufmerksamkeit, die sie mit einem Tuch, das sie wiederholt über ihn wirft und wieder wegzieht, aufrechterhält. Sie bewegt ihn mit den Ronden, nach denen der Junge greift, zum Aufstehen, und es kommt zu einem Dialog mit den gegeneinandergeschlagenen Ronden, zu dem Frau Schreiblauer singend die Aufforderung wiederholt: „Charlie, steh auf!", was auch geschieht. Im Verlauf dieses Dialogs hält Charlie inne und schlägt dann mit seiner Ronde gegen den Rand des Laufstallgitters. Diesem Ereignis folgt Frau Schreiblauer und nimmt den Dialog auf, den Charlie ihr anbietet und in dem nun er die Führung übernommen hat. (6)

Die Analyse der Filmsequenz zeigt folgende Momente: Ein für blind, gehörlos und für nichts Interesse zeigender, langjährig hospitalisierter Junge, der, wie allgemein kommentiert wird, denen, die ihn betreuen, keine Umstände macht, und eine alte Dame, die sich ihm auffordernd zuwendet, treten in einen Dialog ein, der, die Personen betreffend, durch große Differenz, mithin durch Vielfalt gekennzeichnet ist. Basis ist die Option von Frau Scheiblauer auf die Möglichkeit der Veränderung und Entwicklung von Charlie, dass er lernen kann und dieses Lernen einen Prozess der inneren Verarbeitung des Erfahrenen anstößt – Entwicklung induziert. Von dieser Annahme getragen kommt es zur Begegnung, tritt sie mit ihm in Beziehung. Sie gewährt im Sinne Bourdieu's „symbolisches Kapital" als Option auf seine Lernfähigkeit und das zukünftig Mögliche hinsichtlich seiner Veränderung, seiner Persönlichkeitsentwicklung. Dadurch schafft sie die Bedingung der Anerkennung von Charlie als gleichwertigem und gleichberechtigtem Partner im Prozess des gemeinsamen Handelns. In der Wahrnehmung seiner Kompetenz durch andere gewinnt er auch soziales Prestige und der „Schicksals-Effekt" der Verschlechterung der eigenen Ausgangs- und Randbedingungen und seiner Lebenssituation durch das Zusammenleben mit „all den Unglücklichen, die an den Orten der Verbannung versammelt sind", wie Bourdieu (1930–2002) in seinem Werk „Das Elend der Welt" herausarbeitet (2005, S. 72), vermag gemildert zu werden.

Durch den von Frau Scheiblauer initiierten Dialog kommt es – erinnern Sie bitte Luhmann – zur Erzeugung von Kommunikation durch Kommunikation (ich spreche hier, bezogen auf diese spezifische Form zu kommunizieren, von Dialog) und so für Charlie zur uneingeschränkten Teilhabe an dem vom Frau Scheiblauer initiierten Prozess, der auf ein gemeinsames Produkt hin orientiert ist. Damit kommt ein zweites zentrales Moment zu dem ersten hinzu – die Gegenständlichkeit der Tätigkeit, ihr Ziel, ihre Motivation, ihr Produkt; die „sekundäre Intersubjektivität". Das erlaubt uns schon jetzt die für menschliche Entwicklung und damit für eine entwicklungslogische Didaktik grundlegende Aussage: Der Mensch erschließt sich die Dinge durch den Menschen und sich den Menschen über die Dinge – in gemeinsamer Kooperation. Das wäre in jeder Form von Unterricht zu realisieren – von der frühen Bildung bis hin zum Studium an der Universität.

Im entstehenden gemeinsamen Feld, ein durch „Zeit" (hier sinnfällig durch das rhythmische Element) geschaffener gemeinsamer Phasenraum, kann Charlie kommunizieren, was man kommunizieren kann – und auf der Basis seines Bewusstseins seinen Geist frei entfalten und kreativ handeln; es ereignet sich an der Grenze vom Wirklichen zum Möglichen Inklusion! Pädagogik und Therapie hätten unter Aspekten einer entwicklungslogischen Didaktik, auf die „nächste Zone der Entwicklung" eines Menschen gerichtet, ihm im Feld der Kooperation aller an einem Gemeinsamen Gegenstand zu ermöglichen, zu kommunizieren, was zu kommunizieren ist, das meint,

- Literatur: Mensch und Welt wahrnehmbar und handelnd erfahrbar zu machen und
- uneingeschränkte Teilhabe an allem zu gewähren, wie hoch sie in Anbetracht bestimmter Beeinträchtigungen auch assistiert sein muss.

Dass alle am kooperativen Prozess beteiligten Personen die Führung des Geschehens übernehmen können, konstituiert ein Kollektiv. Deshalb meine Aussage, dass Integration nichts anderes sei, als kooperative Tätigkeit der Subjekte im Kollektiv, in das die Lehrerinnen und Lehrer als Mitlernende eingebunden sind. Ist sie erreicht, können wir für einen solchen Prozess und seine Dauer von Inklusion sprechen. So weit die fachliche Dimension.

Die politische Dimension ist gleichwohl durch diesen, ein Kollektiv bildenden Prozess gekennzeichnet: durch die Abgabe von Macht an den gleichwertigen und gleichberechtigten Anderen, verdeutlicht darin, dass Frau Scheiblauer ihre Führung an Charlie abgibt, nachdem er etwas Neues erfunden hat; das Schlagen auf den Rand des Laufstallgitters, dem sie nun folgt.

WAS BLEIBT ZU RESÜMIEREN?

Integration ist nichts anderes, als ein Prozess der Exklusion aus Feldern totaler Inklusion und die Schaffung von Möglichkeitsräumen der Kommunikation dessen, was kommuniziert werden kann; das wiederum ist eine Frage der didaktischen Transformation von Welt in die entwicklungsadäquate Wahrnehmung eines Menschen und auf dieser Basis einer auf die „nächste Zone der Entwicklung" (Vygotskij) orientierte Denkenwicklung und eines dieser entsprechenden Handelns.

Die Konsequenzen:
Die Überführung des hierarchisch gegliederten, selektierenden und segregierenden Erziehungs-, Bildungs- und Unterrichtssystems durch Integration in ein inklusives ist nach heutigem Erkenntnisstand der optimale Weg, Lernfelder als Möglichkeitsräume zu gestalten, in denen ein auf Vielfalt und Differenz, auf Anerkennung, Kompetenz und uneingeschränkter Teilhabe basierendes kooperatives, auf Erkenntnisgewinn orientiertes Lernen für alle Kinder und Schüler die Chance zur umfassenden und bezüglich der emotionalen, kognitiven und sozialen Dimensionen balancierten Persönlichkeitsentwicklung bietet.

Integration muss nach wie vor von innen heraus gewollt und mit aller Kraft betrieben werden. Das Inklusionsgerede der letzten Jahre, in das die überhöhten Erwartungen bezüglich der Veränderungen, die man von der UN-Konvention erwartet, hineinverwoben werden, ist auf dem besten Weg, neue Mythen des Vergessens einer selbst induzierten Integrationsproblematik zu kreieren.

Wir Wissenschaftler, Lehrerinnen und Lehrer – TherapeutInnen und AssistentInnen eingeschlossen – werden endlich unsere inklusionsbezogenen Hausaufgaben machen und an einer „Allgemeinen Pädagogik und entwicklungslogischen Didaktik" (Feuser) arbeiten müssen, die subjektwissenschaftlich fundiert, fachlich klar skizziert, wie Integration geleistet und schließlich in heterogenen, jahrgangsübergreifenden Gruppen im vorhabenorientierten Projektunterricht Inklusion realisiert werden kann.

Eltern möchte ich ermutigen, von der Pädagogik entsprechend eindeutige und klare Konzepte zu verlangen und diese dann wie in den Anfangszeiten der Integrationsbewegung, wieder offensiv und zusammen mit den Fachleuten in der Öffentlichkeit und gegenüber der Politik zu vertreten. Es kann nicht angehen, dass Eltern sich weiterhin mit z. T. abstrusen und kontraproduktiven Basteleien der Integration zufriedengeben müssen, auf die dann das Etikett „Inklusion" geklebt wird. Eltern und Lehrerschaft müssen wissen, was sie wollen, um politisch überzeugen und handeln zu können – und dies möglichst geschlossen. Ohne eine solche klare Positionierung wird die Beliebigkeit weiterhin Urstände feiern und Sackgassen mit roten Teppichen ausgelegt werden, an deren Ende – ob wir es nun Integration oder Inklusion nennen, bleibt dann beliebig – die Bewegung zumindest pädagogisch gegen die Wand gefahren wird.

Literatur

Bardmann, T. M. (2008): Integration und Inklusion – systemtheoretisch buchstabiert: Neue Herausforderungen für die soziale und pädagogische Arbeit. In: Kreuzer, M. und Ytterhus, B. (Hrsg.): „Dabeisein ist nicht alles." Inklusion und Zusammenleben im Kindergarten (S. 52–72). München

Basaglia-Ongaro, F. & Basaglia, F. (1980): Befriedungsverbrechen. In: F. Basaglia-Ongaro & F. Basaglia (Hrsg.). Befriedungsverbrechen. Über die Dienstbarkeit der Intellektuellen (S. 11–61). Frankfurt/M.: Europäische Verlagsanstalt

Bourdieu, P. (2005): Das Elend der Welt. Konstanz: UVK Verlagsgesellschaft

Brunner-Danuser, F. (1984): Mimi Scheiblauer – Musik und Bewegung. Zürich

Castel, R. (2000): Die Fallstricke des Exklusionsbegriffs. In: Mittelweg, 36 [3], S. 11–25

Feuser, G. (1989): Allgemeine integrative Pädagogik und entwicklungslogische Didaktik. Behindertenpädagogik 28 [1], S. 4–48

Feuser, G. (1995): Behinderte Kinder und Jugendliche. Zwischen Integration und Aussonderung. Darmstadt: Wissenschaftliche Buchgesellschaft

Feuser, G. (2000): Zum Verhältnis von Sonder- und Integrationspädagogik – eine Paradigmendiskussion? Zur Inflation eines Begriffes, der bislang ein Wort geblieben ist. In F. Albrecht, A. Hinz & V. Moser (Hrsg.), Perspektiven der Sonderpädagogik. Disziplin und professionsbezogene Standortbestimmung (S. 20–44). Neuwied: Luchterhand

Feuser, G. (2006): Was bringt uns der Inklusionsbegriff? Perspektiven einer inklusiven Pädagogik. In F. Albrecht, M. Jödecke & N. Störmer (Hrsg.). Bildung, Lernen und Entwicklung. Dimensionen professioneller (Selbst-)Vergewisserung (S. 25–43). Bad Heilbrunn: Julius Klinkhardt

Feuser, G. (2007): Erziehung und Bildung von Kindern und Jugendlichen mit Autismus-Syndrom im integrativen Unterricht an Schulen in Wien. In G. Tuschel & B. Mörwald (Hrsg.). miteinander 2. Möglichkeiten für Kinder mit autistischer Wahrnehmung in Wiener Schulen (S. 26–66). Wien: echomedia

Feuser, G. (2008): Lernen am Gemeinsamen Gegenstand. In: K. Aregger & E. M. Waibel (Hrsg). Entwicklung der Person durch Offenen Unterricht (S. 151–165). Augsburg: Brigg Pädagogik

Feuser, G. (2008/a): Didaktik integrativen Unterrichts. Eine Problemskizze. In: H. Eberwein & J. Mand (Hrsg.). Integration konkret (S. 121–135). Bad Heilbrunn: Klinkhardt

Feuser, G. (2009): Was braucht der Mensch? In: behinderte menschen 17 [6], S. 20–35

Feuser, G. (2010): Entwicklungslogische Didaktik. In: A. Kaiser, D. Schmetz, P. Wachtel & B. Werner (Hrsg). Didaktik und Unterricht (Enzyklopädisches Handbuch der Behindertenpädagogik. Behinderung, Bildung, Partizipation, Bd 4). Stuttgart: Kohlhammer

Goffman, E. (1973): Asyle. Frankfurt/Main: Edition Suhrkamp

Hanselmann, Annie: Heinrich Hanselmann. Ein Mosaik aus seinem Leben. Horgen-Zürich o. J. (Datum einer Widmung: 16.12.1962)

Kneer, G. & Nassehi, A. (2000): Niklas Luhmanns Theorie sozialer Systeme. München: Wilhelm Fink

Luhmann, N (1984): Soziale Systeme. Grundriss einer allgemeinen Theorie. Frankfurt/Main: Suhrkamp

Luhmann, N. (1990): Die Wissenschaft der Gesellschaft. Frankfurt/Main: Suhrkamp

Richter, H.-E.: Engagierte Analysen. Reinbek bei Hamburg 1978

Rödler, B., Berger, E. & Jantzen, W. (Hrsg) (2000): Es gibt keinen Rest! – Basale Pädagogik für Menschen mit schwersten Beeinträchtigungen. Neuwied/Kriftel/Berlin: Juventa

Siebert, B. (Hrsg., 2010): Integrative Pädagogik und die Kulturhistorische Theorie. Frankfurt/Main: Peter Lang

Stichweh, R. (2005): Einleitung 2: Inklusion und Exklusion. In: C. Gusy & H-G. Haupt (Hrsg.). Inklusion und Partizipation (S. 35–48). Frankfurt/Main: Campus

Tuschel, G. & Mörwald, B. (Hrsg.) (2007): miteinander 2. Möglichkeiten für Kinder mit autistischer Wahrnehmung in Wiener Schulen. Wien: echomedia

Vygotskij, L. (2003): Ausgewählte Schriften, Band 1 u. 2. Berlin: Lehmanns media

Fußnoten

1 Vortrag im Rahmen des Kongresses „Eine Schule für alle. Vielfalt leben!" vom 12. bis 14. März 2010 an der Universität zu Köln, veranstaltet vom Elternverein „mittendrin e.V.", Köln (am 13.03.2010)

2 Im Grunde ist der heute von allen gebrauchte Begriff der „Bildungsfernen Schichten" eine diffamierende Ungeheuerlichkeit, die zu ächten und als Unwort des Jahres vorzuschlagen wäre und die Frage aufwirft, wer denn hier wem „fern" ist: die damit bezeichneten Menschen (die meist in Armut leben und vor immensen familiären und persönlichen Problemen stehen) der Bildung oder die auf Auslese und Wissenstandards fixierte Bildung diesen Menschen?

3 Heute wird die Aufnahme der Gymnasial- und Berufspädagogik in das gemeinsame Institut vorbereitet, die sich dann zur Regel-, Sonder- und Sozialpädagogik hinzugesellen und eine erste erziehungswissenschaftliche Vereinheitlichung (nicht: Vereinnahmung) grundlegen.

4 Im Widerspruch zu diesem „Jahr der Behinderten" artikulierte vor allem Franz Christoph (1953–1996), der Begründer der deutschen „Krüppelbewegung", auf einem Gegenplakat zum „Jahr der Behinderer" die Widersprüchlichkeit von gesellschaftlicher Praxis gegenüber Behinderten und den ideologischen Deklarationen der Reden. Das Plakat verlangte: „Jedem Krüppel seinen Knüppel."

5 tele-production-zürich/Gestaltung: Reni Mertens & Walter Marti; Kamera: H.P. Roth & R. Lyssy; Schnitt: Rolf Lyssy; die Pädagogin: Mimi Scheiblauer; die Sprecherin: Helene Weigel; Pflegemutter: Anita Utzinger; gewidmet: Heinrich Hanselmann

6 Der Filmausschnitt, auf den sich die kurze Skizze des Geschehens bezieht, findet sich hinsichtlich der Laufzeit des Films „Ursula – oder das unwerte Leben" von Min. 46:05 bis Min. 49:33

Eine Schule für Alle. *Vielfalt leben!*

Eine Schule für Alle. *Vielfalt leben!*

Eine Schule für Alle. *Vielfalt leben!*

Eine Schule für Alle. *Vielfalt leben!*

Eine Schule für Alle. *Vielfalt leben!*

Eine Schule für Alle. *Vielfalt leben!*

Eine Schule für Alle. *Vielfalt leben!*

Eine Schule für Alle. *Vielfalt leben!*

Eine Schule für Alle. *Vielfalt leben!*

Eine Schule für Alle. *Vielfalt leben!*

Eine Schule für Alle. *Vielfalt leben!*

Eine Schule für Alle. *Vielfalt leben!*

Eine Schule für Alle. *Vielfalt leben!*

Eine Schule für Alle. *Vielfalt leben!*

Eine Schule für Alle. *Vielfalt leben!*

Grenzenlos gemeinsam. Auch – grade! – warum nicht? am Gymnasium

Prof. Jutta Schöler

Eine „Schule für alle" – bis zum Abitur. Dies ist mit Sicherheit das richtige Ziel, um für alle, wirklich alle Kinder die besten Lernangebote zu schaffen. Die Grundschulen, die jetzt in Nordrhein-Westfalen die Initiative ergreifen, um die guten Erfahrungen mit dem gemeinsamen Unterricht von behinderten und nicht behinderten Kindern nach der 4. Klasse fortsetzen zu können, möchte ich sehr ausdrücklich unterstützen: Sie sind auf dem absolut richtigen Weg, der in vielen anderen Ländern längst eine Selbstverständlichkeit ist.

Mit meinem heutigen Vortrag möchte ich die Gymnasien ermutigen, sich auch auf diesen Weg zu machen und gleichzeitig Eltern von Kindern mit Behinderung sowie die Lehrerinnen und Lehrer der Grundschulen ermutigen: Geben Sie nicht auf! –Vergessen Sie nicht: Auch an Gymnasien gibt es lernfähige, engagierte Lehrerinnen und Lehrer. Sprechen Sie die Kolleginnen und Kollegen an, wo immer Sie Ihnen begegnen. Künftig wird keine Schule als gute Schule bezeichnet werden können, wenn sie nicht auch Kinder fördert, die besondere Lernbedürfnisse haben.

Am Gymnasium sollten Kinder mit besonderem Förderbedarf unterrichtet werden, wenn es für sie nach der Grundschulzeit keine oder zu wenige Gesamtschulen gibt. Es ist falsch, die Gymnasien von dieser gesellschaftlichen Aufgabe des gemeinsamen Unterrichts frei zu stellen.

Die Bereitschaft, behinderte Schülerinnen und Schüler im allgemeinen Unterricht zu fördern, ist in Deutschland bisher wenig vorhanden. Dies gilt nicht nur für Lehrerinnen und Lehrer, sondern auch für Schulleiterinnen und Schulleiter und die Verantwortlichen in den Verwaltungen. Zu viele Menschen in Deutschland können es sich bisher einfach nicht vorstellen, dass dies möglich ist: Behinderte – und dann noch "geistig Behinderte" an der Regelschule? Und gar am Gymnasium? "Sollen die jetzt etwa auch noch Abitur machen?" Dies ist die übliche Abwehr. Zieldifferentes Lernen ist für viele Lehrerinnen und Lehrer noch ein Fremdwort. Bereits die Aufgabe, für einzelne körperbehinderte, sehgeschädigte oder hörbehinderte Kinder bei zielgleichem Lernen die bisher übliche Unterrichtsvorbereitung auf die besonderen Lernbedürfnisse dieser Kinder abzustimmen oder bei Klassenarbeiten einen Nachteilsausgleich zu planen, stellt für viele Lehrerinnen und Lehrer eine große Herausforderung dar. Deshalb muss immer wieder betont werden: Die Lehrerinnen und Lehrer der Regelschulen dürfen bei diesen Aufgaben nicht alleine gelassen werden! Die kompetente Unterstützung, das gemeinsame Planen, Unterrichten und Auswerten mit den Sonderpädagoginnen und Sonderpädagogen ist notwendig.

Die Kooperationsbereitschaft der beteiligten Erwachsenen ist die wichtigste Voraussetzung für das Gelingen des gemeinsamen Unterrichts von behinderten und nicht behinderten Kindern und Jugendlichen.

Warum sollen Heranwachsende mit großen Lernschwierigkeiten und hoch befähigte Schülerinnen und Schüler mindestens bis zum Ende der Vollzeitschulpflicht gemeinsam die Schule besuchen?

Die nicht behinderten Schülerinnen und Schüler lernen, Verantwortung zu übernehmen. Sie sind Vorbilder, Helfer, Unterstützer, Tutoren, Freundinnen und Freunde. Ihre Leistungen sind gleich gut, z.T. besser als die Leistungen in den Parallelklassen.
Die Kinder, die das Vorbild anderer Kinder für ihr eigenes Lernen benötigen, werden nicht mehr von den Gleichaltrigen getrennt. Erwachsene (Lehrer, Erzieherinnen und Therapeuten) können die Jugendlichen nicht ersetzen. Von den anderen Kindern können Kinder am besten lernen, wie man Gedichte auswendig lernt, sich alleine in einem großen Schulgebäude zurechtfindet oder einen Einkaufszettel schreibt bzw. sich schreiben lässt, um damit in einem Geschäft eigenständig einkaufen gehen zu können und dort wiederum jemanden um Unterstützung bitten, das Gesuchte auch zu finden.

Die Länder, an denen wir uns orientieren, wenn es um Vorbilder für den Unterricht von Kindern mit Lernschwierigkeiten, gemeinsam mit allen Kindern – auch den hoch befähigten Kindern – geht, haben bis zum Ende der 9. bzw. 10. Klasse eine gemeinsame Schule. (z.B.: Skandinavische Länder, Italien, Spanien, Kanada) Die "Inklusive Schule" ist in den Ländern entwickelt worden, die der Schule für alle Kinder Förderfunktionen und nicht Selektionsfunktionen zuschreibt.

Wir stehen in Deutschland vor dem Dilemma: Kämpfen wir für die Abschaffung des dreigliedrigen Schulsystems, konzentrieren wir uns auf die wenigen Gesamtschulen, um dort Kinder mit der Zuschreibung Förderschwerpunkt "geistige Entwicklung" gemeinsam mit nicht behinderten Schülerinnen und Schülern zu unterrichten? Oder: Gehen wir heute von dem selektiven Schulsystem aus – so wie es ist – und versuchen, innerhalb dieses Systems mit der Gleichzeitigkeit von Verschiedenheiten zu leben?
Meine Antwort: Das eine tun und das andere nicht lassen!
Die Umwandlung von selektiven Schulen zu inklusiven Schulen ist ein Prozess, in dem alle Beteiligten mit der Gleichzeitigkeit von Verschiedenheiten umgehen müssen.
Dies kann z.B. bedeuten: Das eine Kind wird wegen nicht ausreichender Leistungen am Gymnasium nicht versetzt oder muss diese Schule sogar verlassen und zugleich bleibt ein anderes Kind ganz sicher bis zum Ende der 10. Klasse in dieser Schule, denn es wird nach einem anderen Lehrplan zieldifferent unterrichtet. – Mit dieser Widersprüchlichkeit hat der gemeinsame Unterricht auch in den Grundschulen vor 30 Jahren begonnen. An vielen Orten war dies der Ausgangspunkt, um über die Fragwürdigkeit von Sitzenbleiben für alle Kinder nachzudenken. Dort, wo mit dem gemeinsamen Unterricht in den Grundschulen gute Erfahrungen gemacht wurden, besteht häufig der Wunsch, diese Erfahrungen in der Sekundarstufe I weiterführen zu können. Die Sophie-Scholl-Schule in Gießen, eine Schule in Trägerschaft der Lebenshilfe,

eine der Preisträgerschulen des Jakob-Muth-Preises 2009, hat sich deshalb entschieden, die Grundschule weiter zu führen als Gesamtschule. Dort, wo Plätze an den Gesamtschulen am Ort nicht ausreichen und die Neugründung einer Gesamtschule nicht möglich ist, sollte über die Fortsetzung der Gemeinsamkeit im Gymnasium nachgedacht werden.

Die Verbreitung des gemeinsamen Unterrichts in der Grundschule ist zu einem großen Anteil als Fortsetzung von guten Erfahrungen im Kindergarten zu verstehen. Eltern haben ihre innere Sicherheit im Kindergarten gewonnen; Kindergartenerzieherinnen unterstützen die Fortsetzung in der Grundschule und machen den Lehrerinnen Mut. Gemeinsam sind Kinder mit und ohne Behinderung vom Kindergarten in die Grundschule gewechselt. An vielen Orten hat der gemeinsame Unterricht schulisches Lernen für alle Kinder in der Grundschule verwandelt. Stichworte hierzu: Abschaffung von "Schulreifetests" und "Sitzenbleiben", Jahrgangsmischung über zwei, drei oder vier Schuljahre, zieldifferenter Unterricht in Lerngruppen, Leistungsbewertung mit Portfolio und am Kompetenzerwerb orientiert. Dies sind Veränderungen, welche in den vergangenen 20 Jahren in Grundschulen stattgefunden haben, oft vom gemeinsamen Unterricht geprägt, oft auch unabhängig davon.

In den meisten Bundesländern stellt sich nach der 4. Klasse (in Berlin und Brandenburg nach der 6. Klasse) die Frage: Wo soll der gemeinsame Unterricht weitergeführt werden?
Meine Antwort:
Wenn es keine Gesamtschule am Ort gibt, dann sollte die Fortsetzung des gemeinsamen Unterrichts am Gymnasium geplant werden.

Bisher wird im dreigliedrigen Sekundarschulsystem am ehesten an die Hauptschule gedacht, wenn die Frage nach der Fortsetzung gemeinsamen Unterrichts nach der Grundschule gestellt wird.
Es gibt sicher auch Hauptschulen, die mit der Fortsetzung von gemeinsamem Unterricht nach der Grundschulzeit gute Angebote für alle ihre Schülerinnen und Schüler entwickeln können. In ländlichen Regionen von Bayern, wo noch bis zu 40 % aller Schülerinnen und Schüler auf die Hauptschule gehen, sind die Voraussetzungen andere als in städtischen Einzugsgebieten, wo die Hauptschule die Restschule für 10 % aller Schülerinnen und Schüler geworden ist.
Mit den folgenden Begründungen halte ich das Gymnasium als Ort der Fortsetzung von gemeinsamem Unterricht für geeigneter als die Hauptschule:

• Anteil der vertrauten Mitschülerinnen und Mitschüler
• Verständnis für zieldifferenten Unterricht bei Mitschüler/innen
• Sozialverhalten der Mitschüler/innen
• Bereitschaft der begleitenden Sonderpädagog/innen
• Engagement der Eltern
• die Schule der Geschwister

ANTEIL DER VERTRAUTEN MITSCHÜLERINNEN UND MITSCHÜLER

In einer gut geführten Integrationsklasse geht zumeist ein beträchtlicher Anteil der Mitschülerinnen und Mitschüler nach der Grundschule auf ein Gymnasium. Etwa ein Jahr vor dem Schulwechsel sollte gefragt werden, wie viele der bisherigen Klassenkameraden an welche weiterführende Schule am Wohnort wechseln. An der Schule, zu der die meisten Kinder wechseln, sollte als erstes angefragt werden, ob die Bereitschaft der Lehrerinnen und Lehrer vorhanden ist, eine Integrationsklasse aufzunehmen. Durch Hospitationen in der Grundschule und Gespräche mit den Grundschullehrerinnen können eventuell die vorhandenen Unsicherheiten und Zweifel der Gymnasiallehrerinnen und –lehrer überwunden werden. (Persönliche Beziehungen spielen hierfür eine große Rolle.) Es erleichtert die Fortsetzung des gemeinsamen Unterrichts in der Sekundarstufe, wenn eine vertraute Gruppe von Schülerinnen und Schülern in die neue Schule wechselt. Oft sind es die Mitschülerinnen und Mitschüler, die ihren Lehrerinnen und Lehrern helfen, diese"besonderen Kinder" zu verstehen: Die besondere Sprache, die individuellen Eigenheiten des Verhaltens und die bisherigen Lernfortschritte.

VERSTÄNDNIS FÜR ZIELDIFFERENTEN UNTERRICHT BEI MITSCHÜLERINNEN UND MITSCHÜLERN

Kinder mit großen Lernschwierigkeiten, welche in Deutschland als "geistig behindert" bezeichnet werden, müssen nicht dasselbe lernen wie ihre Mitschülerinnen und Mitschüler. Sie müssen auch nicht unbedingt lesen, schreiben und rechnen lernen. Die meisten von ihnen lernen jedoch in der Regelschule das Lesen (auf sehr verschiedenem Niveau), manche schreiben (oft mit Hilfe der modernen Technologien). Auch im mathematischen Bereich lernen sie in der Regel mehr als in der Schule, in der sie keine Vorbilder von anderen Kindern haben, die rechnen können. Für diese Kinder ist es wichtig, dass nicht nur ihre Eltern und die Lehrerinnen und Lehrer die individuellen Lernfortschritte erkennen und würdigen. Wichtig ist die ehrliche Anerkennung der Gleichaltrigen. Wie bei allen Heranwachsenden sind die "Peers" diejenigen, die den Maßstab setzen für die eigenen Interessen. Von"Gymnasiasten" kann in unserem gegliederten Schulsystem am ehesten das Verständnis für Verschiedenheit erwartet werden. Die Schülerinnen und Schüler verstehen, dass nicht alle dieselben Ziele erreichen müssen. Für manche Schülerinnen und Schüler müssen andere Regeln gemeinsam ausgehandelt werden und dann muss auf deren Einhaltung geachtet werden. Hauptschüler haben damit – nach meinen Erfahrungen – größere Schwierigkeiten Verantwortung für andere Menschen zu übernehmen – ohne Überheblichkeit und mit Einfühlungsvermögen; dies sind Lernmöglichkeiten, die allen Heranwachsenden ermöglicht werden sollten, das kann den Starken und den Schwachen soziale Sicherheit geben.

SOZIALVERHALTEN DER MITSCHÜLERINNEN UND MITSCHÜLER

Unabhängig von der Tatsache, ob Schülerinnen und Schüler mit besonderem Förderbedarf die Schule besuchen, kann in der Regel an Gymnasien ein ausgeglichenes Sozialverhalten von den Mitschülerinnen und Mitschülern erwartet werden. In dieser Lernatmosphäre ist es relativ leicht, dass sich die Gleichaltrigen bewusst werden, welche Verantwortung sie haben, wenn sie das Vorbild für das Verhalten von Mädchen und Jungen sind, die in ihren kognitiven Lernmöglichkeiten eingeschränkt sind. Mitschülerinnen und Mitschüler sind wichtig als Rollenvorbilder oder als Helferinnen und Helfer bei der Lösung von praktischen Problemen (z.B. sich an einem Stadtplan orientieren beim gemeinsamen Stadtbesuch im Rahmen einer Klassenfahrt). Häufig ist es auch ein großer Anreiz für die Schülerinnen und Schüler ohne Behinderung, dass sie – nach Anleitung der Sonderpädagogin oder des Fachlehrers – als "Hilfslehrer" tätig sein dürfen, nach Absprache, wenn sie ihre eigenen Aufgaben fertig gestellt haben.

Zum Argument:
Bereitschaft der begleitenden Sonderpädagoginnen und Sonderpädagogen

Die Fortsetzung des gemeinsamen Unterrichts von Jugendlichen mit der Zuschreibung "geistig behindert" in der Sekundarstufe sollte nach Möglichkeit immer unter Begleitung einer ausgebildeten Sonderpädagogin/eines Sonderpädagogen mit dieser Qualifikation erfolgen. Am günstigsten ist es, wenn diese Lehrerin/dieser Lehrer mit seiner vollen Stundenzahl fest zum Kollegium des Gymnasiums gehört und mindestens eines der von ihr/von ihm studierten Unterrichtsfächer in der weiterführenden Schule in der Klasse auch unterrichtet (evtl. im Team mit den Fachkolleg/innen). Bei meinen Beratungen haben mir die begleitenden Sonderpädagogen mehrmals gesagt: "An einem Gymnasium unterrichte ich gerne. Aber an eine Hauptschule wäre ich freiwillig nicht gegangen." Bei Rückfragen hatte ich den Eindruck, dass der Wechsel zwischen dem "Schonraum" Schule für Geistigbehinderte und einer Regel-Sekundarstufenschule für die Sonderpädagoginnen und Sonderpädagogen eine persönliche Herausforderung ist, der sich nicht alle gewachsen fühlen. (Als Begründung wurde mir am häufigsten genannt: Ängste vor Disziplinproblemen.)

Zum Argument:
Engagement der Eltern

Die Fortsetzung des gemeinsamen Unterrichts aller Kinder nach der Grundschule ist dann am sinnvollsten, wenn sich viele Eltern für das Schulleben und für Nachmittagskontakte der Heranwachsenden interessieren und im Rahmen ihrer Möglichkeiten auch engagieren.
Im konkreten Fall sollte gefragt werden: Können Eltern außerschulische gemeinsame Veranstaltungen organisieren? Kann erwartet werden, dass die Beteiligung bei Elternabenden groß ist, wenn es um die Planung von Wandertagen, Klassenfesten oder Klassenfahrten geht?
In der Regel ist es für die Eltern der Kinder mit Behinderung günstig, wenn sie sich im Rahmen einer aktiven Elterngruppe als "ganz normale" Eltern fühlen können und eine offene Gesprächsatmosphäre vorhanden ist, in der auch die besonderen Probleme des eigenen Kindes angesprochen werden können.

Zum Argument:
Die Schule der Geschwister

Bei meinen Beratungen der Übergänge von Kindern, die als "geistig behindert" bezeichnet werden, habe ich in den vergangenen Jahren mehrfach erlebt, dass diese Kinder auf Schulen gewechselt sind, in die auch die Geschwisterkinder gingen. Die Eltern kannten bereits die Lehrerinnen und Lehrer der weiterführenden Schulen und wussten, wen sie als Erstes ansprechen könnten. Die jüngeren Geschwisterkinder waren im günstigen Fall von Schulfeiern oder Ausflügen in der Schule bekannt. In einem Fall hat ein Gymnasiast, als er im 8. Schuljahr war, eine systematische Einzel-Befragung der Lehrerinnen und Lehrer seiner Schule durchgeführt, ob sie sich die Klassenführung für eine Integrationsklasse oder den Fachunterricht mit dem Bruder mit Down Syndrom vorstellen könnten. So konnte tatsächlich die Gruppe der im 5. und 6. Schuljahr unterrichtenden Lehrerinnen und Lehrer gefunden werden, bevor die Frage der Einrichtung einer Integrationsklasse an diesem Gymnasium in der Gesamtkonferenz abgestimmt wurde.

Bis hierher habe ich Ihnen die Argumente vorgetragen, die aus pädagogischen Überlegungen – ausgehend von der Situation des einzelnen Kindes – dafür sprechen, den gemeinsamen Unterricht nach der Grundschulzeit an einem Gymnasium weiter zu führen.

Wir müssen aber auch die Voraussetzungen in der aufnehmenden Schule beachten. Das System Schule ist herausgefordert.

Es gilt:
Eine gute Schule für alle Kinder ist auch die gute Schule für Kinder mit Behinderung. Oder: In einer guten Schule sind Kinder mit Behinderung nicht störend! Im Gegenteil: Sie sind eine Bereicherung!

Günstig sind die folgenden Merkmale einer Schule:

* innovativ denkende Schulleitung
* eine "qualifizierte Minderheit" im Kollegium
* Kultur der Kooperation im Kollegium
* Kooperationsbereitschaft mit Förderschullehrerin und Schulbegleitern u.a.
* zwei Unterrichtsräume in unmittelbarer Nachbarschaft

ZUR VORAUSSETZUNG:
INNOVATIV DENKENDE SCHULLEITUNG
Eine "Schule in Bewegung" ist eine gute Voraussetzung für den gemeinsamen Unterricht sehr verschiedener Kinder. Stichworte: Projektlernen, überfachlicher Unterricht, Gruppenunterricht, Leistungsbewertung orientiert am Kompetenzerwerb.
Die Schulleitung hat eine wesentliche Schlüsselfunktion, um die hierfür notwendigen organisatorischen und finanziellen Rahmenbedingungen zu sichern, die Schule nach außen zu vertreten und nach innen eine Kommunikationskultur zu pflegen und Fortbildungsmöglichkeiten anzubieten, damit sich auch alle Erwachsenen in dieser Schule wohl fühlen.

ZUR VORAUSSETZUNG:
"QUALIFIZIERTE MINDERHEIT" IM KOLLEGIUM
Bevor an einer Regelschule zum ersten Mal Kinder mit sonderpädagogischem Förderbedarf aufgenommen werden, sollte die Schulleiterin/der Schulleiter überlegen, welche Lehrerinnen

und welche Lehrer für diese Aufgabe von sich aus aufgeschlossen und interessiert sind bzw. sich in die neue Aufgabe einarbeiten könnten (z.B. durch Hospitationen in anderen Schulen, die bereits erfolgreich gemeinsamen Unterricht praktizieren).

In einer guten Schule ist es nach meinen Erfahrungen nicht schwierig, eine Gruppe von ca. vier bis sechs Lehrerinnen und Lehrern zu finden, die sagen: "Das machen wir." Mit dieser Sicherheit kann dann das weitere Vorgehen im Gesamtkollegium besprochen werden. Es sollte künftig nicht mehr akzeptiert werden, dass im Gesamtkollegium darüber abgestimmt wird, ob ein Kind mit besonderen Lernbedürfnissen aufgenommen wird oder nicht. Häufig habe ich erlebt, dass Lehrer/innen der Gymnasialen Oberstufe, welche voraussichtlich nie mit diesem Kind zu tun haben, mühsam überzeugt werden müssen, dass sie es gestatten, dass Kolleg/innen im 5. Schuljahr eine Integrationsklasse übernehmen.

ZUR VORAUSSETZUNG:
KULTUR DER KOOPERATION IM KOLLEGIUM

Kooperationsbereitschaft im Kollegium hat sich als die wesentliche Voraussetzung für das Gelingen des gemeinsamen Unterrichts von Kindern mit und ohne Behinderung erwiesen. Gute Voraussetzung bietet eine Schule, in der die Lehrerinnen und Lehrer es gewohnt sind, in Fachgruppen oder fachübergreifend, in Jahrgangsgruppen oder zur Vorbereitung von Projekten gemeinsam zu arbeiten. Das "Team-Kleingruppenmodell", welches im Wesentlichen an Gesamtschulen entwickelt wurde, kann auch an Gymnasien praktiziert werden.

ZUR VORAUSSETZUNG:
KOOPERATIONSBEREITSCHAFT VON FÖRDERSCHULLEHRERN, SCHULBEGLEITERN UND ANDEREN FACHKRÄFTEN

Beim gemeinsamen Unterricht kommt als neue Herausforderung, und zugleich Bereicherung, die Notwendigkeit der Kooperation mit Sonderpädagoginnen und Sonderpädagogen sowie mit Zivildienstleistenden, Pädagogischen Unterrichtshelfern oder Einzelfallhelfern hinzu, evtl. auch mit Therapeuten. Neu dabei ist für viele Lehrerinnen und Lehrer, dass ein zweiter Erwachsener während des Unterrichts anwesend ist und dass der Unterricht in Absprache mit diesen Fachkräften vorbereitet wird. Viele Lehrerinnen und Lehrer erleben dies für ihre Arbeit mit der ganzen Klasse als Erleichterung, manche aber auch als Verunsicherung. Dort, wo ein vertrauensvolles Verhältnis zwischen den beteiligten Erwachsenen erreicht wird, trägt dies zumeist zur Erleichterung des Alltags in der Schule bei – und sei dies nur, dass der Zivildienstleistende oder die Sonderpädagogin auch einen Schlüssel zu den Klassen- und Fachräumen hat und die Räume auf- und abschließen darf.

ZUR VORAUSSETZUNG:
ZWEI UNTERRICHTSRÄUME IN UNMITTELBARER NACHBARSCHAFT

Gemeinsamer Unterricht von Kindern mit und ohne Behinderung bedeutet nicht, dass alle immer das Gleiche zur selben Zeit in einem Raum machen müssen. Je normaler es in einer Schule ist, dass alle Schülerinnen und Schüler in Gruppen mit Tages- oder Wochenplänen lernen, um so leichter und für alle akzeptabel ist es, wenn einzelne Schülerinnen und Schüler oder kleine Gruppen für eine begrenzte Zeit in einem anderen Raum arbeiten. Hierfür ist es sehr wichtig, dass diese beiden Räume in unmittelbarer Nähe sind, am günstigsten mit einer Tür direkt verbunden. Normal ist dann: Der gemeinsame Tagesbeginn, der gemeinsame Beginn einer Unterrichtsstunde oder eines Projektes und das gemeinsame Vergleichen der Arbeitsergebnisse von allen. So kann leicht und oft spontan entschieden werden, welche Schülerinnen und Schüler für welchen Zeitraum und mit welchem Erwachsenen in welchen Raum gehen und wann sie in die Gesamtgruppe zurückkommen. Vor allem: Die Kinder können dies problemlos auch alleine entscheiden und sind nicht von der Planung der Erwachsenen abhängig.

Das Werner-von-Siemens-Gymnasium in Bad Harzburg ist inzwischen Vorbild geworden für einige andere Schulen. Die Besuche in der Schule müssen begrenzt werden. Der stellvertretende Schulleiter und die Klassenlehrerin der jetzt 8. Klasse haben hier in Köln beim "Mittendrin-Kongress" ausführlich und sehr anschaulich ihren bisherigen Weg hin zu einer Integrationsklasse in einem Gymnasium dargestellt.
Ich habe dieses Gymnasium seit dem 5. Schuljahr beraten und möchte Ihnen hier nur einen kleinen Einblick geben:
Zu Beginn des Schuljahres 2006/07 wurde eine Integrations-Klasse gebildet mit zwei Schülern und einer Schülerin mit Down-Syndrom sowie einem Mädchen, das neben körperlichen Beeinträchtigungen (Laufen, Sprache, Feinmotorik) als "geistig behindert" bezeichnet wird und 22 "Gymnasiasten" (zur Hälfte Jungen, zur Hälfte Mädchen), davon sechs Kinder aus der gemeinsamen Grundschulklasse. Bei allen Lehrerinnen und Lehrern des Gymnasiums wurde durch Einzelgespräche im Vorfeld vom stellvertretenden Schulleiter geklärt, welche Bereitschaft bzw. welche Bedenken gegenüber diesem Projekt bestanden. Die Gesamtkonferenz stimmte dem Vorhaben mehrheitlich zu, bei wenigen Gegenstimmen. Ein Jahr später sind aus den Gegenstimmen Enthaltungen geworden. Hinzu kommen zwei ausgebildete Sonderpädagoginnen, mit insgesamt 20 Wochenstunden von der nächstgelegenen Schule für geistige Entwicklung, die an vier Tagen der Woche jeweils fünf Stunden in der Schule sind. Diese Klasse wird zuverlässig und ständig begleitet von einem ausgebildeten Erzieher, der als Schulbegleiter für die zwei Schüler und die eine Schülerin mit Down-Syndrom über die Lebenshilfe fest angestellt ist und einer Erzieherin für die Schülerin, die vielfältige Unterstützung benötigt (beim Toilettengang, Essen, An- und Auskleiden, Anpassen von Unterrichtsmaterialien). Diese beiden pädagogischen Fachkräfte begleiten die Klasse auch bei Ausflügen, Schulfesten oder Klassenfahrten.

An drei Beispielen möchte ich Ihnen erläutern, wie der Unterricht gestaltet werden kann:

TUTORENARBEIT IM MATHEMATIKUNTERRICHT
Mitschüler, die mit ihren eigenen Aufgaben fertig sind, erhalten von der Sonderpädagogin die Anweisungen, was speziell geübt werden soll. Diese Organisation ist motivierend für die nicht behinderten Schülerinnen und Schüler. Sie bemühen sich, mit ihren eigenen Aufgaben schnell fertig zu werden – oder: Diejenigen, die sich langweilen würden, erhalten eine verantwortungsvolle Aufgabe. Die Schülerinnen und Schüler mit Lernschwierigkeiten zeigen in der Lernsituation mit Schüler-Tutoren zumeist größere Aufmerksamkeit als mit Erwachsenen. Die Sonderpädagogin/der Sonderpädagoge hat die Aufgabe, die Tutoren anzuleiten und die Lernenden genau zu beobachten: Wer kann wem besonders gut erklären? Wann muss ein Mit-

schüler/eine Mitschülerin ermahnt werden, etwas geduldiger zu sein? Oft haben die Mitschülerinnen und Mitschüler gute methodische Ideen. Diese Form des gemeinsamen Unterrichts wird einfacher, je länger sich die Schülerinnen und Schüler kennen. Die "Schere" geht nicht auseinander, sondern es bleibt ein funktionierendes gemeinsames Handeln in einer gemeinsamen Lernsituation.

STATIONENLERNEN IM PHYSIKUNTERRICHT

Für alle Schülerinnen und Schüler wurde von der Fachlehrerin ein Parcours mit sechs Stationen für ein neues Unterrichtsthema vorbereitet (Bewegung und Beschleunigung). Die zwei Schülerinnen und zwei Schüler, die in einer Schule für geistig Behinderte mit Sicherheit einen so anspruchsvollen Unterrichtsstoff nicht angeboten bekämen, arbeiten in den Gruppen und erledigen die Aufgaben, zu denen sie fähig sind (eine Stoppuhr bedienen, genau mit dem Bandmaß messen, Beobachtungen einer Mitschülerin diktieren.)

Im Anschluss an diese eine Unterrichtsstunde mit Gruppenarbeit werden die Gymnasialschülerinnen und Schüler den durch die Experimente erarbeiteten Stoff theoretisch und abstrakt vertiefen. Die vier besprechen in derselben Zeit ein Beispiel und dokumentieren es mit Zeichnungen und Fotos oder bereiten eine neue Unterrichtseinheit vor.

VORBEREITUNG EINER UNTERRICHTSEINHEIT – Beispiel "Gold" im Chemieunterricht.

Häufig wird der Fehler gemacht, dass die Schülerinnen und Schüler, die zieldifferent unterrichtet werden, einen Unterrichtsstoff nacharbeiten. – Dies ist in der Regel nicht sehr motivierend. Die Arbeitsergebnisse, welche diese Schülerinnen und Schüler dann erzielen, interessieren in der Regel die Mitschülerinnen und Mitschüler nicht. Anders ist dies, wenn eine Unterrichtseinheit mit der Klasse vorbereitet wird. In einer Einführungsstunde Chemie haben die vier – mit Unterstützung der Sonderpädagogin – ihre Mitschülerinnen und Mitschüler nach der Bedeutung von Gold in Märchen und Sprichwörtern befragt und anhand eines Modells das Gewicht von Gold schätzen lassen.

Diese drei Beispiele sollen anschaulich machen, wie bereits mit relativ kleinen methodischen Maßnahmen der Unterricht so gestaltet werden kann, dass alle Schülerinnen und Schüler davon profitieren – auch bei z.T. sehr verschiedenen Fähigkeiten. Schulen, die den gemeinsamen Unterricht von behinderten und nicht behinderten Kindern und Jugendlichen weiterentwickelt haben, praktizieren zu einem großen Teil fächerübergreifenden Projektunterricht, Offenen Unterricht und Wochenplanarbeit. Hierzu gibt es inzwischen auch einige – sehr hilfreiche – Veröffentlichungen.

Am sinnvollsten ist es, wenn einer Integrationsklasse ein gemeinsamer Klassenraum und unmittelbar daneben, mit einer Durchgangstür verbunden, ein Nebenraum zur Verfügung steht. Im Werner-von-Siemens-Gymnasium in Bad Harzburg ist in dem Nebenraum auch eine kleine Küchenzeile eingebaut worden (etwa 1/2 Jahr nachdem die Kinder dort waren, mit Spendengeldern finanziert). Gelegentlich bereiten dort die vier Kinder mit besonderem Förderbedarf – auf Bestellung – ein Mittagessen vor für die Mitschüler/innen, wenn diese am Nachmittag noch in der Schule sind. Die Schule arbeitete bisher als zuverlässige Halbtagsschule. Die Ausweitung zur Ganztagsschule mit einer Mensa und Essensangeboten dort ist in diesem Schuljahr eine wesentliche Veränderung. Bisher wurden für diese Klasse gemeinsame Nachmittagsangebote von den Eltern der behinderten Kinder initiiert und mit Unterstützung der Lebenshilfe organisiert. Daran nehmen behinderte und nicht behinderte Jugendliche teil (Trampolinspringen, Judo). Ein zuverlässiger Fahrdienst für die Schülerinnen und Schüler mit sonderpädagogischem Förderbedarf sowie die Tätigkeit der Schulhelfer/innen ist durch engagiertes, qualifiziertes Personal gesichert, welches bei der örtlichen Lebenshilfe fest angestellt ist.

Mit der Verabschiedung der UN-Konvention für die Rechte von Menschen mit Behinderung ist im vergangenen Jahr viel in Bewegung gekommen.

Jede Schule ist herausgefordert, ihren Weg hin zu einer inklusiven Schule zu gehen. Jetzt muss mit den ersten Schritten begonnen werden – auch an den Gymnasien!

Ich wünsche allen Kindern und ihren Eltern eine gemeinsame Zukunft – über die Grundschulzeit hinaus, möglichst in derselben Schule, die auch die Geschwister- und die Nachbarkinder besuchen.

Schulabschluss mit Down-Syndrom? Bildungskarrieren von Kindern mit Down-Syndrom

Christel Manske

Kinder sehnen sich nach gemeinsamem Lernen
Geistige Behinderung, Autismus, Verhaltensstörung sind Schutzmechanismen in einer biopsychosozialen Krise

Die Bildung pathologischer Schutzmechanismen ist sinnvoll bei vollkommenem Schmerz. Er ist der einzige Ausweg aus einer lebensbedrohlichen Krise. Dieser für die bedrohte Person sinnvolle Ausweg führt jedoch in die soziale Isolation, wenn er nicht kommuniziert wird. Wenn der pathologische Ausweg von keiner Person als sinnvoll gedeutet wird, bleibt er wie ein Hilfeschrei im Gebirge, der an den Felsen abprallt, und wie das wenig hilfreiche Echo, das zu dem in Todesangst gefangenen zurückkehrt. Die Aufgabe der Pädagogen ist es, den persönlichen Sinn der Schutzmechanismen als Ausweg zu ergründen und diesen mit den Schutzbedürftigen zu teilen, damit aus einem einsambewussten Handeln eine soziale selbstbewusste Tätigkeit wird. Wir gehen davon aus, dass sich jedes lebendige System in einer Krisensituation sinnvoll selbst organisiert, um das lebendige System aufrechtzuerhalten. Das gilt m. E. für alle Lebenssituationen und daher auch für die Entwicklung von Psychosen, für epileptische Anfälle, für autistische Reaktionen, für den Rückzug in die sogenannte geistige Behinderung und für Verhaltensstörungen. Dafür sprechen viele Erfahrungen, von denen nun die Rede sein wird. Dieses Verständnis von außerordentlichen Verhaltensmustern hat nicht den Anspruch, verallgemeinert zu werden. Im Einzelfall hat sich dieses Konzept bewährt und ist daher wertvoll sowohl für die Schutzbedürftigen als auch für die Beschützer. Da die Entwicklung eines Menschen immer in einer biopsychosozialen Einheit geschieht, ist es nachzuvollziehen, dass Irritationen auf allen Ebenen stattfinden. Das Zellverhalten reagiert auf soziale Erfahrungen und beeindruckt die Psyche, die Psyche wiederum steuert das Zellverhalten und wirkt auf die Umwelt, die Umwelt wiederum beeinflusst die Psyche wie auch das Zellverhalten. Da wir als Pädagogen keine Möglichkeit haben das Zellverhalten unmittelbar zu beeinflussen und auch keinen direkten Zugriff auf die Psyche haben, gibt es für uns nur die Möglichkeit uns so zu verhalten, dass wir für die Schutzbedürftigen eine sinnvolle Umwelt sind. Wir sollten sein wie die geistige und psychische Nahrung, die einem körperlich und seelisch hungrigen Menschen nicht nur erbaut, sondern auch gut bekommt und versorgt. „Es liegt in unseren Händen", ob ein Kind geistig behindert wird oder nicht, schrieb Wygotski schon vor 70 Jahren. Weil wir dies annehmen, können wir pathologische Reaktionen nicht mehr als gottgegeben ansehen, sondern wir sind dazu bestellt, adäquat zu handeln. Diese Fähigkeit entwickeln wir nur, wenn wir es wagen, alles bisher Gelernte bewusst außer Acht zu lassen, dass wir wie eine leere Regentonne werden, die den frischen Regen aufnehmen kann, der vom Himmel fällt. Wenn uns in steiniger Wildnis die Erkenntnisse wie Edelweiß im Hochgebirge zuwachsen, dann wird aus der Mühe ein Abenteuer und es zieht uns immer weiter in vorurteilsfreie, frische, geistige Sphären, die uns unser anfängliches Vorhaben völlig vergessen lassen. Wir sind ziellos, selbstvergessen in der fließenden Gegenwart. Wir verschmelzen mit unseren Erfahrungen und Intuitionen fallen uns zu. Intuitionen können wir selbst mit größter Anstrengung nicht herbeizwingen. Davon berichten große Geister, die bahnbrechende wissenschaftliche Entdeckungen für die Menschheit machen durften. Wir stehen jedem Kind als lernbedürftig gegenüber und dies umso mehr, je abweichender sein Verhalten von der Norm ist. Je lernfähiger wir uns verhalten, umso mehr sind wir bereit ausgetretene Pfade zu verlassen und „uns zu den Kindern", wie Janus Korczak schreibt, „heraufzulassen." Sie sind es, die althergebrachtes Wissen, dass sich als Irrtum über die Zeit gerettet hat, vom Tisch wischen und die uns mit Feuereifer unterstützen, unserem Gewissen mit kindlicher Gewissheit zu folgen.

Vor 20 Jahren war ich zutiefst davon überzeugt, dass Autismus niemals heilbar ist, dass Epilepsie immer organisch bedingt ist, dass geistige Behinderung biologischer Natur ist und dass Psychosen endogen sind. So hatte ich es gelernt. Als Lehrerin von verhaltensauffälligen Sonderschülern hatte ich schon vor 40 Jahren entdeckt, dass es keine schlechten Schüler gibt, sondern nur verletzte, gescheiterte, verzweifelte, wütende, deprimierte, enttäuschte Kinder und Jugendliche, die mir geholfen haben, neue Wege als Lehrerin zu gehen. Heute habe ich jede Sicherheit im Umgang mit Kindern verloren und das ist hilfreich. Die Sicherheit ist eine trügerische Falle. Was Kinder mit Trisomie 21 anbetrifft, bin ich mir überhaupt nicht mehr sicher, dass sie geistig behindert sind. Sie haben mich eines Besseren belehrt. Es erfordert so viel Umdenken, eine völlig neue Wahrnehmung, und es fehlen mir noch die Worte das auszudrücken, was ich täglich erlebe. Da die Kinder oft nicht in der Lage sind, sprachlich das zu sagen, was sie mitteilen möchten, versuchen sie es symbolisch. Wir übersehen leider viel zu oft, was sie uns zu sagen haben. Doch es gibt Augenblicke der Stille, der Betroffenheit, deren Tragweite uns erst Tage später bewusst wird.

Emil sitzt mir gegenüber. Ein Holzpuzzle liegt vor ihm. Ich beobachte, wie er sich bemüht. Immer wenn er es geschafft hat, ein Teil richtig zu platzieren, atmet er tief ein und schaut mich an. Er ist gerade drei Jahre alt geworden. „Du bist ein so fleißiger, kluger, kleiner Junge", sage ich. Er erwidert diesen Satz mit einem so tiefernsten Blick, dass ich Mühe habe, ihn zu erwidern. Dann sagt er: „Ja." Ich überspiele meine Verlegenheit mit einem unsicheren Lächeln in der Hoffnung, dass er sich dem nächsten Puzzleteil zuwendet. Doch er klettert mühselig vom Stuhl, bewegt sich auf mich zu und legt für einen Augenblick sein Köpfchen auf mein Knie. Ich reagiere nicht. Dann klettert er wieder auf den Stuhl zurück und schaut mich wieder mit dem so vielsagenden Ausdruck an und sagt noch einmal: „Ja." Ich kann das nicht erklären, aber dieser Augenblick hat mich sofort an den Kniefall von Willi Brandt in Warschau erinnert. Eine große stumme Geste, für die es keine Worte gibt und die von allen Menschen verstanden wurde als Bitte um Vergebung und Versöhnung. Ich hatte gesagt, was ich fühlte, ohne mir bewusst zu sein, was ich gesagt hatte. „Du bist ein so fleißiger, kluger, kleiner Junge." Dieser Satz führt Emil urplötzlich zu seinem Ursprung und gibt ihm eine verlorene Gewissheit über sich zurück.

Emil hatte längst wie alle Kinder mit Trisomie 21 seinen gesellschaftlichen Status begriffen. Er ahnte, fühlte, wusste, dass er nicht gewünscht war.

Als Maria in der Rechenstunde in unserer Praxis, wie in der Schule gewohnt, nicht eine Gleichung rechnet, sondern einerweise zusammenzählt und von ihrem Lehrer aufgefordert wird, das Gleichheitszeichen zu beachten, antwortet sie: „Siehst du denn nicht, dass ich tot bin." Sie verlässt den Raum und legt sich bewegungslos auf den Boden. Diese Geste beschreibt wohl am eindringlichsten den unausgesprochenen Krieg zwischen einem Integrationskind und der Schulwirklichkeit. Je länger wir uns mit dieser Geste befassen, umso deutlicher wird uns, was sie sagt. Maria war ein Energiebündel, als sie eingeschult wurde. Sie kannte nicht nur alle Buchstaben, sondern sie hatte deren Sinn entdeckt. Sie hatte mir einen Brief schon vor der Einschulung geschrieben, indem sie mir mitteilte, dass sie lesen und schreiben könne. Sie kannte mathematische Handlungszeichen. Sie wusste, was gleich und was ungleich ist, was mehr und was weniger ist, was größer und was kleiner ist. Sie hatte klassifiziert, sie hatte die Sereation verstanden. Sie malte die Mandalas mit Akribie und Ausdauer aus. Ihren kleinen Freund Timo ermahnte sie, dass er beim Malen auf den Rand achten müsse, dass er nicht übermalen dürfe, dass er sein Bild ganz fertig malen müsse. Doch das alles hatte sie, nachdem sie ein halbes Jahr in die Schule gegangen war, entweder schnell verlernt oder sie hatte nicht mehr die Kraft, ihre Fähigkeiten zum Ausdruck zu bringen. Nach ihren herausragenden Leistungen vor der Einschulung ist es unerträglich, von ihr zu sagen: „Geistige Behinderung bei Trisomie 21." Die Diagnose lautet zurzeit: „Entwicklungsverzögerung bei depressiver Reaktionsbildung." Was eine Depression mit einem Menschen macht, darüber wissen wir einiges. Wir wissen, dass die Transmitter, die Informationen von einer Nervenzelle zur nächsten befördern, nicht mehr regelrecht agieren, sodass die Erledigung von Aufgaben mehr Energie erfordert, als zur Verfügung steht, dass die innere Leere, die Gefühlsarmut alle Zellen lähmt, so wie die unterschüssige Zellaktivität innere psychische Leere hervorruft. Wie soll ein siebenjähriges Schulkind den für es höchst sinnvollen Rückzug auf die psychologische Entwicklungsstufe Vorschulkind uns als intelligentes Verhalten in einer bedrohten Situation besser vermitteln, als Maria es versucht hat: „Siehst du denn nicht, dass ich tot bin?" Wir haben es nicht gesehen, wir haben es nicht begriffen, wir haben nicht adäquat reagiert, wir haben uns bestenfalls freundlich, bemüht ihr in die Einsamkeit zu folgen. Wir müssen akzeptieren, dass wir hilflos mitangesehen haben, wie verletzt sie war. Für sie gab es in der Krisensituation nur den Ausweg in die „geistige Behinderung". Wir tun gut daran, uns dies wenigstens acht Jahre zu spät einzugestehen. Die geistige Behinderung ist nicht die Ursache für das Schulversagen, sondern das Versagen der Schule ist die Ursache für die geistige Behinderung. Diese Erkenntnis wirft Licht auf die Kinder und stellt ein Schulsystem, das sie zum Scheitern verurteilt, in den Schatten. Marias Rückzug war zwar dramatisch, doch sie nutzte ihre Ressourcen, sich im Rollenspiel zu harmonisieren. Das Rollenspiel rettete sie vor dem Absturz in die autistische Symptomatik. Inzwischen ist Maria 13 Jahre alt. Die Ernstsituation hat sie eingeholt. Sie hatte das Glück, ab der fünften Klasse von einer engagierten Lehrerin unterrichtet zu werden. Auf einer Fachtagung zum Down-Syndrom hatte die Lehrerin mit ihr einen Vortrag zum Thema Integration vorbereitet. Ich werde den Augenblick nicht vergessen, als ich sah, dass Maria mutterseelenallein, die Hände vor den Augen, auf der Treppe kauerte. Als ich sie ansprach sagte sie: „Christel, ich möchte jetzt ganz allein sein.

Versteh mich bitte, ganz allein." Dann hielt sie wieder die Hände vor ihre Augen. Sie wusste besser als jede andere Person, dass es auf dieser Tagung zum 20-jährigen Bestehen der schulischen Integration für sie nichts zu feiern gab. Nach einer Woche fragte ich sie, weswegen sie so traurig gewesen sei. Sie sagte: „Weißt du Christel, ich bin sehr sehr schwach, sehr schwach. Ich werde oft geärgert. Lass uns doch über etwas anderes reden." Maria macht sich immer wieder ihre ausweglose Situation bewusst und dennoch: Es muss einen Ausweg für sie geben. Maria und ihre Eltern haben die Hoffnung, dass sie, wenn auch verzögert und auf Umwegen, einen Schulabschluss machen wird.

Anna war gerade vier Jahre alt geworden. Sie war auffällig hübsch und immer schön angezogen. Die Eltern waren besorgt, dass sie vielleicht für unser Therapieprogramm zu alt sei. Die Eltern liebten ihr Kind. Sie waren aber von der geistigen Behinderung ihres Kindes von Fachleuten überzeugt worden. Das einzige Wort, das Anna in den ersten Stunden sprach, war „Auto". Ich gab ihr alle möglichen Autos zum Spielen. Es dauerte ein paar Lernstunden, bis ich begriff, dass sie an ihre Mutter dachte, die im Auto weggefahren war. Anna lernte mit Begeisterung alle Buchstaben. Sie legte schnell ganze Wörter. Ihre Sprache entfaltete sich erstaunlich. Als ihr Vater sie fest in den Arm genommen hatte, sagte sie zur Mutter: „Mama kannst du mich befreien. Papa hat mich gefesselt." Die Eltern sahen ihre Tochter mit anderen Augen. Sie übten täglich mit ihr Wörter legen. Sie freute sich auf die Stunde in der Praxis. Sie erinnerte ihre Mutter zu Hause mit dem Satz: „Mama, Dr. Manske hin." Ich werden den Gesichtsausdruck von Anna nicht vergessen, als sie so schnell wie möglich die Treppe hinaufkletterte, aber ihre kleine Schwester sie auf den letzten Stufen überholte. Sie war fast fünf und es schien, als hätte sie nun begriffen, dass mit ihr irgendetwas nicht stimmte. Sie verweigerte alle Lernspiele, nach denen sie noch vor ein paar Tagen mit Begeisterung verlangt hatte. Wir versuchten, mit ihr Ball zu spielen. „Anna verloren." Sie rührte den Ball nicht an. Wir stellten eine Puppenbadewanne auf, damit sie die Babypuppe badete. „Anna verloren." Von der Mutter erfuhr ich, dass sie zu Hause nicht mehr mit ihr üben würden. Die Eltern konnten überhaupt nicht mehr an sie herankommen. Sie verweigerte alle Spielangebote. In der Praxis stellten wir einen Sandkasten für sie bereit. Sie setzte sich hinein, ließ den Sand über ihre Hände rieseln und begleitete diese Handlung mit einem monotonen Singsang: „NnnnnnnnnnnnnnnMmmmmmmmmm." Hin und wieder sprach sie zu sich selbst: „Mama nicht, Lisa nicht, Mama nicht, Lisa nicht." Die kleine flinke Schwester und die anderen Kinder im Kindergarten waren für sie so zur Bedrohung geworden, dass sie sich in eine autistische Symptomatik flüchtete. Wenn die Mutter sie abholen wollte, begann sie zu weinen. Sie wollte das monotone, ungestörte Spiel im Sandkasten nicht beenden. Anna, wie sie noch vor einigen Wochen war, gab es nicht mehr. Nach drei Wochen sprach ich aus, was ich insgeheim dachte: „Für Anna gibt es zurzeit nur eine erträgliche Welt und das ist die Welt der Kinder mit Autismus." Das war eine schmerzliche Erkenntnis. Doch sie gab uns die Chance, völlig neu mit ihr zu kommunizieren. Wir gaben alle Erwartungen auf. Wir setzten uns zu ihr neben den Sandkasten. Wir hatten eine eigene Schale mit Sand, um ihr Spiel nicht zu stören. Wir sprachen kein Wort, sondern sangen denselben monotonen Singsang. Die Eltern setzten eins zu eins um, was wir für Anna sinnvoll hielten. Sie bekam viel mehr Aufmerksamkeit als zuvor. Sie sprachen so nebenbei über sie, dass sie ein schönes kluges Kind ist. Sie wurde wie eine kleine Prinzessin gekleidet. Sie durfte auswählen, was ihr am besten schmeckte. Die

Mutter gab ihr für jede Lernstunde eine Brotdose mit Leckereien mit, z. B. Gummibärchen, Kekse, Apfelschnitzel usw. Anna durfte nun zwei Stunden bei uns bleiben. Behutsam versuchten wir, das Spiel zu variieren. Wir legten ein Sieb in den Sand. Wir hofften, dass sie den Sand durch das Sieb rieseln ließe. Wir versteckten bunte Glaskugeln im Sand. Wir stellten unterschiedlich große Gefäße dazu. Sie begann, sich für die Dinge zu interessieren. Sie füllte die Gläser, sie fischte nach den Glaskugeln. Inzwischen erlaubte sie uns, mit ihr gemeinsam in der Sandkiste zu spielen. Wir siebten gemeinsam, wir schütteten den Sand von einem Glas in das andere, wir rührten um, gossen Wasser dazu. Wir sangen leise und monoton Verse wie: „Backe, backe Kuchen, der Bäcker hat gerufen. Backe, backe Kuchen, Anna hat gerufen. Backe, backe Kuchen, Mama hat gerufen. Backe, backe Kuchen, Papa hat gerufen." Leise sang sie mit: „Papa hat gerufen, Mama hat gerufen." Es dauerte ein halbes Jahr, bis Anna, geschützt von Mama und Papa, ihren Schutzmechanismus Rückzug aus der bedrohlichen Umwelt „Anna verloren" aufgab. Das erste Lachen, die ersten ganzen Sätze, der Wunsch, wieder mit Mama mit Buchstabenpuzzle und Wörterkoffer zu lernen, waren wie eine zweite Geburt für Anna und für ihre Eltern. Wir waren über den Entwicklungsverlauf einerseits erleichtert, andrerseits waren wir dankbar. Wir hatten hautnah begriffen, dass Annas Rückzug für sie sinnvoll war. Wir waren bemüht, adäquat zu reagieren, und das unerwartete ersehnte Verhalten stellte sich ein wie ein warmer Sommerregen nach einer Periode von Trockenheit und Dürre. Wenn ich nun mit Anna die Treppen hochstieg, sagte sie nicht mehr: „Mama nicht, Lisa nicht." Sie blieb auf jeder Stufe stehen und winkte: „Tschüss Mama. Tschüss Mama." Sie weiß, dass sie anders ist, aber sie hat eine wichtige Erfahrung gemacht, dass der soziale Schutz mehr wärmt als die autistische Schutzreaktion.

Als Emil die ersten autistischen Signale äußerte, teilte ich der Mutter zwar meine Besorgnis mit, aber die Mitteilung blieb ohne Konsequenzen. Die Eltern zogen in eine andere Stadt und erst Jahre später erfuhr ich, dass Emil schon jahrelang erfolglos im Autismusinstitut behandelt worden war. Inzwischen hat sich das Zellverhalten wie auch seine psychischen Funktionen seiner Umwelt angepasst, sodass es von Tag zu Tag schwieriger zu werden scheint, mit ihm gemeinsam geteilt soziale Schutzmechanismen zu entwickeln.

Christian zeigt auf seine Handfalte: „Mama ich will diese Falte in der Hand nicht mehr." Christian hat mit zehn Jahren längst begriffen, dass ein Kind mit einer Handfalte ein Unfall ist. Wir sollten Christian erklären, dass sein Problem nicht die Falte in seiner Hand ist, sondern ein defektives gesellschaftliches Denken über Kinder mit Down-Syndrom. Wygotskis Botschaft, dass alle Behinderung in erster Linie sozialer und nicht biologischer Natur ist, ist 70 Jahre alt. Sie erfrischt unsere Psyche noch heute und auch zukünftig wie der Tau am frühen Morgen. Wir arbeiten nicht mit Wahrheiten, sondern mit Konzepten, die so zur Gewohnheit geworden sind, dass sie in der Regel nicht mehr hinterfragt werden. Unser Konzept geht davon aus, dass Kinder mit Trisomie 21 nicht gottgegeben geistig behindert sind. Das klingt ungewöhnlich, weil bisher viele Erfahrungen mit ihnen dagegen sprechen. Unsere Aufgabe besteht darin, dass wir uns fragen, wie es möglich ist, dass wir die Kinder immer noch als geistig behindert wahrnehmen und denken, obwohl uns doch inzwischen irritierende Ausnahmen bekannt sind. Pablo Piñeda hat sich als Akademiker geoutet. Er ist nicht der einzige, aber zurzeit ist er in Deutschland der populärste. Er hat eindeutig Trisomie 21. Vor einigen Monaten sah ich einen Film im Fernsehen, wie er Eltern eines kleinen Jungen mit Trisomie 21 im Alltag begleitete. Er ermutigte die Eltern mit jedem Satz, an ihren Sohn zu glauben. „Er ist jetzt schon viel weiter als ich damals."

Die Analyse der biologischen, psychischen und sozialen Entwicklung führt nicht zu einem Urteil über die Kinder. Wir sind zu keinem Urteil fähig. Heute nicht und auch nicht in tausend Jahren. Jedes Kind bleibt immer ein Geheimnis der wunderbaren Schöpfung. Wir wollen versuchen der Unwissenheit mit wissenschaftlicher Forschung zu begegnen und der Gleichgültigkeit mit Mitgefühl. Bei der analytischen Arbeit sollten wir nicht die Defizite der Kinder anstarren wie der Hase die Schlange, sondern wir sollten uns auf das Erkennen des Sinns des biopsychosozialen Geschehens einlassen in dem Bewusstsein, dass jedes Minus auch ein Superplus hervorbringt, um ein lebendiges System im Gleichgewicht zu halten.

WAS DIE POLITIK JETZT TUN MUSS
KONKRETE SCHRITTE ZUR INKLUSIVEN SCHULE

Prof. Ulf Preuss-Lausitz

I. CHANCEN INKLUSIVER ENTWICKLUNGEN

HUMAN UND GERECHT IST EIN SCHULSYSTEM ERST, WENN DIE SCHULEN FÜR ALLE KINDER OFFEN SIND, TROTZ ALLER UNTERSCHIEDLICHEN PHYSISCHEN, PSYCHISCHEN UND KOGNITIVEN VORAUSSETZUNGEN. DANN WIRD DAS GESAMTSYSTEM AUCH ZU BESSEREN BILDUNGSERGEBNISSEN FÜHREN UND DEN SOZIALEN ZUSAMMENHALT IN DER NACHWACHSENDEN GENERATION STÄRKEN KÖNNEN. ICH WERDE IM FOLGENDEN VORSCHLÄGE UNTERBREITEN, WIE DIES REALISTISCH, ABER MIT KLAREM WILLEN FÜR SOLCH EIN SCHULSYSTEM VERWIRKLICHT WERDEN KANN.

Von der Inklusion der Kinder mit Behinderungen reden jetzt alle und oft wird sie von der Integration abgegrenzt. Seit vor fast 35 Jahren die erste deutsche Integrationsklasse die Kinder aus einem integrativen Kindergarten aufnahm, war jedoch das individuelle und zugleich gemeinsame Lernen in einem Raum bei durchaus unterschiedlichen Lernzielen, die Akzeptanz unterschiedlicher Voraussetzungen, die Teamarbeit von Regelschullehrern und Sonderpädagogen, die Vielfalt in der Gemeinsamkeit, kurzum eine inklusive, anspruchsvolle und lernwirksame Pädagogik Selbstverständnis der Integrationsbewegung. Daher muss man den seit Jahrzehnten arbeitenden Integrationspädagoginnen und -pädagogen dankbar sein für ihre Arbeit. Ihre Arbeit hat auch dazu beigetragen, dass die UN-Behindertenrechtskonvention (BRK) und mit ihr auch Art. 24 vom Bundestag und im Bundesrat von allen Ländern trotz einiger Widerstände übernommen wurde. Der im Original verwendete Begriff „inclusive education" wird nun zum öffentlich akzeptierten Oberbegriff. Dem entspricht in der pädagogischen Praxis der Begriff des Gemeinsamen Unterrichts (GU); dieser Begriff drückt nicht nur den gemeinsamen Ort, sondern auch das gemeinsame, aber durchaus differenzierte Lernen und Leben aus.

Offensichtlich ist aber die Antwort auf die Frage, was mit der „inclusive education" der UN-Konvention gemeint ist, umstritten. Der vormalige CDU-Kultusminister und heutige Staatsminister von Baden-Württemberg Rau erklärte: „Die UN hat uns gar nichts zu sagen" (Interview in der Tageszeitung vom 30. Dezember 2009) und er hat damit nicht nur die international rechtsverbindliche Verpflichtung Deutschlands, sondern auch die Tatsache ignoriert, dass Bundesrecht Landesrecht bricht (ein Bundesrecht, das seine Regierung mit beschlossen hat). Baden-Württemberg betrachtet, auch unter der neuen Kultusministerin Schick, die Sonderschul-Außenklassen als „inklusiv" und rechnet die darin unterrichteten Kinder statistisch ebenso zu den integrierten Förderkindern, wie sie jedes zielgleich unterrichtete Kind dazurechnet, für das die Sonderpädagogischen Dienste auf Bitte der allgemeinen Schulen Beratung leisten, die sie aber nicht unterrichten (vgl. Baden-Württemberg 2009, S. 54 [1]) Baden-Württemberg kommt auf diese trickreiche Weise auf fast 28 % Integrationsquote – lehnt aber Gemeinsamen Unterricht mit dem Förderschwerpunkt Lernen und geistige Entwicklung ab. Eine Täuschung der Öffentlichkeit!

Auch andere Kräfte bemühen sich, zwar die Wörter zu okkupieren, aber außer ein paar kosmetischen Änderungen die drei Grundübel des deutschen Schulsystems – seine hohe soziale, ethnische und behindertenfeindliche Selektivität, seine geringe Effektivität an beiden Enden des Leistungsspektrums und seine geringen, wenig demokratieförderlichen sozialen Kohäsionskräfte – aufrechtzuerhalten. Schon haben die Juristen der Kultusministerkonferenz-Administration in einem noch internen Papier erklärt, ich zitiere: „Die deutsche Rechtslage (entspricht) im Grundsatz den Anforderungen des (UN-)Abkommens" – mit anderen Worten, man müsse allenfalls mehr Wahlmöglichkeiten für Gemeinsamen Unterricht anbieten, könne ansonsten das deutsche ausdifferenzierte Sonderschulsystem und das selektive Regelschulsystem belassen (vgl. KMK 2009, S. 3). Man kann nur hoffen, dass wenigstens jene Parteien und Regierungen solchen Positionen widersprechen, die in ihren Wahlprogrammen von einer Schule für alle und von gemeinsamem Lernen sprechen. Und natürlich bezieht sich „Inklusion" nicht nur auf Kinder mit Behinderungen: Es geht um alle Kinder, die von Ausgrenzung betroffen oder bedroht werden, aber auch um jene, die im allgemeinen Schulsystem nach Schulformen getrennt, von Selektionsmaßnahmen betroffen und von Perspektivlosigkeit bedroht sind.

Mit Gerechtigkeit ist es nicht vereinbar, wenn Kinder aus Gründen ihrer sozialen Benachteiligung oder ihrer Behinderung in gesonderte Klassen oder Schulen abgeschoben werden. So argumentiert auch die UN-Konvention: Behinderung darf kein Grund eines Ausschlusses aus der regulären Schule sein. Es genügt der UN jedoch nicht, vom gemeinsamen Lernen zu sprechen; vielmehr betont sie zugleich die Bereitstellung der notwendigen – zusätzlichen – Unterstützungsressourcen und die Entwicklung hin zu einem insgesamt inklusiven Schulwesen. Das deutsche Sonderschulsystem und das hochselektive allgemeine Schulsystem gehören systematisch zusammen. Wer über die Inklusion Behinderter spricht, kann daher zum übrigen Selektionssystem nicht schweigen.

Dennoch bin ich zuversichtlich, dass eine gerechte und inklusive Schule zu Beginn des zweiten Jahrzehnts unseres Jahrhunderts aus mehreren Gründen bessere Chancen auf reale Umsetzung hat als je zuvor. Ich nenne sechs Gründe:

1. Wir haben international und national mehr als 30 Jahre Erfahrungen mit Gemeinsamem Unterricht gewonnen und können relativ gut sagen, welche Pädagogik integrationsförderlich, aber auch welche Ausstattung sinnvoll ist.
2. Wir wissen aus der internationalen Schulforschung sehr viel, wie lernwirksamer und zugleich für Kinder und Lehrkräfte sozial befriedigender (also „guter") Unterricht aussieht. Der Vergleich zeigt: Guter Unterricht und integrationspädagogischer Unterricht fügen sich gut zusammen.

3. Wir wissen außerdem, wie mit Störungen, Verhaltensproblemen, Gewalt und Mobbing in der Schule umzugehen ist. Auch können wir ziemlich genau angeben, welche Kompetenzen und welches Personal zur Bewältigung dieser Herausforderung wirksam sind.

4. Der Trend zum Verzicht auf Zurückstellungen zu Beginn der Schulzeit, die wachsende Einsicht in die Ineffektivität und soziale Problematik des Sitzenbleibens zwingt die Schulen ohnehin, sich der Frage zu stellen, wie sie mit den unterschiedlichen Leistungsvoraussetzungen umgehen sollen und mit besseren schulinternen Unterstützungsformen helfen können. Ganz generell orientiert sich die allgemeine Schulpädagogik auf das Lernen in leistungs- und sozial heterogenen Klassen, eine günstige Voraussetzung für optimale integrative Pädagogik. Zwar ist diese Entwicklung in der Praxis erst überwiegend in Grundschulen und Gesamtschulen angekommen, aber durch die Zusammenlegung von Sekundarschulformen (z. B. Hauptschulen, Realschulen, Gesamtschulen usw. zu Gemeinschaftsschulen) ist innere Differenzierung, methodische Vielfalt, kluges Klassenmanagement, sinnvolles Üben, individuelle Passung und Förderung usw. ohnehin notwendig. Die bei Inklusion notwendige Einbeziehung von Sonderpädagogen führt jedoch nicht zu einer grundsätzlich neuen Pädagogik, sondern stärkt die reale Möglichkeit einer Pädagogik der Vielfalt. Die Lehrerarbeit entwickelt sich nun vom fast ausschließlichen Unterrichten zu einer herausfordernden Begleitung von individuellem und kooperativem Lernen sehr unterschiedlicher Kinder. Das schließt übrigens die Förderung besonders talentierter Kinder mit ein: Die inklusive Schule ist auch eine Schule sportlicher, künstlerischer, sozialer, naturwissenschaftlicher besonderer Fähigkeiten und Neigungen.

5. Die gesellschaftlichen Anforderungen an heutige Kinder, an Jungen wie an Mädchen wie insbesondere Selbstständigkeit, Teamarbeit, Kooperationsfähigkeit, Aushandlungsfähigkeit, aber auch Fürsorge und Empathie gelten für alle Kinder und Jugendlichen. Diese Sozialisationsziele von Eltern und Öffentlichkeit erleichtern die Inklusion auch von Kindern mit Behinderungen. Auch für sie gelten die modernen Anforderungen an eine Bastelbiografie in der „anderen Moderne".

6. Und nicht zuletzt: Der unvermeidliche Rückgang der Geburten und damit der Schülerzahlen muss entweder zur Schließung von kleinen Schulen – mit der Folge längerer Schulwege für die verbleibenden Kinder – oder zur Zusammenlegung verschiedener Schulformen bzw. Bildungsgänge führen. Schon heute ist erkennbar, dass im ländlichen Raum extrem weite Wege zu Sonderschulen zu familienfeindlichen Tagesabläufen, zu extrem eingeschränkten Freizeit- und Freundschaftsmöglichkeiten für behinderte Kinder führen, und natürlich sind die Beförderungskosten im Vergleich zu wohnortnaher Unterrichtung extrem höher. Im Interesse einer kulturell lebendigen Kommune muss die gemeinsame Schule im Dorf bleiben, und zwar mit allen Abschlussperspektiven. Nur so ist auch eine kommunal beeinflussbare Arbeits- und Sozialpolitik möglich.

Ich behaupte nicht, dass aus diesen sechs Gründen die inklusive Schule für alle sich von allein ergibt, aber diese Faktoren erleichtern doch die Realisierung und sie schaffen neue Bündnispartner. Wie immer gibt es massive gegenteilige Interessen, die am Bestehenden so lang wie möglich festhalten wollen. Deshalb ist die offensive Auseinandersetzung, vor allem aber die

Zusammenarbeit mit allen nötig, die zukunftsorientiert und an einer gerechteren Gesellschaft orientiert sind. Sie verlangt aber einen Blick auf die Wirklichkeit.

II. Zentrale Mängel des Fördersystems überwinden

Wie sieht diese Realität aus? Viele von Ihnen sind sicher genauer über die Schulentwicklung in NRW generell und die Lage der Förderschulen und des Gemeinsamen Unterrichts im Besonderen informiert. Ich greife drei Aspekte auf, die mir problematisch erscheinen: 1. Expansion und Ausbau der Förderschulen, 2. Ineffektivität und 3. massive soziale Benachteiligung durch behinderungsspezifisch homogenisierte Klassen.

1. Expansion

Die NRW-Landesregierung lobt sich ja dafür, dass der Anteil der Kinder mit sonderpädagogischem Förderbedarf im Gemeinsamen Unterricht bis 2009 auf 14,6 %, das sind rund 0,9 % aller Schüler der Klassen 1 bis 10, gestiegen sei (Presseinformation MSW 12-09; vom KM werden jetzt 15,7 % genannt); das ist leider eine Quote, die nicht einmal den im internationalen Vergleich extrem niedrigen Bundesdurchschnitt erreicht. Was nicht erwähnt wird, ist der gleichzeitige Anstieg auch in den Förderschulen. Lag ihr Anteil im Jahr 2000 bei 4,6 % aller Schüler/innen der Kl. 1-10, ist er bis 2008 schon auf 5,3 % gestiegen. Da die allgemeinen Schülerzahlen insgesamt sinken, bedeutet dieser Anstieg eine relativ noch wachsende Aussonderung. Absolut bleiben die Schülerzahlen in Förderschulen allerdings ziemlich gleich: Die vorhandenen Förderschulen werden wie bisher gefüllt. Kein Wunder, dass der Gesamtanteil der Schüler/innen mit sonderpädagogischem Förderbedarf (in Förderschulen und GU) immer weiter steigt (inzwischen auf 6,2 %), selbst in Förderschwerpunkten, die gemeinhin als eindeutig definierbar erklärt werden wie dem Förderschwerpunkt geistige Entwicklung. Hier stieg er seit 2000 um fast 30 %! Gleichzeitig ist der Anteil im Förderschwerpunkt Lernen um 5 % gesunken, bei einem Anstieg im Förderschwerpunkt Sprache um 35 % und im Förderschwerpunkt emotionale und soziale Entwicklung (Verhalten) um 60 %! Das hat nichts, aber auch gar nichts mit besserer medizinischer Versorgung, mit steigender Armut oder mit objektiver Diagnostik zu tun, sondern macht die Beliebigkeit von Etiketten besonders deutlich. Sie sind jedoch nötig, um bestimmte Sonderschulformen zu erhalten. In der inklusiven allgemeinen Schule kann auf sie verzichtet werden, weil dann der individuelle Förderbedarf als ganzheitlicher Hilfeplan eines Kindes möglich wird.

2. Ineffektivität

Die Lernwirksamkeit der Förderschulen muss auch in NRW massiv bezweifelt werden. Der Anteil der Kinder mit Hauptschulabschluss – und damit ohne einen direkten Einstieg in eine Berufsausbildung – ist beschämend gering und sogar gesunken. Zwischen 1997 und 2006 nahm der Anteil der Absolventen ohne Abschluss aus allen Förderschulen von 55 % auf 69 % zu! Im gleichen Zeitraum sank sogar der erschreckend geringe Anteil von 2,0 % Absolventen mit Mittlerem oder Fachhochschulabschluss auf 1,7 %. Mit anderen Worten: Die Behauptung, die Förderschulen leisteten gute Arbeit, kann in Bezug auf die Schulabschlüsse auch bei den Förderschulen mit allgemeinem Rahmenplan in keiner Weise aufrechterhalten werden. Um nicht missverstanden zu werden: Dieser Skandal ergibt sich möglicherweise trotz aller Mühen der Lehrkräfte und obwohl sich manche Kinder wohlfühlen. Die Sisyphosarbeit der Lehrer führt jedoch nicht zum Ziel. Wenn die motivierenden Anregungen einer heterogenen, allgemeinen Klasse fehlen, weil nur Kinder des gleichen Förderschwerpunkts unterrichtet werden, ist wenig anderes zu erwarten. Die internationalen und die nationalen empirischen Integrationsstudien zeigen – analog zu den Daten der PISA-Studien –, dass ungünstige Lern- und Sozialmilieus das Lernen und die Entwicklung der Kinder behindern – oft gegen den Willen der Lehrkräfte.

3. Soziale Benachteiligung

Auch in die Förderschulen von NRW werden überdurchschnittlich häufig Kinder aus Armuts- und Migrantenfamilien sowie Jungen überwiesen, vor allem in die Förderschulen Lernen, emotionale und soziale Entwicklung und Sprache, aber auch in den Förderschulen geistige Entwicklung. Die Förderschule ist so der extremste Ausdruck einer sozialen, ethnischen und jungendiskriminierenden Ausgrenzung, die auch noch gern mit dem „Besten für das Kind" oder einer vermeintlichen Behindertengerechtigkeit verbrämt wird.

III. Realistische Schritte auf dem Weg zur inklusiven Schule für alle

Ich möchte im Folgenden zwölf Punkte nennen, die einen realistischen Weg in eine flächenweite inklusive Schule eröffnen und eine Umsteuerung des gesamten Systems sonderpädagogischer Förderung bedeuten. Es ist nötig, Einzelmaßnahmen auf unterschiedlichen Ebenen – der Landespolitik, der Kommune, der Einzelschule – zu benennen, die gleichzeitig und miteinander vernetzt realisiert werden können. Sinnvoll sind benchmarks, also konkrete, auch quantitativ und zeitlich definierte Einzelmaßnahmen, die bis zum Jahr 2020 abgeschlossen sein könnten. Eine solche Perspektive verlangt ein Gesamtkonzept, dass alle Handlungsebenen miteinander in Beziehung setzt. Ich halte die Erarbeitung eines sogenannten Inklusionsplans 2020 – mit umgehender Einleitung der Umsetzung – für sinnvoll. Diese Punkte sind:

1. Integrative Kindergartengruppen und Frühförderung
2. Schuleingangsuntersuchungen
3. Inklusive Grundschulen
4. Inklusionsförderliches Finanzierungsmodell
5. Inklusive Sekundarschulen
6. Pädagogische Unterstützungszentren
7. Inklusive Schul- und Schulbauplanung
8. Regionale Vernetzung bei Verhaltensproblemen (REBUS)
9. Regionale Ombudsleute für Inklusion
10. Recht des Kindes auf Inklusion und Elternwahlrecht
11. Inklusive Qualitätsentwicklung des pädagogischen Personals
12. Ein gangbarer Weg zu einem inklusiven Schulsystem – Perspektiven der Förderschulen

1. Integrative Kindergartengruppen und Frühförderung

Es ist selbstverständlich, dass Kinder mit Beeinträchtigungen nicht in Kita-Sondergruppen (oder gar Sonder-Kitas), sondern nur in integrativen Kindergartengruppen aufwachsen sollten. Inklusion verlangt aber auch den Ausbau der Frühförderung. Da diese nur möglich ist, wenn Erziehungsberechtigte sie beantragen, ist zu prüfen, welche Wege es gibt, Frühförderung auch ohne ihre Initiative auszubauen, auch die Untersuchungen U 1 bis 9 für alle Kinder verbindlicher zu ermöglichen. Auch muss es möglich werden, dass Kinder, etwa im Rahmen der Kindertagesstätten, therapeutische Hilfe und andere Frühförderung erhalten, auch wenn die Eltern dies nicht beantragen. Rechtlich steht hier das Kindeswohl gegen das Erziehungsrecht, und bislang sehen zwar oft Erzieherinnen oder Jugendamtsmitarbeiter den nötigen Hilfebedarf, sprechen auch mit Eltern, können jedoch selbst nicht weiter aktiv werden. Aus eigenen Untersuchungen ist mir bekannt, dass häufig vorschulischer Hilfebedarf festgestellt wird, Eltern, oft mit Risikobiografien, jedoch nicht handeln. Ich halte es für dringend geboten, ein inklusives niedrigschwelliges Therapie- und Förderangebot personell und finanziell auszubauen, rechtlich neue Wege zu prüfen und nicht zuletzt stärker in der Öffentlichkeit für die Akzeptanz von Frühförderung zu werben.

2. Ganzheitliche Schuleingangsuntersuchungen

Es hat sich herumgesprochen, dass Zurückstellungen vom Schulbeginn weniger förderlich sind als der gemeinsame Schulanfang in einer heterogenen Lerngruppe Gleichaltriger. Das gilt auch für Kinder mit Entwicklungsproblemen und mit physischen Beeinträchtigungen; auch für sie ist der gemeinsame Schulbeginn förderlicher, was selbstverständlich gezielte Förderung einschließt. Der Begriff „Schulreife" erhielte dann eine ganz neue Bedeutung: als die Reife der Schule, sich auf die ganz unterschiedlichen Kinder einzulassen. Aber noch wissen die Lehrkräfte zu wenig von ihren Kindern – die schulärztlichen Untersuchungen bleiben vertraulich, es sei denn, es wird sonderpädagogischer Förderbedarf vermutet, was in der Regel zu einer weiteren, dann sonderpädagogischen Diagnostik führt. Hinzu kommt, dass die schulärztlichen Untersuchungen oft oberflächlich und begrenzt sind. Daher sind unbedingt ganzheitliche Untersuchungen für alle Schulanfänger einzuführen, die die Wahrnehmung, den Gleichgewichtssinn, die Fein- und Grobmotorik, die Emotionen, aber auch das kindliche Weltwissen in Form einer Entwicklungsausgangslage beschreiben. Die Erfahrungen der Kita-Erzieherinnen sollten dabei einbezogen werden. Die Ergebnisse sollten den Eltern und den Klassenlehrern zur Verfügung stehen, vertraulich, aber bedeutsam für gemeinsame Absprachen und Förderpläne. Es ist klar, dass diese Ausgangslagenbeschreibung über ärztliche Kompetenz hinausgeht, wie ja auch Ärzte nicht kompetent sind, pädagogische und/oder psychologisch-therapeutische Empfehlungen auszusprechen. Ich plädiere daher für multiprofessionelle Teams, in denen entwicklungspsychologische, kindermedizinische und pädagogische Kompetenz vertreten ist. Diese neue Form von Schuleingangsuntersuchungen hätte eine große Bedeutung für individuelle Förderungskonzepte und die Weiterentwicklung der Grundschule.

3. Inklusive Grundschulen

Der Grundsatz ist: Wir nehmen jede und jeden auf, die im Wohnumfeld wohnen, und wir schieben niemanden ab. No child left behind! Die inklusive Grundschule ist also auch die Schule für alle Kinder mit Behinderungen sozialer, physischer und psychischer Natur im Einzugsgebiet. Dafür braucht es nicht nur den oben erwähnten „guten"integrativen Unterricht, sondern auch sinnvolle Rahmenbedingungen. Aus der Erfahrung der Integration kann eine Frequenzobergrenze von 22 Kindern als sinnvoll angesehen werden, darunter etwa drei Kinder mit deutlichem Förderbedarf. Wenn ein Kind mit Förderschwerpunkt geistige Behinderung oder ein schwermehrfachbehindertes Kind dabei ist, müsste eine Doppelbesetzung angestrebt werden; sonst genügt eine halbe zusätzliche Sonderpädagogikstelle pro Klasse. Außerdem sollten bei der Zuweisung der Lernmittel die Förderkinder mehrfach gezählt oder pauschale Zusatzsummen vereinbart werden. Es versteht sich von selbst, dass in der inklusiven Grundschule die Klassenwiederholung allenfalls freiwillig erfolgt; denn entgegen mancher Vorurteile, auch unter Eltern und Lehrern, ist empirisch festzuhalten, dass das zwangsweise Sitzenbleiben eine lernineffektive, wenig motivierende und sozial fragwürdige Maßnahme darstellt.

4. Inklusionsförderliches Finanzierungsmodell

Die European Agency for Special Educational Needs, die von der EU und inzwischen 28 Mitgliedsländern finanziert wird, hat untersucht, wie durch die Art der Finanzierung Inklusion unterstützt werden kann (Meijer 1999). Sie lehnt eine inputorientierte Finanzierung ab, bei der es desto mehr Stunden für Sonderpädagogik gibt, je mehr Kinder zu Förderkindern gemacht werden. Sie schlägt stattdessen vor, die Förder-Personalausstattung an die allgemeine Schülerzahl und die bekannten allgemeinen Behinderungsanteile pro Altersjahrgang zu binden, das Personal an die Schulen zu verteilen und das Ganze mit einer Rechenschaftslegung zu verbinden, die die Fördermaßnahmen mit ihrem Erfolg transparent darstellt. Außerdem schlägt sie vor, nur die Beförderung zur nächsten integrativen Schule öffentlich zu finanzieren, auf keinen Fall jedoch die weiten Fahrten zu entfernten Förderschulen, falls in der Nähe integrative Beschulung möglich ist.

Mein Vorschlag lehnt sich an dieses Konzept an. Generell sollte von einer festen Gesamtquote von Kindern mit Förderbedarf ausgegangen werden, die sich auf den gesamten Altersjahrgang bezieht, insgesamt landesweit etwa 5 bis 6 %, je nach sozialem Einzugsbereich differierend. Für die „weichen"Förderschwerpunkte Lernen, emotionale und soziale Entwicklung und Sprache (LES) würde keine Förderstatusdiagnostik zur Verteilung personeller Ressourcen gemacht werden, sondern pauschal von einen Anteil von rund 4 bis 4,5 % der gesamten Schülerzahl eines Bundeslandes, eines Kreises oder einer Stadt ausgegangen werden. Die errechnete Anzahl würde mit einem ausreichenden Stundenfaktor multipliziert und den Schulen, je nach Sozialstruktur variiert, eine Grundausstattung als feste Sonderpädagogikstellen mit Kompetenz LES zugewiesen. Die Stunden für die Kinder mit den übrigen Förderschwerpunkten kämen wie bisher individuell festgestellt hinzu, und ich gehe in Anlehnung an die letzten 30 Jahre von rund 2 % eines Altersjahrganges aus (vgl. auch Klemm/Preuss-Lausitz 2008 für Bremen).

Ein Beispiel: Eine dreizügige Grundschule mit vier Jahrgängen hätte bei einer Frequenz von 22 Kindern 264 Schüler/innen. Als Grundausstattung erhielte die Schule für 4,5 % aller Schüler (N = 14,3) und 3,5 Std. = rund 42 Std., also rund 1 $^2/_3$ Vollzeitstellen Sonderpädagogik. Diese Stunden müssen nicht, wie jetzt, unflexibel das ganze Schuljahr in einer Klasse und an einem

Kind festgemacht werden. Finnland fördert mit etwa den gleichen Gesamtressourcen pro Schule (übers Jahr gerechnet insgesamt 6 %) rund 20 % aller Schüler/innen, mal kürzer, mal länger. Die gesamte Klasse, die gesamte Schule profitiert also deutlich, und nicht nur das mit einem Etikett festgelegte sogenannte Förderkind.

Ein zweites Beispiel: Eine vierzügige Sekundarschule mit sechs Jahrgängen und einer Durchschnittsfrequenz von 24 Lernern pro Klasse hätte 576 Schüler/innen. Bei ebenfalls 4,5 % und 3,5 Std. ergeben sich rund 91 Std. Grundausstattung, was etwa 3,5 Vollzeitstellen entspricht. Der Vorzug dieses Verfahrens ist, dass

1. diese Sonderpädagogen in den Regelschulen als normale Kollegen verankert sind,
2. dass sie auch im Krisenfall kurzfristig reagieren können,
3. dass sie an der gesamten Schulentwicklung mitwirken können und
4. dass sie sich an der schulinternen Fortbildung beteiligen können.

Natürlich muss gesichert werden, dass sie zur Krankheitsvertretung nur wie alle anderen auch herangezogen werden.

Der Vorzug für Schulaufsicht und Ressourcenplanung ist, dass es keine weiter steigenden Statusfeststellungen gibt, sondern die Ausstattung an die allgemeine Schülerzahlenentwicklung, die ja langfristig bekannt ist, gebunden wird. Damit wäre Transparenz und Sicherheit für alle Akteure hergestellt. Natürlich müsste das für Haushalt zuständige Parlament in größeren Abständen überprüfen, ob die hier vorgeschlagenen bzw. festgelegten Parameter überholt sind. Das gilt ja für alle Bereiche der Schule, ob es Klassenfrequenzen, Lehrer-Schüler-Relationen, Lehrmittel oder anderes betrifft. Es sei darauf hingewiesen, dass der Parameter 3,5 Std. pro (fiktives) Förderkind im Bereich LES höher ist als der gegenwärtige Aufwand in den entsprechenden Förderschulen in NRW (vgl. Klemm 2009, S. 33); er könnte jedoch durch die Einbeziehung der „demografischen Rendite", d. h. dadurch erreicht werden, dass auch bei allgemeinem Schülerrückgang keine Sonderpädagogikstellen gestrichen werden.

5. INKLUSIVE SEKUNDARSCHULEN

Gemeinsamer Unterricht ist in Gesamtschulen oder Gemeinschaftsschulen (vgl. Preuss-Lausitz 2008) wirksamer als etwa in Hauptschulen, wie eine neuere Studie belegt (Lehmann/Hoffmann 2009, S. 161) – die Hauptschule mit ihrem ungünstigen Lern- und Sozialklima zum Ort der Integration zu machen, ist pädagogisch unsinnig. Aber dennoch dürfen sich, solange sie bestehen, neben den Gesamtschulen oder Gemeinschaftsschulen die übrigen Schulformen dem Auftrag der Inklusion nicht entziehen, auch das Gymnasium nicht. Dieser Auftrag muss schulgesetzlich verankert werden; einige Bundesländer haben dies schon vollzogen, wenngleich die Praxis dem oft noch nicht entspricht. Gebundene Ganztagsschulen erleichtern die gemeinsame Erziehung, weil eine flexible Rhythmisierung von Lernen und Entspannung ebenso möglich wird wie eine pädagogisch begleitete Freizeitgestaltung von Kindern mit Behinderungen, in integrierter oder auch einmal, auf Wunsch, in behinderungsspezifischer Weise. Bei der Ausstattung der Inklusiven Sekundarschule ist also darauf zu achten, dass das Land oder der Schulträger für diese

Schulen auch Sozialarbeiter oder Heilpädagogen vorsieht. Eine engere und niedrigschwellige Verbindung zur Kinder- und Jugendarbeit der umliegenden Vereine, zur Jugendhilfe und zu den Beratungseinrichtungen auch der Migrantenvereine wird zwar von vielen zu Recht gefordert, bislang jedoch von der Politik noch nicht verbindlich eingefordert und noch zu wenig praktisch umgesetzt. Nicht zuletzt brauchen Inklusive Sekundarschulen Räume für Entspannung und konzentriertes Arbeiten für Einzelne und Kleingruppen, Räume für einen Schülerclub, eine Schulstation oder einen Time-out-Raum, kurzum eine Schule und eine Schulumgebung, die Lernen, Entspannung, individuelle und gemeinsame Förderung und Aktivität in einem ästhetisch ansprechenden Rahmen unterstützt.

6. Pädagogische Unterstützungszentren

Um der individuellen Förderung schulintern besonders Gewicht zu geben – nicht nur für Kinder mit sonderpädagogischem Förderbedarf, sondern auch für die zusätzliche Sprachförderung, für Lernhilfen, für Krisenintervention, aber auch für die Förderung besonders talentierter Kinder –, sollten vor allem in den Sekundarschulen Pädagogische Unterstützungszentren (PUZ) mit einigen Räumen eingerichtet werden. Dort könnten die Sonder- und Sozialpädagogen ihre Beratungen und ihre Förderdiagnostik durchführen, einen Krisenraum für Time-out-Situationen (Trainingsraum) anbieten, ihre Büroarbeit leisten, für Eltern ein niedrigschwelliges Angebot machen und auch als Anlaufstelle für die Einbindung der Jugendhilfe, des Schulpsychologischen Dienstes usw. dienen. Der Vorschlag wurde schon an anderer Stelle gemacht (Klemm/ Preuss-Lausitz 2008) und ich hoffe, dass daraus in Bremer Oberschulen ein sinnvolles Konzept entsteht. Die Leitung des PUZ sollte Mitglied der Steuerungsgruppe der Schule sein, um individuelle Förderung mit allgemeiner Schulentwicklung zu verbinden. Es wäre seitens der Politik zu prüfen, ob ehemalige Förderschulleiter bei gleichem Gehalt nicht als Leiter solcher PUZ eingesetzt werden könnten. Um nicht missverstanden zu werden: Diese PUZ sind keine Schule in der Schule, sie unterrichten nicht, sondern organisieren die Förderung im allgemeinen Unterricht, beraten die Kollegen, helfen bei Krisenintervention und fördern durch Vorschläge und Rechenschaft die Weiterentwicklung der gemeinsamen Erziehung in der Schule.

7. Inklusive Schul- und Schulbauplanung

Noch immer wird die Integration etwa von Kindern mit Körperbehinderungen oder mit Sehbehinderungen zuweilen mit dem Verweis abgelehnt, die Schule sei nicht entsprechend eingerichtet. Das trifft in der Tat oft zu. Umso weniger kann dieses Argument Nichthandeln legitimieren. Nicht nur bei den künftig seltenen Neubauten, sondern auch bei allen Umbauten – etwa zu Ganztagsschulen, aber auch bei Renovierungen – muss Barrierefreiheit verpflichtende Vorgabe werden. Pro Stadt bzw. Kreis sollten einzelne allgemeine Schulen zu Schwerpunktschulen mit den Förderschwerpunkten Hören und Sehen – mit allen Abschlussmöglichkeiten – entsprechend baulich und in der Ausstattung angepasst werden. Hier ist die Landespolitik mit Vorgaben gefordert, aber es sind auch die Schulträger in der Pflicht. Bei jeder neuen Schulplanung müssen diese inklusiven Voraussetzungen für die Schulen verankert werden und in eine zeitlich präzisierte Umsetzung übersetzt werden.

8. Regionale Vernetzung bei Verhaltensproblemen (REBUS)

Viele Lehrkräfte klagen über verhaltensauffällige, zuweilen auch schuldistante Kinder und Jugendliche, deren schulische, soziale und berufliche Perspektiven oft schlecht aussehen. Ihre Überweisung in die Erziehungshilfeschulen ist zwar für die allgemeine Schule entlastend, aber für die Betroffenen meist ohne Perspektive. Es macht ja wenig Sinn, mit einem Dutzend verhaltensgestörter Kinder – meist Jungen und meist ohne dass jungenpädagogisch gearbeitet wird – Unterricht machen zu wollen, und wie sich zeigt, ist dieser auch nicht erfolgreich. Hamburg hat daher seine beiden Schulen für Erziehungshilfe schon vor 15 Jahren abgeschafft und pro Stadtteil außerschulische Regionale Beratungs- und Unterstützungszentren (REBUS) eingerichtet, Bremen plant Gleiches. Ich empfehle deren Einrichtung auch für die Kreise und Städte in NRW. Die Jugendlichen, die zu REBUS kommen, bleiben Schüler ihrer Stammschule, erhalten jedoch einen ganzheitlichen Hilfeplan, der mit ihnen und ihren Eltern durch Mitarbeiter der Schulpädagogik, Sonderpädagogik, Schulpsychologie, Jugendhilfe, Gesundheit, Familienhilfe und ggf. der Arbeitsagentur entwickelt wird. Die inzwischen vorliegende Evaluation zeigt die Wirksamkeit dieser Einrichtungen, die von den Schulen und den Eltern stark nachgefragt wird. REBUSe entstehen natürlich nur, wenn Parlament, Regierung und Kreise sie wollen!

9. Regionale Ombudsleute für Inklusion

Eltern von Kindern mit Behinderungen reisen bekanntlich oft von Pontius zu Pilatus, um einen inklusiven Kita-Platz oder Schulplatz zu erreichen, werden bei der Finanzierung von Amt zu Amt geschickt usw. Ihre frustrierenden Erfahrungen, auch ihre Erfahrung von versteckter Diskriminierung, führen oft nur zu stiller Wut, weil kein respektvoller Ansprechpartner da ist. Deshalb halte ich es für nötig, dass in jeder kreisfreien Stadt und in jedem Landkreis ein Ombudsmann/eine Ombudsfrau für Inklusion eingeführt wird, eine Beratungs- und Beschwerdeinstanz. Er oder sie könnten beim Behindertenbeauftragten der Stadt oder des Landkreises angesiedelt sein (und keinesfalls in der Schulaufsicht) und müsste auch im Internet erreichbar sein. Außerdem: In die jährlichen Berichte der allgemeinen Behindertenbeauftragten sollte ein regelmäßiger Punkt „Umsetzung der Inklusion vor Ort und seine Entwicklung" aufgenommen werden. Das Land insgesamt ist ja ohnehin verpflichtet, dem Monitoring der Bundesregierung zur Umsetzung der UN-Konvention, durchgeführt vom Institut für Menschenrechte in Berlin, zu berichten. Die lokalen Berichte könnten hier zuarbeiten.

10. Inklusive Qualitätsentwicklung des pädagogischen Personals

Wenn es künftig zur Berufserfahrung aller Lehrkräfte gehört, dass auch Kinder mit Behinderungen in ihrem Unterricht sein könnten, muss einerseits integrationspädagogische Grundqualifikation Teil der allgemeinen Lehrerbildung werden (sowohl in der Erstausbildung als auch im Referendariat), andererseits ein regelmäßiges inklusionsbezogenes Fortbildungsprogramm als Teil der Personalentwicklung der Schulen eingerichtet und vom Land finanziert werden. Zweitens halte ich es für dringend geboten, neben dem Lehramt Sonderpädagogik für die allgemeinen Lehrämter der Primar- und Sekundarstufe ein Nebenfach Sonderpädagogik mit den Schwerpunkten Lernen, emotionale und soziale Entwicklung und Sprache einzuführen, was zu einem flexibleren Einsatz an den Schulen führen würde. Drittens sollte „Inklusionspädagogik" als (dreisemestriges) Weiterbildungsangebot berufsbegleitend und mit Ermäßigungsstunden finanziert ermöglicht werden. Die Berliner Erfahrungen haben gezeigt, dass es dafür große Nachfrage gibt. Nicht zuletzt sollte es selbstverständlich werden, dass das Referendariat von Sonderpädagogen auch in inklusiven Schulen durchgeführt werden kann. Alle Vorschläge sind nur landespolitisch umzusetzen. Die Parteien hätten also durch parlamentarische Beschlüsse die Möglichkeit, die Inklusionsqualität der Lehrkräfte zu stärken.

11. Das Recht des Kindes auf Inklusion und das Elternwahlrecht

Sie werden sich vielleicht gewundert haben, warum ich erst jetzt auf die Frage eingehe, welche Rechte sich aus der UN-Konvention für die Einzelnen ergeben. Die vorliegenden Rechtsgutachten, etwa von Riedel oder von Poscher/Langer/Rux, kommen zum Schluss, dass die UN-Konvention menschenrechtlich argumentiert, d. h. dass es einen individuellen und damit einklagbaren Rechtsanspruch auf „inclusive education" gibt. Die UN-Konvention spricht vom Recht des behinderten Kindes auf „inclusive education", nicht vom Elternrecht – ein feiner, aber wichtiger Unterschied. Schon gar nicht spricht sie vom Elternwahlrecht, wie dies Ministerin Sommer tut (Stand März 2010, die Rdkt.), um das Förderschulsystem abzusichern – ein Missbrauch der Eltern für die Aufrechterhaltung eines selektiven Schulsystems. Es ist selbstverständlich, dass die Erziehungsberechtigten eine Wahloption haben sollten, solange die Förderschulen da sind. Aber kein Parlament ist verpflichtet, sie aufrechtzuerhalten. Bei der jetzt erfolgten Zusammenlegung der Hauptschulen, Realschulen und Gesamtschulen zur Integrativen Sekundarschule in Berlin hat niemand ein Elternrecht auf eine Hauptschule gefordert, auch nicht CDU und FDP – die Bereitstellung aller Bildungsgänge bzw. Abschlüsse ist verfassungsrechtlich zureichend. Kinder mit Behinderungen haben ein Individualrecht auf Inklusion mit zusätzlicher Förderung. Ein Recht auf eine Förderschule ist weder aus dem Grundgesetz noch aus der UN-BRKonvention abzuleiten, und beim Bremer Schulkompromiss zwischen SPD, Grünen und CDU, der auch das Auslaufen der Förderschulen Lernen, emotionale und soziale Entwicklung und Sprache vorsieht, hat niemand, auch die CDU nicht, das Elternwahlrecht zur Rettung der Sonderschulen ins Feld geführt. Eltern sollten sich nicht für eine reaktionäre Bildungspolitik missbrauchen lassen.

12. Ein gangbarer Weg zu einem inklusiven Schulsystem – Perspektiven der Förderschulen

Die Zielsetzung eines inklusiven Schulsystems – nicht nur einer inklusiven Einzelschule – verlangt landespolitische Zielsetzungen und konkrete quantitative und rechtliche Landesentscheidungen, und dabei sollten die Schulträger und regionalen Schulplaner ebenso einbezogen werden wie die Behindertenbeauftragten und Vertreter von Selbsthilfegruppen und die Eltern etwa von „Gemeinsam leben, gemeinsam lernen". Den Kreisen sollte es ermöglicht werden, ganz auf inklusive Schulentwicklung – also auf inklusive Grundschulen und inklusive Gemeinschaftsschulen – umstellen zu können. Das schiene mir pädagogisch, finanziell, demografisch und sozialpolitisch der richtige Weg.

Ich habe oben dafür plädiert, für die Förderbereiche Lernen, emotionale und soziale Förderung und Sprache eine sonderpädagogische Grundausstattung an die Schulen entsprechend ihrer Gesamtschülerzahl zu geben. Dieser Vorschlag schließt das Auslaufen der entsprechenden Förderschulen und die jahrgangsweise Verlagerung des entsprechenden Personals mit ein. Nur die Förderschulen Lernen auslaufen zu lassen, würde zur Verschiebung in die übrigen beiden Förderschularten führen. Alle Studien zeigen, dass es sehr große Überschneidungen zwischen Lern-, Sprach- und Verhaltensproblemen gibt, und auch der familiäre und ökonomische Belastungshintergrund dieser Kinder ist sehr ähnlich. Es wäre zynisch, diese Förderschulen mit dem Argument des „Elternwahlrechts" aufrechtzuerhalten: Es handelt sich hier meist um Kinder aus sozial randständigen Familien, oft auch mit Migrationshintergrund, denen die Chancen auf einen besseren Bildungsabschluss nicht verwehrt werden dürfen.

Für die übrigen Kinder mit disabilities – Sinnes-, Körper- und geistige Behinderungen – sollten umgehend die rechtlichen, baulichen und personellen Voraussetzungen in den Regelschulen geschaffen werden, damit ein abstraktes Inklusionsrecht auch real wird. Ich gehe nach Erfahrungen in anderen Ländern davon aus, dass, wenn diese Bedingungen stimmen, innerhalb von fünf Jahren etwa die Hälfte den Gemeinsamen Unterricht vorzieht. Das hätte quantitative Folgen für die Förderschulen: Es ist sinnvoll, schon aus Gründen häufiger Mehrfachbehinderungen, diese Förderschulen pro Kreis bzw. Stadt zusammenzulegen. Langfristig sollten auch diese Einrichtungen auf Unterricht verzichten und stattdessen entsprechende Schwerpunktschulen in den Landkreisen und Kommen mit entsprechenden personellen, materiellen und baulichen Voraussetzungen geschaffen werden. Die Barrierefreiheit aller Regelschulen sollte bis 2020 umgesetzt sein.

Einen ganz falschen – und gegen Inklusion gerichteten – Weg geht gegenwärtig NRW mit seinen sogenannten Sonderpädagogischen Kompetenzzentren, wenn man einmal von der Stellenberechnung für die Förderschwerpunkte LES absieht. Faktisch werden die Sonderschulen, mit neomoderner Begrifflichkeit, in ihrer Zuständigkeit ausgebaut (vgl. KM NRW 2009). Die vorgesehene Beibehaltung von eigenem Unterricht ist nicht nur lerntheoretisch ineffektiv, sie führt auch dazu, dass die Zuständigkeit für Elternberatung sich nicht vom Verdacht befreien kann, dass in diese Beratung auch Eigeninteressen – an der Erhaltung eigenen Unterrichts und der eigenen Schule – fließen. Auch die Verortung der Sonderpädagogikstellen in diesen sogenannten Kompetenzzentren dient nicht der Inklusion – und trägt dazu bei, dass „ausgeliehene" Sonderpädagogen in den Regelschulen ihren Gaststatus, ihre Sonderrolle und ihre Isolation nicht überwinden können und kaum in die alltägliche Schulentwicklungs- und Steuerungsarbeit einbezogen werden können. Die Umbenennung von Sonderschulen zu Kompetenzzentren in NRW wäre nur akzeptabel, wenn dort kein Unterricht stattfände; offenkundig geht es jedoch um Imagepflege der Sonderschulen bei gleichzeitiger Stabilisierung des Aussonderungssystems. Sonderpädagogen sollten sich dafür nicht hergeben!

Ich habe mich auf die Kinder und Jugendlichen mit Behinderungen konzentriert. Die inklusive Schule ist selbstverständlich mehr: Sie unterstützt jedes Kind. Die Pädagogik der Vielfalt in der Gemeinsamkeit ist der Weg, damit die Schule im 21. Jahrhundert ihre Aufgabe erfüllen kann, anspruchsvolle Bildung für alle zu verwirklichen und zugleich den Zusammenhalt, die soziale Kohäsion, in der demokratischen Gesellschaft zu stärken. Dass dies in einer gemeinschaftlichen inklusiven Schule für alle Kinder am Besten gelingt, davon bin ich überzeugt.

Überarbeitete Fassung (30. März 2010) des Vortrags vom 13. März 2010

Literatur

Baden-Württemberg (2009): Statistisches Landesamt. Landesinstitut für Schulentwicklung: Bildungsberichterstattung 2009: Sonderpädagogische Förderung in Baden-Württemberg. Stuttgart.

Klemm, K. (2009): Sonderweg Förderschulen: Hoher Einsatz, wenig Perspektiven. Eine Studie zu den Ausgaben und zur Wirksamkeit von Förderschulen in Deutschland. Bertelsmann Stiftung (www.bertelsmann-stiftung.de).

Klemm, K./Preuss-Lausitz, U. (2008): Gutachten zum Stand und zu den Perspektiven der sonderpädagogischen Förderung in den Schulen der Stadtgemeinde Bremen. Essen und Berlin.

KM NRW (2009): Kompetenzzentren für sonderpädagogische Förderung im Bereich der Lern- und Entwicklungsstörungen. Paper 13.7.2009.

KMK (2009): Rechtliche Rahmenbedingungen für die Umsetzung der Vereinten Nationen vom 13.12.2006 über die Rechte von Menschen mit Behinderungen (Behindertenrechtskonvention – VN-BRK) im Schulbereich. Vorlage der Ad-hoc-Arbeitsgruppe Art 24 VN_BRK an den 373. Schulausschuss. Bonn, 3.6.2009.

Lehmann, R./Hoffmann, E. (Hrsg.)(2009): BELLA. Berliner Erhebung arbeitsrelevanter Basiskompetenzen von Schülerinnen und Schülern mit Förderbedarf „Lernen". Münster.

Meijer, C. (1999): Finanzierung der sonderpädagogischen Förderung. Eine Studie über den Zusammenhang zwischen Finanzierung und sonderpädagogischer bzw. integrativer Förderung in 17 europäischen Ländern. Ed. European Agency for Development in Special Needs Education. Middlefart.

Preuss-Lausitz, U. (Hrsg.) (2008): Gemeinschaftsschule – Ausweg aus der Schulkrise? Konzepte, Erfahrungen, Problemlösungen. Weinheim und Basel.

1   Die Zahlen für den Gemeinsamen Unterricht stammen nur von den Sonderschulen und können nicht überprüft werden. Ausgewiesen werden Schüler, „für die gesonderte Leistungen erbracht werden" (z. B. Diagnostik, Beratung) „oder für die die Notwendigkeit einer sonderpädagogischen Förderung erwartet wird" (Baden-Württemberg, S. 54). Mit diesem Verfahren sind der Hochrechnung von „Integrationsfällen" Tür und Tor geöffnet.

Eine Schule für Alle. *Vielfalt leben!*

Eine Schule für Alle. *Vielfalt leben!*

Eine Schule für Alle. *Vielfalt leben!*

Eine Schule für Alle. *Vielfalt leben!*

Eine Schule für Alle. *Vielfalt leben!*

Eine Schule für Alle. *Vielfalt leben!*

Eine Schule für Alle. *Vielfalt leben!*

Eine Schule für Alle. *Vielfalt leben!*

Eine Schule für Alle. *Vielfalt leben!*

Eine Schule für Alle. *Vielfalt leben!*

Eine Schule für Alle. *Vielfalt leben!*

Eine Schule für Alle. *Vielfalt leben!*

Eine Schule für Alle. *Vielfalt leben!*

Eine Schule für Alle. *Vielfalt leben!*

Welche Verpflichtungen ergeben sich aus der UN-Behindertenkonvention?

Dr. Valentin Aichele

Das Recht auf inklusive Bildung: Die Verpflichtungen gemäss Artikel 24 der UN-Behindertenrechtskonvention

Einführung

Bereits seit einigen Jahrzehnten wird in Deutschland die gemeinsame Beschulung von behinderten und nichtbehinderten Kindern und Jugendlichen kontrovers diskutiert. Nach heutigem Stand liegt Deutschland bei der Integrationsquote behinderter Menschen ins allgemeine Schulsystem im europäischen Vergleich weit zurück.

Die Debatte über die Integration behinderter Menschen ins allgemeine Schulsystem sowie die etwaigen rechtlichen, sozialen, institutionellen und pädagogischen Voraussetzungen für die Entwicklung eines inklusiven Bildungssystems wird vor dem Hintergrund der „UN-Konvention über die Rechte von Menschen mit Behinderungen" (im Folgenden die „UN-Behindertenrechtskonvention" oder „Konvention") nun zu Recht neu geführt. [1] Der Schwerpunkt dieses Vortrags liegt deshalb auf dem Recht auf inklusive Bildung nach der neuen Konvention.

Die UN-Behindertenrechtskonvention hat weltweit einen politischen Willen zur Veränderung ausgelöst. Schon während ihrer Ausarbeitung war eine große Dynamik zu beobachten. Im Rahmen der Vereinten Nationen hat eine überdurchschnittlich große Zahl von Staaten in relativ kurzer Zeit das internationale Vertragswerk erarbeitet. [2] Die internationalen behindertenpolitischen Verbände wirkten aktiv an der Ausarbeitung mit. Sie vertraten das weite Spektrum behinderter Menschen.

Auch seit der Verabschiedung der Konvention durch die UN-Generalversammlung ist der Umfang des internationalen Zuspruchs enorm. In dem kurzen Zeitraum seit Dezember 2006 haben sich über 80 Staaten diesem neuen menschenrechtlichen Übereinkommen angeschlossen, [3] darunter auch die Bundesrepublik Deutschland. [4] Die Konvention ist nunmehr in all diesen Ländern die neue verbindliche Grundlage für die (kommende) innerstaatliche Behindertenpolitik. Sie steht für den Politikwechsel von einer Politik der Fürsorge hin zu einer Politik der Rechte.

Das Ziel der Konvention ist: Alle behinderten Menschen sollen ihre fundamentalen Rechte voll und gleichberechtigt mit anderen ausüben können. [5] Wohl kein Staat in der Welt entspricht dieser Zielstellung in der Praxis derzeit schon vollständig. Mit der Konvention verbindet sich deshalb ein großer Arbeitauftrag, der sich an alle Staaten richtet.

KEINE SPEZIALKONVENTION

Die UN-Behindertenrechtskonvention ist ein menschenrechtliches Übereinkommen. [6] Sie stärkt ausschließlich die universellen Menschenrechte. Sie bekräftigt erneut jene fundamentalen Rechte, die jedem Menschen aufgrund seines Menschseins – und daher allen Menschen gleichermaßen – zukommen. Die Konvention tritt damit zu den bereits international anerkannten menschenrechtlichen Grundlagen hinzu. [7] Der besondere Beitrag der UN-Behindertenrechtskonvention liegt im Bereich der inhaltlichen Konkretisierung dieser Rechte.

Es wäre deshalb nicht richtig, die Rechte der Konvention als „Sonderrechte", „Spezialrechte" oder „spezielle Rechte" für behinderte Menschen zu verstehen. Es geht den Vereinten Nationen nicht darum, besondere oder neue Rechte für die Gruppe behinderter Menschen zu schaffen. Vielmehr besteht ihr Anliegen ausschließlich darin, rechtlich besser abzusichern, dass die unterschiedlichen Perspektiven von Menschen mit Behinderungen – vor dem Hintergrund ihrer unterschiedlichen Lebenslagen und ihrer strukturellen Unrechtserfahrungen – in den allgemeinen Menschenrechtsschutz voll einbezogen und vor allem in der Praxis umfassend beachtet werden. [8]

VERSTÄNDNIS VON BEHINDERUNG

Die UN-Behindertenrechtskonvention schützt Personen, die langfristige körperliche, seelische, geistige oder Sinnesbeeinträchtigungen haben. [9] Als „Behinderung" versteht sie die gesellschaftlich bedingte Einschränkung ihrer individuellen Rechte. Die Konvention setzt immer dort an, wo die Wechselwirkung zwischen einer individuellen körperlichen, seelischen, geistigen oder sinnesbezogenen Beeinträchtigung mit einer gesellschaftlichen Barriere dazu führt, dass der aktive Gebrauch fundamentaler Rechte wesentlich beeinträchtigt oder vereitelt wird oder nicht gleichberechtigt mit anderen möglich ist.

Hiermit ist das Verständnis von Behinderung anders gelagert als beim rein medizinischen oder rein sozialen Verständnis von Behinderung. [10] Gemäß dem medizinischen Verständnis wird Behinderung als individueller körperlicher, seelischer oder geistiger Mangel gesehen. Behinderung steht für einen „Fehler" oder eine „Krankheit". Wegen dieser „Defizit-Orientierung" ist die medizinische Sichtweise nachhaltiger Kritik ausgesetzt. Diese Perspektive wird von der Konvention, die Behinderung als Teil der menschlichen Vielfalt wertschätzt, ganz entscheidend relativiert.

Das soziale Verständnis von Behinderung richtet – wie die Konvention auch – den Blick auf die gesellschaftlichen Barrieren, die Menschen behindern. Dieses Verständnis macht Behinderung allerdings im Wesentlichen an der Einschränkung sozialer Teilhabe fest. Dagegen stellt die UN-Behindertenrechtskonvention – dem Menschenrechtsansatz verpflichtet – darauf ab, ob der gleichberechtigte Gebrauch der fundamentalen Rechte beeinträchtigt oder vereitelt wird. [11] Ob und inwiefern zwischen dem sozialen und dem menschenrechtlichen Verständnis von Behinderung ein qualitativer Unterschied liegt, weil zum einen auf die soziale Teilhabe, zum anderen auf die individuellen Rechte abgestellt wird, kann in diesem Rahmen nicht vertieft werden.

INKLUSION ALS LEITBEGRIFF

Der Anwendungsbereich der Konvention erstreckt sich auf alle denkbaren existentiellen Lebensbereiche. Sie deckt das gesamte Spektrum der bürgerlichen, politischen sowie der wirtschaftlichen, sozialen und kulturellen Lebensbereiche ab. Dazu gehören etwa die Freiheit und Sicherheit der Person, Meinungsfreiheit, politische Teilhabe sowie Bildung, Arbeit, Gesundheit, Wohnen, Familie, Freizeit und Kultur. Der Schutz der Konvention erfasst konsequent sowohl den öffentlichen als auch den privaten Raum.

Für all diese Bereiche bestimmt die UN-Behindertenrechtskonvention „Inklusion" als Leitbegriff und erhebt ihn zu einer Forderung. [12] Doch warum zieht sich die Forderung nach sozialer Inklusion wie ein roter Faden durch die Konvention?

Weltweit haben behinderte Menschen die Erfahrung sozialer Ausgrenzung gemacht. Sie machen diese Erfahrung bis heute. Soziale Ausgrenzung kann verschiedene Formen haben, wie etwa die Verweigerung der gleichen Anerkennung vor dem Recht, Alltagsdiskriminierung, strukturelle Benachteiligung, rechtliche Entmündigung, mangelhafte Wertschätzung, Stigmatisierung und Bevormundung, örtliche Aussonderung, unüberwindbare Hindernisse im Alltag etc. Die UN-Behindertenrechtskonvention stellt eine Antwort auf diese Erfahrungen dar. Hiergegen setzt sie die Forderung nach einer freiheitlichen und gleichberechtigten Inklusion in die Gesellschaft und untermauert das mit individuellen Ansprüchen für alle Lebensbereiche.

Schon jetzt lässt sich feststellen: Die im Namen der „Inklusion" verlangte Öffnung gesellschaftlicher Bereiche für die wirksame Teilhabe von behinderten Menschen geht über das hinaus, was traditionell mit „Integration" gemeint ist. Es geht nach der Konvention nicht nur darum, innerhalb bestehender Strukturen Raum zu schaffen auch für Behinderte, sondern darum, die gesellschaftlichen Strukturen selbst so zu gestalten und zu verändern, dass sie der realen Vielfalt menschlicher Lebenslagen – gerade auch von Menschen mit Behinderungen – von vornherein gerecht werden.

Die deutsche Übersetzung

Die Abgrenzung der Begriffe „Inklusion" und „Integration" wird wissenschaftlich diskutiert. Diese Abgrenzung ist zusätzlich relevant geworden durch die deutsche Übersetzung der UN-Behindertenrechtskonvention, die den Begriff der Inklusion meidet und auf den Integrationsbegriff abstellt, etwa auf ein „integratives Bildungssystem". [13]

Wichtig sind in diesem Zusammenhang zwei Informationen: Erstens ist die internationale Diskussion zum Recht auf Bildung behinderter Menschen gerade mit dem Inklusionsbegriff aufs Engste verbunden. Wenn man also verstehen will, was im Sinne der UN-Behindertenrechtskonvention gemeint ist, muss man sich am Inklusionsbegriff orientieren. [14] Zweitens ist die deutsche Übersetzung nicht verbindlich. Entscheidend ist der Inhalt der Konvention, wie er durch die sechs authentischen Sprachfassungen repräsentiert wird. [15]

Das Recht auf inklusive Bildung

Bildung ist ein Menschenrecht! Das Menschenrecht auf Bildung ist bereits in früheren menschenrechtlichen Übereinkommen anerkannt worden. Für seine Verankerung ist der Internationale Pakt über wirtschaftliche, soziale und kulturelle Rechte zentral. [16] Mit der UN-Behindertenrechtskonvention haben die Staaten dieses Menschenrecht erneut anerkannt. [17] Sie konkretisieren seinen Inhalt jedoch weiter aus.

Das Recht auf inklusive Bildung nach der Konvention ist im Zusammenhang mit den anderen menschenrechtlichen Übereinkommen zu verstehen. Danach besteht das Recht auf Bildung altersunabhängig und gewährt jedem Menschen die Freiheit auf lebenslanges Lernen. Es ist sowohl ein eigenständiges Menschenrecht als auch ein unverzichtbares Mittel zur Verwirklichung anderer Menschenrechte.

Bildung muss auf die volle Entfaltung der menschlichen Persönlichkeit und auf die Stärkung der Achtung vor den Menschenrechten und Grundfreiheiten gerichtet sein. Die UN-Behindertenrechtskonvention fügt dem eine neue inhaltliche Note hinzu: Bildung soll die menschlichen Möglichkeiten sowie das Bewusstsein der Würde und das Selbstwertgefühl des Menschen voll zur Entfaltung bringen und die Achtung vor der menschlichen Vielfalt stärken. Sie soll Menschen mit Behinderungen zur wirklichen Teilhabe an einer freien Gesellschaft befähigen. [18] Bildung spielt also für den Einzelnen innerhalb einer Gesellschaft, die die Forderung nach sozialer Inklusion von Menschen mit Behinderungen voll verwirklichen möchte, eine zentrale Rolle.

Mit der UN-Behindertenrechtskonvention haben die Staaten anerkannt, dass behinderte Menschen ein Recht auf den Zugang zum allgemeinen Schulsystem haben. Es sind ihnen dort sinnvolle Bildungsangebote zu machen. In der Regel soll für alle Kinder, ob mit oder ohne Behinderung, die allgemeine Schule der Ort ihrer Bildung sein. Behinderte und nicht behinderte Kinder und Jugendliche sollen gemeinsam unterrichtet werden.

Die UN-Behindertenrechtskonvention geht dabei davon aus, dass ein inklusives Bildungssystem dem individuellen Anspruch auf inklusive Bildung am besten gerecht werden kann. So kann soziale Ausgrenzung behinderter Kinder und Jugendlicher im Schulbereich am ehesten vermieden werden. Die Konvention sieht in der Bildung einen Schlüsselbereich um zu erreichen, dass Menschen mit Behinderungen ein Leben innerhalb – und nicht am Rand – der Gesellschaft ermöglicht wird. Diejenigen Bildungssysteme, die für behinderte Menschen noch keine volle Zugänglichkeit zum allgemeinen System hergestellt haben, sollen eine solche Öffnung ermöglichen.

Die Anforderungen der UN-Behindertenrechtskonvention sind allerdings nicht gleichbedeutend mit der pauschalen Abschaffung des Förderschulwesens. Im Sinne einer Ausnahme können auch nach der Konvention spezielle Förderräume aufrechterhalten werden, wenn der Staat – in Übereinstimmungen mit den Betroffenen – dafür überzeugende Gründe darlegen kann, die nach Abwägung den vorrangigen Inklusionsansatz zurückstehen lassen. Allerdings ist die Regelschule im Sinne der Konvention der Ort, an dem Förderung regelmäßig stattfinden soll.

Vor dem Hintergrund der bestehenden Systeme in den Bundesländern ist damit vielerorts eine Verlagerung der sonderpädagogischen Kompetenzen von der Förderschule an die Regelschule nötig. Es ist deshalb geradezu absurd, den Begriff der Inklusion zum Vorwand für den Abbau sonderpädagogischer Fachkompetenz zu nehmen.

INKLUSION IM EINZELFALL: ANGEMESSENE VORKEHRUNGEN TREFFEN

Das Recht auf Zugang zur Regelschule für behinderte Menschen wird in der UN-Behindertenrechtskonvention dadurch inhaltlich qualifiziert, dass der Staat sogenannte „angemessene Vorkehrungen" zu seiner Verwirklichung treffen muss. [19] Der Begriff „angemessene Vorkehrungen" bezeichnet ein rechtliches, in Deutschland noch nicht hinreichend verankertes Konzept. Danach sollen in einer individuellen Situation die bestehenden Gegebenheiten so angepasst werden, dass eine sinnvolle, bedarfsgerechte Beschulung gewährleistet ist.

Solche Anpassungen können der Bau einer Rampe oder einer behindertengerechten Toilette, die Bereitstellung von sonderpädagogischer Unterstützung oder eine Schreibzeitenverlängerung sein. Es kann genauso die zieldifferenzierte Beschulung in einer bestimmten Klasse bedeuten wie die Anwendung der Binnendifferenzierung als Methode. Wichtig ist, dass es bei angemessenen Vorkehrungen um den Abbau von situationsbezogenen individuellen Barrieren geht, nicht um Barrierefreiheit im allgemeinen Sinne. Diese situationsbezogenen Barrieren zu überwinden und angemessene Lernbedingungen zu schaffen, macht es im Zweifel erforderlich, dass die Verantwortungsträger zusätzliche Mittel bereitstellen.

Verpflichtungen, die aus der UN-Behindertenrechtskonvention erwachsen, richten sich primär an die Träger der staatlichen Gewalt. Angesprochen sind hiermit in Deutschland zunächst die Parlamente auf der Ebene von Bund und Ländern. Diese haben die Konvention im Rahmen der verfassungsmäßigen Ordnung umzusetzen. Neben den Parlamenten sind auch Behörden und Gerichte sowie die Körperschaften des Öffentlichen Rechts unmittelbare Adressaten dieser Normen, da sie an Gesetz und Recht gebunden sind.

In Deutschland sind die Bundesländer für die Umsetzung des Rechts auf inklusive Bildung verantwortlich. Die Bundesländer sind nach der UN-Behindertenrechtskonvention verpflichtet, die volle Verwirklichung des Rechts behinderter Menschen auf Bildung im Rahmen eines inklusiven Bildungssystems zügig und mit aller Kraft anzustreben. [20] Damit ist die Herausforderung angesprochen, das bestehende System mit allen geeigneten Mitteln und im Rahmen der verfügbaren Ressourcen entschlossen fortzuentwickeln. Der Gemeinsame Unterricht im allgemeinen Schulsystem soll sobald wie möglich flächendeckend stattfinden.

Die damit verbunden Prozesse sind von den staatlichen Trägern partizipativ und transparent zu gestalten.

Aus der UN-Behindertenrechtskonvention folgt aber zusätzlich, dass auch schon, bevor der Aufbau eines vollständig inklusiven Bildungssystems abgeschlossen ist, Menschen mit Behinderungen der Zugang zum allgemeinen System zu ermöglichen ist. Denn bereits heute ist gemäß der Konvention „sicherzustellen", dass Menschen mit Behinderungen nicht aufgrund einer Behinderung vom allgemeinen Bildungssystem ausgeschlossen werden. [21]

Sofern eine Person das wünscht, muss ihr Zugang zum Regelschulsystem deshalb möglich sein. Bei der Behandlung eines entsprechenden Antrags spielt das Konzept der angemessenen Vorkehrungen eine zentrale Rolle. Nach der Konvention ist die Versagung angemessener Vorkehrungen, die den Staat oder den privaten Schulträger nicht „unbillig belasten", eine Diskriminierung. Dies ist eine klare Aussage. [22]

Daraus folgt, dass, wenn die inklusive Beschulung der Regelfall ist, ein Antrag auf Regelbeschulung immer nur im Ausnahmefall abgelehnt werden kann. Sicherlich handelt es sich immer um eine Einzelfallentscheidung. Die Entscheidungsfindung geht aber von dem Grundsatz aus, dass einem Antrag regelmäßig stattzugeben ist. An die Begründung einer etwaigen Ablehnung, insbesondere an die Versagung einer angemessenen Vorkehrung und damit an den Nachweis der unbilligen Belastung, sind hohe Anforderungen zu stellen. Der bloße Verweis etwa auf die bestehenden Gegebenheiten oder fehlende Ressourcen reicht nicht aus, um zu begründen, warum der Zugang zum Regelschulsystem nicht gestattet werden kann.

Das Amt der Hochkommissarin für Menschenrechte der Vereinten Nationen empfiehlt deshalb von internationaler Seite [23]:

Die Bundesländer müssen zuerst das Recht der behinderten Menschen auf Zugang zum allgemeinen Bildungssystem auf der Ebene des Landesschulrechtes in Form eines Rechtsanspruches umfassend verankern. Soweit das noch nicht geschehen ist, sind gesetzliche Anpassungen erforderlich. [24] Auch die Verpflichtung aus der Konvention, angemessene Vorkehrungen zu gewährleisten, muss in diesem Zuge gesetzlich klar geregelt werden. Die Regelungen müssen so sein, dass Behörden sie vollziehen können und die betroffene Person notfalls ihre Rechte wirksam einklagen kann.

Weiter wird empfohlen, die Anforderungen an ein inklusives Bildungssystem in formalem Sinne weiter zu konkretisieren. Angesprochen wird damit die Entwicklung von allgemeinen Standards. Diese zielen darauf, dass behinderte Menschen gleichberechtigt mit anderen von ihrem Recht auf Bildung voll Gebrauch machen können. Diese Standards sollen die menschenrechtlichen Anforderungen wie Verfügbarkeit, Zugänglichkeit, Angemessenheit und Anpassungsfähigkeit von Bildung beachten und sind schrittweise zu verwirklichen.

Entsprechende Vorgaben könnten sich in den Empfehlungen zur sonderpädagogischen Förderung der Kultusministerkonferenz wiederfinden, die derzeit von einer Arbeitsgruppe vor dem Hintergrund der UN-Behindertenrechtskonvention neu ausgearbeitet werden. Die Empfehlungen der Kultusministerkonferenz aus dem Jahre 1994 entsprechen diesen Anforderungen in Bezug auf Verfügbarkeit, Zugänglichkeit, Angemessenheit und Anpassungsfähigkeit von inklusiver Bildung bei Weitem nicht.

Meines Erachtens drängt sich die Überlegung auf, eine Strategie der Landesregierungen zum Aufbau eines inklusiven Bildungssystems zu entwickeln. Gegebenenfalls kann die Strategie eines jeden Bundeslandes als Modul in einen etwaigen Nationalen Aktionsplan der Bundesregierung zur Umsetzung der Konvention aufgenommen werden.

DIE RESSOURCENFRAGE

Die UN-Behindertenrechtskonvention verpflichtet jeden Vertragsstaat, die Umsetzung der in ihr verankerten Rechte „unter Ausschöpfung seiner verfügbaren Mittel" voranzutreiben. [25] „Ressourcen" in diesem Zusammenhang meinen nicht nur den Posten in einem bereits beschlossenen nationalen Haushalt. Vielmehr umfasst dieser Begriff die gesamten Finanz-, Sach- und Personalmittel oder sonstigen Mittel eines Staates.

All diese Mittel sind zum Zwecke der Umsetzung der menschenrechtlichen Verpflichtungen aus der Konvention in Betracht zu ziehen. Damit wird keinem Staat etwas abverlangt, was er nicht zu leisten imstande wäre, da er „nur" die Ressourcen einsetzen muss, die er hat.

Ein Staat besitzt bei der Bestimmung über die Verwendung seiner Ressourcen weite Gestaltungsspielräume. Er muss unterschiedliche Politikbereiche im Blick haben. Bildung ist nur eines von ihnen. Hierbei bieten Menschenrechte dem Staat immer eine Orientierung als positive Grundsätze, um seine politischen Prioritäten richtig zu setzen.

Meiner Einschätzung nach sind in den Ländern ausreichende Ressourcen vorhanden, um den Aufbau und die Unterhaltung eines inklusiven Bildungssystems in angemessener Zeit zu erreichen.

Deutschland hat die UN-Behindertenrechtskonvention ohne inhaltlichen Vorbehalt angenommen. Daher kann davon ausgegangen werden, dass bei den Ländern der erforderliche politische Wille vorhanden ist, das Recht auf inklusive Bildung zu verwirklichen. Bei der Gewährleistung der Menschenrechte handelt es sich um ein zentrales gesellschaftliches Anliegen, das nicht nur das Selbstverständnis unserer Gesellschaft im Kern betrifft, sondern den breiten Konsens über alle politischen Lager hinweg darstellt. Das begründet schon die legitime Erwartung, dass Bund und Länder ihre verfügbaren Mittel einsetzen, um das Übereinkommen umzusetzen.

Nicht zuletzt führt die Bindung an die Konvention zur Beweislastverschiebung zulasten des Staates: Dieser steht nunmehr immer unter Druck, seine Entscheidungen regelmäßig und nachvollziehbar darzulegen.

System der Überwachung

Nach der UN-Behindertenrechtskonvention soll der Umsetzungsprozess von nichtstaatlichen Kräften durch ein System der Überwachung begleitet werden. [26] Zum Bereich der Überwachung gehört etwa der UN-Fachausschuss für die Rechte von Menschen mit Behinderungen („Committee for the Rights of Persons with Disabilities"), der die Umsetzungsprozesse in Deutschland von internationaler Warte aus befördern und überwachen soll.

Bereits 2011 hat Deutschland dem Fachausschuss seinen ersten Bericht vorzulegen. Dieser Bericht soll die Umsetzungserfolge darlegen, aber auch die Schwierigkeiten und die Ansätze zu ihrer Überwindung. Außerdem spricht die UN-Behindertenrechtskonvention der Zivilgesellschaft, insbesondere Menschen mit Behinderungen und den sie vertretenden Organisationen, im Zusammenhang eines Systems der gemeinschaftlichen Überwachung eine bedeutsame Rolle zu. [27]

Nicht zuletzt verlangt die UN-Behindertenrechtskonvention den Aufbau eines unabhängigen nationalen Mechanismus. Der Mechanismus hat nach der Konvention das Mandat, die konventionseigenen Rechte zu fördern und zu schützen sowie die Umsetzung der UN-Behindertenrechtskonvention durch Deutschland kritisch wie konstruktiv zu begleiten. [28] Bundestag und Bundesrat haben mit Entscheidung über das Ratifikationsgesetz bestimmt, dass das Deutsche Institut für Menschenrechte (mit Sitz in Berlin) diese Aufgabe erfüllen soll. Vor dieser Entscheidung sind die behindertenpolitischen Verbände konsultiert worden. Sie haben diese Entscheidung begrüßt. Die wesentlichen Aufbauarbeiten der sogenannten Monitoring-Stelle werden noch in diesem Jahr abgeschlossen sein. [29]

Die Monitoring-Stelle wird sich in den kommenden Jahren unter anderem damit befassen, ob und wie das Recht auf inklusive Bildung im Sinne der UN-Behindertenrechtskonvention in Deutschland umgesetzt wird. Sie wird Politikberatung betreiben, Studien erstellen, Veranstaltungen organisieren sowie Presse- und Öffentlichkeitsarbeit machen.

Die Monitoring-Stelle hat beispielsweise die Möglichkeit, parallel zum offiziellen Regierungsbericht – von sich aus und aus unabhängiger Position heraus – dem oben genannten UN-Fachausschuss über die Implementierungserfolge beziehungsweise Umsetzungsschwierigkeiten in Deutschland zu berichten.

ZUSAMMENFASSENDE BEMERKUNGEN

Die UN-Behindertenrechtskonvention ist ein Meilenstein für den nationalen und internationalen Menschenrechtsschutz. Sie bekräftigt die universellen Rechte aller Menschen und konkretisiert ihren Inhalt aus der Perspektive der Menschen mit Behinderungen.

Sie sieht Behinderung in der Wechselwirkung von individuellen Beeinträchtigungen mit den einstellungs- und umweltbedingten Barrieren, soweit der volle und gleichberechtigte Genuss aller Menschenrechte und Grundfreiheiten beeinträchtigt oder vereitelt wird.

Damit stellt sie die gesellschaftlich bedingten Strukturen in Frage, die Menschen mit körperlichen, seelischen, geistigen Beeinträchtigungen oder mit Sinnesbeeinträchtigungen bei ihrer Rechtsausübung im wörtlichen Sinne behindern.

Mit der UN-Behindertenrechtskonvention haben die Staaten anerkannt, dass behinderte Menschen ein Recht auf den Zugang zum allgemeinen Schulsystem haben. Daher sind ihnen dort sinnvolle Bildungsangebote zu machen. Nach der Konvention soll der generelle Ort dieser Angebote für alle, ob mit oder ohne Behinderung, die allgemeine Schule sein. Die deutschen Bundesländer stehen damit vor der Herausforderung, mit zügigen, zielgerichteten und wirksamen Schritten ein inklusives Bildungssystem aufzubauen und zu unterhalten. Darüber hinaus ist bereits jetzt der Zugang behinderter Menschen zum Regelschulsystem zu öffnen, um dem individuellen Recht schon heute Geltung zu verschaffen.

Zum Schluss dieses Vortrags sei daran erinnert, dass der Aufbau eines inklusiven Bildungssystems das positive Zusammenwirken von allen bildungsrelevanten Akteuren braucht. Angesprochen sind Menschen mit Behinderungen, nichtbehinderte und behinderte Schülerinnen und Schüler, Eltern, Lehrerinnen und Lehrer, Schulleitungen, Schulträger, Aus- und Fortbildungsträger für Lehrerinnen und Lehrer und andere in den Bildungseinrichtungen tätige Fachkräfte der Pädagogik etc. Sie alle spielen in ihren verschiedenen sozialen Rollen eine wichtige Rolle.

Es ist zu hoffen, dass sie alle ihre Chancen ergreifen, um an diesem Projekt mitzuwirken. Die volle Verwirklichung des Rechts auf inklusive Bildung ist ein großes Projekt, das das Selbstverständnis unserer Gesellschaft im Kern betrifft. In diesem Sinne wünsche ich Ihrer Veranstaltung und den daraus erwachsenen Initiativen und Perspektiven ein gutes Gelingen.

Fußnoten

1 Siehe die Konvention über die Rechte von Menschen mit Behinderungen; erhältlich unter http://www.institut-fuer-menschenrechte.de/de/themen/menschenrechtsschutzsysteme/vereinte-nationen/behindertenrechtskonvention-crpd.html#c1903 (abgerufen am 01.10.2009).

2 Entwickelt wurde außerdem ein zur UN-Behindertenrechtskonvention gehöriges Fakultativprotokoll, das sowohl die Schaffung eines internationalen Beschwerdeverfahrens als auch eines Untersuchungsverfahrens vorsieht. Auch das Fakultativprotokoll ist mittlerweile international in Kraft getreten.

3 Siehe für den Ratifikationsstand http://treaties.un.org/Pages/ViewDetails.aspx?src=TREATY&mtdsg_no=IV-15&chapter=4&lang=en (abgerufen am 01.10.2009).

4 Die UN-Behindertenrechtskonvention ist seit 26.03.2009 für Deutschland in Kraft.

5 Siehe dazu UN-Behindertenrechtskonvention, Artikel 1 Unterabsatz 1.

6 Siehe Valentin Aichele (2008): Die UN-Behindertenrechtskonvention und ihr Fakultativprotokoll. Ein Beitrag zur Ratifikationsdebatte, Berlin: Deutsches Institut für Menschenrechte.

7 Siehe etwa die Allgemeine Erklärung der Menschenrechte von 1948; den UN-Pakt über bürgerliche und politische Rechte von 1966 und den UN-Pakt über wirtschaftliche, soziale und kulturelle Rechte von 1966.

8 Dies ist den Vereinten Nationen nicht zuletzt deshalb gelungen, weil behinderte Menschen und die sie vertretenen Organisationen bei der Ausarbeitung der UN-Behindertenrechtskonvention stark beteiligt waren.

9 Siehe dazu UN-Behindertenrechtskonvention, Artikel 1 Unterabsatz 2.

10 Auch genannt das „medizinische Modell"und das „soziale Modell"von Behinderung, vergleiche hierzu Marianne Hirschberg (2005): Die Klassifikationen von Behinderung der WHO, 3. Aufl., Berlin: Institut für Mensch, Ethik und Wissenschaft.

11 Die bekannte Formel „Man ist nicht behindert, sondern man wird behindert"bringt die Verschiebung des Akzents allerdings nur teilweise auf den Punkt. Vielmehr müsste sie im Sinne der UN-Behindertenrechtskonvention ergänzt werden, etwa: „Man ist nicht behindert, sondern man wird im gleichberechtigten Gebrauch der fundamentalen Rechte behindert."

12 Vergleiche Heiner Bielefeldt (2009), Zum Innovationspotential der UN-Behindertenrechtskonvention, 3. Aufl., Berlin: Deutsches Institut für Menschenrechte, Seite 10 ff.

13 Die deutsche Übersetzung mit „integratives Bildungssystem"ist kritisiert worden, weil daran die Tendenz erkannt werden kann, das kritische Veränderungspotential der Konvention zu verwässern. Die Kritik des Deutschen Instituts für Menschenrechte hob darauf ab, dass die Anschlussfähigkeit an internationalen Diskussionen, die sich erkennbar an der englischen Begrifflichkeit „inclusion"orientieren, durch die andere deutsche Begrifflichkeit erschwert wird.

14 Siehe etwa den Bericht des UN-Sonderberichterstatters für das Recht auf Bildung: United Nations (2007): The right to education of persons with disabilities. Report of the Special Rapporteur on the right to education, Venor Mu–oz; UN Doc. A/HRC/4/29 vom 19. Februar 2007.

15 An dieser Rechtstatsache ändert auch ein Beschluss der Kultusministerkonferenz nichts, mit dem sich die Bundesländer für die Übersetzung des englischen Begriffs „inclusion"mit „Integration"ausgesprochen haben.

16 Siehe UN-Pakt über wirtschaftliche, soziale und kulturelle Rechte, Artikel 13; vor allem die Allgemeine Bemerkung Nr. 13 des UN-Ausschusses für wirtschaftliche, soziale und kulturelle Rechte; UN Doc. E/C.12/1999/10 vom 8. Dezember 1999.

17 Siehe hierfür den Wortlaut des Artikel 24 Absatz 1 Satz 1: „Die Vertragsstaaten anerkennen das Recht von Menschen mit Behinderungen auf Bildung."

18 Dies unterstreicht die UN-Behindertenrechtskonvention in Artikel 24 Absatz 1.

19 Siehe hierzu Artikel 24 Absatz 2 c) in Verbindung mit Artikel 2 der UN-Behindertenrechtskonvention.

20 Vgl. hierzu UN-Behindertenrechtskonvention, Artikel 4 Absatz 2 in Verbindung mit Artikel 24.

21 Siehe UN-Behindertenrechtskonvention, Artikel 24 Absatz 2.

22 Siehe UN-Behindertenrechtskonvention, Artikel 2.

23 Siehe hierzu den Bericht des Amtes der Hochkommissarin für Menschenrechte, United Nations (2009): Thematic study by the Office of the High Commissioner for Human Rights on enhancing awareness and understanding of the Convention of the Rights of Persons with Disabilities, UN Doc. A/HRC/10/48 vom 26. Januar 2009, Ziff. 52 und 53.

24 Ob diese Umsetzung die Form des viel zitierten Elternwahlrecht sein muss, kann hier dahingestellt bleiben.

25 Siehe dazu UN-Behindertenrechtskonvention, Artikel 4 Absatz 2.

26 Das wird in der UN-Behindertenrechtskonvention als „monitoring"bezeichnet. Unter „Monitoring" versteht die Konvention einen notwendigen wie selbstverständlichen Prozess, in dessen Zuge die Umsetzung der Konvention – mithilfe einer unabhängigen Stelle – gemeinschaftlich gesteuert wird. Der Konvention liegt ein weites Verständnis von Überwachung zugrunde, das mehrere Komponenten sowie gesellschaftliche wie staatliche Akteure einbezieht. Die Konvention unterstreicht die besondere Legitimation und Notwendigkeit einiger Akteure, an diesem Prozess der Überwachung aktiv teilzunehmen.

27 Die Funktion der Überwachung wird durch die Forderung nach Partizipation von Betroffenen flankiert, wie mehrere zentrale Stellen der Konvention herausstellen. Die Konvention führt beispielsweise aus, dass Menschen mit Behinderungen die Möglichkeit haben sollen, aktiv an Entscheidungsprozessen über politische Konzepte und über Programme mitzuwirken, vor allem dann, wenn diese sie unmittelbar betreffen. Dies wird landläufig immer wieder mit der Wendung „Nichts über uns ohne uns!"auf den Punkt gebracht. Partizipation im Allgemeinen und die Partizipation bei der Überwachung beziehen sich deshalb auf zwei verschiedene Anliegen: Die Partizipation zielt auf die Teilhabe an Meinungsbildungsprozessen und Entscheidungen ab, welche die Menschen unter anderem selbst betreffen, während die Überwachung sich auf laufende Prozesse bezieht, die im Sinne einer informellen Kontrolle (jenseits einer Kontrolle durch staatliche Gerichte) korrigiert werden müssen. In beiden Fällen von Partizipation sollen nach der UN-Behindertenrechtskonvention Zivilgesellschaft und Betroffene zentrale Akteure sein.

28 Siehe UN-Behindertenrechtskonvention, Artikel 33 Absatz 2.

29 Diese Bezeichnung leitet sich von dem englischen Begriff „to monitor"ab, der in der deutschen Übersetzung mit „überwachen"übersetzt worden ist.

Eine Schule für Alle. *Vielfalt leben!*

Eine Schule für Alle. *Vielfalt leben!*

Eine Schule für Alle. *Vielfalt leben!*

Eine Schule für Alle. *Vielfalt leben!*

Eine Schule für Alle. *Vielfalt leben!*

Eine Schule für Alle. *Vielfalt leben!*

Eine Schule für Alle. *Vielfalt leben!*

Eine Schule für Alle. *Vielfalt leben!*

Eine Schule für Alle. *Vielfalt leben!*

Eine Schule für Alle. *Vielfalt leben!*

Eine Schule für Alle. *Vielfalt leben!*

Eine Schule für Alle. *Vielfalt leben!*

Eine Schule für Alle. *Vielfalt leben!*

Eine Schule für Alle. *Vielfalt leben!*

Zusammen lernen – Kinder mit geistiger Behinderung und Kinder mit Hochbegabung

Monika Wallbrecht

Seit mehr als 15 Jahren nimmt die Grundschule Pannesheide in Herzogenrath Kinder mit Beeinträchtigungen auf und hat damit aus pädagogischer Sicht gute Erfahrungen gemacht.

Als in den 1970er-Jahren der Ruf nach "Aufbruch auch in den Schulen" laut wurde und man über "antiautoritäre Erziehung" sowie den Einzug "moderner Inhalte" in den Bildungskanon diskutierte, rückte auch die Integration von Kindern mit Behinderungen, die bisher auschließlich in Sonderschulen unter speziellen Behindertenmerkmalen gefördert wurden, vermehrt in den Blick. Diesen Reformbestrebungen wurde 1995 mit der Einführung des Gesetzes zum "Gemeinsamen Unterricht (GU) für Kinder mit und ohne Behinderungen" in NRW Rechnung getragen.
Infolge dieses Gesetzes gelang es, in NRW landesweit die Integrationsquote auf rund 16 Prozent zu steigern. Seit März 2009 ist auch durch das Land Nordrhein-Westfalen die so genannte Behinderten-Rechts-Konvention (BRK) der UNO ratifiziert. Hier wird durch das in Artikel 24 festgelegte Recht der Teilnahme am Unterricht in der Regelschule auch für Kinder mit Behinderungen die Zielperspektive der weiteren Entwicklung aufgezeigt. OECD-Länder integrierten durchschnittlich zwischen 80 und gut 90 Prozent der Kinder mit Handicaps in Regelschulen.

Frühzeitiger Start

Wie viele andere Schulen begann die Grundschule Pannesheide in Herzogenrath bereits vor der Einführung des Gesetzes zum Gemeinsamen Unterrichts (GU), Kinder mit Beeinträchtigungen in der Regelschule zu fördern. Seitdem wurden in der zweizügigen Grundschule jedes Jahr zwischen zwölf und 25 Kinder mit sonderpädagogischem Förderbedarf integriert. Die Bedeutung dieser Integration für die gesamte Schulentwicklung und für alle am Schulleben Beteiligten gleich ob Kinder oder Erwachsene ist nach 15 Jahren erfolgreicher Integration klar zu erkennen.
Die Vorteile der Integration, als feste Größe durch den gemeinsamen Unterricht (GU) im Schulprogramm verankert, dokumentieren sich in vielfältigen pädagogischen Fortschritten:

- Erfolgreiche Integration deckt die Einzigartigkeit eines jeden Schülers auf.
- fordert und fördert die Individualisierung des Unterrichts.
- unterstützt insgesamt die demokratische Entwicklung aller am Prozess Beteiligten.

- stärkt die Stärken und damit auch die guten" Schüler und Schülerinnen.
- erweist sich nicht zuletzt als treibender Motor für Schulentwicklung insgesamt.

MOTOR DER SCHULENTWICKLUNG

Von einer Vergleichbarkeit auszugehen innerhalb einer Klasse, in der Kinder mit und ohne sonderpädagogischen Förderbedarf, mit unterschiedlicher Hochbegabung und im Alter zwischen fünf und elf Jahren zusammen lernen, ist von vornherein absurd. Dagegen erfordert der Blick auf die Vielfalt der Gruppe und die Einzigartigkeit jedes Einzelnen eine zunehmende Individualisierung des Unterrichts. Dies zwingt Lehrerinnen bei einer Klassengröße von 20 bis 30 Kindern mit ebenso vielen Lern- und Leistungszuständen, unterstützende Strukturen und Materialien zu suchen. In der Folge nahm die GS Pannesheide eine Vielzahl von pädagogischen Schritten vor:

Einführung des altersgemischten Unterrichts:
- in einer Klasse werden Kinder des 1. bis 4. Jahrgangs gemeinsam unterrichtet.
- Start: 1998; 2005 Einführung für alle

Modellversuch "Schulsozialarbeit in der Grundschule":
- Strukturen und Konzepte zur Unterstützung und zum Aufbau integrativer Arbeit und demokratischer Formen
- Start: 1998

"Aachener Modell zur Integration begabter und hochbegabter Kinder in der Grundschule":
- Umsetzung der Erkenntnisse und Ansätze der Hochbegabungsforschung für alle Kinder
- Start: 2003

Feedbacktraining und Entwicklung von Rückmeldebögen:
- zu Kompetenzen im Arbeits- und Sozialverhalten sowie den Fachbereichen; Üben von Zielformulierungen (Was genau will ich wie verändern?) und Zieltraining zur Optimierung des Arbeits- und Sozialverhaltens
- Start: 2004

Schule ohne Rassismus - Schule mit Courage (SOR):
- die zunehmende Selbstorganisation und Verantwortlichkeit unterstützt Schülerinnen und Schüler, demokratische Strukturen wahrzunehmen und umzusetzen
- Start: 2005

Fortschreibung der Teamentwicklung und Kooperation:
- der vermehrte Aufwand der Unterrichtsvorbereitung (vier Altersstufen in einer Klasse), sowie Schüler- und Elternberatung erfordern enge Absprachen und Zusammenarbeit

Schwerpunkt Fortbildungen seit 1998:

Gütesiegel für "Individuelle Förderung" des Landes NRW,

- die auch überregionale Anerkennung bestätigt die Arbeit 2009

-

- Das immer noch anzutreffende Vorurteil, nur die "schwachen" Lerner würden durch diese Art des gemeinsamen Unterrichts profitieren, ist nicht nur hierdurch beeindruckend widerlegt. Sieht man sich beispielsweise die von ViertklässlerInnen vorgelegten Abschlussarbeiten, die so genannten "Expertenarbeiten", an, dokumentieren Gliederung, Quellenverzeichnis und oft anspruchsvolle Ausarbeitungen über "Kristalle", den "Siegeszug des Gummibär- chens" oder "Windkraftwerke" das umfassende und fortschreitende Können gerade der leistungsstarken Kinder. Dies gerade auch unter dem Aspekt, dass sie dieses Wissen für die "Kleineren" verständlich formulieren. Ist der Motor einmal angeworfen, ergeben sich beständig viele weitere positive Entwicklungen.

EIGENE MÖGLICHKEITEN MASSSTAB

In einer Klasse mit einer großen Bandbreite an Alterstufen - bis zu sechs Jahren Unterschied -, mit Kindern mit und ohne körperliche/n, soziale/n (Asperger) oder andere/n Beeinträchtigun- gen (Konzentrationsschwäche, ADHS, Scheidungskinder...) ist ein Down-Syndrom zwar für die Beurteilung relevant, aber kein Bewertungskriterium. Wichtig ist dagegen, was der-/diejenige aus ihren Möglichkeiten macht:

- Ein fünf Jahre altes "Erstie-Kind" zeigt Lesekompetenzen, die gestandene Viertklässler sprachlos machen. Dasselbe "Erstie- Kind" wird aber wegen seiner Ängstlichkeit von einem Kind mit geistigen Einschränkungen mit viel Humor in Sachen Mut "gecoacht".

- Ein Kind mit speziellen Tics, aber ein "Ordnungsfreak", hilft einem anderen, jeden Tag sei- nen Kleiderhaken im Flur zu nutzen und seine Schuhe wegzuräumen.

- Ein Kind mit Asperger-Syndrom wird durch ein anderes dabei unterstützt, die sich im Schul- alltag oft plötzlich verändernden Anforderungen zeitnah umzusetzen.

So lernen alle einträchtig voneinander. Hochintelligente Kinder, die unter ihrem eigenen Per- fektionismus leiden, können bei Kindern mit geistigen Einschränkungen, die sich dem stoisch widersetzen, lernen diesen Perfektionismus etwas zurückzunehmen. Sie können lernen, wie große Ziele plötzlich umsetzbar werden. Sie lernen Geduld und Zähigkeit von Anderen, die wiederum lernen müssen, ihre Vorträge angemessen laut zu halten und Mut zu fassen um sich einzubringen, damit alle von ihrem Wissen profitieren können. Wichtig ist nicht, was ich kann. Wichtig ist allein, ob ich Fortschritte mache in dem für mich anstehenden Bereich.

Die Wissenschaft von der Hochbegabung lehrt, dass es mehr als die bekannten schulischen Begabungen als Mathematiker, Dichter und Naturwissenschaftler oder Athlet gibt. Es liegt auf der Hand, dass in Zukunft auch Krisenmanager, Therapeuten, Architekten, Bildhauer, Denker und Philosophen benötigt werden. Kreative Menschen mit Initiative sowie einem gesunden Blick für die eigenen Möglichkeiten und Grenzen, mit ethischem Verantwortungsgefühl und Erfahrung im Umgang mit Vielfalt und sozialen Gruppen werden zur Lösung der Probleme in der globalisierten Welt dringend gebraucht.

Jetzt, wo wir in Pannesheide verstanden haben, dass wir alle "verschieden gut" sind, haben wir den Wahlspruch eines niederländischen Begabungszentrums auch für uns zum Leitziel gesetzt: "Werde du selbst, dann bist du gut!" Unabhängig von Handicaps oder Begabungen ist dies die einzige Trennschärfe zwischen allen in der Schulgemeinde Lernenden: Was mache ich aus meinem Potenzial und dient es mir und damit der Gemeinschaft?
Nicht auszudenken, welche guten Ergebnisse diese Entwicklung noch zeigen würde, wenn die Kinder weiter zusammen lernen könnten und nicht nach Klasse 4 auseinandergerissen, in Raster eingeteilt, kategorisiert, mit "gut" und "schlecht" bewertet und dann auf Förderschulen, Hauptschulen und Gymnasien verteilt würden. War es nicht genau das, was wir in den 1970er-Jahren verändern wollten?

Gelingende Inklusion – Praxisbeispiel Südtirol

Dr. Rosa Anna Ferdigg

Wie kann die Begleitung von Schüler/innen mit Beeinträchtigung aus der Schule in Ausbildung und Beruf konkret gestaltet werden und gelingen?

Die Integration der Jugendlichen mit einer Beeinträchtigung, bezogen auf Ausbildung und Beruf, muss die logische Konsequenz eines integrativen Schulsystems sein.

Ich werde hier kurz die Situation aus Südtirol skizzieren, in der seit rund 30 Jahren - wie im übrigen Italien - Kinder mit und ohne Beeinträchtigung gemeinsam beschult werden.

Vorab erscheint mir eine Information zum Kontext, in dem Integration von Kindern und Schüler/innen mit einer Beeinträchtigung erfolgt, notwendig:
In Italien herrscht ein staatlich geregeltes, einheitliches Schulsystem. Das Autonomiestatut gibt Südtirol allerdings einen gewissen Freiraum, wodurch die Schule ihre besondere Prägung erreichen konnte. Es besteht eine neunjährige Schulpflicht sowie die Pflicht zur Teilnahme an Ausbildungsmaßnahmen bis zum vollendeten 18. Lebensjahr. Das Schulsystem ist auf die Differenzierung der drei Sprachgruppen (deutsch, italienisch, ladinisch) aufgebaut. Die Ausbildung von Kindern mit Behinderung erfolgt im Rahmen des integrativen Unterrichts.

Kennzeichnend für das italienische Schulsystem und somit auch für die Schule in Südtirol, ist, dass es bis zum 14. Lebensjahr eine gemeinsame Beschulung aller Kinder gibt, ohne Unterschied, ob Beeinträchtigungen oder anderer besonderer Förderbedarf vorliegen.

Erst nach der gemeinsamen Mittelschule kann die Einschreibung in weiterführende, bzw. berufsausbildende Schulen erfolgen. Die Wahl der Schule steht dabei den Eltern frei. Die Mittelschulen geben lediglich eine unverbindliche Empfehlung.

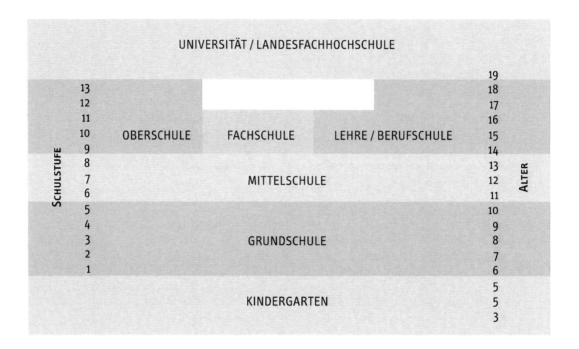

Im Unterschied zum restlichen Staatsgebiet ist in Südtirol das Berufsschulwesen nach dem dualen System stark ausgebaut. Das Berufsschulwesen fällt in die Zuständigkeiten der Regionen.

DER RECHTLICHE RAHMEN FÜR DIE INTEGRATION

Seit dem Jahr 1977 ist in Italien der Besuch aller Kinder vom Kindergarten bis zur Vollendung des Bildungsweges in integrierenden gemeinsamen Bildungseinrichtungen gesetzlich geregelt und verpflichtend.

Auf nationalem Gebiet gibt es noch vereinzelt Sondereinrichtungen für Kinder und Jugendliche mit einer Sinnesbeeinträchtigung (Blindheit und Gehörlosigkeit). In Südtirol gibt es keine schulischen Sondereinrichtungen mehr.

Im Jahr 1992 bestimmt der italienische Staat durch ein Umfassendes Gesetz (Gesetz Nr. 104/92) Maßnahmen in Bezug auf die Betreuung, soziale Integration und die Rechte der Menschen mit Behinderung.

Das Gesetz entwickelt ein Menschenbild, das die Förderung der Autonomie und die Rechte des Menschen mit Behinderung in den Mittelpunkt stellt und damit Abschied nimmt vom Menschen mit Behinderung als Objekt von Maßnahmen.

Das Land Südtirol übernimmt im Wesentlichen das staatliche Rahmengesetz mit dem Landesgesetz 3/98.

Auf der Grundlage des Gesetzes 104/92 erhalten alle Regionen die Aufgabe, über territoriale Abkommen die Maßnahmen für Menschen mit Behinderung in Kooperation mit allen betroffenen Diensten im Detail zu regeln.

Mit Beschluss der Südtiroler Landesregierung, Nr. 2684/04, wird das Abkommen zwischen Kindergärten, Schulen und territorialen Diensten zur Durchführung der Verfahrensweisen von der Feststellung der Behinderung bis zur individuellen Planung für Kinder und Schüler/innen mit Behinderung als Grundlage für alle Maßnahmen definiert.

Darin sind Wege, Abläufe, Zuständigkeiten und Aufgaben sowie Vordrucke enthalten. Der Text und die Anlagen sind abrufbar unter: www.blikk.it, Integration in Südtirol.

Die Abkommenspartner sind alle Institutionen, die für die Gewährleistung des Rechts auf Bildung eine Rolle spielen:
- Kindergärten und Schulen aller Art und Stufen
- Schulverwaltung
- Berufsbildungen, Fachschulen für Haus- Land- und Forstwirtschaft
- Sanitätsbetriebe
- Gemeinden
- Bezirksgemeinschaften (Sozialdienste)
- Landesverwaltung

DAS ABKOMMEN HAT FOLGENDE ZIELSETZUNGEN:
- die Fähigkeiten der Kinder/Schüler/innen mit Beeinträchtigung im kommunikativen, sozialen, affektiven und kognitiven Bereich zu entwickeln und zu fördern. Dabei sind auch die für das Lernen hinderlichen und förderlichen Umweltfaktoren zu berücksichtigen
- durch präventive Maßnahmen dem Entstehen von Schwierigkeiten in Bezug auf das Recht auf Erziehung und Bildung vorzubeugen und deren Auswirkungen zu minimieren. Diese präventiven Maßnahmen können sowohl im sozialen als auch im gesundheitlich-therapeutischen oder im pädagogisch-didaktischen Bereich angesiedelt werden
- gemeinsam eine möglichst autonome Lebensplanung der Menschen mit Beeinträchtigung zu unterstützen

BESONDERE AKZENTE ENTHÄLT DAS ABKOMMEN IN FOLGENDEN PUNKTEN:
- Neue Sichtweise in Bezug auf Behinderung
- Ressourcenorientiertes Menschenbild, weg von einer defizitorientierten Sichtweise
- Im Vordergrund steht das, was das Kind, der Schüler, die Schülerin kann, nicht was es/er/sie nicht kann, und dieser Ansatz zieht sich durch von der Diagnose bis zur Förderplanung
- Miteinbezug der Umweltfaktoren (Familie, Schule, KindergartenÖ)
- Orientierung am ICF (internationale Klassifikation der Funktionsfähigkeit, Beeinträchtigung und Gesundheit)
- Begriffbestimmung nach den Kriterien der WHO: Schädigung, Beeinträchtigung, Behinderung

Das Haupt- und Endziel des Abkommens ist „die möglichst autonome Teilhabe am Leben in der Gemeinschaft" (Beschluss der Südtiroler Landesregierung Nr. 2684/04).

Um eine gute Integration zu ermöglichen, braucht es Maßnahmen rechtlicher, finanzieller, personeller und organisatorischer Natur, die aufeinander abgestimmt sind.

FLANKIERENDE MASSNAHMEN ZUR INTEGRATION IN KINDERGARTEN UND SCHULE

ABKLÄRUNG DER AUFFÄLLIGKEITEN DURCH SANITÄTSBETRIEBE (DIAGNOSTIK):
- Bericht (wenn keine Störungen vorliegen)
- Funktionsbeschreibung (wenn Störungen mit eingeschränkter Auswirkung vorliegen)
- Funktionsdiagnose (wenn Störungen mit weit reichender Auswirkung vorliegen)
- Mitteilung an die Schule (bei Einverständnis der Eltern)

Hier ist anzumerken, dass Lehrpersonen in Italien keine diagnostischen Aufgaben wahrnehmen dürfen, da dies den Psychologen, bzw. den Ärzten vorbehalten ist. Die Meldung an die Dienste können allerdings auch vom Kindergarten oder von der Schule vorgenommen werden, wenn die Eltern ihr Einverständnis dazu geben.

IM KINDERGARTEN/IN DER SCHULE:
Der gesamte Klassenrat erstellt mit den Eltern, und unter Einbezug der Dienste, den individuellen Erziehungsplan (IEP)

Die Ziele des IEP werden auf der Grundlage der vorhandenen Fähigkeiten und Entwicklungsmöglichkeiten formuliert und können auch deutlich von den Klassenzielen abweichen

Die Leistungen der Schüler/innen, die nach einem IEP arbeiten, werden, ausgehend von den darin enthaltenen individuellen Zielen, bewertet.

DIE ÜBERGÄNGE ZWISCHEN DEN SCHULSTUFEN

Bei den Übergängen von einer Stufe in die andere wird ein funktionales Entwicklungsprofil (FEP) erstellt.

Bei Einverständnis der Eltern finden zwischen der abgebenden und der aufnehmenden Institution Übertrittgespräche zur Informationsweitergabe und zur Vorbereitung der Aufnahme statt.

Aufgrund der im FEP enthaltenen Informationen und der Funktionsdiagnose planen die aufnehmenden Institutionen die notwendigen Maßnahmen und können auch einen Antrag um zusätzliche personellen Ressourcen stellen.

ABSCHLÜSSE

Die Abschlussprüfung der Mittelschule kann für Schüler/innen mit Beeinträchtigung in differenzierter Form erfolgen. Im Abschlussdiplom darf kein Hinweis auf die differenzierte Prüfungsform enthalten sein.

In der Oberstufe (Oberschule, Berufs- und Fachschule) ist ein zielgleicher oder ein zieldifferenter Abschluss möglich.

In der Berufsschule ist eine Teilqualifikation möglich.

UNTERSTÜTZUNGSFORMEN

Die Institutionen können auf folgende Unterstützungsformen bei der Integration von Kindern, Schülerinnen und Schülern mit einer Beeinträchtigung zurückgreifen:

INTEGRATIONSLEHRPERSONEN

Die Integrationslehrperson wird einer oder mehreren Klassen zugewiesen, in der Schüler/innen mit FD oder FB eingeschrieben sind. In diesen Klassen ist sie vollwertiges Mitglied des Klassenrates mit Stimmrecht bei allen Schülerinnen und Schülern.

Die Integrationslehrperson spielt als Experte eine wichtige Rolle bei der Erstellung und Überprüfung des IEP sowie bei der Planung und Überprüfung der Differenzierungsmaßnahmen.

Sie stellt dadurch eine wichtige Ressource für die gesamte Schulgemeinschaft dar, da sie auch für Klassen ohne ILP Beratungsfunktion übernehmen kann. Diese Rolle kann sie besonders gut in der Funktion des Koordinators/der Koordinatorin ausfüllen.

Sie kann (und wird auch dafür eingesetzt) einen Teil der Differenzierungsarbeit mit den Schüler/innen direkt übernehmen.

MITARBEITER/IN FÜR INTEGRATION

Der/die Mitarbeiter/in wird auf Grund der Diagnose des/der Schüler/innen/ dem Kindergarten, bzw. der Schule, besonders dann zugewiesen, wenn pflegerische Aspekte im Vordergrund stehen und Kinder, bzw. Jugendliche, bei der Bewältigung des Alltagslebens Unterstützung brauchen (Fortbewegung, Nahrungsaufnahme, Toilettengang, unterstützte Kommunikation u.a.).

Er/sie hilft mit bei der Erstellung des funktionellen Entwicklungsprofils und des individuellen Erziehungsplanes und trägt zur Bestimmung von Stärken, der Festlegung von Zielen und methodischen Strategien bei, nimmt mit beratender Funktion an den periodischen Sitzungen der Kollegialorgane und – begrenzt auf die Schüler/innen mit der entsprechenden FD - an den Notenkonferenzen teil.

Koordinator/in für Integration an der Schule

An jeder Bildungseinrichtung wird ein/e Koordinator/in , bzw. eine Ansprechperson für den bereich Integration namhaft gemacht. Die Koordinator/in übernimmt vorwiegend Koordinierungs- und Vernetzungsaufgaben wahr.

Behindertenspezifische Lehr- und Hilfsmittel

Die Bildungseinrichtungen erhalten eine finanzielle Zuweisung für integrationsspezifische Lehr- und Lernmittel. Darüber wird bei größeren Anschaffungen (z.B. Lesegeräte) die Finanzierung vom Schulamt übernommen, bzw. die Geräte angekauft und der Institution zur Verfügung gestellt.

Integrationsberatung im Bezirk

In Südtirol sind fünf dezentrale Pädagogische Beratungszentren eingerichtet, die die deutschsprachigen Bildungseinrichtungen in folgenden Bereichen beraten und unterstützen: Integration, Schulberatung, Gesundheitsförderung, Supervision und Coaching, Schulentwicklung, Unterrichtsentwicklung.

Fachdienste für Sehgeschädigte

In Bozen gibt es einen zentralen Fachdienst, der im Blindenzentrum angesiedelt ist und die Begleitung von Sehgeschädigten sowie deren Familien von der Geburt an begleitet und unterstützt. Dieser Dienst steht auch den Bildungsinstitutionen zur Seite.

Fachstelle für Hörgeschädigte

Ebenso gibt es einen Fachdienst für Hörgeschädigte, der im Sanitätsbetrieb Bozen angesiedelt ist. Auch dieser Dienst steht den Bildungseinrichtungen zur Verfügung.

Dienste der Sanitätseinheit und des Sozialwesens (Psychologischer Dienst, Rehabilitationsdienst, Sozialdienst)

Diese Dienste übernehmen im Wesentlichen folgende Aufgaben:
- Abklären der Fähigkeiten und Schwierigkeiten der den Diensten gemeldeten Kinder/Schüler/innen
- Rückmeldung an Eltern und bei deren Einvernehmen an Kindergarten und Schule über die Ergebnisse der Abklärung
- Unterstützung der Eltern in der Auseinandersetzung und der Akzeptanz der Beeinträchtigung und im Umgang damit
- Erstellen eines Berichtes, einer Funktionsbeschreibung bzw. einer Funktionsdiagnose (je nach Ergebnis der Abklärung) in Zusammenarbeit aller involvierten Fachkräfte (kollegiales Vorgehen)
- Gespräch mit den Kindergärten/Schulen zur Vorstellung der Erstdiagnose
- Teilnahme an den Treffen und Mitarbeit bei der Erstellung und Überprüfung der individuel-

len Erziehungspläne auf Anfrage der verschiedenen Partner bzw. eines Partners
- Teilnahme an den Treffen zur Ausarbeitung des funktionellen Entwicklungsprofils
- Teilnahme am ersten Treffen nach dem Übertritt mit den neuen Lehrpersonen
- Teilnahme an zusätzlichen Besprechungen je nach den spezifischen Erfordernissen
- Durchführung therapeutischer Maßnahmen in Absprache mit Eltern und Schule, Kindergarten und Kinderhort, auch als präventive Maßnahme
- Krisenintervention
- Namhaftmachen von Vertretern und Vertreterinnen in der Arbeitsgruppe für Integration auf Direktionsebene

SPEZIFISCHE ANGEBOTE DER BERUFSBILDUNG FÜR JUGENDLICHE MIT INDIVIDUELLEN BEDÜRFNISSEN

Grundlegend findet in den berufsbildenden Schulen die Integration von Jugendlichen mit einer Beeinträchtigung nach den gleichen Regeln der vorhergehenden Schulstufen statt. Bei besonders schwerwiegenden Formen der Beeinträchtigung werden Jugendliche in Berufsfindungskursen gefördert. Hier stehen besonders die Förderung im schulischen und lebenspraktischen Bereich sowie berufliche Orientierung in verschiedenen Fachbereichen im Vordergrund.

ANLEHRE (PRAKTIKA):
3-4 Tage im Betrieb und 1-2 Tage in der Schule: Sammeln von Arbeitserfahrung und Entwicklung von Arbeitshaltung

INDIVIDUELLE PROJEKTE IN KOOPERATION MIT ANDEREN INSTITUTIONEN IM AUSMASS VON 3 JAHREN (BIS ZUM 21. LEBENSJAHR):
Der Übertritt von der Pflichtschule in das individuelle Projekt wird gemeinsam von den beteiligten Institutionen begleitet.

Förderschwerpunkte bei individuellen Projekten sind:
- Lebenspraktische Fähigkeiten und Fertigkeiten
- Vertiefung der Kulturtechniken
- Arbeitshaltung und Arbeitstechniken durch Praktika

In der Abschlussphase des individuellen Projektes erfolgt eine Gesamtauswertung durch die beteiligten Institutionen, den Jugendlichen, den Eltern sowie die Berufsberatung und die Arbeitseingliederung zur Vorbereitung des Übergangs in:

- weiterführende Schulen
- die Arbeitswelt
- die Angebote der Sozialdienste

Beim Übergang in die Arbeitswelt greift die Gesetzgebung zur gezielten Arbeitsvermittlung für Menschen mit Behinderung (Landesgesetz vom 12. März 1999 – Nr. 68).
Es handelt sich dabei um technische und unterstützende Vorkehrungen zur angemessenen Beurteilung der Arbeitsfähigkeit von Personen mit Behinderung sowie deren Eingliederung in einen geeigneten Arbeitsplatz durch:

- Arbeitsplatzanalysen
- Unterstützungsformen
- zielgerichtete Aktionen
- Lösung von Problemen im Zusammenhang mit dem Arbeitsumfeld, den Arbeitsinstrumenten und den zwischenmenschlichen Beziehungen am Arbeitsplatz und in der Gesellschaft

Die Arbeitseingliederung kann über verschiedene Schienen erfolgen:

- ohne Unterstützung
- mit Unterstützung durch die Arbeitsvermittlungszentrale
- mit Behelfsmitteln
- mit Ausbildungsmaßnahmen (Kurse, Praktika)
- mit Arbeitseingliederungsprojekten

Ein Beispiel für Integrierte Arbeitseingliederungsprojekte ist das Anvertrauensabkommen, das wiederum verschiedene Maßnahmen vorsieht:

- Anlern- und Beobachtungsprojekte (ABP, ca. 2 Jahre)
- Projekte zur betreuten Arbeitseingliederung (PBA, mehrere Jahre, ohne zeitliche Begrenzung)
- Einstellungsvorbereitungsprojekte (EVP)

ANGEBOTE DER SOZIALDIENSTE

- Geschützte Werkstätten mit unterschiedlichen Schwerpunkten und Orientierung am sozialen Umfeld
- Zunehmende Ausrichtung auf den Austausch mit dem Umfeld
- Entwicklung differenzierter Angebote für unterschiedliche Alters- und Interessensgruppen

Es muss im Interesse einer jeden Gesellschaft sein, „den vollständigen und gleichberechtigten Genuss aller Menschenrechte und Grundfreiheiten für Menschen mit Behinderung zu fördern, zu schützen und zu sichern sowie den Respekt vor ihrer angeborener Würde zu fördern (Art. 1 der UN-Konvention über die Rechte der Menschen mit Behinderung).

Integration braucht geeignete Rahmenbedingungen.

Dazu müssen jedoch in vielerlei Hinsicht erst die notwendigen Rahmenbedingungen gesichert werden; eine der grundlegenden Rahmenbedingungen ist das Angebot eines integrativen Umfeldes von Geburt an bis zum Lebensende mit besonderem Augenmerk auf die Bildungseinrichtungen.

Wir sind nie am Ziel!

Vielerorts haben sich Länder und Gesellschaften auf den Weg gemacht, jedoch auch in jenen Ländern, in denen keine separierenden Strukturen mehr vorzufinden sind, ist das Ziel noch nicht erreicht; wahrscheinlich ist auf diesem Gebiet das Ziel nie erreicht, denn der Umgang mit Unterschiedlichkeit bildet jeden Tag eine neue Herausforderung, und die Menschen mit einer Beeinträchtigung, oder besser gesagt, mit anderen Fähigkeiten, sind nur ein Teil davon.

Eine Schule für Alle. *Vielfalt leben!*

Eine Schule für Alle. *Vielfalt leben!*

Eine Schule für Alle. *Vielfalt leben!*

Eine Schule für Alle. *Vielfalt leben!*

Eine Schule für Alle. *Vielfalt leben!*

Eine Schule für Alle. *Vielfalt leben!*

Eine Schule für Alle. *Vielfalt leben!*

Eine Schule für Alle. *Vielfalt leben!*

Eine Schule für Alle. *Vielfalt leben!*

Eine Schule für Alle. *Vielfalt leben!*

Eine Schule für Alle. *Vielfalt leben!*

Eine Schule für Alle. *Vielfalt leben!*

Eine Schule für Alle. *Vielfalt leben!*

Eine Schule für Alle. *Vielfalt leben!*

Inklusion in einer Waldorfschule

Matthias Braselmann

Inklusion in der Windrather Talschule Verlbert-Langenberg – Freie Waldorfschule

Zunächst galt es, die Entstehungsgeschichte der Windrather Talschule als Freie Waldorfschule (und als Schule in freier Trägerschaft) zu schildern: Die Initiative zur Gründung ging von Eltern und Erziehern eines integrativ arbeitenden Kindergartens in Bochum aus. Hinzu kamen interessierte Lehrer der Rudolf Steiner Schule Bochum-Langendreer. Schließlich traf sie zusammen mit einer Gründungsinitiative von Eltern in Velbert-Langenberg, wo es nach gründlicher Vorbereitung vor ca. 15 Jahren zur Gründung der Schule kam.

Es sollte schon immer eine Schule für alle Kinder sein, von hochbegabten bis hin zu schwerbehinderten Kindern. Uns war klar: Damit solch eine Schule überhaupt gelingen kann, müssen wir überkommene Bilder und die eigene Erfahrungswelt im Hinblick auf Schule abklopfen, überprüfen und in Frage stellen. Uns wurde deutlich: Schule muss sich – will sie inklusiv sein – total verändern.

Wir wollten:

- leben und lernen mit den Kindern ausschließlich im Team; möglichst einer sollte über Erfahrung in der Heilpädagogik verfügen;
- überschaubare Gruppengößen (höchstens 25 Kinder);
- insbesondere für die jungen Schulkinder große Zeitbögen – vom Morgen bis zum Mittag –,
- ohne Unterbrechung durch die Schulglocke, d. h. weg vom 45-Minuten-Rhythmus;
- Lebensfelder wie z. B. das bäuerliche Umfeld mit viel praktischem, handwerklichem Tun,
- ausgehend vom kindlichen Spiel hin zur sinnvollen, erfüllenden Arbeit;
- Beieinander sein von Kindern mit und ohne Behinderung – ohne Spezialisierung; alle –
- Arten von Behinderung/Begabung sollten möglich sein;
- neugierig sein auf jedes einzelne Kind; die Entdeckung machen, dass jedes Kind – ander ist.

Dann schilderten wir, wie der Schultag aussieht, wie er sich im Laufe des Älterwerdens der Schülerinnen und Schüler verändert, verwandelt; wie wir methodisch daran arbeiten, dass es zu einer immer gößeren Selbstständigkeit und Autonomie jedes einzelnen Kindes kommt. Schließlich erzählten wir, wie wir in den letzten Schuljahren die Vorbereitungen auf die teilzentralen Prüfungen – je nachdem welcher Schulabschluss von den Schülerinnen und Schülern angestrebt wird – leisten. Andererseits berichteten wir auch über das –Windrather Talkolleg – wie es, u. a. auch durch die Expeditionen der Schülerinnen und Schüler in die Welt, dazu führt, dass jede/r Einzelne von ihnen individuell begleitet/gecoacht wird, damit sie/er den Weg in das Leben nach der Schule findet.

Das Bildungsdorfkonzept in der Grundschule Aktion Sonnenschein

Annekatrin Rittmeyer-Breu, Christl von Treuberg und Heribert Riedhammer

An den beiden Standorten unserer Montessori-Schule Aktions Sonnenschein in München verwirklichen wir schrittweise unserer neues Konzept "Bildungsdorf", um den Gedanken der Integration bzw. Inklusion noch besser fördern und verwirklichen zu können.

Kinder und Jugendliche einer Jahrgangsstufe lernen und leben miteinander wie in einem Dorf. Die Schülerinnen und Schüler und alle beteiligten Lehrkräfte/Zweitkräfte kennen sich untereinander und sind räumlich nahe um einen "Dorfplatz" (Clusterflure in der Heiglhofstraße bzw. Schulhof in der Reutberger Straße) gruppiert.

Die Klassen einer Jahrgangsstufe kooperieren im Schul- und Unterrichtsalltag sehr eng miteinander, gestalten gemeinsam kleinere und größere Projekte, machen gemeinsame Ausflüge, Unterrichtsgänge und/oder Klassenfahrten. Während der Freiarbeitsphasen sind die Klassenzimmertüren für alle beteiligten Kinder des Bildungsdorfes geöffnet. Kooperation, Austausch und ein intensiveres miteinander Leben und Lernen werden zusätzlich erleichtert.
Jedes Kind hat trotzdem die Möglichkeit und das Recht, sich in seine kleinere Stammgruppe/Klasse bei Bedarf zurückziehen zu können (Klassenzimmer als "Heimat").

Unsere Bildungsdörfer sind personell besser ausgestattet als dies bisher in den einzelnen Klassen der Fall war. Pro Bildungsdorf werden die Klassenlehrkräfte von einer zusätzlichen Lehrkraft und einer Erzieherin/einem Erzieher sowie Assistenten unterstützt. Dieses Team muss bereit sein, eng zusammen zu arbeiten, zu planen und die pädagogische Arbeit regelmäßig zu reflektieren. Darüber hinaus gibt es die entsprechenden Fachlehrkräfte für Sport, Musik, Kunst, Religion und dgl., die eng in das Team mit eingebunden sind.

Im Rahmen des Bildungsdorfes werden Nachmittagsangebote für die Schülerinnen und Schüler der jeweiligen Jahrgangsstufen altersgerecht angeboten und ausgebaut, um behinderte und nicht behinderte Kinder noch besser integrieren zu können. Im Mittelpunkt steht auch hier das jeweilige Kind mit seinen Stärken und Bedürfnissen.

Das Konzept "Bildungsdorf" bewirkt eine Intensivierung der kooperativen und integrativen Momente. Kinder können noch besser voneinander und miteinander lernen. Integration/Inklusion wird für sie zur Alltagserfahrung und Selbstverständlichkeit.

Wir beobachten durch die bessere personelle Ausstattung eine Verbesserung der individuellen Fördermöglichkeiten aller Kinder. Förderunterricht und -maßnahmen können flexibler und bedarfsgerechter geplant und durchgeführt werden. Wir haben durch das Bildungsdorf eine Variationsmöglichkeit von Einzelförderung, Kleingruppe, Klassenverband und Großgruppe. Eine bedarfsgerechte Gruppenbildung wird eher ermöglicht nach entwicklungsgemäßen Bedürfnissen der Kinder, nach Themen und Lerninhalten sowie nach ihren Förderbedürfnissen und -schwerpunkten.

Die intensive Zusammenarbeit im Lehrerteam schafft u.a. Entlastung in der pädagogischen Alltagsarbeit und in der Planung, eine Lehrkraft muss nicht allen Kindern alleine gerecht werden können. Das Lehrerteam kann als Vorbild i.S.d. Kooperation für die Kinder dienen, indem es sich gegenseitig hilft und unterstützt.

Bei einer umfangreichen schriftlichen Befragung zum Themenkomplex "Bildungsdorf" ergab sich eine sehr große Zufriedenheit und Akzeptanz der Eltern.

GRUNDSCHULE "REUTBERGER STRASSE"

Diese vier Grundschulklassen haben sich seit vielen Jahren zu einer Sprengelschule im Stadtteil Sendling entwickelt. Zusammen mit Kindergarten und Schulvorbereitender Einrichtung (SVE) werden vor allem Kinder aus der Umgebung dieser Schule aufgenommen. Darüber hinaus wurde eine sehr gute Zusammenarbeit mit Nachbarschulen und -horten entwickelt.

- Die Zusammenarbeit mit Kindergarten und SVE ist sehr intensiv gestaltet. In gemeinsamen Konferenzen findet der regelmäßige Austausch über die Kinder statt, werden Konzeptarbeit und Zielsetzungen weiterentwickelt, sowie Feste, Veranstaltungen, Aktionen geplant und Organisatorisches besprochen. Im Rahmen der Einschulung entsteht ein reger Austausch von Beobachtungen, werden Schnuppertage, Klassenbesuche und Schulreifetests gemeinsam organisiert. Jedes Schuljahr muss die Nutzung der gemeinsamen Räume geklärt werden. Die Kontakte der Kinder finden täglich auf dem Pausengelände statt.
- In der Regel besuchen die Kinder des Kindergartens/der SVE auch die Schule. Die Klassen sind Integrationsklassen mit 15 nichtbehinderten und 5 behinderten SchülerInnen. Sie sind jahrgangsgemischt zusammengesetzt mit je zwei Jahrgängen. Jungen und Mädchen sollen sich in etwa die Waage halten.
- Der Unterricht besteht überwiegend aus Freiarbeit und in Anteilen aus gebundenem Unterricht bzw. Fachunterricht. Der Fachunterricht findet jahrgangsgleich statt, sodass in der Klasse Differenzierungsmöglichkeiten für den anderen Jahrgang entstehen. Englisch wird ab der 3. Klassenstufe angeboten. Jedes Schuljahr finden Projekte klassenübergreifend mit reger Elternbeteiligung statt.
- Zusätzliche Förderung der SchülerInnen: Der Übertritt an weiterführende Schulen wird im gebundenen Unterricht vorbereitet. Weitere Differenzierungsmöglichkeiten gibt es während des Fachunterrichts (siehe oben). Die zur Verfügung stehenden Förderstunden werden

zu kurz- und längerfristigen Binnen- bzw. Außendifferenzierungen genutzt.

- Schulschluss ist wegen der Jahrgangsmischung um 12.30 Uhr. Anschließend kann Mittagessen und Mittagsbetreuung wahrgenommen werden, die durch eine Elterninitiative organisiert und extra finanziert wird.
- Im Rahmen unseres Projekts "Bildungsdorf" werden zusätzliche gemeinsame schulische Angebote am Nachmittag im kreativen Bereich (z. B. Arbeit mit Ton), im sportlichen Bereich (z. B. Psychomotorik, Trampolin) sowie eine Hausaufgabenbetreuung gezielt für Kinder mit und ohne sonderpädagogischen Förderbedarf im Sinne der Inklusion angeboten.

GRUNDSCHULE "HEIGLHOFSTRASSE"

Die Schüler dieser 12 Klassen kommen aus den verschiedensten Regionen in und um München (Stadt und Landkreis). Der Schulweg soll allerdings nicht zu weit und belastend sein.

- In Zusammenarbeit mit dem hauseigenen integrativen Kindergarten werden dessen Vorschulkinder in ihrem letzten Kindergartenjahr beobachtet und betreut. Eine Grundschullehrkraft kooperiert dazu regelmäßig mit dem Kindergarten. Im Rahmen der Einschulung tun dies auch alle aufnehmenden Lehrkräfte. Kinder aus anderen Einrichtungen können aber ebenso in ihren Kindergärten besucht werden.
- In den Klassen wird jahrgangsgleich und mit verschiedenen Gruppenstärken gearbeitet. Wir unterrichten viele unserer Grundschulkinder mit Förderschwerpunkt geistiger Entwicklung in den sog. a-Klassen (kleine Gruppenstärke, weil intensivste pädagogische Zuwendung erforderlich ist). In unseren größeren b- und c-Klassen werden nicht behinderte Schülerinnen und Schüler zusammen mit Kindern, die unterschiedlichen sonderpädagogischen Förderbedarf haben gemeinsam integrativ unterrichtet (Integrationsklassen). Die Gruppenstärke variiert zwischen je nach Zusammensetzung und Förderschwerpunkten. Kriterien für die Einteilung sind Gruppenfähigkeit, Betreuungsbedarf und Entwicklungsstand. Danach entscheiden wir, in welche Lerngruppe das Kind eingeschult wird. Die Zusammensetzung jeder Klasse muss gute Entwicklungsmöglichkeiten und gegenseitige Unterstützung gewährleisten.
- Auch bei unseren Grundschulklassen entwickelt sich sehr rasch eine enge Zusammenarbeit, ein enges Miteinander i.S.d. Kooperation und Integration. Dies kann auf einzelne Kinder oder Gruppen bezogen sein, auf verschiedene Lerninhalte/ Schulfächer, zu bestimmten Zeiten oder Projekten. Auf der Suche nach dem passenden Lernort wechseln manche Schüler während des Jahres oder zum neuen Schuljahr fest oder auch probeweise die Klasse. Hierfür gehen immer Gespräche mit allen Beteiligten voraus. Es findet die tägliche Begegnung im Cluster, auf den Gängen, in der Pause statt und die damit verbundenen Kontakte und Auseinandersetzungen. Es werden gemeinsame Ausflüge, Unternehmungen und Schullandheimaufenthalte geplant und durchgeführt (vgl. "Bildungsdorf").
- Der Unterricht teilt sich auch in der Grundschule der Heiglhofstraße auf in Freiarbeit und gebundenen Unterricht bzw. Fachunterricht. Englisch wird auch hier verbindlich ab der 3. Klassenstufe angeboten. Projekte sind in der Regel klassenübergreifend organisiert.

- Schulschluss ist für die Klassen 1 " 3 um 12.15 Uhr, für die 4. Klasse um 13.00 Uhr. Über verschiedene Elterninitiativen gibt es auch eine Mittagsbetreuung bis 15.00 Uhr in den Räumen der Schule..
- Auch in der Grundschule an der Heiglhofstraße werden zunehmend Angebote in den Nachmittag hinein für die Kinder im Rahmen des Bildungsdorfes angeboten (Kunst, Sport, Musik, Theater, gemeinsame Projekte). Zu bestimmten Zeiten des Schuljahres können interessierte Kinder Kurse unserer "Schülerakademie" buchen und besuchen.
- Am Ende der 4. Klasse verlassen Kinder unsere Grundschule, um eine weiterführende Schulen zu besuchen oder wechseln in unsere Sekundarstufe (Hauptschule) hier im Haus.

HAUPTSCHULE "HEIGLHOFSTRASSE"

Zu Beginn der 5. Klassen werden ca. 2/3 neue Schülerinnen und Schüler aufgenommen. Diese Kinder kommen größtenteils nach der 4. Klasse aus staatlichen Regelschulen. Obwohl sie oft auf Grund verschiedenster Probleme in große Not geraten sind, gelingt es uns relativ schnell, die Schulsituation für diese Kinder zu entspannen. Etwa 1/3 der Schülerinnen und Schüler kommen aus unseren eigenen Grundschulklassen. Das sind meist gut geförderte Kinder, die mit dem Montessorimaterial sehr vertraut sind und gute Lernpartner für die von außen aufgenommen Hauptschüler sind.

Letztendlich haben von den 60 Schülerinnen und Schüler eines Jahrgangs 30 Kinder sonderpädagogischen Förderbedarf. Davon sind ca. 50 % dem Förderschwerpunkt Lernen und 20 % dem der geistigen Entwicklung zuzuordnen.

Viele der Schüler ohne Behinderung zeigen dennoch Auffälligkeiten im sozial-emotionalen Bereich, in der Lern- und Leistungsmotivation, wirken ängstlich und misserfolgsorientiert, haben erhebliche Konzentrationsprobleme (ADS, ADHS), sowie Schwierigkeiten im Lesen, Rechtschreiben (LRS, Legasthenie) und Rechnen (Dyskalkulie).

Bei der Zusammensetzung und Bildung der neuen 5. Klassen achten wir wie in der Grundschule auf eine tragfähige und organisierbare Gruppenstruktur. Die Klassengemeinschaften bleiben bis zum Abschluss der Hauptschulzeit (5 Jahre) in der Regel mit derselben Lehrkraft zusammen und müssen gut funktionieren, zumal während dieser Phase mit einer Reihe von Krisen (z.B. Pubertät) zu rechnen ist.

Wenn die 5. Klassen dann starten, finden sich die von außen aufgenommenen Schülerinnen und Schüler mit denen aus unserer Grundschule schnell zu sehr sympathischen Teams und Lerngruppen zusammen.
t
- Pro Jahrgangsstufe gibt es 3 Integrationsklassen und eine kleinere Klasse mit Förderschwerpunkt geistige Entwicklung (10 Schüler). In den Integrationsklassen werden in der Regel 17 SchülerInnen mit und ohne sonderpädagogischen Förderbedarf unterrichtet. Unsere Klasse

M10 hat eine Mindestgröße von 12 SchülerInnen, von denen in der Regel die Hälfte sonder-pädagogischen Förderbedarf (Motorik, Sprache, sozial-emotionaler Bereich) haben.

- Die Möglichkeiten zwischen den Klassen zu kooperieren sind in der Sekundarstufe die glei-chen wie in der Grundschule (vgl. "Bildungsdorf").
- Der Unterricht findet in der Regel von 8.00 Uhr bis 13.00 Uhr statt. Ab der 7. Klasse haben die SchülerInnen verstärkt Nachmittagsunterricht (Fach- und Förderstunden). Nach Absprache kann eine kostenlose Hausaufgabenbetreuung in kleinen Gruppen bei unseren Assistenten organisiert werden.
- Im Rahmen des "Bildungsdorfes" werden in der jeweiligen Jahrgangsstufe zusätzliche Lern- und Kreativkurse angeboten (Förderunterricht, Sport, Kunst, Musik, soziale Trainingskurse etc.).
- Darüber hinaus haben interessierte Schülerinnen und Schüler am Nachmittag die Möglich-keit, zu bestimmten Zeiten des Schuljahres Kurse im Rahmen unserer "Schülerakademie" zu buchen und zu besuchen.
- Schülerinnen und Schüler, die nicht am christlichen Religionsunterricht (wir bieten ihn in allen Klassen ökumenisch an) teilnehmen wollen, haben die Möglichkeit am Nachmittag das Fach Ethik verbindlich in Absprache mit den Eltern zu wählen.
- An einer zweiten Fremdsprache interessierte Schülerinnen und Schüler können ab der 6. Klasse das Fach Spanisch wählen und sollen ein Gefühl für diese Sprache erhalten.

In den höheren Jahrgangsstufen verringert sich der Anteil der Freiarbeit zugunsten des gebun-denen Unterrichts/Fachunterrichts. Die Entscheidung über den jeweiligen Anteil, ausgenom-men Unterricht bei Fachlehrkräften, obliegt der Klassleitung unter Abwägung der verschiede-nen pädagogischen und lerninhaltlichen Aspekte.

- In bestimmten Jahrgangsstufen machen unsere Hauptschüler ein mehrwöchiges Projekt im Rahmen der "Großen Arbeit". Hierbei setzen sie sich mit Unterstützung der Lehrkräfte, der Eltern oder Großeltern, Freunden und Bekannten mit einem frei gewählten Thema intensiv auseinander, bauen oder gestalten etwas hierzu und bereiten ein umfangreiches Referat vor. Das Ganze wird schließlich im Rahmen eines "Festaktes" Mitschülern, Eltern, Lehrern präsentiert und gleichzeitig gewürdigt. Die große Arbeit ist ein wichtiger Bestandteil der Ideen Maria Montessoris im Umgang mit Heranwachsenden.
- Jede Klasse erhält durch den Träger finanzierte zusätzliche Förder- und Teilungsstunden, die zur Differenzierung bzw. Vorbereitung auf den Qualifizierenden Hauptschulabschluss (Quali) bzw. die M 10 verwendet werden.
- Jeweils 2 Trainingsstunden pro Woche setzen wir ab der 7. Jahrgangsstufe für die drei In-tegrationsklassen einer Jahrgangsstufe zusammen ein in den Fächern Deutsch, Mathematik und Englisch. In diesen M-Kursen bieten wir den normalen Hauptschulstoff im Sinne eines erhöhten Anforderungsniveaus (Inhalt, Lerntempo, Bewertung) im Rahmen einer äußeren Differenzierung an. Die Teilnahme regeln wir in der 7. Jahrgangsstufe noch völlig flexibel: einzelne Schüler wählen je nach persönlicher Voraussetzung nur ein, zwei oder alle drei Fächer. Zu Beginn der 8. Klasse sollten dann alle 3 Fächer besucht werden. Immer wieder haben wir die Erfahrung gemacht, dass auch Schüler, die vorher nie M-Kurse besucht hatten,

erfolgreich in unserer 10. M-Klasse waren. Auf eigene M-Klassen verzichten wir im Sinne der Integration bewusst, da wir ja sehr großen Wert auf stabile Beziehungen innerhalb der Klassengemeinschaften legen (siehe oben).

- Viele zusätzliche Förderstunden verwenden wir in der 9. Jahrgangsstufe zu einer intensiven und erfolgreichen Vorbereitung auf den Quali in den Fächern Deutsch, Mathematik, Englisch, Kunst, Sport, Hauswirtschaft und je nach Bedarf für Werken und Computer.
- Auch in der Hauptschule arbeiten wir mit dem Montessorimaterial so weit als möglich und nötig. Wir setzen es zum Differenzieren und Veranschaulichen für schwächere Schülerinnen und Schüler ein. Auch in den höheren Klassen eignet es sich immer wieder für die Darbietung komplexer und schwieriger Lerninhalte. Die Arbeit mit konkretem Material nimmt in der Regel aber in den höheren Jahrgangsstufen ab, da viele Jugendlichen eine andere kognitive Entwicklungsstufe erreicht haben. Sie können inzwischen besser abstrahieren. Die Lerninhalte sollten aber trotzdem ganzheitlich, d. h. fächerübergreifend und projektorientiert angeboten werden.Wichtig sind genügend Übungs- und Wiederholungsphasen.
- Unsere SchülerInnen absolvieren die vorgeschriebenen Betriebspraktika in der 8. Jahrgangsstufe. Schon in den 7. Klassen werden "Schnuppertage" angeboten. In der 9. Jahrgangsstufe kann ein freiwilliges Zusatzpraktikum im Rahmen des Arbeitslehreunterrichts durchgeführt werden.
- Regelmäßig findet für Schülerinnen und Schüler an einem Samstag pro Schuljahr eine hausinterne Berufsmesse statt, die nur mit Unterstützung unserer Elternschaft durchgeführt werden kann. Eltern stellen unseren Jugendlichen ihre Berufe in anschaulicher Weise vor und geben einen wertvollen Beitrag zur Berufswahl.
- Interessierte Jugendliche können immer wieder an einem Bewerbungstraining teilnehmen, das von engagierten Eltern angeboten wird.
- Jugendliche können sich vor oder während ihrer Lehrstellensuche im Rahmen eines speziellen Coaching-Programms Unterstützung bei kompetenten Erwachsenen ("Paten") holen.
- Während der Zeit der Berufsfindung und "beratung arbeiten wir eng mit den Beratern der Bundesagentur für Arbeit zusammen. Auch hier sind die Eltern immer mit einbezogen. Vor allem unseren SchülerInnen mit sonderpädagogischem Förderbedarf können nach einer intensiven Diagnostik im Rahmen der Berufsberatung über Reha-Maßnahmen gute Fördermöglichkeiten angeboten werden.

SCHULISCHE ABSCHLÜSSE

Die Vielfalt unserer Schule drückt sich auch in der Vielfalt der möglichen Abschlüsse aus.
Wir sind stolz, jeder Schülerin und jedem Schüler seinen adäquaten Schulabschluss innerhalb einer Klasse ermöglichen zu können:

- Schülerinnen und Schüler mit Förderschwerpunkt geistige Entwicklung erhalten diesen Schulabschluss und haben nach dem Besuch unserer Berufsschulstufe ihre Berufsschulpflicht und die allgemeine Schulbesuchspflicht erfüllt.
- Jugendliche unserer Integrationsklassen mit dem Förderschwerpunkt Lernen erhalten den

Lernförderabschluss. Sie können damit entweder eine Ausbildung in einem Lehrbetrieb beginnen mit gleichzeitigem Besuch einer Sonderberufsschule (z.B. Kolping) oder eine Berufsfördermaßnahme (z.B. Berufsvorbereitungsjahr als Vorbereitung auf einen Beruf mit anschließender Lehre) oder eine Berufsausbildung in einem Berufsbildungswerk (z.B. in Kirchseeon) unter beschützenden Bedingungen machen. Diese Jugendlichen können mit Abschluss ihrer Berufsausbildung zugleich den Hauptschulabschluss erwerben und sind dann Hauptschülern gleichgestellt.

- Jugendliche, die nicht zum oben beschriebenen Personenkreis zählen, können den erfolgreichen Hauptschulabschluss erhalten, wenn sie 9 Schulbesuchsjahre vorweisen können und ein Hauptschulabschlusszeugnis mit dem Notendurchschnitt von mindestens 4,0 erhalten haben.
- Mittlerweile melden sich fast alle Hauptschüler ohne Förderbedarf Lernen zur Prüfung des Qualifizierenden Hauptschulabschlusses an. Diese sehr anspruchsvolle Prüfung in insgesamt 6 Fächern wird am Ende der 9. Klasse in enger Kooperation mit einer öffentlichen Hauptschule durchgeführt. Wir bereiten ab Beginn der 9. Klasse intensiv darauf vor mit dem Erfolg, dass bei entsprechender Arbeitshaltung und mit genügendem Fleiß beinahe alle unsere Jugendlichen diese Prüfung erfreulicherweise auf Anhieb bestehen. Der Quali ist mit einem Notendurchschnitt von 3,0 bestanden. Er begünstigt sehr die Wahl einer beruflichen Ausbildungsstelle und erweitert die Angebotsmöglichkeiten im Rahmen der Ausbildungsberufe.
- Wer den Qualifizierenden Hauptschulabschluss gut bestanden hat und ein solides Lern- und Arbeitsverhalten zeigt, kann an unserer Montessorischule die 10. Klasse zur Erlangung des Mittleren Bildungsabschlusses besuchen. In dieser 10. Klasse werden prüfungsrelevante Themen anspruchsvoll durchgenommen. Auch diese Prüfung wird mit einer öffentlichen Hauptschule durchgeführt und alle Absolventen bestanden den Mittleren Bildungsabschluss bisher erfolgreich. Darüber sind wir sehr stolz! Der Mittlere Bildungsabschluss ermöglicht eine größere Auswahlmöglichkeit an qualifizierten Ausbildungsberufen sowie den Besuch einer Fachoberschule zur Erlangung der fachgebundenen Hochschulreife.
- Unsere Schülerinnen und Schüler, die den Mittleren Schulabschluss erfolgreich bestanden haben, können an der Montessori-Oberschule München (MOS), an der wir Gesellschafterschule sind, die Fachgebundene Hochschulreife in 2 Jahren oder die Allgemeine Hochschulreife in 3 Jahren (2. Fremdsprache erforderlich) im Sinne der ihnen vertrauten Montessoripädagogik und ihrer Prinzipien erwerben.

Eine Schule für Alle. *Vielfalt leben!*

Eine Schule für Alle. *Vielfalt leben!*

Eine Schule für Alle. *Vielfalt leben!*

Eine Schule für Alle. *Vielfalt leben!*

Eine Schule für Alle. *Vielfalt leben!*

Eine Schule für Alle. *Vielfalt leben!*

Eine Schule für Alle. *Vielfalt leben!*

Eine Schule für Alle. *Vielfalt leben!*

Eine Schule für Alle. *Vielfalt leben!*

Eine Schule für Alle. *Vielfalt leben!*

Eine Schule für Alle. *Vielfalt leben!*

Eine Schule für Alle. *Vielfalt leben!*

Eine Schule für Alle. *Vielfalt leben!*

Eine Schule für Alle. *Vielfalt leben!*

"Eine verrückte Reise"

Christine Langenhorst

Projektorientiertes Lernen im Gemeinsamen Unterricht in der Sekundarstufe
Beispiel der Planung, Einstudierung und Aufführung eines Musicals

"Integration [...] will gelebt sein" (MUTH 1992, 188). In diesem Sinne öffneten sich die Jakob-Muth-Schule und die Geschwister-Scholl-Realschule mit dem Schuljahr 2007/2008 der Aufgabe, integrative Formen des gemeinsamen Lernens von Schüler/innen mit und ohne sonderpädagogischem Förderbedarf auch in der Sekundarstufe zu erproben. Mit der Außenklasse der Jakob-Muth-Schule an der Geschwister-Scholl-Realschule, gemäß des in Bayern festgelegten Weges der "Integration (Inklusion) durch Kooperation", wird erstmalig in Nürnberg unter Berücksichtigung gegebener rechtlicher und struktureller Vorgaben dieses Modell auch an einer Realschule weitergeführt (vgl. REUTER 2010, 24 ff.).

Die integrativ arbeitende(n) Klasse(n) der sechsten Jahrgangsstufe studierten im Schuljahr 2008/2009 im Rahmen eines projektorientierten Unterrichts das Musical "Eine verrückte Reise" ein. Ausgehend von den schulorganisatorischen Rahmenbedingungen sowie einigen grundlegenden Erläuterungen zur Planung und Durchführung des gemeinsamen Lernens wird die Vorbereitung und Aufführung des Musicals skizziert. Neben den Zielsetzungen und dem Verlauf des projektorientierten Unterrichts werden vor allem die Planungsebenen des Musicals in einem integrativen Lernumfeld, die vom Drehbuch über die Kulissen und Requisiten bis hin zur finalen Aufführung der musikalischen Zeitreise reichen, auch unter didaktischen Gesichtspunkten beleuchtet. Auf eine Diskussion der Konzepte für kooperative Beschulung und der praktizierten Formen der Zusammenarbeit zwischen Regel- und Förderschulen in Bayern im Zuge der aktuellen Debatte um Inklusion sei in diesem Zusammenhang verzichtet. Vielmehr liegt der Schwerpunkt der folgenden Ausführungen auf der Darlegung eines Beispiels gemeinsamen Lernens aus der konkreten Unterrichtspraxis.

1. Schulorganisatorische Rahmenbedingungen

Schulen
Die Jakob-Muth-Schule ist ein privates Förderzentrum mit dem Förderschwerpunkt geistige Entwicklung, dem eine Heilpädagogische Tagesstätte der Lebenshilfe e.V. angegliedert ist.

Beide Einrichtungen ergänzen sich im Zuge ihrer engen Zusammenarbeit zu einem Ganztagesangebot (vgl. ebd.).

Die Geschwister-Scholl-Realschule ist eine staatliche, sechsstufige Realschule, die für die Sekundarstufe I das Modell der Ganztagesschule anbietet. Dementsprechend ist der Pflichtunterricht auf den Vor- und Nachmittag verteilt, der durch Angebote diverser Wahlfächer und spezifischer Fördermaßnahmen erweitert wird. Diese Struktur der Ganztagesschule ermöglicht viele Verknüpfungspunkte für ein gemeinsames Leben und Lernen und wirkt sich demnach sehr förderlich auf die integrativen Bemühungen aus.

Klassenbildung
Die Zusammenarbeit von Real- und Förderschule in der Sekundarstufe erstreckt sich aktuell auf die fünfte und sechste Jahrgangsstufe. Die kooperierenden Klassen setzen sich aus 16 bis 18 Realschüler/innen und neun bis zehn Schüler/innen mit dem Förderbedarf geistige Entwicklung zusammen. Grundsätzlich ist die multikulturelle Schülerschaft der Klassen von deutlichen Differenzen in der Sozialisation geprägt.

Räumlichkeiten
Der integrative Unterricht findet in einem gemeinsamen Klassenzimmer oder den jeweiligen Fachräumen statt. Zusätzlich steht ein an das Klassenzimmer direkt angrenzender Gruppenraum für Maßnahmen der Differenzierung sowie für die Heilpädagogische Tagesstätte der Lebenshilfe zur Verfügung. Der Flur vor beiden Räumen kann zudem als Freiarbeitsbereich genutzt werden. Vor allem die räumliche Nähe der Zimmer erleichtert die bei offenen Unterrichtsformen häufig erforderliche Aufteilung in Kleingruppen.

Gemeinsam Lernen
Die Schüler/innen beginnen den Schultag gemeinsam. Bei einem Lied, Spiel oder einer Fantasiereise im Morgenkreis und einem selbst vorbereiteten Frühstück bleibt Zeit, in der Schule anzukommen und sich auszutauschen. Anschließend finden wöchentlich mindestens 14 kooperative Unterrichtsstunden in den Fächern Kunst, Musik, Sport und in der sechsten Jahrgangsstufe auch in Geschichte statt. Die Kulturtechniken Deutsch, Mathematik und Englisch im Fächerkanon der Realschule sind im Rahmen der Wochenplanarbeit involviert. In einer Lesestunde zur Förderung des Leseinteresses widmen sich die Schüler/innen eigens in der Schulbibliothek ausgewählten Kinder- und Jugendbüchern allein oder mit einem Partner. Ergänzt werden die kontinuierlich stattfindenden gemeinsamen Unterrichtsstunden durch Vorhaben und Projekte, die sich je nach Thematik oder aktuellem Hintergrund für die integrative Arbeit anbieten, z. B. das Kennenlernen des Mikroskops und die Untersuchung verschiedener Präparate in Biologie. In einer „Klassenleiterstunde" können zudem organisatorische Fragen oder aktuelle Anliegen der Schüler/innen geklärt werden.
Die Heterogenität der Klassen verlangt nicht nur größtmögliche Differenzierung, sondern auch die flexible Anwendung von Unterrichtsmethoden. Eine Pädagogik der Vielfalt (vgl. PRENGEL 1993) gestaltet den konkreten Schulalltag, wenn Wochenplanarbeit, Lernen an Stationen, Partner- und Gruppenarbeit, Lesestunden, Lernwerkstätten, Vorhaben und Projekte etc. den

offenen und handlungsorientierten Unterricht rhythmisieren. Die Formen gemeinsamen Lernens zeichnen sich dabei durch unterschiedliche Intensitäten an Kontakten zwischen den Schüler/innen aus, die sich in koexistenten, subsidiären bis hin zu solidarischen Lernsituationen ereignen (vgl. WOCKEN 1998, 41ff.). Grundsätzlich liegt ein besonderes Augenmerk darauf, die Arbeitspartner und Gruppen aus Schüler/innen mit und ohne sonderpädagogischem Förderbedarf zusammenzusetzen, um entsprechende Kontakte zu initiieren.

Planung, Organisation und Reflexion des gemeinsamen Unterrichts

In Orientierung an einem Zwei-Pädagogen-System wird der Unterricht in enger Zusammenarbeit von einer Sonderschullehrerin und Realschullehrer/innen geplant sowie im Team-Teaching durchgeführt. Um die Koordination der Besprechungen zu erleichtern und die Intensität der Teamarbeit zu stärken, ist die Anzahl an Fachlehrkräften der Realschule, die in dem integrativen Modell arbeiten, möglichst gering gehalten. Die unterrichtlichen und außerunterrichtlichen Aktivitäten werden in wöchentlichen Teamsitzungen reflektiert und je nach Bedarf durch Besprechungen mit einzelnen Realschullehrkräften ergänzt. Eine Kinderpflegerin, eine Praktikantin im Freiwilligen Sozialen Jahr sowie eine Erzieherin der Heilpädagogischen Tagesstätte der Lebenshilfe unterstützen das Team.

Gemeinsames Schulleben

Große Bedeutung für den Aufbau und die Pflege der sozialen Kontakte kommt neben den kooperativen Unterrichtsstunden dem gemeinsamen Schulleben zu. Unterrichtsgänge, Ausflüge, Wandertage, Feste und Feiern, aber auch Klassenfahrten werden zusammen geplant und durchgeführt.

Die Angebote der Heilpädagogischen Tagesstätte der Lebenshilfe ergänzen die integrative Zusammenarbeit. Nach dem Mittagessen in der Mensa und einer kurzen Spielzeit können die Schüler/innen ihre Hausaufgaben gemeinsam erledigen, einmal wöchentlich werden Speisen für das Frühstück vorbereitet. Auch das Ferienprogramm der Tagesstätte findet regen Anklang bei Realschüler/innen und öffnet sich demzufolge einer kooperativen Gestaltung.

II. PLANUNG UND AUFFÜHRUNG EINES MUSICALS ALS BEISPIEL GEMEINSAMEN LERNENS

ZIELSETZUNG DES PROJEKTORIENTIERTEN UNTERRICHTS

"Projekt" (KRON 1994, 274), "Projektmethode" (FREY 2005,13), "projektorientierter Unterricht" (SCHULTE-PESCHEL et. al. 1996, 106) — der wissenschaftliche Diskurs um dieses Unterrichtskonzept wird von einer Vielfalt an bisweilen synonym verwendeten Begrifflichkeiten bestimmt, die eine eindeutige Definition erschweren. SCHULTE-PESCHEL et. al. konkretisieren das Projekt als "ein auf die Lebenswirklichkeit der Teilnehmer bezogenes, durch die Interessen und Bedürfnisse bestimmtes gemeinsames Vorhaben, bei dem sie die Planung, Realisierung und Kontrolle in eigener Verantwortung übernehmen" (1996, 99). Es ist somit als eine offene, aber auch handlungs- und produktorientierte Lernform zu kategorisieren, die gegenwärtige und zukünftige Interessen, Bedürfnisse und Kompetenzen der Schüler/innen in besonderem Maße berücksichtigt.

Dabei wird der Lernprozess von ihnen wesentlich in allen Ebenen der Planung selbstbestimmt gestaltet und koordiniert, was folglich für Lehrende, aber auch Lernende eine veränderte Rolle impliziert. Im Hinblick auf die konkreten unterrichtlichen Rahmenbedingungen ist das Projekt darüber hinaus nicht nur fächerübergreifend zu organisieren, sondern fördert durch die Kooperation aller in Planung und Durchführung soziales Lernen und bezieht ganzheitlich möglichst viele Sinne in die Lernprozesse ein (vgl. KOCH 1990, 51, und GUDJONS 1997, 73-86).

Resümierend stellt ein Projekt sowohl bezüglich der zu berücksichtigenden Kriterien als auch des konkreten Verlaufes hohe Anforderungen an alle Beteiligten, wobei vor allem Aspekte der Eigenverantwortung des unterrichtlichen Geschehens durch die Schüler/innen mit geistiger Behinderung kritisch reflektiert werden. Das Projekt gilt sicherlich als Idealform selbstbestimmten und selbstorganisierten Lernens in integrativen Modellen, die im Unterrichtsalltag angestrebt, aber nicht in jeder Lernsituation umfassend erfüllt werden kann. Es erscheint deshalb sinnvoll, zwischen dem Projekt bzw. der Projektmethode sowie einem im Rahmen der Planung und Aufführung des Musicals durchgeführten projektorientierten Unterricht als stetigen Versuch der Annäherung an diese Ansprüche zu differenzieren.

In Orientierung an Merkmalskataloge von KOCH (1990, 51f.) und GUDJONS (1997, 73-86) lagen dem projektorientierten Unterricht somit folgende Zielsetzungen zugrunde:

Die Schüler/innen planen, erarbeiten und führen das Musical "Eine verrückte Reise" auf, indem sie
- fächerübergreifend, ganzheitlich mit allen Sinnen sowie handlungsorientiert lernen,
- das Produkt, die Aufführung des Musicals in der Aula der Geschwister-Scholl-Realschule, fokussieren,
- individuelle Kompetenzen und Interessen in den dynamischen Prozess der Planung integrieren,
- individuelle Handlungskompetenzen erweitern,
- intensiv zusammenarbeiten und kooperieren,
- sowie historische Inhalte lebendig erfahren und ihr Wissen darüber ausbauen.

Verlauf des projektorientierten Unterrichts

Projektorientierter Unterricht kann sowohl geblockt in ein bis mehreren Wochen als auch über einen längeren Zeitraum hinweg durchgeführt werden, wobei die Vorbereitung und Aufführung des Musicals "Eine verrückte Reise", die nahezu ein gesamtes Schuljahr umfasste, sicherlich als "Großprojekt [orientierter Unterricht, C.L.]" im Sinne FREYs (2005, 20ff.) klassifiziert werden kann. Grundsätzlich ist der Verlauf in verschiedene Phasen zu strukturieren (vgl. ebd., 62ff.):

a. Initiative des projektorientierten Unterrichts

Zu Beginn des Schuljahres wurde den Schüler/innen die Idee, ein Musical mit historischem Inhalt zu entwickeln, seitens der Klassenleitungen Rafaela Seitz und Christine Langenhorst unterbreitet, die als Angebot gemäß eines Lernanlasses zu verstehen ist. Die Thematik sowie grundsätzliche Formen ihrer Erarbeitung beruhten folglich auf der Initiative der Lehrkräfte, die Entscheidung über eine Aufnahme und Durchführung des projektorientierten Unterrichts lag allerdings ausschließlich bei den Schüler/innen, die mit Begeisterung für ein derartiges gemeinsames Vorhaben plädierten.

b. Skizze des projektorientierten Unterrichts

In einem nächsten Schritt galt es einerseits die äußeren Rahmenbedingungen für das weitere Verfahren zu klären, andererseits individuelle Interessen, Bedürfnisse und Betätigungswünsche der Schüler/innen in einer ersten inhaltlichen Auseinandersetzung zum Ausdruck zu bringen. Dabei zeichnete sich in der Debatte um die Idee des projektorientierten Unterrichts ab, dass ein Drehbuch, das den gesammelten Wünschen und Anforderungen entsprach, nicht vorhanden war und demzufolge erst entwickelt werden musste. Gleichermaßen ging damit die Entscheidung einher, Kulissen, Requisiten und Kostüme weitestgehend selbst zu entwerfen und zu gestalten, wodurch ein zeitlicher Rahmen von mehreren Monaten für die Vorbereitungen des Musicals und eine Aufführung zunächst am Ende des ersten Schulhalbjahres angedacht wurde.

c. Plan und Durchführung des projektorientierten Unterrichts

In einem Prozess der Strukturierung mündete die skizzierte Ideensammlung in einen konkreten Plan, der im Rahmen der Durchführung des projektorientierten Lernens in die Tat umzusetzen war. Neben Vorbereitungen im Hinblick auf benötigte räumliche, sächliche und auch personelle Ressourcen wurde durch einführende, spielerischeÜbungen die aktuelle Lernausgangslage der Schüler/innen im Hinblick auf schauspielerische, musikalische sowie theatersprachliche Kompetenzen und Fertigkeiten analysiert, um neben sozialen Lernprozessen gleichermaßen auch eine umfassende Differenzierung und Individualisierung zu gewährleisten. In Orientierung an FREY (vgl. ebd.) ist die Planung eines projektorientierten Unterrichts allerdings grundsätzlich nicht als vollkommen in sich geschlossene Phase zu betrachten und insofern im gesamten Verlauf enthalten, als es auf aktuelle Wünsche und Fragen der Schüler/innen flexibel zu antworten gilt. Auch im Rahmen der Entwicklung des Musicals zeichnete sich diese enge Verwobenheit von Planung und Durchführung ab. Während die musikalische Zeitreise zunächst thematisch auf die Frühgeschichte der Menschheit eingegrenzt wurde, brachten die Schüler/innen mit großer Motivation zahlreiche Ideen für die Darstellung weiterer Epochen ein. Sie änderten folglich den ursprünglichen Plan dahingehend, dass fächerübergreifend nahezu ein gesamtes Schuljahr hindurch Felix' Abenteuer von der Steinzeit bis ins Mittelalter entwickelt wurden (vgl. Drehbuch – Inhalt des Musicals "Eine verrückte Reise"). In acht bis zehn Wochenstunden erarbeiteten sie im Geschichtsunterricht die historischen Inhalte für das Drehbuch, übten Lieder, Rhythmen und Sprechverse im Musikunterricht ein, gestalteten Kulissen und Requisiten im Kunst- und Werkunterricht und entwarfen einen Tanz im Sportunterricht, wobei die Schüler/innen ihre Aufgaben auch im Rahmen der Heilpädagogischen Tagesstätte der Lebenshilfe fortführen konnten. Im Zuge einer zunehmenden Öffnung des integrativen Lernens fand die Vorbereitung des Musicals nicht nur getrennt nach den genannten Fächern statt. Vielmehr wurden dargelegte Aufgaben vor allem in arbeitsteiligen Kleingruppen erledigt, d. h. während einige Schüler/innen Steine für den Pyramidenbau im Gruppenraum entwarfen und andere den Kampf der Gladiatoren im Klassenzimmer einstudierten, feilten die Schauspieler der griechischen Götter in der Aula an ihrem Auftritt. Besondere Bedeutung kam folglich den ritualisierten Fixpunkten zu Beginn oder am Ende des Unterrichts zu, um das gemeinsame Tun zu koordinieren sowie stetig Zwischenbilanzen im Sinne einer "Metainteraktion" (ebd., 131) zu vollziehen.

d. Abschluss des projektorientierten Unterrichts

Montag, 25. Mai 2009, und Dienstag, 26. Mai 2009 – die großen Tage der Aufführung des Musicals "Eine verrückte Reise". Nach einer intensiven Probenwoche vom 18. bis 22. Mai 2009 präsentierten die Schüler/innen in der Aula der Geschwister-Scholl-Realschule in Nürnberg ihre musikalische Zeitreise. Ein begeistertes Publikum würdigte mit Standing Ovation in einem restlos ausverkauften Saal die Leistungen der Akteure.

Eine gemeinsame Reflexion der neunmonatigen Arbeit bildete den Abschluss, wobei Planung und Durchführung des projektorientierten Unterrichts mit Fotos und Film resümiert wurden. Vor allem auch für den informellen Austausch über individuelle Erfahrungen und Bewertungen bedurfte es dabei ausreichenden Raumes. In einer Ausstellung mit Plakaten und Materialien, wie dem Drehbuch, einzelnen Kostümen sowie Requisiten und Kulissen, boten die Schüler/innen die Entwicklung des Musicals auf dem Sommerfest der Geschwister-Scholl-Realschule noch einmal der Öffentlichkeit dar.

Drehbuch

Das Drehbuch des Musicals beinhaltete die Vorgaben zum Geschichtsunterricht der sechsten Jahrgangsstufe für Realschulen in Bayern. Auf besonderen Wunsch der Schüler/innen wurde darüber hinaus in Anlehnung an einen gemeinsam gelesenen Kinder- und Jugendroman das mittelalterliche Nürnberg als weiteres Ziel in die Zeitreise aufgenommen.

a. Inhalt des Musicals "Eine verrückte Reise"

Eine interessante, innovative Form des Unterrichts soll erprobt werden, "Der interaktive Geschichtsunterricht". Die Schüler sitzen nicht nur brav auf ihren Plätzen und stecken ihre Nasen in verstaubte Geschichtsbücher. Nein! Der Computer nimmt sie mit in eine andere Welt. Die Schüler Carmen und Markus entdecken bei ihrer Recherche im Internet den Link "Lernen mit Felix". Felix lädt die beiden auf eine Reise durch die Zeit ein – "eine verrückte Reise von der Steinzeit bis ins Mittelalter. Ungläubig lassen sich Carmen und Markus auf dieses Abenteuer ein:

"Felix fliegt tatsächlich in die Steinzeit und entdeckt dort wunderschöne Höhlenmalereien. Am Lagerfeuer trifft er auf eine Familie, zu der die Jäger erschöpft von einer gefährlichen Mammutjagd zurückkommen. In Ägypten beobachtet Felix viele Sklaven beim Bau der Pyramiden, die von einem bösen Aufseher gequält werden. Im Königspalast begrüßt ihn Nofretete und lädt ihn ein, der Aufführung eines Tanzes beizuwohnen. Oh, nein, Felix hat Probleme mit seiner Zeitmaschine und landet auf Griechenlands höchstem Berg, dem Olymp. Er wird Zeuge eines heftigen Streits des Gottes Zeus mit seiner Frau Hera, über den auch die anderen olympischen Götter nicht erfreut sind. Felix kann dem wundschönen Gesang der Sirenen gerade noch rechtzeitig entfliehen und reist weiter nach Rom. Auf dem Forum Romanum trifft er reiche Patrizierinnen, die ihn durch die Stadt führen. Im Kolosseum jubeln sie gemeinsam dem Kaiser zu und verfolgen spannende Gladiatorenkämpfe. Im mittelalterlichen Nürnberg lernt Felix Oskar, einen Freund Albrecht Dürers, kennen. Gemeinsam spazieren sie über den Wochenmarkt – ein buntes Treiben mit Marktfrauen, Mönchen, Wirtsherrn, einem Burgfräulein und seinem Ritter, einem Nachtwächter" (Zusammenfassung des Inhalts aus dem Programmheft der Aufführungen).

b. Erarbeitung der Inhalte für das Drehbuch

Grundlage für die Erarbeitung der geschichtlichen Inhalte und die Entwicklung des Drehbuchs bildete die Konkretisierung der noch unspezifischen, differenten Zeitbegriffe der Schüler/innen. Zeitbewusstsein umfasst das Zeiterleben als emotionale, die Zeitperspektive als kognitive sowie den Umgang mit zeitlichen Strukturen als aktionale Ebene. Während das Zeiterleben durch das subjektive Empfinden von Zeit und das Reflektieren darüber charakterisiert ist, meint Zeitperspektive das Bezogensein des Individuums auf die Dimensionen Vergangenheit, Gegenwart und Zukunft, wobei sich diese Faktoren des Zeitbewusstseins gegenseitig beeinflussen und somit nicht unabhängig voneinander zu sehen sind (vgl. FREERICKS 1996, 20ff.). Eine umfassende Förderung eines historischen Bewusstseins impliziert demnach, Vergangenes durch Vergegenwärtigung in die Anschauung und den Verstehenshorizont der Schüler/innen zu rücken sowie durch eine Gegenüberstellung mit eigenen Lebensvollzügen im Hinblick auf die subjektive Bedeutsamkeit zu beleuchten. Ein personengebundener, erlebnis- und handlungsorientierter Zugang erleichtert den Schüler/innen dabei die Erschließung der geschichtlichen Aspekte (vgl. MARAS et. al. 2003, 276, und GLÖCKEL 1973, 178 ff.):

Ausgehend von der Rekonstruktion der individuellen Lebens- und Familiengeschichte mit persönlichen Fotos wurde dementsprechend eine erste Vorstellung der Dimensionen der Zeitperspektive angebahnt. In einem weiteren Schritt entwarfen die Schüler/innen in Gruppen fantasievoll verschiedene Zeitmaschinen, die fortan einen Bogen zur Vergangenheit spannten. Die gemeinsame Reise mit einer dieser Maschinen in eine ausgewählte Epoche bildete den rituellen Einstieg und setzte imaginär eine Zäsur im Zeiterleben zwischen Gegenwärtigem und Vergangenem. Im Rahmen einer Abstimmung wurde der Entwurf einer Zeitmaschine für den Zeitreisenden Felix in dem Musical ausgewählt, wobei die Zeichnung der Gruppe als Bauplan für die Herstellung diente. Durch die Identifikation mit dem Protagonisten Felix konnten die historischen Orte aus der Sicht eines gleichaltrigen Jungen kennengelernt werden.

Motiviert und aus eigener Initiative sammelten die Schüler/innen in Büchern der Schul- und Stadtbibliothek, im Geschichtsbuch der Realschule, in Filmen und Dokumentationen sowie durch Recherche im Internet Informationen für das Musical. Vor allem der Werkstattunterricht bot Raum für entdeckendes Lernen, indem Schüler/innen beispielsweise mit Steinen, Hölzern und getrocknetem Gras eine urzeitliche Feuerstelle bauten, ein selbst gebackenes Fladenbrot kosteten oder Schmuck aus Naturmaterialien herstellten. Besondere Bedeutung bei den Stationen lag darauf, die Aufgabenstellungen durch die Berücksichtigung der Lernniveaustufen (enaktiv, ikonisch und symbolisch) zu differenzieren sowie die verschiedenen Schwierigkeitsgrade mit Bildern oder Farben entsprechend zu kennzeichnen.

Die Schüler/innen notierten in Gruppen Ideen zu Handlungssträngen und Dialogen für das Musical "Eine verrückte Reise". In Anlehnung an die eingebrachten Vorschläge verfassten die Klassenleitungen das Drehbuch. Um den individuellen Interessen, Kompetenzen und Persönlichkeitsstrukturen der Schüler/innen in einer äußerst heterogenen Gruppe gerecht zu werden, bedurfte es eines großen Repertoires an unterschiedlichen Rollen und Aufgaben in der musikalischen Zeitreise, weshalb sich die Gestaltung der einzelnen Rollen an folgenden Aspekten orientierte:

- typische Charaktereigenschaften (zurückhaltend, lebhaft, aufgeweckt, fröhlich etc.),
- persönliche Ausdrucksmöglichkeiten in den Bereichen Mimik und Gestik,
- sprachliche Kompetenzen (Wortschatz, Wortwahl, Länge der Sprechtexte),
- kognitive Kompetenzen (Länge der Sprechtexte und Anzahl der Rollen),
- selbstsicheres Auftreten auf der Bühne.

So verkörperte ein sehr selbstbewusster Schüler mit lauter und deutlicher Stimme den Schuldirektor und später den Sklavenaufseher in Ägypten. Ein meist burschikos gekleidetes Mädchen, das häufig den Wunsch äußerte, eine Prinzessin mit wunderschönen Kleidern zu spielen, stellte das Burgfräulein im mittelalterlichen Nürnberg dar. Aufgrund ihrer erheblichen Schwierigkeiten im Bereich der aktiven und passiven Sprache beinhaltete die Rolle keinen Textanteil und wurde zusammen mit einem Partner, einem Ritter, entworfen. Ein Junge mit einer besonderen Vorliebe für Essen und Trinken machte es sich hingegen am Olymp als Dionysos, als Gott des Weines, gemütlich.

Die Konzeption des Drehbuchs ist grundsätzlich als dynamischer Prozess zu verstehen, da es im Rahmen der gemeinsamen Proben stetige Veränderungen erfuhr und Anregungen der Schüler/innen unmittelbar eingearbeitet wurden.

"Szenisches Spiel ist Handeln in vorgestellten Situationen" (SCHELLER 1998, 26). Sich in eine Rolle einzufinden, diese auch ausdrucksstark mit überzeugender Präsenz auf der Bühne darzubieten und damit die Differenz zwischen Spieler und Rolle, zwischen eigener und fremder Leiblichkeit in diesen vorgestellten Situationen zu überwinden, stellt eine besondere Herausforderung für Kinder und Jugendliche dar. Das Szenische Spiel wirkt dabei "emanzipatorisch", denn es fördert "den Menschen, der spielt, in seinem Erleben, in der kreativen Auseinandersetzung mit seinem Körper, seiner Stimme, seiner Sprache, seinen Gefühlen und seiner Sensibilität" (RELLSTAB 2000, 31).

Dementsprechend schulten Übungen zum Gleichgewicht, zur Körperbeherrschung, zur Imitation von Bewegungen, zum Laufen und Gehen in unterschiedlichster Art und Weise die Wahrnehmung und das Bewusstsein der Schüler/innen von ihrem eigenen Körper. So konnten z. B. nicht nur der gebückte, gequälte Gang der Sklaven beim Pyramidenbau, sondern auch das würdevolle Schreiten von Nofretete im Palast oder das fröhliche Tanzen der olympischen Götter wirkungsvoll dargeboten werden. Eine deutliche und langsame Sprache mit Lautstärkenmodulation wurde darüber hinaus in enger Abstimmung mit der Atem- und Stimmbildung im Rahmen der musikalischen Gestaltung des Stückes trainiert. Vor allem der sachgerechte Einsatz von Mikrofonen musste in diesem Zusammenhang umfassend erprobt werden. Eine Förderung des emotionalen Ausdrucks, d. h. die Wahrnehmung und Darstellung von Stimmungsbildern mit entsprechender Mimik, Gestik und Körperhaltung, vervollständigte die theaterpädagogische Arbeit.

Die unterrichtlichen Einheiten zur Vorbereitung des Musicals wurden nach folgendem "Dreischritt" (TRÄGLER-KORZIN et. al., 3) strukturiert: Durch Spiele und Übungen stimmten sich die Schüler/innen in einer Phase des "Warming Up" (ebd.) körperlich und mental auf das Szenische Spiel ein. In der anschließenden Probenarbeit studierten sie die Szenen der Zeitreise ein, wobei vor allem das gemeinsame Agieren auf der Bühne eine Vielzahl an solidarischen Lernsituationen (vgl. WOCKEN 1998, 41ff.) eröffnete. Im Rahmen der rituellen Fixpunkte am Ende des Unterrichts fanden die Probenphasen ihren Ausklang, indem die Schüler/innen das Szenische Spiel reflektierten und somit den "Unterschied zwischen imaginierter Theaterwelt [...] und der realen Lebenswelt" (TRÄGLER-KORZIN et. al. 2007, 3) betonten. Ein Ausblick auf das weitere Vorgehen rundete die theaterpädagogische Arbeit des jeweiligen Tages ab.

MUSIK
Schwerpunkte der musikalischen Gestaltung lagen sowohl auf dem Vortragen von Liedern als auch auf dem Präsentieren verschiedener rhythmischer Komponenten. Das Repertoire der Schauspieler im Musical reichte dabei von archaischen Trommelrhythmen, die unter anderem mit Naturmaterialien der Steinzeit gespielt wurden, über einen Solo- und Chorgesang der Sirenen aus der antiken Mythenwelt, einem Rap-Duo der Gladiatoren im Kolosseum in Rom bis hin zu dem fetzigen Wochenmarkt-Rock-and-Roll im mittelalterlichen Nürnberg.
Gehör- und Stimmbildung sowie Rhythmusschule bildeten die musiktheoretischen Grundlagen für die Erarbeitung der ausgewählten Stücke. Neben einer Förderung der akustischen Wahrnehmung wurde mittels Lockerungs-, Atem-, Resonanz- und Sprechübungen eine ausreichende Stimmbildung und -pflege forciert. Eine angemessene Körperhaltung galt es dabei stets zu beachten. Auch rhythmisches Sprechen, unterstützt durch körpereigene Instrumente, war wesentlicher Bestandteil der Vorbereitung für das gemeinsame Musizieren. Die Schüler/innen schulten folglich nicht nur das aktive Hören, sondern trainierten auch den richtigen Einsatz der Stimme und bildeten ihr rhythmisches Empfinden weiter aus. Durch das Aufeinanderhören,

Miteinandersingen und -musizieren wurde dabei wesentlich die Kooperation der Schüler/innen gefördert.

a. Einstudieren der Lieder

In Anlehnung an das Drehbuch wurden Lieder berühmter Interpreten mit neuen Texten versehen. Die Schüler/innen erschlossen sich die Liedtexte durch rhythmisches Nachsprechen sowie durch Bilder zu den einzelnen Versen. Sie verknüpften schrittweise Text und Melodie und entwickelten tänzerische Elemente zur Gestaltung der Stücke. Einige Lieder wurden auch solistisch einstudiert. Bei der Aufführung erhielten die Schüler/innen darüber hinaus Unterstützung durch den Unterstufenchor der Geschwister-Scholl-Realschule.

b. Einüben von Trommelrhythmen und Sprechversen

Auf der Basis von vier in ihrem Schwierigkeitsgrad differenten Grundrhythmen wurden Percussion-Einlagen und Sprechgesänge für die musikalische Zeitreise erarbeitet. In Anlehnung an den natürlichen Rhythmus der Sprache trugen die Schüler/innen zunächst Silben, Wörter und Verse, verbunden mit einprägsamen Bewegungen, rhythmisch vor. Beim Klopfen, Klatschen, Schnipsen, Trommeln, etc. diente der eigene Körper als Klangmittel. Die eingeübten Grundrhythmen wurden schrittweise miteinander kombiniert, wobei dieselben Patterns in Instrumentalbesetzungen gespielt wurden oder mit Texten versehen als Sprechrhythmen fungierten.

Parallel zur Entwicklung des Drehbuchs wurde das Bühnenbild für das Musical "Eine verrückte Reise" entworfen. Die Schüler/innen sammelten Ideen zu dessen Gestaltung, die dann gemeinsam im Klassenverband diskutiert und zumeist in Kleingruppen angefertigt wurden. Aus einfachsten Materialien konnten somit effektvolle Requisiten hergestellt werden:

Auf Paketpapier ordneten die Schüler/innen typische Höhlenmalereien an, indem sie Jagdszenen der Urzeit abbildeten. Für Ägypten projizierten sie die Maske des Tutanchamun auf Holzschablonen und bemalten diese nach Vorlage, wobei sie den besonderen Kopfschmuck des Pharaos mit intensiven Acrylfarben hervorhoben. Pyramiden wurden großflächig ebenfalls auf Paketpapier skizziert und mit Pastellkreiden eingefärbt. Mit Pappmaschee formten die Schüler/innen aus Umzugskarton oder Maschendraht Pyramidensteine, arbeiteten Strukturen mit Spachtelmasse heraus und betupften sie mit Schwämmen in verschiedenen Grau- und Brauntönen. Auf eine Papierrolle wurden Hieroglyphen gezeichnet und mit Kreide schraffiert. Für den Olymp schnitten die Schüler/innen aus Styropor Wolken aus und bemalten diese. Die dargestellten Götter erhielten einen für sie charakteristischen Gegenstand, z. B. einen Blitz, Liebespfeile oder ein Netz mit Muscheln. Maschendraht bildete auch das Grundgerüst für die Schilder der Gladiatoren, die mit Kleister und Zeitung überzogen, farbig gestaltet sowie mit einem Griff aus Alufolie verziert wurden. Während in Rom Fotos die Schauplätze der Stadtführung veranschaulichten, schmückten alte Holzregale die mittelalterliche Apotheke sowie ein Tisch mit Früchten und Gemüse den Wochenmarkt.

Nach diesem kurzen Überblick über benötigte Requisiten und Kulissen wird exemplarisch an der künstlerischen Gestaltung der Höhlenmalerei die Entwicklung des Bühnenbildes einer Epoche näher erläutert:
Im Rahmen einer zunächst freien Bildbetrachtung der "Grotte von Lascaux" in Frankreich sammelten die Schüler/innen erste Eindrücke zur "Kunst der Jagdkultur" (SEILNACHT 2008, 1) in der Frühgeschichte der Menschheit. Mit Hilfe gezielter Beobachtungsaufträge analysierten sie die Farb- und Formgebung der Darstellungen von Tieren, Menschen und Symbolen. Die Zeichnungen aus Strichen und Punkten wurden mit Techniken des Versprühens, Schablonierens oder Verwischens mit Erdfarben und Kohlen entworfen (vgl. ebd., 1ff.) Nachdem die Schüler/innen in einer intensiven Explorationsphase mit diesen Arbeitsweisen experimentiert hatten, gestalteten sie Tierschablonen, deren Rand sie mit Kreide einfärbten und mit Fingern die Rot-, Gelb- und Brauntöne auf Paketpapier verwischten. Um individuelle Kompetenzen in den Bereichen Zeichnen und Malen zu berücksichtigen, wurden einigen Schüler/innen vorgefertigte Schablonen angeboten. Als weitere Maßnahme der Differenzierung diente eine bildhafte Darstellung der Arbeitsschritte als Orientierungshilfe bei der Anfertigung der Höhlenmalereien, wobei durch das gemeinsame Vorgehen in Partnerarbeit zudem gegenseitige Beratung und Unterstützung gewährleistet wurde.

KOSTÜME

Die Kostüme für die musikalische Zeitreise wurden anhand von recherchiertem Bildmaterial entworfen und in Zusammenarbeit mit der Erzieherin der Tagesstätte der Lebenshilfe genäht. Ob himmlische Göttergewänder oder edle Patrizierinnenkleider − unzählige alte Bettwäscheteile, Fleecedecken oder auch Felle fanden dafür Verwendung. Ausführlich stöberten die Schüler/innen auch im Faschingszubehör und liehen sich in einem Theaterfundus ausgewählte Kostüme aus.

Mit Einladungen, Flyern und Plakaten warben die Schüler/innen für die Aufführungen ihrer musikalischen Zeitreise. Neben der Herstellung von Eintrittskarten und der Gestaltung eines Programmheftes für die Zuschauer galt es aber auch, die Aula für die Darbietungen des Musicals vorzubereiten. Bühne, Ton- und Lichttechnik mussten aufgebaut und die Aula bestuhlt werden. Für den Verkauf von Getränken und Brezen in der Pause konnte die SMV der Geschwister-Scholl-Realschule gewonnen werden.

Um einen reibungslosen Ablauf der Aufführungen zu gewährleisten, bedurfte es einer genauen Abstimmung von Bühnen-, Ton- und Lichttechnik, die in Generalproben mit allen Mitwirkenden eingeübt wurde. Zahlreiche Helfer aus dem Kollegium und anderen Klassen unterstützten die Schauspieler bei Kostümen und Maske, dem Umbau des Bühnenbildes, der Übergabe der Mikrofone sowie bei der Beleuchtung und am Mischpult, sodass sich die Schüler/innen ausschließlich auf ihre Auftritte konzentrieren konnten. Ausführliche Pläne von der Bühne sowie der Abfolge der Szenen mit exakten Anweisungen für die Akteure und alle Assistenten koordinierten die Vielzahl an Aufgaben.

III. RESÜMEE

"Wussten Sie schon, dass ...

- die Klasse 6a in diesem Schuljahr mehr als 300 Unterrichtsstunden das Musical plante und einstudierte, von den vielen Gesangsproben auf dem Heimweg von der Schule oder unter der Dusche abgesehen?
- für die Requisiten 40 Pinsel, zwölf Flaschen Farben, zwei Rollen Maschendraht, acht Rollen Paketpapier, 15 kg Spachtelmasse und mehr als 150 Zeitungen verwendet wurden?
- ein Klassenzimmer nicht ausreichte, um alle Requisiten, Kulissen und Kostüme aufzubewahren?
- 90 qm Stoff für den Bühnenvorhang benötigt wurden?
- mehr als 200 m Kabel bei der Ton- und Lichttechnik zum Einsatz kamen?
- für das Musical sogar die Füße der Bühne der Geschwister-Scholl-Realschule abgesägt wurden, damit die Bühne die passende Höhe hat?
- die Klasse fast 1000 Flyer kopierte, faltete und verteilte?"

Mit diesen Fragen im Programmheft zu den beiden Aufführungen des Musicals erhielten die Zuschauer einen kleinen Einblick hinter die Kulissen. Die Schüler/innen blickten auf ein ereignisreiches Schuljahr zurück, in dem nicht nur das historische (Zeit-)Bewusstsein wesentlich gefördert wurde, sondern sich auch deutliche Entwicklungen in den Bereichen Identität, Persönlichkeit und soziale Beziehungen abzeichneten. Einerseits konnten sie in dem projektorientierten Unterricht individuelle Sprach- und Handlungskompetenzen ausbauen, andererseits wurden die Leistungen jedes Subjekts gewürdigt und als für die Gemeinschaft bedeutend erachtet. Vor allem die Zielorientierung auf das Produkt, die Aufführungen des Musicals, wirkte in der gesamten Erarbeitung sehr motivierend. Die Möglichkeiten selbstbestimmten und selbstständigen Lernens führten zu einer großen Eigeninitiative der Schüler/innen, sodass der projektorientierte Unterricht nahezu auf das gesamte Schuljahr ausgedehnt wurde. Dabei wurde stets eine hohe Flexibilität von allen Mitwirkenden gefordert, sich auf die jeweils aktuellen Anforderungen einzulassen.

HENTIG bezeichnet Theater als eines der "machtvollsten Bildungsmittel [...], ein Mittel, die eigene Person zu überschreiten, ein Mittel der Erkundung von Menschen und Schicksalen und ein Mittel der Gestaltung der so gewonnenen Einsicht." (1999, 117). Durch das Musical konnten sich die Schüler/innen mit und ohne geistige Behinderung komplexe, historische Inhalte erschließen, wobei der erlebnisorientierte Zugang zu einer Verknüpfung von Handeln und Verstehen führte. Dabei ging es nicht nur um eine Akkumulation von Wissen, sondern auch um ein Lernen über sich selbst, über und von anderen, wodurch neben materiellen wesentlich formale Bildungsinhalte den Entstehungsprozess des Musicals prägten.

Das gemeinsame Lernen und Arbeiten erforderte eine intensive (innere) Differenzierung im Unterrichtsgeschehen und somit auch ein großes Repertoire an verschiedenen Methoden und Materialien. Dabei galt es stets ein ausgewogenes Maß an Individualisierung und Kooperation zu berücksichtigen, um die Qualität des unterrichtlichen Vorgehens sicherzustellen. Gerade bei der Vorbereitung und Aufführung des Musicals im Rahmen des projektorientierten Unterrichts ließ sich in vielen Momenten eine entwicklungslogische Didaktik realisieren, wenn die Schüler/innen "in Kooperation miteinander auf ihrem jeweiligen Entwicklungsniveau und mittels ihrer momentanen Denk- und Handlungskompetenzen an und mit einem gemeinsamen Gegenstand" (FEUSER 1999, 217) lernten und arbeiteten. Basis dafür bildete ein subjektorientiertes Vorgehen, das die Subjektivität im Handeln, Denken und Erkennen eines jeden Individuums zum Ausgangspunkt machte und sich dementsprechend nicht nur am Schüler orientierte, sondern in dem Schüler und Lehrer als Subjekte den Unterricht gemeinsam produzierten. Laut WOCKEN stellt die integrative Unterrichtung von Schüler/innen mit und ohne Behinderung "ohne jegliche Ausnahme [...] die anspruchsvollste Aufgabe, die Schulpädagogik und Unterrichtsdidaktik in ihrer Geschichte jemals zu leisten herausgefordert waren" (2009, 22f.), dar – eine Herausforderung, der wir uns somit zu stellen versuchten.

Die Planung, Vorbereitung und Durchführung des projektorientierten Unterrichts zeigte sich als äußerst zeit- und materialintensiv. Von wesentlicher Bedeutung für ein Gelingen des Musicals war daher eine funktionierende, effektive und intensive Zusammenarbeit des Teams. Da viele Schultern die Arbeit gemeinsam trugen, ließ sich ein derartiges Vorhaben realisieren. Sowohl die Teamarbeit als auch das Team-Teaching nahmen die beteiligten Lehrkräfte und Mitarbeiterinnen der Tagesstätte insofern als bereichernd wahr, als sich verschiedene Arbeitsschwerpunkte in der Vorbereitung und Planung des Musicals ergänzten. Dem Prinzip des Kompetenztransfers (vgl. FEUSER 2001, 28) entsprechend mündete die Zusammenarbeit nicht nur in einen Austausch fachlicher Kompetenzen und eine Erweiterung der eigenen Handlungskompetenzen, sondern provozierte zugleich eine kritische Selbstreflexion.

"Weil der Arbeitsprozess im Theater, anders als bei den anderen Künsten, durch eine intensive soziale Kommunikation geprägt ist, wird Theater als die soziale Kunst bezeichnet" (STING 2003, 2): mit- und voneinander lernen und füreinander einstehen. In diesem Sinne meisterten die Schüler/innen die Herausforderung, das Musical gemeinsam zu entwickeln, ihr Handeln durch einen kontinuierlichen Austausch genau aufeinander abzustimmen sowie vor dem großen Publikum zusammen auf der Bühne zu stehen. "Gemeinsam lernen [und Theater spielen, C.L.] ist die Normalität – getrennt die Ausnahme" (SCHÖLER 2007, 6). Diese intensive Kooperation der Schüler/innen im Rahmen der Vorbereitung und Aufführung des Musicals förderte nicht nur eine sensible Wahrnehmung sozialer Prozesse, sondern auch einen Abbau von Vorurteilen als Basis für die Verringerung von Stigmatisierungsprozessen. Dadurch wurden Schüler/innen mit sehr heterogenem Leistungsprofil zu einer realistischen Reflexion eigener Potenziale angeregt. Es zeichnete sich insofern eine Veränderung hinsichtlich des Leistungsgedankens ab, als die Schüler/innen Leistungen nicht mehr nur mit für eine Klasse einheitlich festgelegten Bezugsnormen verglichen, sondern vielmehr auch im Rahmen einer individuellen Entwicklung bewerteten. In diesem gemeinsamen Lebens- und Erfahrungsraum von Menschen mit und ohne Behinderung standen sie somit vor der Aufgabe, gesellschaftlich vermittelte, scheinbar eindeutige Klassifikationen von Menschen in Frage zu stellen. Sie erfuhren im konkreten Alltag, dass normative Kriterien Menschsein und die Komplexität individuellen Lebens nicht erfassen können (vgl. GERSPACH 1999, 222f.), wenn eine Schüler/in mit geistiger Behinderung die Soloeinlage im Bauchtanz und damit die Hauptrolle bei der Aufführung im Palast der Nofretete präsentierte. Kompetenzen und Erschwernisse des Einzelnen wurden differenzierter betrachtet. In einem gleichberechtigten Miteinander brachte sich jeder Einzelne in die Vorbereitungen ein und war damit unersetzlich für das Gelingen des gemeinsamen Vorhabens. Die enge Gemeinschaft der Klassen wurde folglich deutlich gefestigt. "Ziel des gemeinsamen Spielens ist die Aufhebung der Behinderungen und Schranken, die sie als Einzelne und als Gruppe erfahren und das Hinführen zur Gemeinschaft aller. Das Spielen soll im Lebensumfeld einen gesellschaftlichen Integrationsprozess in Gang setzen" (RELLSTAB 2000, 31).

Wir sind auf dem Weg – auf dem Weg zu einer "Schule für alle". Wenn wir Integration nicht nur als Ziel, sondern auch als dynamischen Prozess begreifen, stehen wir somit täglich neu vor der Aufgabe, gemeinsames Leben und Lernen weiterzuentwickeln. Der projektorientierte Unterricht zur Planung, Einstudierung und Aufführung des Musicals "Eine verrückte Reise" sollte einen kleinen Beitrag dazu leisten. Denn "Pädagogik ist auf Idealismus angewiesen, ja, zu Idealismus verpflichtet" (HENTIG 1993, 24).

Literatur

BARSCH, S.: Geschichtsunterricht an der Schule für Geistigbehinderte. In Z.: Zeitschrift für Heilpädagogik (2001) 12, 515-518.

BAYERISCHERS STAATSMINISTERIUM FÜR UNTERRICHT UND KULTUS: Lehrplan mit dem Förderschwerpunkt geistige Entwicklung. München 2003.

FEUSER, G.: Prinzipien einer inklusiven Pädagogik. In Z.: Behinderte (2001) 2, 25-29.

FEUSER, G.: Aspekte einer integrativen Didaktik unter Berücksichtigung tätigkeitstheoretischer und entwicklungslogischer Erkenntnisse. In: EBERWEIN, H. (Hrsg.): Integrationspädagogik. Weinheim, Basel 19995, 215-226.

FEYERER, E.; PRAMMER, W.: Gemeinsamer Unterricht in der Sekundarstufe I. Anregungen für eine integrative Praxis. Weinheim, Basel, Berlin 2003.

FREERICKS, R.: Zeitkompetenz. Hohengehren 1996.

FREY, K.: Die Projektmethode. Der Weg zum bildenden Tun. Weinheim 200510.

GERSPACH, M.: Das Eigene und das Fremde. Gedanken zur Integration und zum Recht auf Verschiedenheit. In Z.: Geistige Behinderung 38 (1999) 3, 228-237.

GLÖCKEL, H.: Geschichtsunterricht. Bad Heilbrunn 1973.

GUDJONS, H.: Handlungsorientiert lehren und lernen. Schüleraktivierung " Selbsttätigkeit " Projektarbeit. Bad Heilbrunn 19975.

HENTIG, H.: Die Schule neu denken. München, Wien 1993.

HENTIG, H.: Bildung. Weinheim, Basel 1999.

KOCH, J: Projektwoche konkreter. Lichtenau 19905.

KRON, F. W.: Grundwissen Didaktik. München, Basel 19942.

MARKOWETZ, R.: Integration von Menschen mit Behinderungen. In: CLOERKES, G.: Soziologie der Behinderten. Eine Einführung. Heidelberg 20012.

MARAS, R.; AMETSBICHLER, J.; ECKERT-KALTHOFF, B.: Handbuch für die Unterrichtsgestaltung. Donauwörth 2003.

MUTH, J.: Pädagogischer Takt – Monographie einer aktuellen Form erzieherischen Handelns. Heidelbterg 1992.

PRENGEL, A.: Pädagogik der Vielfalt. Verschiedenheit und Gleichberechtigung in Interkultureller, Feministischer und Integrativer Pädagogik. Opladen 1993.

RELLSTAB, F.: Handbuch Theaterspielen. Bd.4: Theaterpädagogik. Wädenswil 2000.

REUTER, U.: Die Jakob-Muth-Schule Nürnberg auf dem Weg zu einer "Schule für Alle". Zielsetzungen und Erfahrungen einer integrativen Schulentwicklung. In Z.: Lernen konkret 29 (2010) 1, 24-28.

SEILNACHT, T.: Höhlenmalerei. o.O. o.J. Online: www.seilnacht.com/Lexikon/Hoehlen.htm (Download: 2008-11-07, 22.15)

SCHELLER, I.: Szenisches Spiel. Handbuch für die pädagogische Praxis. Berlin 1998.

SCHÖLER, J.: Durch Kooperation zur Integration. Die Lebenshilfe Nürnberg auf dem Weg – Zusammenfassung der Erfahrungen von vier Jahren Außenklassen der Lebenshilfe an einer Grundschule. Berlin 2007. Online: http://www.lebenshilfe-nuernberg.de/temp/Schlussbericht-2007.pdf

SCHULTE-PESCHEL, D., TÖDTER, R.: Einladung zum Lernen. Dortmund 1996.

STING, W.: Differenz zeigen. Interkulturelle Theaterarbeit als ästhetisches Lernen. Hamburg 2003. Online://www.hamburger-bildungsserver.de/faecher/dsp/didaktik/sting_2003.pdf (Download: 2009-01-15, 21.45)

TRÄGLER-KORZIN, M.; REUTER, U.: Spiel-Szene → Szenisches Spiel – Theater-Pädagogik → Theaterpädagogik. Szenisches Spiel mit geistig behinderten Menschen. In Z.: Lernen konkret 26 (2007) 1, 2-4.

WOCKEN, H.: Gemeinsame Lernsituationen. Eine Skizze zur Theorie des gemeinsamen Unterrichts. In: HILDESCHMIDT, A., SCHNELL, I. (Hrsg.): Integrationspädagogik. Auf dem Weg zu einer Schule für alle. Weinheim, München 1998, 37-52.

WOCKEN, H.: Inklusion & Integration. Ein Versuch, die Integration vor der Abwertung und die Inklusion vor Träumereien zu bewahren. Frankfurt 1999. Online://www.hans-wocken.de/ (Download: 2010-03-02, 18.30)

Eine Schule für Alle. *Vielfalt leben!*

Eine Schule für Alle. *Vielfalt leben!*

Eine Schule für Alle. *Vielfalt leben!*

Eine Schule für Alle. *Vielfalt leben!*

Eine Schule für Alle. *Vielfalt leben!*

Eine Schule für Alle. *Vielfalt leben!*

Eine Schule für Alle. *Vielfalt leben!*

Eine Schule für Alle. *Vielfalt leben!*

Eine Schule für Alle. *Vielfalt leben!*

Eine Schule für Alle. *Vielfalt leben!*

Eine Schule für Alle. *Vielfalt leben!*

Eine Schule für Alle. *Vielfalt leben!*

Eine Schule für Alle. *Vielfalt leben!*

Eine Schule für Alle. *Vielfalt leben!*

Wie geht das Denn im Schulalltag?

Renate Plachetka

Beispiele aus der Unterrichtspraxis im Gemeinsamen Unterricht an der Integrativen Gesamtschule Bonn-Beuel (Schwerpunkte Deutsch, Gesellschaftslehre und Englisch)

Der Mensch ist ein "Gewohnheitstier". Alles Neue erscheint ihm oftmals suspekt, selbst wenn er über das Vorhandene "meckert", er also damit unzufrieden ist. In der heutigen Zeit, in der an die Menschen im Hinblick auf ihre ständige Flexibilität hohe Ansprüche gestellt werden, in der vielen Menschen nichts mehr als verlässlich erscheint, sehnen sie sich danach, es möge nicht noch mehr Veränderungen geben. Dies gilt auch für Eltern und Kinder, sie fühlen sich ständig mit Neuerungen im (ich würde einmal sagen) "Erziehungswesen" konfrontiert, denen sie oft skeptisch gegenüberstehen.

Dies zeigt sich in den augenblicklich in Hamburg stattfindenden Auseinandersetzungen um die sechsjährige Grundschule, aber auch in der Entstehung der vielen neuen privaten, oft sehr exklusiven Einrichtungen für Kinder sowie an einer blühenden Nachhilfeindustrie. Dies alles weist auf große Unzufriedenheit, auf große Verunsicherung mit und durch das öffentliche Erziehungswesen hin.

In einer auseinanderdriftenden Gesellschaft haben sich nun hier in Köln Menschen unter dem Motto "Eine Schule für alle. Vielfalt leben!" versammelt. Ich persönlich hoffe, dass von hier und den vielen anderen Aktionen im Land ein positives Signal nach draußen dringt, um Politik und Öffentlichkeit von den Vorzügen des gemeinsamen Lernens und Lebens in der Schule zu überzeugen, damit die pädagogischen und rechtlichen Voraussetzungen geschaffen werden, damit "Eine Schule für alle! Vielfalt leben!" ermöglicht wird.

In der IGS Bonn-Beuel wird seit 25 Jahren erfolgreich Gemeinsamer Unterrichts praktiziert. Zufriedenheit bei den Eltern und ihren Kindern entsteht durch das reale und alltägliche Schulerleben, dies gilt sowohl für den Leistungsbereich als auch für das soziale Lernen. Zunächst wurde eine so genannte I-Klasse pro Jahrgang gebildet, seit 13 Jahren gibt es pro Jahrgang zwei I-Klassen.

Diese werden sechs Jahre, also die gesamte Sekundarstufe I, von zwei bis drei Tutoren begleitet, möglichst einer Frau und einem Mann, davon hat eine/r auf jeden Fall eine sonderpädagogische Ausbildung. Der Gemeinsame Unterricht wird größtenteils in Doppelbesetzung erteilt.

Die Klassen setzen sich aus 20 Schülerinnen und Schülern ohne Förderbedarf und fünf bis sechs Schülerinnen und Schülern mit unterschiedlichem Förderbedarf zusammen.

In der Öffentlichkeit wird immer wieder die Frage gestellt, ob und wie es denn möglich ist, solche heterogenen Gruppen zu unterrichten? Hier gilt es aufzuklären, zu erklären, wie dies im Schulalltag "funktioniert".

Eltern, Kinder, ehemalige Schülerinnen und Schüler, Lehrerinnen und Lehrer sind die eigentlichen Ansprechpartner, die sagen können, ob und wie es gelingt, den Kindern in all ihrer Vielfalt gerecht zu werden, sie individuell zu fördern und gemeinsames Lernen zu ermöglichen, wie im täglichen Miteinander die "Vielfalt" zur Selbstverständlichkeit wird.

Persönlich kann ich auf 20 Jahre Erfahrung im Gemeinsamen Unterricht zurückblicken und ich kann heute sagen, es waren die besten der 43 Jahre, die ich im Schuldienst verbrachte. Durch meine Erfahrung als Tutorin und Fachlehrerin von mehreren "I-Klassen" (immer gemeinsam mit derselben Sonderschullehrerin) und auch als Abteilungsleiterin für den 7. und 8. Jahrgang ist in mir die Überzeugung gewachsen, dass es nicht nur möglich, sondern auch wünschenswert wäre, wenn Kinder die Chance hätten, gemeinsam eine Schule für alle zu besuchen (allerdings unter Schaffung der dafür notwendigen Vorrausetzungen).

Überlegungen zum Unterricht und Unterrichtsbeispiele
Ich möchte einige Unterrichtsbeispiele aus den Fächern Deutsch, Gesellschaftslehre und Englisch vorstellen, in denen Schülerinnen und Schüler ihre Fähigkeiten und Kompetenzen erweitern können, in denen individuelles Arbeiten und gemeinsames Handeln sich in einem ausgewogenen Verhältnis ergänzen.

Schülerinnen und Schüler sollten in ihrem schulischen Arbeiten einen Sinn sehen. Je jünger sie sind, umso konkreter sollte sich der Sinn ihres schulischen Arbeitens zeigen. Damit meine ich, sie sollten nicht nur für den "Papierkorb" arbeiten. Es sollte viele Anlässe geben, in denen sie die Sinnhaftigkeit ihres Tuns erleben und in denen ihnen und ihrer Arbeit Wertschätzung entgegengebracht wird.

5./6. JAHRGANG: DEUTSCH

Übt man also im 5. Jahrgang Briefe (für entfernt lebende Großeltern immer noch sinnvoll) zu verfassen oder E-Mails zu schreiben, so darf das, meiner Meinung nach, nicht nur im Schulheft passieren. Also besser: Kinder bringen Briefpapier mit und schreiben "echte" Briefe oder E-Mails mit schön gestalteten Anhängen für eine/n reale/n Freundin oder Freund. Hier bringt sich jedes Kind entsprechend seiner Fähigkeiten ein, einige benötigen Hilfe, andere arbeiten selbstständig. Ein Kind z.B., das nicht (oder noch nicht) selbstständig schreiben kann, erzählt, was es schreiben möchte, sein Text wird aufgeschrieben, es kann ihn danach als Lückentext ergänzen, ihn "schön" abschreiben oder auch nur die Anrede und Grußformel ergänzen. Das Kind wird immer da abgeholt, wo es gerade steht, seine Fähigkeiten werden dabei langsam erweitert. Andere schreiben einen ausführlichen Bericht, alle sind aber motiviert. Dies ist nur ein kleines, ohne großen Aufwand zu verwirklichendes Unterrichtsbeispiel.

Im 6. Jahrgang stehen "Märchen, Sagen und/oder Fabeln" in unserem schuleigenen Curriculum. Am Beispiel der Fabeln möchte ich Ihnen zeigen, welche Möglichkeiten sich für den Unterricht mit einer sehr heterogenen Schülerschaft ergeben. In meiner Klasse war ein Junge mit Down-Syndrom (sehr freundlich, neugierig und lernbegierig), zwei sehr unterschiedliche Mädchen mit dem Förderschwerpunkt Lernen, eine fröhlich, motiviert, die andere still, verschüchtert, ohne Selbstwertgefühl, weiterhin ein Mädchen (indischer Herkunft, adoptiert) mit einer fortschreitenden Schwerhörigkeit, ein Junge und ein Mädchen hatten den Förderschwerpunkt Sprache, die übrigen 20 Schülerinnen entsprachen der üblichen Klassenzusammensetzung unserer Schule (drei Schülerinnen mit "Hauptschulempfehlung durch die Grundschule", die übrigen Schülerinnen und Schüler teilten sich zur Hälfte in mittlere und äußerst leistungsstarke Schülerinnen und Schüler auf).

Zunächst lernten die Schülerinnen und Schüler etliche Fabeln kennen (einige kannten bereits Fabeln aus dem Grundschulunterricht), Aufbau, Sprache und Inhalt wurden untersucht. Einige Kinder übten individuell lesen und erarbeiteten die Aussage einer Fabel mit Hilfe einer Lehrerin. Alle Schülerinnen und Schüler sammelten in kleinen Teams Adjektive, die Eigen-schaften von bestimmten Tieren zugeordnet werden konnten. Sehr schnell hatten sie verstanden, dass in den Tiergestalten der Fabeln und deren Verhalten sich menschliche Eigenschaften und Konflikte zeigen und sich daraus eine Lehre, eine Moral für die Menschen ableiten ließ.

Der Kollege in unserem Tutorenteam war Techniklehrer, also war schell der Beschluss gefasst, eigene Fabeln zu schreiben, diese in ein Schattenspiel mit selbst hergestellten Figuren umzusetzen. Dazu wurden fünf Teams gebildet, die heterogen zusammengesetzt waren. Arbeits- und Zeitpläne wurden festgelegt, Erkundungen über Figurenschattenspiel gemacht, Regeln für Drehbücher erarbeitet, eine Materialliste erstellt, Absprachen mit dem Techniklehrer getroffen. Diese Arbeit wurde von den Schülerinnen und Schülern weitgehend selbstständig erledigt, meine Kollegin und ich standen als Beraterinnen zur Verfügung und hatten Zeit, den Schülerinnen und Schülern zu helfen, die unserer Hilfe bedurften.

Ein äußerst spannend zu beobachtender Vorgang war die Aufgabenverteilung in den einzelnen Gruppen. Bevor Beschlüsse gefasst wurden, gab es viele Diskussionen.

Danach ging die Arbeit zügig voran: Fabeln wurden geschrieben, in ein Drehbuch umgesetzt (mit Illustrationen), Hintergrundfolien wurden erstellt, Schablonen für Tierfiguren entworfen, Tierfiguren aus Holz hergestellt, eine Schattenbühne gebaut, Einladungen geschrieben, Programmheft entworfen, Musik ausgesucht, Proben durchgeführt.

Diese Arbeiten fanden überwiegend in den Deutsch- und Freiarbeitsstunden sowie im offenen Angebot der Mittagsfreizeit bei dem Techniklehrer und in einigen Kunststunden (Bühnenbild) statt. Die einzelnen Gruppen legten fest, welche Gruppenmitglieder für bestimmte Aufgaben zuständig waren. Dies wurde auch dokumentiert. Die Schülerinnen und Schüler hatten inzwischen ein äußerst gutes Gespür für die Fähigkeiten der einzelnen Mitschüler entwickelt, es war ihnen wichtig, dass jede/r sich einbringen konnte.

Der Termin, den wir für Aufführungen vor Eltern, Geschwistern, Freunden und Schülern der Parallelklassen festgelegt hatten, sorgte bei "Durchhängern" für die nötige Arbeitsdisziplin. Der Stolz auf eine gelungene Aufführung, auf die Anerkennung, die man bekommen hatte, ließ die Achtung voreinander und das Zusammengehörigkeitsgefühl der ganzen Klasse wachsen. Die Eltern erlebten, zu welchen Leistungen ihre Kinder in der Lage waren, sie ergaben sich aus einem Zusammenspiel aus Einzel-, Paar- und Gruppenarbeiten, die zu einem gelungenen Gesamtergebnis führten.

Bei meiner Tätigkeit im Gemeinsamen Unterricht in der Sekundarstufe wurde mir sehr schnell bewusst, wie wichtig es ist, immer wieder Anlässe zu gemeinsamen Vorhaben zu entwickeln. Denn nur hier können sich die Schülerinnen und Schüler kennen lernen, sich in ihrer Arbeit schätzen und verstehen lernen. Der zweite wichtige Aspekt dabei ist, Eltern einzubinden. Wenn Eltern erleben, was ihre Kinder können, und zwar alle Kinder, entwickeln sie ein positives Verhältnis zur Schule, sie sind dann die besten Multiplikatoren, um auch nach draußen den Gedanken der Integration bzw. heute Inklusion weiter zu verbreiten.

Dazu möchte ich ein weiteres Beispiel vorstellen: Im Rahmen des kreativen Schreibens am Ende der Klasse 6 lernten die Schülerinnen und Schüler zunächst Lügen- und Schelmengeschichten kennen, bevor es an das eigene Schreiben ging. In dieser Phase gab es sowohl, ich nenne es einmal "traditionellen" Klassenunterricht, wie die Arbeit an individuellen Aufgaben mit unterschiedlichen Schwierigkeitsgraden. Während dieser Phase wurden bei einzelnen Kindern das Leseverständnis und die Schreibfertigkeit individuell gefördert.

Das anschließende Vorstellen der "Lieblingsgeschichten" erfolgte in kleinen Gruppen. Die Gruppen hatten sich zuvor auf jeweils eine Geschichte geeinigt und stellten sie den anderen durch Lesen mit verteilten Rollen und kurzen Erklärungen zu Autor und Inhalt vor. Diese Phase im Unterricht war notwendig, um allen Kindern Mut zu machen vor Publikum Texte zu präsentieren. Eine Rückmeldung (ein Feedback) durch die Mitschülerinnen und Mitschüler erfolgte anschließend. Dazu waren vorher gemeinsame Kriterien festgelegt worden.

Die Phase des eigenständigen Schreibens war nach der Ideenfindung durch individuelles Arbeiten geprägt, die Aufgabe der Lehrerinnen war wieder die der Beraterinnen. Am Ende standen Schreibkonferenzen, in denen sich die Schüler untereinander berieten. Hier kam auch das Helferprinzip zum Tragen, die von mir oft so genannten "Bundesliga-Schreiber" trainierten die "TuS Pützchen-Scheiber" (Pützchen ist der Stadtteil in dem unsere Schule liegt). Niemand fühlte sich so diskriminiert, es war durchaus wichtig zu erkennen oder auch anzuerkennen, dass es

Mitschüler gab, die ganz bestimmte Talente hatten und deren Hilfe man gerne annehmen sollte. Durch den Vergleich aus dem Sport waren sogar Jungen bereit, Hilfe anzunehmen.

So entstanden 25 wunderbare Geschichten, die in einem Buch (mit Illustrationen) veröffentlicht (mit Word-Programm geschrieben) und auf einem Literaturabend vorgestellt wurden. Jeder Schüler, jede Schülerin durfte sich für seine Geschichte Mitleser/innen aussuchen, auch Requisiten und Musik sowie Laptops wurden eingesetzt.

So wurde ein bemerkenswerter Abend gestaltet. Paul (der Junge mit dem Down-Syndrom) trug mit seinen Freunden die Geschichte der Pokomons vor, die seine Freunde waren, mit denen er eine Fußballmannschaft bildete und die andere Mannschaft besiegte. Er las seinen Part hervorragend, denn ehrgeizig hatte er mit seiner (von ihm ausgesuchten) Gruppe geübt. Er genoss den Beifall, die Wertschätzung, die das Publikum ihm, wie allen anderen auch, entgegenbrachte. Ben, der "Technik-Freak" der Klasse, gestaltete seine Geschichte "Ein Programm zuviel" mit Hilfe seiner Freunde und mit einem großen technischen Aufwand, in dem er bewundernswertes Können auf diesem Gebiet zeigte. Alle 25 Geschichten wurden vorgestellt, unterbrochen nur durch eine Pause, für die die Eltern ein wunderbares Buffet hergerichtet hatten.

Ich halte solche Veranstaltungen für unerlässlich im Schulleben, damit Schülerinnen und Schüler ein positives Verhältnis zum fachlichen Lernen bekommen und ihre soziale Kompetenz gefördert wird, damit aber auch Eltern erleben, was in der Schule geschieht.

In jedem Schuljahr bietet das schuleigene Curriculum Möglichkeiten, mit den Schülerinnen und Schülern so zu arbeiten, damit ihre Arbeit nicht nur "für den Papierkorb" ist. Es wird mit Sicherheit eine wesentlich größere Motivation gefördert und damit auch letztendlich ein größerer Lernerfolg erreicht. Für die Schülerinnen und Schüler ergaben sich Möglichkeiten, ihre individuellen Fähigkeiten so einzusetzen, dass sie der ganzen Gruppe nutzten.

Die Organisationstalente entwickelten die Arbeitspläne, die Rechtschreibtalente überprüften (am Computer) alle Texte vor der Veröffentlichung auf ihre Richtigkeit, die künstlerischen Talente waren für die gestalterischen Aufgaben zuständig, andere wiederum besorgten die notwendigen Utensilien.

Weitere Beispiele in Kurzform aus den anderen Jahrgängen:

7. JAHRGANG: BALLADEN

- Balladen zu Hörspielen umgestalten, Balladen als szenische Inszenierung aufführen (eventuell mit ganzem Jahrgang "Balladenabend" mit Kunst-, Musik- und Technikunterricht gestalten, fördert Zusammengehörigkeitsgefühl).

- Kindheit und Jugend in schwierigen Zeiten (Lektüre)

- Leben der Roma und Sinti erkunden, dazu Jugendbuch lesen, Geschichte, Herkunft, Sprache, Leben heute erkunden, Zeitzeugen befragen, Friedhöfe aufsuchen (fächerübergreifend mit GL arbeiten, eventuell mit offenem Angebot Technik), Ausstellung für Öffentlichkeit organisieren (Rathaus, Schule oder Bibliotheken)

8. JAHRGANG: ZEITUNGSPROJEKT

- Teilnahme an dem Projekt" Klasse – Schüler lesen Zeitung" einer regionalen Zeitung, Zeitung und deren Aufbau, Textsorten kennen lernen, recherchieren, Artikel schreiben, eine Klassenzeitung machen (Computerprogramme nutzen). Das Projekt ist fächerübergreifend angelegt und endet in einer Projektwoche. GL, Wandel in der Informationswelt, Zeitung machen, Meinung machen,

- Wirtschaft, wer bezahlt die Zeitung, Berufe in den Printmedien, Betriebsbesichtigung,

- Kunst, vom Zeitungspapier zum Kunstwerk, Karikaturen zeichnen

- Bücher für uns (Jugendroman)

- Verschiedene Jugendbücher (unterschiedlichen Schwierigkeitsgrades) zu einem Thema aussuchen, z.B. "das Eigene und das Fremde". Bücher über Kinder, Jugendliche mit Migrationshintergrund in Deutschland oder anderswo lesen und über deutsche Kinder im Ausland (Gruppen nach Lesefertigkeit bilden – Selbsteinschätzung der Schülerinnen und Schüler berücksichtigen)

- Lesetagebuch führen, Buchbesprechungen schreiben, Bücher präsentieren.

9. JAHRGANG: LIEBE ALS LITERARISCHES PRINZIP – GEDICHTE ANALYSIEREN

- Verschiedene Methoden des Zugangs zu Gedichten ausprobieren: Gedichtegalerie – Betrachten, Aussuchen eines Gedichts oder intuitiver Zugang – Gedicht vortragen (Schüler gehen danach durch den Klassenraum, sprechen Wörter, Verse, die sie behalten haben, nach, erfassen so die Stimmung).

- Unterschiedliches Vorgehen, orientiert an der Abstraktionsfähigkeit der Schüler (vom bildlichen Gestalten und Abschreiben der Texte über das Erkennen der Reimschemata, Metaphern bis zur Textanalyse).

- Schreiben und Gestalten eigener Liebesgedichte.

- Argumentieren und Erörtern.

Hier ist die Arbeit an Themen, die die Jugendlichen betreffen, ein guter Einstieg in eine erfolgreiche Arbeit. Bei dieser Unterrichtseinheit ist es wichtig, die Schülerinnen und Schüler, die Unterstützung benötigen, individuell zu fördern. Sie müssen sicher werden überhaupt zu einem eigenen Standpunkt zu finden, ein Thema von verschiedenen Seiten zu sehen, es zu erörtern. Individuelle Aufgaben für einzelne Schülergruppen werden insbesondere bei den schriftlichen Aufgaben wichtig für das angemessene Fördern und Fordern.

Es lässt sich aber durchaus eine Situation (bei Themen, die nahe am Schüler sind) schaffen, in der Schüler im Zweier-Team Argumente vorbereiten und sie im großen Team vertreten. Hier ist ein Schüler das "Zugpferd", lässt aber seinem Partner den Raum, die vorbereitete Argumentation zu vertreten.

10. JAHRGANG: DAS DRAMA

- Theaterbesuche stehen im Rahmen dieser UE an, aber auch szenisches Spiel. "Wilhelm Tell" verstehen alle Schülerinnen und Schüler, wenn sie drei kleine Szenen auf die Bühne bringen, in denen von Freiheit und Unterdrückung die Rede ist oder bei "Kabale und Liebe", Szenen zu Liebe, Intrigen und Leiden dargestellt werden. Die Szenen müssen selbst entwickelt werden.

Nach einer Aufführung im Rahmen eines Schillerabends, zu dem alle Klassen des Jahrgangs einen Beitrag leisteten, der vor großem Publikum in der "schillernden" Aula stattfand, meinte ein Schüler, dessen Stärke Deutsch überhaupt nicht war: "Das war das Beste, was wir überhaupt in der Schule gemacht haben."

Ich könnte noch viele weitere Beispiele aufführen, die immer wieder Anlässe boten, dass Schüler in ihrer großen Heterogenität auch in der schulischen Arbeit zusammen fanden, dies würde aber den Rahmen dieses Beitrags sprengen.

Zwei Beispiele noch: Vor etwa 15 Jahren schrieben Schüler des damaligen 10. Jahrgangs ein

Stück zum Thema Gewalt, der Inhalt ist heute so aktuell wie damals. Alle Schüler, der Junge im Rollstuhl, das Mädchen mit einer geistigen Behinderung und alle anderen spielten mit Selbstbewusstsein und großer innerer Beteiligung. Sie überzeugten schließlich bei einem Theaterwettbewerb in Münster und gewannen den ersten Preis. Keine einzige für dieses Projekt verwendete Deutschstunde war umsonst. Sechs Jahre später gab es ein Goethe-Gedenkjahr, ein Menschenschattenspiel, das eine Kaffeegesellschaft bei Frau von Stein, zeigte, Herr Goethe kochte in einer Koch-Show und erzählte über seine Italienreise, Lesungen, Gedichte, Lieder, ein Goethe-Rap ergänzten dieses Jahrgangsprojekt, entwickelt im Deutschunterricht der verschiedenen Klassen.

GESELLSCHAFTSLEHRE

Grundsätzlich lässt sich sagen, dass die Lehrer bei jedem Thema, bei jeder Methode, die in diesem Fach in unserem Curriculum stehen, überprüfen müssen, welcher Möglichkeiten die einzelnen Schülerinnen und Schüler haben, an einem Thema zu arbeiten. Während die eine Gruppe keine Probleme hat, Quellentexte zu verstehen, sind es bei den anderen anschauliche Bilder, einfache Texte, die ihr Verständnis für historische, politische oder geographische Sachverhalte fördern.

Aber auch in diesem Unterricht lässt sich neben den oben angeführten fächerübergreifenden Projekten, immer wieder gemeinsames Lernen ermöglichen.

Eine Reise durch eine Steinzeithöhle können Schülerinnen und Schüler im Internet unternehmen. Es kann auch eine Ecke des Klassenraums in eine Steinzeithöhle verwandelt werden, wenn darin dann Geschichten aus der Steinzeit vorgelesen werden, entsteht eine große Identität mit dem Thema. Anschließende Steinzeitgemälde mit entsprechenden Farben und Materialien helfen Schülern beim Verständnis dieser Zeit.

Zum Thema Ägypten erstellte die Klasse ein gemeinsames Ägyptenbuch (großformatig, schön gestaltet), jede Schülerin, jeder Schüler brachte sich hier entsprechend seiner Fähigkeit ein, während die einen über Kleidung, über Kinderspiele oder das Essen berichteten, schrieben die anderen über den Staatsaufbau oder die Religion, manchmal wurde in kleinen Gruppen gearbeitet, manchmal überschnitten sich die Themen. Das Ziel, ein gemeinsames Buch zu schaffen, war für alle wichtig. Ein blaues Tuch, Tische und Stühle halfen die Nilüberschwemmungen im Klassenraum sichtbar zu machen.

Sich zu verkleiden wie die Ritter und Ritterfräulein im Mittelalter, um ein mittelalterliches Mahl, das man vorbereitet hatte, einzunehmen, ist nicht nur ein großer Spaß, sondern erforderte vorher einiges an Vorbereitung sowohl im Recherchieren als auch an praktischen Arbeiten. Einen mittelalterlichen Markt zu gestalten, ermöglicht ebenfalls eine große Einsicht, ein großes Verständnis für die damalige Zeit bei allen Schülerinnen und Schülern.

Das Zeitalter der Industrialisierung bietet viele Möglichkeiten, um die lokale oder regionale Geschichte zu erkunden und zu dokumentieren. Hier bieten sich wieder heterogene Kleingruppen an, die gemeinsam arbeiten, sie recherchieren im Stadtarchiv, im Heimatmuseum, befragen sachkundige Bürger, erkunden im Rundgang Orte und deren Veränderungen, da ist z.B. die Sportfabrik, in der früher Tapeten hergestellt wurden, die Brotfabrik, die heute Kulturzentrum ist. An der heutigen Spielstätte des örtlichen Theaters wurden einst Jutesäcke hergestellt, hier arbeiteten Ende des 19. Jahrhunderts Fremdarbeiter aus Italien und dem östlichen Galizien, später unter fürchterlichen Bedingungen Zwangsarbeiter aus Polen.

Die Schüler und Schülerinnen arbeiten sehr selbstständig, treffen Absprachen und legen Termine fest. Eine Art der Präsentation ist die PowerPoint-Präsentation mit Vortrag oder auch ein Hörspiel, eine Ausstellung. Die Gruppen legen vor Beginn ihrer Arbeit fest, welche Präsentation sie machen möchten. Den Abschluss bildet das gegenseitige Unterrichten über die Ergebnisse.

Ich hoffe an diesen Beispielen gezeigt zu haben, dass das Fach Gesellschaftskunde viele Möglichkeiten bietet, gemeinsam an einem Thema zu arbeiten, gemeinsam etwas zu tun, was über die fachlichen Erkenntnisse hinaus die soziale Kompetenz der Schülerinnen und Schüler fördert.

ENGLISCH

"Warum muss der/die denn Englisch lernen, der kann ja noch nicht einmal richtig Deutsch?", solche Bemerkungen hört man oft im Zusammenhang mit Schülerinnen und Schüler, die eine geistige Behinderung oder den Förderschwerpunkt Lernen haben. Sie müssen nicht, aber sie können und wollen es und es ist wichtig für sie. Natürlich muss individuell festgelegt werden, wie viel und was sie lernen.

Auch die oben genannten Schülerinnen und Schüler werden irgendwann einmal ihren Urlaub im Ausland verbringen, möchten dort Alltägliches wie Bestellungen im Restaurant, einfache Kommunikation selbstständig erledigen können. Sie können es. Wie sich immer wieder zeigte, wenn wir ausländische Gäste im Unterricht hatten, und jede, jeder seine Fragen stellte.

Das Interesse an anderen Ländern ist bei allen Schülern groß, so beteiligen sich im achten Schuljahr alle z.B. an den Recherchen über einzelne Staaten der USA mit großem Eifer. Das Programm "Enchanted Learning" bietet auf verschiedenen Schwierigkeitsebenen Informationen über jeden US-Staat, dort gibt es längere Informationstexte, aber auch Informationen und Bilder über Staatssymbole. Es ist ein ausgezeichnetes Programm zur Differenzierung im Unterricht.

Rollenspiele oder gar ein kleines englisches Theaterstück bieten weiter Möglichkeiten zum gemeinsamen Englischlernen.

Abschließend ist es mir wichtig, darauf hinzuweisen, dass die Lehrerinnen und Lehrer bei ihren Planungen immer von den Schülerinnen und Schülern ausgehen müssen, die in ihrer Klasse zusammen kommen. Schon in der Kennenlernwoche zu Beginn der Klasse 5 lassen sich Beobachtungen machen und Methoden ausprobieren, aus denen man Hinweise für die weitere Planung des Unterrichts bekommt.

Für die Arbeit in heterogenen Klassen ist eine Ausgewogenheit zwischen individuellem Fördern und Fordern und der Arbeit an gemeinsamen Vorhaben notwendig, die Schülerinnen und Schüler müssen sich in ihrer Arbeit begegnen, nur so kann Integration oder Inklusion gelebt werden.

Ich hoffe, dass ich mit diesem Beitrag einige Anregungen für Gemeinsamen Unterricht geben konnte.

Als Lehrer und Lehrerin sollte man kreativ bleiben und sich nicht durch zentrale Prüfungen und enge Lehrpläne unter Druck setzen, sondern sich immer wieder Freiräume suchen.
Die Ergebnisse, die Schülerinnen und Schüler aus den "I-Klassen" unserer Schule bei ihren Abschlüssen zeigten, gehörten fast immer zu den besten des Jahrgangs.
Die wichtigste Erfahrung für alle am Gemeinsamen Unterricht Beteiligten ist aber das Miteinander, das Begegnen auf "Augenhöhe", das täglich seit 25 Jahren in der IGS Bonn-Beuel gelebt wird.

Mathematikunterricht am Beispiel einer 6. Klasse

Katrin Grube und Boris Müller

Der Vortrag wurde in zwei Teile untergliedert. Im ersten Teil wurde im Allgemeinen der Gemeinsame Unterricht an der Integrierten Gesamtschule Bonn-Beuel vorgestellt. Hierbei wurde auf das Schulprogramm eingegangen, äußere und innere Bedingungen erläutert sowie das System der Doppelbesetzung beschrieben. Zudem wurde die veränderte Lehrerrolle thematisiert.

Im Anschluss daran wurde anhand des Mathematikunterrichts einer 6. Klasse aufgezeigt, wie es möglich ist, eine sehr heterogene Schülerschaft (vom Schüler mit gymnasialer Empfehlung bis zum Förderschüler mit dem Förderschwerpunkt Geistige Entwicklung) durch innere Differenzierung zu unterrichten.

1. Gemeinsamer Unterricht an der IGS Bonn-Beuel

1.1 Leitbegriff des Schulprogramms: Integration

Sehr hilfreich für das Gelingen des Gemeinsamen Unterrichts ist eine gemeinsame positive Haltung zur Integration, die von allen Mitarbeitern innerhalb der Schule getragen werden sollte. So haben wir uns darauf verständigt, folgendes Leitbild in unser Schulprogramm aufzunehmen:

> "Jedes Kind ist einzigartig!"
> "Anders sein ist auch normal!"
> "Jedes Kind ist ein Gewinn für die Gemeinschaft!"
> "Heterogenität ist Normalität!"
> "Jedes Kind hat Stärken und Schwächen!"
> "Jedes Kind wird gefordert!"

Es ist uns wichtig, günstige Bedingungen für eine positive sozial-emotionale Entwicklung aller Schüler an unserer Schule zu schaffen und ein Klima der Rücksichtnahme zu erzeugen.

1.2 Gemeinsamer Unterricht an der IGS – äussere Bedingungen

Seit 25 Jahren werden Schüler mit sonderpädagogischem Förderbedarf an der IGS Bonn-Beuel aufgenommen. Zwei von sechs Klassen pro Jahrgang sind Klassen mit Gemeinsamem Unterricht, die jeweils aus 20 Regelschülern und sechs Schülern mit sonderpädagogischem Förderbedarf bestehen, wobei besonderer Wert darauf gelegt wird, dass die Förderschwerpunkte unterschiedlich sind.

Wir besitzen ein barrierefreies Schulgebäude, in dem jeder Rollstuhlfahrer durch Rampen, Fahrstühle und weitere Hilfsmittel jeden Raum erreichen kann.

1.3 Gemeinsamer Unterricht an der IGS – innere Bedingungen

Zwölf Förderschullehrer sind mit ihren gesamten Unterrichtsstunden an die IGS Bonn-Beuel abgeordnet und sind somit vollkommen in den Schulalltag integriert. Das Konzept sieht vor, dass sich innerhalb einer GU-Klasse der Förderschullehrer mit zwei Regelschullehrkräften die Klassenleitung teilt. Entscheidungen werden gemeinsam getroffen, es finden regelmäßig Teamgespräche statt und jeder ist für alle Schüler der Klasse verantwortlich. In den GU-Klassen ist fast durchgängig eine Doppelbesetzung gewährleistet. Die Klassenlehrer bzw. Tutoren begleiten die eigene Klasse von der 5. bis zur 10. Klasse.

1.4 Doppelbesetzung

Eine Grundvoraussetzung für das Gelingen von Integration ist eine weitestgehende Doppelbesetzung im Unterricht in den Klassen, bestehend aus Regel- und Förderschullehrkraft. Dadurch ist es erst möglich, jeden Schüler während einer gemeinsamen Unterrichtsstunde aktiv am gemeinsamen Unterrichtsgeschehen teilhaben zu lassen und individuell zu fördern. Hierbei gilt stets das Motto "so viel innere Differenzierung wie möglich sowie so wenig äußere Differenzierung wie nötig" durchzuführen.

1.5 Lehrerrolle

Die Lehrkräfte, die in GU-Klassen an der IGS Bonn-Beuel arbeiten, sollen eine positive Haltung zu integrativen, inklusiven Prozessen einnehmen. Dies beinhaltet unter anderem das Anerkennen von verschiedenen Lernvoraussetzungen und Lernwegen. Wichtig ist uns ferner, dass Lernen ein selbst gesteuerter Prozess ist, der sehr individuell abläuft.

Der Lehrer rückt dadurch in eine andere Rolle. Sein Handeln im Unterricht besteht eher aus Unterstützen, Beobachten und Gestalten von Lernprozessen.

1.6 Ergebnis der wissenschaftlichen Untersuchung (Prof. Dumke, Universität Bonn)

Das Ergebnis einer wissenschaftlichen Untersuchung durch Prof. Dumke von der Universität Bonn zeigt, dass die Schulleistungen der Schüler ohne Förderbedarf in GU-Klassen mindestens gleichwertig mit denen der Parallelklassen sind. Hierdurch konnte gezeigt werden, dass die Anwesenheit von Schüler mit Förderbedarf in keiner Weise die Qualität und das Lernniveau in den Klassen senkt. Ganz im Gegenteil wurde bei der Begutachtung der Abschlussqualifikation festgestellt, dass in GU-Klassen ein überdurchschnittlicher Anteil an FOR und FORQ vorhanden war. Dies bestätigte sich mit der Einführung der zentralen Abschlussprüfungen (ZAP 10, ZA). Der Gemeinsame Unterricht schafft demnach günstige Bedingungen für die positive sozial-emotionale Entwicklung aller Schüler.

Der Gemeinsame Unterricht hat sicherlich einen großen Anteil daran, dass die IGS eine ungewöhnlich hohe Akzeptanz in der umliegenden Bevölkerung hat. 50 % aller Eltern des Stadtbezirks möchten ihr Kind an unserer Schule anmelden, wobei die Einschulung in GU-Klassen ausdrücklich gewünscht wird. Die Zahl der angemeldeten Schüler mit sonderpädagogischem Förderbedarf ist in der Regel um ein Dreifaches höher als die Zahl der vorhandenen Plätze.

2. ORGANISATION DES MATHEMATIKUNTERRICHTS AN EINEM BEISPIEL EINER 6. KLASSE

2.1 HETEROGENE SCHÜLERSCHAFT IN DER LERNGRUPPE

Die Lerngruppe besteht aus 20 Regelschülern und sechs Schülern mit sonderpädagogischem Förderbedarf. Die Regelschüler sind schon aufgrund ihrer unterschiedlichen Empfehlungen für die weiterführende Schulform (Gymnasium, Real- und Hauptschule) mit sehr unterschiedlichen Lernvoraussetzungen in die gemeinsame Klasse gekommen. Zu diesen kommt noch ein Schüler mit besonderem Förderbedarf hinzu, der aufgrund von körperlichen- und motorischen Schwierigkeiten zielgleich unterrichtet wird und fünf weitere Schüler, die aufgrund von Lernschwierigkeiten zieldifferent unterrichtet werden (Förderschwerpunkte Lernen und Geistige Entwicklung).

Trotz dieser breiten Spanne an Lernvoraussetzungen lernen die Schüler im Mathematikunterricht am gleichen Unterrichtsgegenstand mit differenzierten Unterrichtsmaterialien.

2.2 DER ARBEITSPLAN

Um allen Schülern gerecht zu werden, arbeiten die Schüler an verschiedenen Aufgaben, die je nach Lernniveau differenziert werden. Hierfür werden die Schüler in drei folgende Lerngruppen eingeteilt:

• Herzgruppe: für Förderschüler mit differenziertem Lernangebot
• Pikgruppe: für Regelschüler, die mehr Unterstützung und mehr Zeit brauchen
• Kreuzgruppe: für Regelschüler, die weniger Unterstützung benötigen

Zwischen den einzelnen Gruppen herrscht ein fließender Übergang, d. h. die Schüler können, wenn Sie es geschafft haben ihren Plan frühzeitig zu erfüllen, sich an Aufgaben der nächsten Gruppe versuchen.

Die Einteilung in die Gruppen ist von verschiedenen Faktoren abhängig. Neben den persönlichen Lernleistungen der Schüler und der Einschätzung des Lehrers, sind Faktoren wie

Selbstvertrauen und Selbsteinschätzung des Schülers wichtig. Die Schüler sollen dadurch lernen, ihren Lernprozess mitzugestalten und ihre eigenen Fähigkeiten einschätzen zu können.

2.3 BEISPIEL FÜR EINEN ARBEITSPLAN

Matheplanung   Nr. 4   26.10.–30.10.2009

Thema: Einführung in die Bruchrechnung

Arbeitsplan:

♣	♠		♥	
im Buch S. 31 1R a)–d) 2 a)–c) 4 a)–d) 4R a) 5, 5 b)	Im Buch S. 31 1R a), b) 2 c), d) 4 a), c) 5, 5 a)	Nu/Ma	Cl/Mi	Ti
		AH S. 8/9 anschließend ♣	AH S. 8	AH S. 20
im AH S. 10 A 1–4	Im AH S.10 3 Rechnungen pro Aufgabe	Arbeitsblätter zu Brüchen	Arbeitsblätter zu Brüchen	Arbeitsblätter zu Brüchen

AH=Arbeitsheft

2.4 ABLAUF EINER UNTERRICHTSSTUNDE

Da zwischen den verschiedenen Lernniveaus eine so große Spannweite herrscht, hat es wenig Sinn, lehrerzentrierte Unterrichtsphasen über eine längere Zeit ablaufen zu lassen. Die meiste Zeit arbeiten die Schüler selbstständig in Einzel-, Partner- oder Gruppenarbeit an dem Arbeitsplan. Kommen Fragen auf, werden diese direkt vom Lehrer oder Mitschüler beantwortet. Haben mehrere Schüler Klärungsbedarf zu einer Aufgabe, so wird diese in einer Kleingruppe besprochen, während die anderen Schüler schon weiter am Arbeitsplan vorangehen.
Nur zu Anfang und zum Ende gibt es eine gemeinsame Phase, in der Organisatorisches geklärt wird (Schüler äußern Wünsche und Bedürfnisse, Lernatmosphäre und Beobachtungen des Lehrers zum Lernverhalten der Schüler werden thematisiert, Hausaufgaben etc.). Erklärungen und Einführung in neue Sachverhalte werden meistens in der jeweiligen Lerngruppe thematisiert.

2.5 Beispiele für gemeinsames Lernen an einem Gegenstand auf unterschiedlichen Lernniveaus

- **Multiplikation von Zahlen:**
  - schriftliches Rechenverfahren
  - halbschriftliches Rechenverfahren
  - 1 x 1 mit Veranschaulichung
  - mit dem Taschenrechner Lösungsblätter erstellen

- **Geometrie (Dreiecke, Winkel):**
  - verschiedene Dreiecke konstruieren
  - verschiedene Dreiecke erkennen können
  - Dreiecke aus anderen Formen erkennen können
  - Tangramspiel: aus Dreiecken Bilder entstehen lassen
  - gestalterische Aufgaben

- **Gemeinsames Bruch-Bingo:**
  - 3 x 3 Bingo Quadrat mit echten Brüchen erstellen
  - drei Töpfe mit unterschiedlich schweren Aufgaben
  - Aufgaben werden von Schülern aus den jeweiligen Gruppen gelöst

- **Schätzaufgabe (ein Glas gefüllt mit Schrauben):**
  - Überschlagen, Runden
  - Auszählen des Ergebnisses
  - Mengenbegriff, Stellenwertsystem, Bündeln

- **Körper**
  - Volumenberechnung
  - Körperbenennung
  - mit Jengasteinen bauen
  - in der Schule Körper suchen und fotografieren

2.6 Kompetenzlisten/Lernlandkarten

Ein zentraler Bestandteil des Mathematikunterrichts ist, dass die Schüler ihren eigenen Lernprozess dokumentieren und diesen auch selbstverantwortlich mitgestalten. Dies können die Schüler anhand von Kompetenzlisten bzw. Lernlandkarten.

Einige Beispiele werden auf der folgenden Seite dargestellt.

♥ ♠ ♣ / Ich kenne den Begriff ...		Das finde ich ...	Das übe ich noch ...	Das kann ich schon ...
♥ ♠ ♣	Vielfache	AB S. 10/24		
♥ ♠ ♣	Teiler	AB S. 10/24		
♥ ♣	Kleinste gemeinsame Vielfache (kgV)	AB S. 16/24		
♥ ♣	Größte gemeinsame Teiler (ggT)	AB S. 16/24		
♥ ♣	Primzahlen	AB S. 10/24		
♥ ♣	Primfaktorzerlegung	AB S. 16/24		
♥ ♣	Teilbarkeitsregeln	AB S. 10/24		

♥ ♠ ♣ / Ich kann ...		Das finde ich ...	Das übe ich noch ...	Das kann ich schon ...
♥ ♠ ♣	die Teiler und die Vielfachen einer Zahl nennen			
♥ ♣	Teilermengen und Vielfachmengen bestimmen			
♥ ♣	gemeinsame Vielfache und das kgV bestimmen			
♥ ♣	gemeinsame Teiler und den ggT bestimmen			
♥ ♣	Eine Zahl in seine Primfaktoren zerlegen			
♥ ♣	Teilbarkeitsregeln anwenden			
♥ ♣	Teilbarkeitsregeln			

Teste dich im Buch: S. 22/23   Lösungen S. 210–211

♥ ♠ ♣	Ich kenne den Begriff ...	Das finde ich ...	Das übe ich noch ...	Das kann ich schon ...
♥ ♠ ♣	Zähler	AB S. 30		
♥ ♠ ♣	Nenner	AB S. 30		
♥ ♣	Bruch (als Anteil von Ganzen oder Größen, als Operator, als Maßstab)	AB S. 30		

♥ ♠ ♣	Ich kann ...	Das finde ich ...	Das übe ich noch ...	Das kann ich schon ...
♥ ♠ ♣	Bilder von Bruchdarstellungen erkennen und zeichnen			
♥ ♠ ♣	Brüche vergleichen			
♥ ♣	Brüche erweitern und kürzen			
♥ ♣	ungleichnamige Brüche addieren und subtrahieren			
♥ ♣	Brüche multiplizieren			
♥ ♣	Brüche dividieren			
♥ ♣	Rechengesetze bei Brüchen anwenden			

Teste dich: im Buch S. 62 und 63, Lösungen S. 212
                 Im AH S. 57, Lösungen im Lösungsheft

Beispiel einer Lernlandkarte:

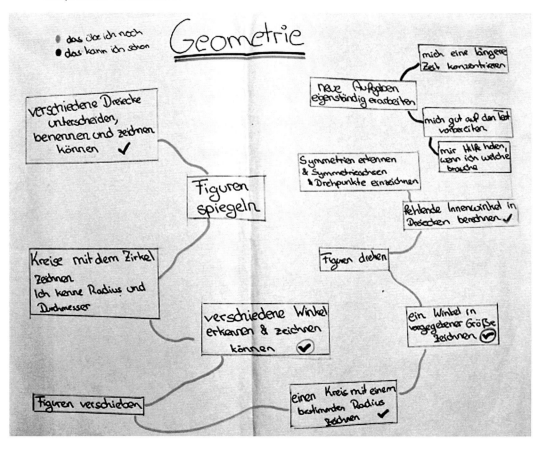

3. ZUSAMMENFASSUNG

Der Mathematikunterricht findet in der Regel im Gemeinsamen Unterricht an der IGS Bonn-Beuel von der 5. bis zur 10. Klasse durch innere Differenzierung im Klassenverband statt. Anhand eines Beispiels einer 6. Klasse wurde aufgezeigt, wie dies unter Voraussetzung von inneren und äußeren Bedingungen durchführbar ist.

Gemeinsam leben, lernen und lachen

Angelika Hülswitt

Die Ebertschule besuchen zur Zeit 370 Kinder, die sich in 16 Klassen wohl fühlen; davon werden 12 Klassen integrativ beschult im GU (Gemeinsamen Unterricht).

Seit 1990 lernen, leben und lachen Kinder mit und ohne Beeinträchtigungen bei uns gemeinsam. Lehrer/innen, Sonderschulpädagogen/innen, Zivildienstleistende, freiwillige Helfer/innen und Praktikanten/innen unterstützen unsere Kinder dabei.

Seit 2003 sind wir auch offene Ganztagsgrundschule. Die Teilnahme an der offenen Ganztagsgrundschule ist freiwillig (daher der Begriff „offene Ganztagsgrundschule"). Der normale Lehrstoff des Stundenplans wird am Nachmittag nicht vermittelt, sodass kein Kind einen Nachteil hat, wenn es hier nicht teilnimmt.

Die Nachfrage auf diese Plätze ist jedoch sehr hoch, da unsere Kinder hier eine intensive Hausaufgabenbetreuung erfahren, zusätzlich gefördert werden, gesund in unserer Mensa ernährt werden und viele Angebote wahrnehmen können wie PC-Kurse, Schwimmen, Basketball, Einrad, Keyboard, Flöte, Gitarre, Fußball, Kreativ-Kurse etc.

In unserem Ganztag arbeiten Erzieher/innen, Lehrer/innen, Zivildienstleistende und viele freiwillige Helfer.

Auch ist die Möglichkeit von „Therapeutischen Angeboten" gegeben wie Logopädie, Ergotherapie oder Krankengymnastik, da die Therapeuten zu uns in die Schule kommen.

Dieses Gesamtpaket wird von unseren Eltern sehr geschätzt und angenommen, sodass die 180 Plätze fast immer voll belegt sind, davon sind 43 Plätze belegt von Kindern mit Beeinträchtigungen. Wir verteilen uns dabei auf sechs Standorte und benötigen mit unseren Angeboten die gesamte Schule bis 16.00 Uhr.

Ganztag und Schule bilden eine Einheit, da sich die Erzieher/innen, Lehrer/innen und Eltern zum Wohle unserer Kinder ständig im Austausch befinden.

!!!!Antworten geben!!!!

Auch hat sich für unsere Kinder das freie Spiel sehr verändert; die Schulhoferweiterung durch das Gelände an der Annastraße wird besonders freudig angenommen und gibt dem Bewegungsdrang unserer Kinder den Raum, den sie benötigen, um zu neuen Kräften zu kommen.

370 Kinder, 63 beeinträchtigte Kinder, 31 Kinder mit dem Förderschwerpunkt ES, 17 LE, 2 GG, 4 KM, 9 SQ und 7 Präventionskinder

KLASSE 1A

24 Kinder, ab dem 1.12. Zuzug 1 Mädchen = 25 Kinder
Besetzung: Frau H. (24 Stunden), Herr K. (23,4 - 24 Stunden), Andreas D. (Ganztagshilfskraft), Felix St. (Zivi)

11+1 Mädchen	13 Jungen	Prävention		
	2 ES	2 MÄ ES/SQ	1 JU SQ	12 Kinder Migranten-hintergrund
	1 SQ 1SQ/LE			

DIENSTAG, 29.09.2009
BEGINN 7. SCHULWOCHE

Stationenlauf zum Buchstaben T / t
6 Stationen plus 3 Ausweichstationen

KLASSE 2B

22 Kinder
Besetzung: Frau K. (24 Stunden), Herr Sch.. (15 - 12 Stunden), Gülsem C. (Integrationskraft), Simon P. (Zivi)

10 Mädchen	12 Jungen	5 Integrationskinder	
1 LE	1 ES	1 Pflegekind, seit 25.05. von einer anderen Grundschule	10 Kinder Migranten-hintergrund
	1 SQ 1SQ/LE		
	1 LE		

MITTWOCH, 30.09.2009
3-Tage-Arbeitsplan zum Thema:
der Igel/Differenzierung durch
Arbeitsanweisung

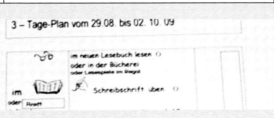

Klasse 3D

22 Kinder
Besetzung: Frau K. (24 Stunden), Herr Sch. (15-12 Stunden), Gülsem C. (Integrationskraft), Simon P. (Zivi)

10 Mädchen	12 Jungen	5 Integrationskinder	
1 LE	1 ES	1 Pflegekind, seit 25.05. von einer anderen Grundschule	10 Kinder Migrantenhintergrund
	1 SQ 1SQ/LE		
	1 LE		

Mittwoch, 30.09.2009

Thema Wald: Bestimmen von Bäumen an Hand von Blättern
und Früchten/1. Stunde – Unterrichtsgang
Manche Früchte hängen sehr hoch!!!

Klasse 4A

26 Kinder
Besetzung: Frau L (21 Stunden), Frau E. (15-25 Stunden) + 4 Std. Herr K. (Sport/Schwimmen), Stefan B. (Praktikant), Karin H. (Integrationshelferin

14 Mädchen	12 Jungen	11 Integrationskinder	
3 LE	1 ES Autismus 2 ES/LE	1 Kind mit Integrationshilfe aufgenommen, da eine Schule diese Verweigert	10 Kinder Migrantenhintergrund
	4 LE		

Mittwoch, 30.09.200

Förderplan: Auswertung (Evaluation)
Jedes Kind arbeitet 1 Stunde in der Woche
an seinem individuell festgestellten Defizit
(z.B. Satzanfänge oder schriftliches
Multiplizieren etc.).
Speziell zusammengestelltes Material liegt
bereit.

ÄUSSERE DIFFERENZIERUNG KLASSE 1A/1C

Kompetenzprofil der Ebertschule/Stand Oktober 2009

Es stehen der Schule insgesamt **218 Sonderschulstunden zur Verfügung**.

Zu Beginn des Schuljahres standen dem – ohne die genannten Präventionskinder – **213 benötigte Stunden** gegenüber. Der Stundenbedarf wird nach einem festen Schlüssel ermittelt. Danach: Ein weiteres abgeschlossenes Verfahren ES, ein Schüler einer anderen Schule aufgenommen – Verfahren abgeschlossen ES, einen Zuzug aus Neukirchen–Vluyn aufgenommen LE, ein Präventionskind aus einer anderen Schule in Kamp–Lintfort aufgenommen.
Stand nach 7 Schulwochen!!!

Es arbeiten an der Ebertschule zur Zeit:
- 23 Grundschullehrer/innen
- 9 Sonderschulpädagogen/innen
- 1 Sozialpädagogin
- 8 Zivildienstleistende
- 4 Integrationskräfte
- 3 Jahrepraktikanten/innen

Im Ganztag:
- 5 Erzieherinnen und 7 Hilfskräfte
- 4 Küchenhilfen

Eine Schule für Alle. *Vielfalt leben!*

Eine Schule für Alle. *Vielfalt leben!*

Eine Schule für Alle. *Vielfalt leben!*

Eine Schule für Alle. *Vielfalt leben!*

Eine Schule für Alle. *Vielfalt leben!*

Eine Schule für Alle. *Vielfalt leben!*

Eine Schule für Alle. *Vielfalt leben!*

Eine Schule für Alle. *Vielfalt leben!*

Eine Schule für Alle. *Vielfalt leben!*

Eine Schule für Alle. *Vielfalt leben!*

Eine Schule für Alle. *Vielfalt leben!*

Eine Schule für Alle. *Vielfalt leben!*

Eine Schule für Alle. *Vielfalt leben!*

Eine Schule für Alle. *Vielfalt leben!*

INTEGRATION IN DER MONTESSORI-PÄDAGOGIK

Hans-Werner Bick

SCHON JOHANN COMENIUS, DER GROSSE PÄDAGOGE DES 17. JAHRHUNDERTS, HAT EMPFOHLEN, DIE „LANGSAMEN UNTER DIE GESCHWINDEN, DIE SCHWERFÄLLIGEN UNTER DIE WENDIGEN, DIE HARTNÄCKIGEN UNTER DIE FOLGSAMEN" ZU MISCHEN: „WENN DER LEHRER EINEN BEGABTEREN ENTDECKT, SO SOLL ER IHM ZWEI ODER DREI LANGSAMERE ZUM BELEHREN ANVERTRAUEN." DER NEUROBIOLOGE GERALD HÜTHER DRÜCKT DAS HEUTE SO AUS: UM IHRE INTELLIGENZ ZU FÖRDERN, SOLLTEN KINDER ERFAHRUNGEN MIT MÖGLICHST UNTERSCHIEDLICHEN ANDEREN KINDERN MACHEN. „WER SIE DARAN HINDERT, MACHT IHR GEHIRN ZU EINER KUMMERVERSION DESSEN, WAS DARAUS WERDEN KÖNNTE." Kongresstext zum Kongress „Eine Schule für Alle", 2007

Ich bin gebeten worden, hier einen möglichen Weg zur Realisierung der Vorstellungen des Johann Comenius vorzustellen, den Weg der Montessori-Pädagogik.

Vorab:

Auch wenn ich den Begriff einer „inklusiven Schule" verwende, so denke ich doch, dass es in allen inklusiven Einrichtungen, die ich bisher kennengelernt habe – auch in unserer eigenen – neben den inklusiven Formen auch immer noch integrative Bereiche und an der einen oder anderen Stelle auch Formen einer äußeren Differenzierung gibt.

Der Prozess der Inklusion ist ein zukunftsorientierter und bei der gegenwärtigen Konstellation unseres Schulsystems und unserer Gesellschaft wohl auch kein kurzfristiger sondern eher ein mittelfristiger. Inklusion ist also nicht ein schon an der einen oder anderen Stelle erreichter Zustand sondern ein erklärtes und angestrebtes Ziel. Und alle inklusiven Einrichtungen sind auf dem Weg dorthin.

„Der Weg, auf dem die Schwachen sich stärken, ist der gleiche wie der, auf dem die Starken sich vervollkommnen." Dieser Satz suggeriert, dass die Forderung nach einem gemeinsamen Unterricht, in dem diese Verschiedenheit Platz hat, zu den grundlegenden Anliegen der Pädagogik Maria Montessoris gehört.

Und tatsächlich begann sie ihre pädagogische Arbeit mit behinderten Kindern.

Später galt ihr vornehmliches Interesse jedoch der Übertragung der im sonderpädagogischen Bereich gewonnenen Erkenntnisse auf die Arbeit an Regelschulen, sodass sie es sogar ausdrücklich abgelehnt haben soll, zu heilpädagogischen Fragen Stellung zu nehmen. Montessori machte sich nie ausdrücklich für integrativen Unterricht stark, sondern setzte sich für die Einrichtung von Zusatzklassen bzw. Sonderschulen für Lernbehinderte ein. Vermutlich ist es so, dass sie zu ihrer Zeit das integrative Potenzial ihrer Pädagogik sowie konkrete Gestaltungsmöglichkeiten einer integrativen Praxis nach ihren Prinzipien offenbar selbst gar nicht richtig erkannte oder in den damaligen gesellschaftlichen Verhältnissen nicht erkennen konnte.

Denn die Montessori-Pädagogik (wie wir sie heute kennen) denkt ja von Beginn an konsequent inklusiv vom einzelnen Kind aus mit seinen individuellen Voraussetzungen und Bedürfnissen. Wer also nach den Prinzipien der Montessori-Pädagogik arbeitet, handelt längst inklusiv innerhalb der vorhandenen integrativen und teilweise noch separierenden Strukturen und hat das vielleicht auch noch gar nicht bemerkt.

Deshalb glaube ich, dass diese Pädagogik einen gangbaren Weg in Richtung auf das Ziel „schulische Inklusion" anbieten kann.

Prof. Katrin Höhmann sagte beim Exzellenzforum des Deutschen Schulpreises 2008:
„Inklusion erfordert Vielfalt und den sinnvollen Umgang damit."

Dazu hat sie fünf Thesen aufgestellt, die ich als Thesen so übernehme und mit den anthropologischen Gedanken Maria Montessoris, mit der Didaktik der Montessori-Pädagogik und mit meinen Erfahrungen aus der eigenen Praxis in der Montessori-Gesamtschule Borken „fülle".

THESE 1

SINNVOLLER UMGANG MIT VIELFALT FÜHRT ZU EINEM VERÄNDERTEN VERSTÄNDNIS VON LERNEN.

Maria Montessori hat nie formuliert, was eine gute Schule ausmacht. Die Antwort zum Thema Lernen hat sie jedoch früh formuliert: Kinder lernen von Geburt an permanent, beginnend mit der Wahrnehmung der Umgebung und der konzentrierten Beschäftigung/Arbeit, geleitet durch einen inneren Bauplan. Diesem inneren Bauplan ist zu vertrauen. Die Erziehung muss jedes Kind im Rahmen seiner Möglichkeiten fördern und ihm helfen, gemäß seinem inneren Bauplan alle ihm gegebenen Möglichkeiten der Entfaltung und Entwicklung auf allen Ebenen des Lernens (also nicht nur auf der kognitiven Ebene) verwirklichen zu können.

„Das Kind trägt nicht die verkleinerten Merkmale des Erwachsenen in sich, sondern in ihm wächst sein eigenes Leben, das seinen Sinn in sich selber hat." Nach Montessori kann nur das Kind allein sich selber schaffen, da es von Geburt an ein geistiges Seelenleben besitzt und über eine potenzielle Energie verfügt, die ihm Eigenentwicklung ermöglicht. Dieser Gedanke der Eigenaktivität durchdringt die gesamte Montessori-Pädagogik. Das Kind ist in der Lage, sich selbst und seine Umwelt aktiv zu durchdringen und zu strukturieren. Die menschliche Persönlichkeit schafft sich so selbst. Montessori versteht daher das Kind als den „Vater" des Menschen, sie spricht auch vom Kind als dem „Baumeister" des Menschen.

Montessori begreift Kindheit als die Zeit, in der die Bildung des Menschen vonstatten geht, das Wesen des Menschen gebildet wird. Kindheit, Kindsein ist zudem mit einer speziellen Geistesform ausgestattet, die sie den „absorbierenden Geist" nennt. Diese kindliche Geistesform bezeichnet Montessori als eine unbewusste Geistesform, die eine schöpferische Kraft besitzt und ganz verschieden von der Geistesform des Erwachsenen ist. Im Unterschied zum Erwachsenen, der bewusst, willentlich und aufmerksam lernt, nimmt das Kind ganzheitlich wahr, erfasst ungemein komplexe Phänomene, wie beispielsweise die menschliche Sprache, einfach, indem es lebt. Alle Anstrengungen des Kindes zielen zunächst deshalb darauf ab, seine Umwelt zu absorbieren und erst nach und nach zu differenzieren.

Montessori bezeichnet das Kind auch als einen „geistigen oder psychischen Embryo", der auf Kosten seiner Umwelt leben muss. Gemeint sind damit die beiden ersten Lebensjahre des jungen Menschen, in denen kognitive und soziale Funktionen ausgebildet werden: „Es kommt zu einem Austausch zwischen dem Individuum, besser gesagt, dem geistigen Embryo, und der Umwelt, und in diesem Austausch formt und vervollkommnet sich das Individuum." Montessori bezeichnet die Zeit nach der Geburt als embryologisch aufbauende Lebensperiode, die nur dem Menschen eigen ist.

Und diese These, dass das (Schul-)Kind sich selbst „baut", widerspricht entschieden einem Lernen nach vorgegebenen Curricula, vorgegebenen zeitlichen Abläufen und vorgegebenen Wegen. Schule muss sich deshalb Gedanken darüber machen, wie sie, trotz ihrer vorgegebenen Strukturen, die Lernräume für das „Erbauen" einer eigenen individuellen Persönlichkeit mit eigenen individuellen Stärken und Schwächen schaffen kann.

THESE 2

SINNVOLLER UMGANG MIT VIELFALT BEDARF EINER VERÄNDERTEN HALTUNG.

Das Menschenbild Maria Montessoris beruht auf der Vorstellung einer positiven Eigendynamik, die jeden Menschen dazu treibt, das Mögliche aus sich herauszuholen. Kann es Menschen, kann es Kinder geben, für die diese positive Grundhaltung unangebracht wäre? Nein, natürlich nicht! MM hatte begonnen, die Welt mit den Augen des Kindes zu sehen und endlich begriffen und empirisch abgesichert, dass Kinder ein anderes Welterlebnis und Weltverständnis haben als Erwachsene. So wie viele andere auch begann Maria Montessori ziemlich konsequent, ein menschlicbhes Grundrecht, nämlich: „Jeder hat das Recht, er selbst zu sein", auch dem Kind einzuräumen. Und dies ist heute noch nicht vollständig abgeschlossen. Viele Eltern und ihre Kinder müssen heute immer noch an vielen Stellen kämpfen. Kinder haben noch immer nicht überall das Recht, sie selbst zu sein. Die Institutionen, in denen Kinder und Jugendliche heute groß werden, zeichnen sich nach wie vor in der Mehrzahl durch eine Pädagogik aus, die von oben aufgesetzt wird, etwa durch bildungspolitische Vorgaben wie unser mehrgliedriges Schulsystem, Curricula, Zeugnisse usw. oder auch durch ein bestimmtes Berufsverständnis der Erzieher/Lehrer. Die Arbeit vieler Einrichtungen ist immer noch zu wenig vom Kind aus gedacht und geht in der Entwicklung pädagogischer Leitvorstellungen nicht von unten (vom Kind) nach oben.

Das Ziel einer Pädagogik „von unten nach oben", die dem Gedanken des Eigenrechts der Kindheit Rechnung trägt, verfolgt die Montessori-Pädagogik aber schon seit über 80 Jahren. Es ist eine Erziehung, die das Recht des Menschen auf Selbstbestimmung in den Vordergrund stellt, die jedoch nicht auf Kosten anderer gehen darf.

Wichtig für den Umgang mit Heterogenität ist also das Menschenbild, dass Kinder und Jugendliche keine defizitären Wesen sind, denen wir erst etwas „beibringen" müssen, sondern dass sie über Fähigkeiten und Fertigkeiten der Selbstbildung verfügen, die wir unterstützen und fördern müssen. Schüler sind selbstständig und lernfähig und damit vollwertig – nicht erst, wenn die Schule sie dazu ausreichend gebildet und geformt hat.

Wir brauchen also keinen „Lernenden" mit Lernstoff vollzustopfen, wir müssen bloß jedem Einzelnen das Lernfeld möglichst optimal aufbereitet zur Verfügung stellen.

THESE 3

SINNVOLLER UMGANG MIT VIELFALT VERLANGT EINE VERÄNDERTE DEFINITION DER LEHRERROLLE UND VERÄNDERT DEN BLICK AUF KINDER UND JUGENDLICHE, IHRE POTENZIALE UND MÖGLICHKEITEN.

Eine Pädagogik vom Kind aus setzt ein anderes Verständnis der Erzieher- bzw. Lehrerrolle voraus. Montessori versteht unter Erziehung, der psychischen Entwicklung des Kindes von Geburt an zu helfen. Sie weist immer wieder auf diese helfende, unterstützende Funktion des Erziehers/Lehrers hin. Das traditionelle Verständnis von der Allmacht des Erziehers/Lehrers, der mit seiner Allmacht dem Kind gegenübertritt und nur das duldet, was seiner Auffassung oder der einer bestehenden (Lern-)Ordnung entspricht, wird hier auf den Kopf gestellt. „Hilf mir, es selbst zu tun!" ist daher auch der Leitspruch der Montessori-Pädagogik geworden; dem Kind dazu zu verhelfen, es selbst zu werden.

Der Erwachsene tritt in den Hintergrund, hat jedoch wichtige, aber ganz andere Funktionen, die vor allem in der Beobachtung und Deutung kindlicher Aktivitäten bestehen und deren Ergebnis die Bereitstellung einer dem Kind angepassten Umgebung ist. Beobachtung setzt Anwesenheit voraus. Die Haltung des Erwachsenen gegenüber dem Kind soll von Liebe und Achtung, Geduld, Bescheidenheit und Respekt geprägt sein, obwohl sich das Kind eigentlich zuerst in totaler Abhängigkeit vom Erwachsenen befindet. Eine solche Erzieherhaltung hat nichts mit antiautoritärer Erziehung zu tun (da die freie, selbsttätige Entwicklung des Kindes ja nicht auf Kosten anderer Menschen geht), wohl aber mit den Menschenrechten für Kinder (auch für behinderte).

Die Erzieherrolle ändert sich zwar mit dem Alter des Kindes, da auch seine Bedürfnisse analog zu seinem Entwicklungsverlauf jeweils andere werden. Die Erzieherhaltung ändert sich aber nie.

Zur Einlösung ihres Menschenrechts auf gemeinsame schulische Bildung benötigen alle Kinder Lehrerinnen und Lehrer, die sie willkommen heißen und Heterogenität nicht fürchten, sondern wertschätzen, und die allen Kindern, mit ihren unterschiedlichen Voraussetzungen und Lernmöglichkeiten, umfassende allgemeine Bildung ermöglichen wollen und können.

Diese Lehrerinnen und Lehrer brauchen Kompetenzen im Bereich der Didaktik, der Teamarbeit, der Diagnostik, der Schulentwicklung und bei der Bildung von Netzwerken.

Pädagogische Arbeit in der Schule braucht also keine Angst vor Heterogenität zu haben, sie braucht aber das Zutrauen in die inneren Kräfte von Schülerinnen und Schülern und sie braucht die genannten Kompetenzen.

THESE 4

SINNVOLLER UMGANG MIT VIELFALT ERÖFFNET RÄUME, IN DENEN SCHÜLER UND SCHÜLERINNEN IHRE BEGABUNGEN UND IHRE PERSÖNLICHKEIT ERKENNEN UND ENTFALTEN.

Exemplarisch will ich bei dieser These nur auf die beiden Prinzipien einer „Vorbereiteten Umgebung" und einer „Heterogenität der Lerngruppe" als Voraussetzungen für eine Entfaltung der Gesamtpersönlichkeit eines Kindes eingehen.

VORBEREITETE UMGEBUNG

Damit das Kind eigenaktiv tätig sein kann, muss die äußere Umwelt Mittel für den physiologischen und psychischen Aufbau liefern. Es muss eine Umgebung geschaffen werden, die der Aktivität des Kindes Rechnung trägt. Montessori meint damit einen Raum, der einen Aufforderungscharakter zum Handeln in sich trägt, eine Welt „verpflichtender Situationen", wie der holländische Pädagoge Buytendieck sagt. Diese soll dem Kind ermöglichen, die Kultur aus seiner Umgebung und nicht vom Lehrer/Erzieher zu übernehmen.

Was heißt vorbereitete Umgebung, was sind ihre Ziele, was ist ihre Funktion? Montessori sagt selbst dazu: „Die Vorbereitung der Umgebung und die Vorbereitung des Lehrers sind das praktische Fundament unserer Erziehung." Sie meint mit vorbereiteter Umgebung einen Ort bzw. Raum, der sich einerseits am Kind in seiner jeweiligen Fähigkeit, andererseits auch an der uns umgebenden Kultur orientiert und reich an interessanten Aktivitätsmomenten ist. Das Kind ist ein wachsender Körper und ein sich entwickelnder Geist, sagt Montessori, mit einer vorbereiteten Umgebung wird man den innersten und verborgenen Bedürfnissen des Kindes gerecht. Das Kind kann in ihr handeln, um erstrebenswerte Ziele zu erreichen (z. B. über das Sinnesmaterial eine Herstellung von Ordnungskategorien). Eine solche Umgebung hat befreienden Charakter. Sie leitet das Kind in seine Arbeit, wenn sie dem Kind angepasst ist, sie ist Voraussetzung für seine Konzentration, zeigt sich doch gerade beim kleinen Kind die Konzentration immer nur in Verbindung mit einem äußeren Gegenstand. So müssen die Gegenstände auch so weit vorbereitet sein, dass das Kind jede Tätigkeit selbst ausführen kann. Die pädagogisch vorbereitete Umgebung muss Gestalt haben, einheitlich sein. Sie kann nicht eine beliebige Zusammensetzung von Spiel- und Gebrauchsgegenständen sein. Damit unterscheidet sich eine im Sinne der Montessori-Pädagogik vorbereitet Umgebung erheblich von vielen heute für freiere Arbeitsformen eingerichteten Klassenräumen des Regelschulsystems.

Ohne eine geeignete Umgebung gibt es kein aufbauendes Tun des Kindes, keine Aufforderung und Möglichkeit zur freien Wahl der Arbeit. Das Kind selbst weiß nicht, wie es sich diese Umgebung schaffen soll. Nur der Erwachsene kann das tun, und das ist im Sinne Montessoris die tatsächlich Hilfe, die man dem Kind geben kann. Dabei dürfen die Mittel, die man bereitstellt, nicht vom Zufall bestimmt sein. Montessori äußert sich detailliert dazu: „Die psychische Entwicklung organisiert sich mit Hilfe äußerer Anregungen. (...) Wer heute von Freiheit in der Schule spricht, muss gleichzeitig Gegenstände anbieten – beinahe ein wissenschaftliches Instrumentarium, das die Freiheit ermöglicht. Das wissenschaftliche Instrumentarium muss nach exakten Grundsätzen hergestellt sein." Nur so können bestimmte psychische Reaktionen beim Kind hervorgerufen werden. Dies sind die Polarisation der Aufmerksamkeit und die Wiederholung der Handlungen. Hier wird deutlich, dass Montessori-Schulen bestimmte hochgesteckte Maßstäbe einzuhalten haben und sich schon in ihren Räumen dadurch unterscheiden von anderen im Regelschulsystem zu findenden, oft ohne System gestalteten Räumen.

Festzuhalten bleibt vor allem, dass es nicht einfach darum geht, irgendwelche Mittel bereitzustellen, sondern Gegenstände, die darüber hinaus Schlüssel zur Welt sein sollen: „Unser Material soll kein Ersatz für die Welt sein, soll nicht allein die Kenntnis der Welt vermitteln, sondern soll Helfer und Führer sein für die innere Arbeit des Kindes. Wir isolieren das Kind nicht von der Welt, sondern wir geben ihm ein Rüstzeug, die ganze Welt und ihre Kultur zu erobern. Es ist wie ein Schlüssel zur Welt und ist nicht mit der Welt selbst zu verwechseln." Die Gestaltung der Räume in Montessori-Einrichtungen ist daher vollständig auf das Kind, den Schüler abgestimmt und erlaubt ihm unterschiedliche Aktivitätsmöglichkeiten. Zur vorbereiteten Umgebung gehören natürlich auch die entsprechenden Montessori-Materialien.

So gibt es die sogenannten Übungen des praktischen Lebens (vom Schleifenbinden über das Schuhe putzen bis hin zur Pflanzen- und Tierpflege) und den Bereich des Sinnesmaterials, dem wohl bekanntesten Montessori-Material. Über die isolierte Sinnesschulung erfolgt hier gleichzeitig die Förderung der kognitiven Entwicklung. Im Einzelnen zu nennen sind Materialien zur Unterscheidung von Dimensionen, Farben, Formen, Oberflächen- und Materialstrukturen, von Gewichten, von Geräuschen und Tönen, von Gerüchen, von Geschmacks- und Wärmequalitäten.

Hinzu treten mathematisches und sprachliches Material. In der Grundschule kommen weitere Bereiche (Fächer) dazu wie Geografie, Biologie, Religion, Musik, Kunst etc. Für den Umgang mit allen Materialien gilt das Prinzip der Wahlfreiheit. Alle Übungen werden in der Regel durch den Erzieher/Lehrer eingeführt und bieten die Möglichkeit der Selbstkontrolle (Fehlerkontrolle). Auch ohne Materialien ist es möglich, Lernorte so vorzubereiten, dass „verpflichtende Situationen" entstehen. An der Montessori-Gesamtschule Borken gibt es deshalb z. B. einen Schulbauernhof, der in vielen Bereichen (Garten, Küche, Wald, Werkstatt, Imkerei ...) solche Situationen schafft, in denen alle Schüler sehr wohl mit ihrem individuellen Leistungsvermögen und Interesse Anforderungen gegenüberstehen, die nicht beliebig, sondern in verpflichtender Weise zu erfüllen sind. Kaputte Zäune muss man sorgfältig reparieren, wenn man nicht immer wieder Tiere zeitraubend einfangen will. Bienenpflege erfordert ein ganz bestimmtes Verhalten, wenn man die Insekten nicht stören will. Kochen für die Klasse erfordert ein Beachten der Arbeitszeit, wenn das Gericht rechtzeitig fertig sein soll, usw. Viele Momente des kooperativen Lernens schaffen ebenfalls diese „verpflichtenden Situationen". Lernorte, Lernmaterialien und Lernformen ergeben gemeinsam eine optimal auf die individuellen Möglichkeiten und Bedürfnisse von Schülern ausgerichtete Lernumgebung.

Heterogenität der Lerngruppe

Montessori hat in ihrer Arbeit vor allem die Altersmischung als gewinnbringende Heterogenität innerhalb einer Lerngruppe beschrieben.

Jeder im Lernprozess kann da abgeholt werden, wo er gerade steht: Wer besonders stark ist, findet Aufgaben und Lernpartner der nächst höheren Stufe vor, wer mehr Zeit zur Bewältigung der Aufgaben braucht, hält sich länger im Stoffbereich der Jüngeren auf. Alle können so ständig das gesamte Spektrum der Lernmöglichkeiten vor Augen haben: DieÄlteren in der Gruppe erleben bei den Jüngeren, was sie selbst schon geschafft haben, vertiefen und wiederholen ihr Wissen dadurch immer wieder. Häufig werden sie zu „Lehrern" für die Jüngeren, deren Fortschritte sie besser würdigen können als jeder Erwachsene. Die Jüngeren ahmen gern dieÄlteren nach und finden sich so schnell in den sozialen Regeln zurecht. Sie sehen, was sie selbst alles noch zu lernen haben, wissen aber auch, dass sie Zeit dafür haben – jedes Kind weiß schließlich, dass es „noch wächst".

Heterogenität in den Zeitpunkten bei der Vermittlung von Lerninhalten birgt verschiedene Vorteile. Es ermöglicht den Schülern nicht nur, entsprechend ihrer geistigen und körperlichen Entwicklung in einer festen Bezugsgruppe zu lernen, sondern es ist darüber hinaus realisierbar, dass Schüler auch partiell begrenzt auf einzelnen Fachgebieten, oberhalb oder unterhalb der für einen Jahrgang vorgesehenen Fachniveaus, zu arbeiten, ohne den Gruppenbezug zu verlassen.

Nicht zu unterschätzen ist der Vorteil des sozialen Lernens in einer altersgemischten Gruppe durch das Einnehmen verschiedener Rollen durch die Schüler. In der einen Frage durchaus Experte auf seinem Gebiet, ist derselbe Schüler auf Hilfe in anderen Zusammenhängen angewiesen. Diese unterschiedlichen Rollenerfahrungen, das Nichtfestgelegtsein auf eine soziale Rolle, erhöhen die Sensibilität für die Belange anderer und die bessere Einschätzung der eigenen Grenzen. Diese Varianten im täglichen Miteinander sorgen dafür, dass Regeln und Rituale entwickelt, erprobt und gegebenenfalls modifiziert werden müssen. Dies ist eine wichtige soziale Komponente vor dem Hintergrund einer sich immer stärker individualisierenden Umgebung. Was hier für altersgemischte Gruppen gilt, gilt natürlich auch für leistungsgemischte oder begabungsgemischte Gruppen. Überall, wo Verschiedenheit als Gewinn angesehen wird, können die Teile einer Gruppe voneinander profitieren. Selbst dort, wo in Jahrgängen und nach Stoffverteilungsplänen gearbeitet und gelernt wird, verhindert die Heterogenität eine Festlegung auf ganz bestimmte Niveaus im Lernen und Zusammenleben einer Klasse.

These 5

Sinnvoller Umgang mit Vielfalt führt zu Veränderungen in der Schulorganisation.

Wer Individualisierung (auch als Grundlage einer inklusiven schulischen Bildung und Erziehung) ernst meint, der kann diese nicht in einem schulischen System der Homogenisierung suchen. Wer jedem Kind das Menschenrecht auf Bildung unter anderen zuspricht, der kann dies nicht in einem schulischen System der Aussonderung realisieren.

Ziel kann auch nicht sein, die Verschiedenheit zu minimieren und so aus der Heterogenität eine mögliche Homogenität zu erreichen, sondern alle auf ihrem jeweiligen Stand innerhalb der Verschiedenheit zu fördern und somit Vorteile für die gesamte Lerngruppe zu erreichen: Gemeinsames statt Gleichgemachtes. Andreas Hinz z. B. fordert deshalb eine Schule mit Freiräumen für die soziale und individuelle Entwicklung aller Kinder ohne Anpassungsdruck und Aussonderungsdrohung. In der Schule müsse es eine radikale Abwendung vom gleichschrittigen Vorgehen geben; das Miteinander des Verschiedenen muss im praktischen Unterricht zum Ausdruck kommen. Dies ist eine positive Sicht auf Heterogenität und erfordert dementsprechend einen Unterricht, der die Verschiedenartigkeit anerkennt und nicht aufzulösen versucht. Als Möglichkeiten, dieses zu erreichen, nenne ich hier z. B. die Freiarbeit im Sinne Montessoris, die Wochenplanarbeit, das autonome Lernen, das Lernen des Lernens, das Lernen in Projekten, das Lernen in Epochen usw. Doch alle diese Lernformen können sich nur effektiv entwickeln, wenn die Schule in ihrer Organisation dem Rechnung trägt; wenn sie also Räume und zeitliche Strukturen schafft, in denen diese Lernformen zum Tragen kommen können. Dazu gehören 45-Minuten-Stunden, Wissens- und Fertigkeitsüberprüfungen zu festgesetzten Zeitpunkten ganz sicher nicht.

Wer glaubt, mit neuen Überschriften über den Eingangstüren und den Klassenzimmern bereits einen sinnvollen Umgang mit Vielfalt zu erreichen, der irrt. Nur eine Neugestaltung und Neuorganisation von Schule und Unterricht führt zu einer echten Achtung der Verschiedenartigkeit und damit Einzigartigkeit von Kindern und all ihren Potenzialen. Lehrer werden dann zu Begleitern im Sinne Maria Montessoris oder auf Neudeutsch zu „Human Ressource Managern", die das eigenständige Lernen, ja, auch die eigenständige Lernplanung im sozialen Kontext einer heterogenen Gruppe, begleiten können.

SCHLUSS

Inklusion (in der Schule) bietet die Chance, das Zusammenleben sehr verschiedener Menschen als positiv zu erfahren und dabei kognitiv, sozial und emotional umfassender zu lernen. Richtig verstandene und gelebte Inklusion kann zu einer Herausforderung, zu einer Innovation und zu einem Gewinn nicht nur für die beteiligten Schulen und jeden Einzelnen, sondern auch für die jeweiligen Regionen und die dort lebenden Gesellschaften werden.

An der Montessori-Gesamtschule Borken sind deshalb alle willkommen und alle Schüler und Erwachsenen sollen sich in der Schule wohlfühlen können.

Weil jeder verschieden sein darf, ist diese Schule ein Ort, an dem Verschiedenheit als ein Gewinn empfunden werden kann.

Unterschiedliche Schülerinnen und Schüler können so voneinander profitieren.

Aus meiner Sicht befinden wir uns in Bezug auf Inklusion am Anfang einer Phase des Umbruchs zwischen Separation, Integration und Inklusion und an den Starthebeln zur Umkehr und zum Wechsel der Paradigmen. Dies erfordert von uns doppelte Arbeit: Denn während wir ja bereits inklusiv denken, planen, organisieren, müssen wir im Alltag (zu) oft noch integrativ handeln – und dies oft auch noch innerhalb der vorhandenen Systeme. Trotzdem scheint mir dies der einzige erfolgversprechende und anstrengende Weg, um die Inklusion in Schule und Gesellschaft (vor-)anzutreiben.

Die Montessori-Pädagogik stellt aus meiner Sicht dabei einen guten und gangbaren Weg bereit.

Quellen

Prof. Dr. Katrin Höhmann: Qualitätsbereich Umgang mit Vielfalt –Thesen und Kommentar, Exzellenzforum des Deutschen Schulpreises 2008
http://schulpreis.bosch-stiftung.de/content/language1/downloads/Thesen_Hoehmann_-_Umgang_mit_Vielfalt.pdf
Michael Klein-Landeck: Integration in Montessori-Klassen, in:
Reinhard Fischer, Peter Heitkämper in Verbindung mit Montessori-Vereinigung Deutschland (Hg.): Montessori Pädagogik: aktuelle und internationale Entwicklungen, Festschrift für Prof. Dr. Harald Ludwig, Münster 2005, S. 333–348

http://books.google.de/books?id=5cciK41P8pMC&pg=RA2-PA235&dq=montessori+international+entwicklungen&cd=1 #v=onepage&q=montessori%20international%20entwicklungen&f=false

Gudula Meisterjahn-Knebel: Montessori-Pädagogik – eine Einführung, in: Den Kindern das Wort geben, GEW Lüneburg, März 1994

Maria Montessori: alle Schriften

Ullrich Reuter: Integration/Inklusion in bayrischen Montessori-Einrichtungen – Zur Klärung der Begrifflichkeiten, Montessori Landesverband Bayern e.V. in Freising, Frühjahrstreffen 2009

http://www.montessoribayern.de/projekt01/media/Treffen/090509IntegrationInklusionVortragReuterRedetext.pdf

Jutta Schöler: Expertise zum Jakob-Muth-Preis für inklusive Schulen

http://www.bertelsmann-stiftung.de/cps/rde/xbcr/SID-0A000F0A-82A793C0/bst/xcms_bst_dms_27081_27082_2.pdf

Auf dem (bayerischen) Weg zu einer „Schule für alle". Die Jakob-Muth-Schule in Nürnberg

Ullrich Reuter

"Integration ist ein Grundrecht im Zusammenleben der Menschen, das wir als Gemeinsamkeit aller zum Ausdruck bringen. Es ist ein Recht, auf das jeder Mensch einen Anspruch hat. Die Frage der Integrationsfähigkeit kann sich immer nur an die einzelne Schule richten, an ihre personelle und sachliche Ausstattung."(Jakob Muth 1991, 185 f.)

Prof. Jakob MUTHs vor fast 20 Jahren getroffene Aussage über das selbstverständliche Recht jedes Menschen auf (schulische) Integration ist noch lange nicht eingelöst. Das föderale deutsche Bildungssystem hat dazu geführt, dass sich in den einzelnen Bundesländern sehr unterschiedliche rechtliche, strukturelle und materielle Bedingungen und Konzepte für integrative schulische Bildung entwickelt haben. Bayern geht dabei seit langem einen eigenen Weg: Unter dem Motto "Integration durch Kooperation" wurden und werden verschiedene Formen der Zusammenarbeit zwischen Regel- und Förderschulen als erfolgreicher Weg des gemeinsamen Unterrichts propagiert. In diesem Beitrag, der den Kölner Workshop in den wesentlichen Inhalten zusammenfasst, soll das bayerische Modell kurz dargestellt und am Beispiel der Nürnberger Jakob-Muth-Schule etwas genauer beleuchtet werden. Diese Schule, die ich nunmehr im zweiten Schuljahr leite, versucht seit einigen Jahren, innerhalb der gesetzlich gegebenen Möglichkeiten kooperative Formen gemeinsamer Bildung von Kindern mit und ohne sonderpädagogischen Förderbedarf im Bereich geistige Entwicklung zu gestalten.

Auf vertiefende Gedanken zur Integrations- bzw. Inklusionsdiskussion soll hier verzichtet werden. Näheres dazu findet sich in vielen anderen Beiträgen dieses Bandes. Nur auf zwei theoretische Aspekte, die auch für das Integrationsverständnis unserer Schule wichtig sind, soll vorab etwas genauer eingegangen werden.

Zwei theoretische Anmerkungen vorweg

Andreas BÜRLI (1997) und später auch andere haben die Veränderung des gesellschaftlichen und schulischen Umgangs mit behinderten Menschen in einem "Stufenmodell" dargestellt:
In der Phase der Exklusion wird Menschen mit Behinderungen das Recht auf Bildung versagt; sie sind von der Schulpflicht "befreit" und gänzlich aus dem Bildungswesen ausgeschlossen. Mit der Begründung der "Bildungsunfähigkeit" verwahrt man sie in Anstalten oder belässt sie im Umfeld der Familie.

In der Segregation dürfen behinderte Kinder eine öffentliche oder private Schule besuchen und unterliegen (seit Ende des 19. Jahrhunderts) zum großen Teil der "Schulpflicht", allerdings meist in einem von den allgemeinen Schulen separierten Sonderschulwesen. Die "Zwei-Schulen-Theorie" unterscheidet zwischen "Regelschulen" für "normale" und "Sonderschulen" für "behinderte" Kinder.

In der Phase der Integration öffnet sich die allgemeine Schule mehr oder weniger auch für bestimmte Kinder mit Behinderungen. Diese müssen aber zunächst als "behindert" diagnostiziert und etikettiert und damit von der Gruppe der so genannten "normalen" Kinder unterschieden werden, um Ressourcen für ihre besonderen Bedürfnisse zu erhalten – und auch diese nur, soweit die jeweiligen Bildungshaushalte das hergeben. Die "Zwei-Schulen-Theorie" wird abgelöst durch die "Zwei-Gruppen-Theorie". Unter dem Dach einer gemeinsamen Schule gibt es zwei deutlich unterschiedene Schülergruppen, die "nichtbehinderten" und die "behinderten" Kinder.

In der Phase der Inklusion wird Vielfalt zur Normalität, alle Kinder sind unterschiedlich, anders, einzigartig, individuell. Kinder mit Behinderungen haben keinen besonderen Status der "Andersartigkeit" mehr. Damit verzichtet eine inklusive Pädagogik darauf, Kinder an das bestehende System anzupassen und zu "normalisieren", sondern die Schule passt sich umgekehrt den Kindern an. "Inklusion ist die ultimative Integration, sozusagen der Olymp der Entwicklung, danach kommt nichts mehr." (WOCKEN 2009, 12)

In aller Regel wird dieses Stufenmodell historisch betrachtet. Aber genau da denken wir zu kurz! All diese vermeintlichen "Phasen" im Sinne von "Entwicklungsphasen der Sonderpädagogik" geschehen nicht einfach nacheinander, sondern sie existieren als typische Denk- und Handlungsmuster gleichzeitig und häufig miteinander vermengt. WOCKEN (2009) spricht daher nicht von "Entwicklungsphasen", sondern von "Qualitätsstufen der Behindertenpolitik und "pädagogik" und fügt noch eine unterste Stufe an, die der "Extinktion" also der "Auslöschung" als unmenschlichste Form des Umgangs mit behinderten Menschen, wie sie in der Antike und dem Mittelalter, aber auch in den so genannten "Euthanasie-Verbrechen" der Nazis und zumindest ansatzweise auch heute in utilitaristischen Kosten-Nutzen-Rechnungen im Zusammenhang mit Eugenik und Pränataldiagnostik auftauchen.

Verknüpfen wir mit WOCKEN diese Qualitätsstufen mit den Rechten, die behinderten Menschen jeweils zugestanden werden – denn diese bilden die faktischen Grundlagen der Gestaltung von Lebenswirklichkeiten -, dann wird deutlicher, worum wir uns in unserem Handeln immer wieder bemühen müssen: Für alle Menschen, hier insbesondere für Menschen mit Behinderungen, nicht nur das Recht auf Leben und auf Bildung, sondern auch auf Gemeinsamkeit und Teilhabe und – auf der höchsten Stufe – das Recht auf Selbstbestimmung und Gleichheit anzuerkennen und dafür zu kämpfen.

Und das verdeutlicht auch, dass die Rechte der einen Stufe auf die nächste im Sinne eines "Gütertransfers mitwandern" müssen: Das Recht auf Bildung etwa darf nicht dem Recht auf

Teilhabe geopfert werden! Eine Integration, für die als Preis der Verzicht auf eine fachlich ver-
antwortbare, den individuellen Bedürfnissen des einzelnen Kindes entsprechende Bildung ge-
zahlt werden muss, ist kein höherer Wert als Separation! Und dies gilt es auch im so genannten
bayerischen Weg der "Integration durch Kooperation" und bei der konkreten Gestaltung integrativer Settings in einer Schule mitzudenken.

Bezüglich der Begrifflichkeiten verhalten wir uns also eher vorsichtig und bleiben unter Be-
rufung auf Jutta SCHÜLER bei der Terminologie der "Integration", die in ihrer Expertise zur
Ausschreibung des Jakob-Muth-Preises der Beauftragten der Bundesregierung für die Belange
behinderter Menschen, der deutschen UNESCO-Kommission und der Bertelsmann-Stiftung
feststellt: "So lange es in Deutschland im öffentlichen Bewusstsein noch als "normal" gilt,
Kinder mit Behinderungen oder Lernschwierigkeiten in besonderen Schulen zu unterrichten,
sollte ehrlicherweise von 'Integration' gesprochen und gleichzeitig das Ziel 'Inklusion' angestrebt werden. So lange nahezu alle formalen Regelungen im Schulsystem die besonderen
Bedürfnisse der Kinder mit Behinderungen nicht berücksichtigen (z.B. Curricula/Vorschriften
für Zensuren und Zeugnisse) kann jede einzelne Schule sich nur dem Ziel der 'Inklusion' annähern." (SCHÜLER 2008, 5)

Ähnlich, wie mit der strukturellen Diskussion um die Qualität integrativen/inklusiven Unterrichts, verhält es sich mit den Qualitätsansprüchen an einen integrativen Unterricht. Georg
FEUSERs Konzept einer "entwicklungslogischen Didaktik" des "kooperativen Lernens am gemeinsamen Gegenstand" und seine Ergänzungen durch PITSCH (≥2002) haben die Integrati-
onsdidaktik über lange Jahre maßgeblich geprägt. So wichtig dieses Modell war und ist, um
eine theoretisch begründete, systematische und überzeugende Vorstellung davon entwickeln
zu können, was gemeinsames Lernen auf unterschiedlichsten Entwicklungsniveaus bedeuten
könnte, so sehr hat es zugleich dazu beigetragen, Verunsicherungen der in der Schulpraxis Tätigen zu fördern. Ist es tatsächlich realisierbar, in qualitativ und quantitativ angemessener Weise
integrativen Unterricht so zu gestalten, dass "alle Kinder in Kooperation miteinander auf ihrem
jeweiligen Entwicklungsniveau und mittels ihrer momentanen Denk- und Handlungskompetenzen an und mit einem gemeinsamen Gegenstand spielen, lernen und arbeiten" (FEUSER 1999,
217)?

Um diesen quasi "olympisch" hohen Anspruch an integrativ arbeitende Pädagoginnen zu re-
lativieren, erscheint es mir im Hinblick auf die Vielfalt der Lern- und Lebenssituationen im
Schulalltag unerlässlich, FEUSERs didaktischen Zugang zu ergänzen um Hans WOCKENs Be-
schreibungen relevanter und typischer Situationen in integrativen bzw. inklusiven schulischen
Handlungsfeldern (vgl. WOCKEN 1998):

1. Koexistente Lernsituationen   2. Kommunikative Lernsituationen

3. Subsidiäre Lernsituationen   4. Kooperative Lernsituationen
   a) Unterstützende Lernsituationen   a) Komplementäre Lernsituationen
   b) Prosoziale Lernsituationen   b) Solidarische Lernsituationen

Es geht also nicht um eine Fixierung auf den "gemeinsamen Gegenstand" als unabdingbare Voraussetzung gemeinsamen Lernens, sondern um eine "Didaktik der Vielfalt" (vgl. ebd. 51) als unterrichtliche Entsprechung einer "Pädagogik der Vielfalt".

Insofern gilt es, sich gemeinsam um geeignete Wege hin zu einem neuen und kreativen Umgang mit Heterogenität im Unterricht zu bemühen, eine "Pädagogik der Vielfalt"auch in der täglichen Praxis zu entwickeln (vgl. PRENGEL 1993). Hans WOCKEN hat in seinem Beitrag zum Frankfurter Integrationsforscherkongress 2009 aufgezeigt, wie schwierig und zugleich wie wichtig diese Bemühungen sind: "Die gemeinsame Unterrichtung aller Schüler, ohne jegliche Ausnahme, ist die anspruchsvollste Aufgabe, die Schulpädagogik und Unterrichtsdidaktik in ihrer Geschichte jemals zu leisten herausgefordert waren! Die Inklusion ist aufgerufen, sich in Übungen zur Konkretisierung einer Idee (VON HENTIG 1993) zu befleißigen."(WOCKEN 2009, 22 f). Auch die integrativen Schulentwicklungsbemühungen der Jakob-Muth-Schule verstehen sich als ernsthafte und kreative Bemühungen auf diesem anspruchsvollen Weg, der sicher erst am Anfang steht und wohl auch nie abgeschlossen sein wird.

DER BAYERISCHE WEG DER INTEGRATION: "INTEGRATION DURCH KOOPERATION"

In Bayern wird seit fast 20 Jahren ein spezifischer Weg der Integration propagiert und gesetzlich festgeschrieben. Auch wenn die Kultusminister und Ministerpräsidenten inzwischen gewechselt habe, gleich geblieben ist die Überschrift über diesem bayerischen Weg: "Integration durch Kooperation" mit einer in den letzten Monaten erfolgten neuen Akzentuierung einer "Inklusion durch Kooperation" (wobei es sich meinem Verständnis verschließt, wie die Begriffe "Inklusion" und "Kooperation" von Systemen, die zunächst die Trennung von bestimmten Schülergruppen aufgrund von Leistungsfähigkeit bzw. besonderer Förderbedürftigkeit erzeugen, mir nichts dir nichts zu verbinden sind). Der bayerische Weg sieht verschiedene Formen gemeinsamen Unterrichts vor, die im Folgenden kurz vorgestellt werden sollen:

a. Kooperation von Partnerklassen
Die unverbindlichste Umsetzung bilden Partnerklassen von Regel- und Förderschulen, die im Rahmen des Schullebens, einzelner Unterrichtsstunden (vorwiegend den musischen Fächern) und ggf. bei Projekten punktuell kooperieren. Das mag erste Vorurteile und Hemmungen abbauen helfen, bleibt aber in den meisten Fällen bei eher oberflächlichen und kurzfristigen Begegnungen. Ich selbst habe als Sonderschullehrer an einem Zentrum für Körperbehinderte über viele Jahre in sehr unterschiedlicher Intensität mit Partnerklassen von Grundschulen, Hauptschulen und Förderschulen kooperiert und dabei sehr wichtige Erfahrungen für das Lernen in heterogenen Gruppen sammeln und zugleich Schwellenängste bei Schülern, Eltern und Kollegen abbauen können. Trotz teilweise ausgesprochen intensiver Begegnungen blieb die Zugehörigkeit der Schüler zu ihrer jeweiligen Klasse doch stets deutlich spürbar und für die Zusammenarbeit prägend (vgl. REUTER / MALETIUS 1999).

b. Außenklassen

Vor allem im Förderschwerpunkt geistige Entwicklung wird von administrativer und politischer Seite das Außenklassenmodell als erste Wahl propagiert. Klassen einer Förderschule sind in einer Grund- oder seltener Hauptschule untergebracht und kooperieren in unterschiedlicher Intensität mit einer oder zwei Regelschulklassen. Die Schüler gehören formal ihrer Stammschule an und werden von Lehrkräften ihrer Schule unterrichtet. Offizielles Motto: So viel gemeinsamer Unterricht wie möglich, so viel getrennte Förderung wie notwendig. Intensität und Qualität dieser Zusammenarbeit reichen von gelegentlichen Besuchen und einzelnen Musikstunden bis hin zu wirklich bemerkenswerten Kooperationen. Rechtlich ist auch die umgekehrte Variante von Außenklassen einer Regelschule an einem Förderzentrum vorgesehen (BayEUG Art. 30 Abs. 1).

c. Außenklasse als "integrative Klasse"

Auch wenn dies im BayEUG so nicht vorgesehen ist, können daraus bei kreativem Umgang mit den rechtlichen Vorgaben seitens der beteiligten Schulen und entsprechender Duldung und Unterstützung durch die Schulaufsicht sogar "quasi-integrative Klassen" entstehen – die Montessori-Schule in Würzburg gestaltet seit vielen Jahren zusammen mit der Christophorusschule Würzburg ein solches Integrationsmodell unter dem Vorzeichen "Außenklasse"(vgl. RATZ 2006). Auch in unserer Schule nähern sich manche Außenklassen-Kooperationen im Schulalltag durchaus dem Konzept so genannter "integrativer Klassen" – mehr dazu unten.

d. Kooperationsklassen

Für manche Begriffsverwirrungen auf den verschiedensten Ebenen sorgen die in Bayern so genannten "Kooperationsklassen". Einige Schüler mit sonderpädagogischem Förderbedarf werden in einer möglichst kleiner gehaltenen Regelschulklasse gemeinsam mit nicht behinderten Kindern nach dem Regelschullehrplan unterrichtet und dabei – mit der Vorgabe abnehmender Betreuungsintensität von maximal ca. 8 bis zu 2 Wochenstunden – von Mitarbeitern des Mobilen Sonderpädagogischen Dienstes begleitet. Ziel ist die sukzessive Eingliederung oder Wiedereingliederung dieser Schüler in die allgemeine Schule. Aufgrund des Gebots der lernzielgleichen Förderung eignet sich diese Form vor allem für Schüler mit den Förderschwerpunkten Lernen, Sprache und sozial-emotionale Entwicklung.

e. Einzelintegration in einer Regelklasse ohne sonderpädagogische Unterstützung

Schon lange vor der Diskussion um Integration gab es Schüler, die "ganz normal" Regelklassen besuchten, ohne dabei sonderpädagogische Unterstützung zu benötigen. Oft geht es eher um den Einbau von Rampen und Aufzügen oder die Gewährleistung von Pflege als um pädagogische Fragestellungen. Einzelintegration ohne sonderpädagogische Unterstützung ist für das einzelne Kind oder den Jugendlichen bzw. dessen Familie nicht immer einfach zu bewerkstelligen, die kostengünstigste und eigentlich auch "normalste" Form der Integration ist sie allemal. Insbesondere der zunehmende Einsatz von "Schulbegleitern" oder "Integrationshelfern" im Rahmen der Eingliederungshilfe auf der Grundlage des SGB IX ermöglicht immer mehr Kindern mit Pflege- und nicht primär pädagogischem Betreuungsbedarf im unmittelbaren Lebensumfeld zur Schule zu gehen.

f. Einzelintegration in einer Regelklasse mit sonderpädagogischer Unterstützung

Am nächsten an der Zielvorstellung einer wohnortnahen Integration in die zuständige allgemeine Schule auch für Kinder mit sonderpädagogischem Förderbedarf ist die Einzelintegration mit sonderpädagogischer Unterstützung durch Mobile Sonderpädagogische Dienste, die in der Neufassung des BayEUG von 2003 erstmals auch gesetzlich geregelt wurde. Sonderpädagogische Begleitung leisten hier die Mobilen Sonderpädagogischen Dienste. Art. 21 beschreibt deren Aufgaben: Diagnostik, Förderung, Beratung, Koordination der Förderung und Durchführung von Fortbildungen, wobei der Anteil der unmittelbaren Arbeit mit dem Kind (mit gewissen Ausnahmen bei Kindern mit geistiger Behinderung) deutlich nachgeordnet ist. Beantragt werden muss der MSD durch die Leitung der Schule, die das Kind besucht, und zwar bei der Förderschule mit dem jeweiligen primären Förderschwerpunkt des betroffenen Kindes. Die Zuweisung der Ressourcen an die jeweilige Förderschule erfolgt durch die Regierungen – deren Umfang erlaubt in der Regel höchstens eine erste Diagnostik sowie gelegentliche Beratungen oder Kriseninterventionen. Selbst bei Schülern mit geistiger Behinderung ist die maximal pro Kind zugestandene Zeit von zwei Unterrichtsstunden wöchentlich nur selten tatsächlich gegeben.

Art. 41 des BayEUG definiert, welcher Schüler überhaupt einzelintegriert werden darf, denn ganz im Widerspruch zu den Forderungen der UN-Konvention muss das Kind "Mindestanforderungen" erfüllen. Das Gesetz besagt, dass "Schulpflichtige mit sonderpädagogischem Förderbedarf, die am gemeinsamen Unterricht in der allgemeinen Schule nicht aktiv teilnehmen können oder deren sonderpädagogischer Förderbedarf an der allgemeinen Schule auch mit Unterstützung durch Mobile Sonderpädagogische Dienste nicht oder nicht hinreichend erfüllt werden kann, eine für sie geeignete Förderschule zu besuchen (haben)"(Art. 41, Abs. 1). Die äußerst schwammige Formulierung der "aktiven Teilnahme" wird im zweiten Satz des Artikels ansatzweise näher bestimmt: "Ein Schüler kann aktiv am gemeinsamen Unterricht der allgemeinen Schule teilnehmen, wenn er dort, gegebenenfalls unterstützt durch Maßnahmen des Art. 21 Abs. 3, überwiegend in der Klassengemeinschaft unterrichtet werden, den verschiedenen Unterrichtsformen der allgemeinen Schule folgen und dabei schulische Fortschritte erzielen kann sowie gemeinschaftsfähig ist." Diese Formulierung bleibt fragwürdig und unklar und es wird wohl unter den Prämissen der UN-Behindertenrechtskonvention nicht länger haltbar sein, die "Integrationsfähigkeit" einzelner Schüler von Mindestanforderungen, die diese zu erfüllen haben, abhängig zu machen. Der bayerische Landtag hat mit einem von allen Fraktionen getragenen Beschluss die Staatsregierung aufgefordert, "dem Landtag bis zur Sommerpause 2010 unter Berücksichtigung der oben dargestellten Grundsätze ein Konzept zur Umsetzung eines inklusiven Bildungssystems im Sinne des Art. 24 der UN-Behindertenrechtekonvention vorzulegen"(BAYERISCHER LANDTAG Drucksache 16/3677 vom 18.02.2010).

Der "bayerische Weg" wird, darauf deuten die Aussagen des bayerischen Kultusministers und derzeitigen KMK-Vorsitzenden Ludwig SPAENLE hin, in der anstehenden Novellierung des BayEUG nicht vom eingeschlagenen Weg der nun so genannten "Inklusion durch Kooperation" abgehen, sondern will den Umfang und die Qualität der bestehenden Kooperationsformen stärken und dabei weiterhin auf Förderschulen als fachliche Kompetenzzentren und als

Förderort setzen (vgl. BAYERISCHE STAATSKANZLEI 2009). Der Weg, den die Jakob-Muth-Schule Nürnberg in den vergangenen Jahren eingeschlagen hat und der im Folgenden skizziert werden soll, könnte unter diesen Vorzeichen durchaus beispielhaft für mögliche Weiterentwicklungen in den kommenden Jahren stehen.

DIE JAKOB-MUTH-SCHULE NÜRNBERG AUF DEM WEG ZU EINER "SCHULE FÜR ALLE"
AUSGANGSLAGE UND AKTUELLE SITUATION

Das private Förderzentrum der Lebenshilfe Nürnberg e.V. ist eine staatlich anerkannte Ersatzschule mit dem Förderschwerpunkt "geistige Entwicklung", die Schülerinnen und Schüler aus dem ganzen Stadtgebiet Nürnberg aufnimmt. Schwerpunktmäßig kommen unsere Schüler aus dem Westen, Südwesten und Süden der Stadt. Die besondere Zusammensetzung der Schülerschaft der Schule (etwa die Hälfte kommt aus Familien mit Migrationshintergrund aus 25 Nationen, ein hoher Anteil rekrutiert sich aus so genannten sozial benachteiligten Bevölkerungsgruppen) führt dazu, dass viele Schüler einen mehrfachen Integrationsbedarf aufweisen.
Der Schule ist seit ihrer Gründung im Jahr 1978 die Heilpädagogische Tagesstätte der Lebenshilfe angeschlossen. Beide Einrichtungen arbeiten eng zusammen und ergänzen sich zu einem Ganztagsangebot. Der Erziehungsauftrag von Schule und heilpädagogischer Tagesstätte zielt darauf ab, die Entwicklung des Kindes entsprechend seiner individuellen Fähigkeiten und Möglichkeiten zu fördern und so zur Integration in die Gesellschaft beizutragen. Dies kann nur gelingen, wenn Schule und Tagesstätte nach dem Grundsatz der Ganzheitlichkeit fördern und erziehen und in enger Absprache agieren. In den letzten Jahren wurden in der Regel 22 Klassen mit durchschnittlich zehn Schülerinnen und Schülern gebildet; im Schuljahr 2009/10 sind es 23 Klassen sowie acht schulvorbereitende Gruppen.

Mit dem beginnenden Paradigmenwechsel in der Sozialpolitik durch die Einführung des SGB IX im Jahr 2001 ergriff der Vorstand der Lebenshilfe Nürnberg e. V. die Initiative für gemeinsamen Unterricht von Kindern und Jugendlichen mit und ohne sonderpädagogischen Förderbedarf. Der Vorstand entschied im Rahmen eines Schulentwicklungsprozesses, das Förderzentrum in zwei Richtungen zu öffnen:

1. Einrichtung und Führung von Klassen des Förderzentrums an Regelschulen mit dem Ziel, so weit wie möglich gemeinsamen Unterricht und Teilhabe am Schulleben zu gestalten.
2. Aufnahme eines Grundschulzuges einer öffentlichen Grundschule (mit der Möglichkeit sprengelübergreifender Zuordnung) im Gebäude des Förderzentrums mit der Zielsetzung möglichst umfänglichen gemeinsamen Unterrichts in einem Klassenverbund mit dem Ziel einer weitgehenden Öffnung der Schule.

Für die wissenschaftliche Begleitung und Beratung der Weiterentwicklung unserer Schule auf dem Weg zu "einer Schule für Alle" wurde Prof. Dr. Jutta Schöler vom Erziehungswissenschaftlichen Institut der TU Berlin gewonnen, die seit mehr als 30 Jahren zum Thema des gemeinsamen Lernens aller Kinder lehrt und forscht. Frau Prof. Schöler stand den integrativ arbeitenden

Mitarbeiterinnen der Bereiche Kindergarten, Schulvorbereitende Einrichtung, Schule und Tagesstätte regelmäßig für Hospitation und Beratung zur Verfügung.

Unterstützung von Einzelintegration durch einen Mobilen Sonderpädagogischen Dienst
Bereits zum Schuljahr 2003/2004 begann auf der Grundlage des 2003 geänderten Bayerischen Erziehungs- und Unterrichtsgesetzes (siehe oben) die konkrete Umsetzung der oben genannten Ziele. Entsprechend den Vorgaben des Art. 21 BayEUG wurde ein "Mobiler sonderpädagogischer Dienst" aufgebaut, der eine zunehmende Zahl von Schülern mit dem Förderschwerpunkt geistige Entwicklung in Einzelintegration an Regelschulen begleitet. Aktuell (Schuljahr 2009/10) unterstützt der MSD der Jakob-Muth-Schule acht Schüler an der Montessori-Schule und der Jena-Plan-Schule Nürnberg. Die staatlicherseits zugewiesenen Lehrerstunden für den Mobilen Sonderpädagogischen Dienst erlauben allerdings keine regelmäßige Förderung, sondern lediglich Unterstützungsmaßnahmen, insbesondere in den Bereichen Diagnostik, Teamberatung und Elternarbeit. Leider scheuen öffentliche Nürnberger Grund- und Hauptschulen nach wie vor Einzelintegrationsmaßnahmen mit geistigbehinderten Kindern.

KOOPERATIVER UNTERRICHT: AUSSENKLASSEN AN GRUNDSCHULEN

Zum Schuljahresbeginn 2003/2004 erklärten sich die Rektorin und einige Lehrkräfte der Grundschule Gebersdorf, einem Stadtteil im Nürnberger Südwesten, bereit, eine Klasse als Außenklasse des Förderzentrums aufzunehmen und sich auf gemeinsamen Unterricht einzulassen. Aufgrund der positiven Erfahrungen hinsichtlich der gemeinsamen Gestaltung und Umsetzung von Unterrichtsstunden in Gebersdorf wurde das Außenklassen-Modell auf eine weitere Grundschule (Wahlerschule, Stadtteil Schniegling) im darauf folgenden Schuljahr ausgeweitet.

Bis zum Schuljahr 2008/2009 konnten sechs Klassen der Förderschule als "Außenklassen" in die beiden Grundschulen eingebunden werden. Die regelmäßige gemeinsame Unterrichtszeit beträgt sechs bis zwölf Wochenstunden. Hinzu kommen gemeinsame Projekte, Feiern, Feste und Ausflüge. Aktuell sind vier Außenklassen an der Grundschule Gebersdorf sowie zwei Klassen an der Wahlerschule untergebracht.

Jutta SCHÖLER, die die Außenklassen seit Jahren beratend begleitet hat, beschreibt zusammenfassend ihre Beobachtungen sowie die Ergebnisse ihrer Gespräche mit beteiligten Pädagoginnen, Eltern und Schulleitungen folgendermaßen:

"Die Klassen der Lebenshilfe werden als 'Partner-", "c-Klassen' oder 'Kooperationsklassen' bezeichnet. Die einzelnen Kinder dieser Klassen werden nicht nur als Teil der Klassengemeinschaft, sondern mit ihren jeweils spezifischen Verhaltensweisen auch als Individuen wahrgenommen. In der Klasse der Lebenshilfe waren acht Schülerinnen und Schüler, in den beiden Regelklassen 25/26 Schülerinnen und Schüler; dies bedeutet, dass in den Kooperationsstunden ca. 30 Kinder im Klassenraum waren.

Die Klassenräume der Kooperationsklasse befanden sich jeweils auf demselben Flur, unmittelbar neben den beiden kooperierenden Grundschulklassen. Die beiden Grundschullehrerinnen, die Sonderpädagoginnen und die Pädagogischen Unterrichtshilfen trafen sich regelmäßig (in der Regel 1x pro Woche), um den gemeinsamen Unterricht zu planen. Für diesen gemeinsamen Unterricht teilte sich die Gruppe der Kooperationsklasse. Die einzelnen Kinder wussten, in welche Partnerklasse sie dann wechseln. Es bestanden z.T. wechselnde, z.T. feste Partnerschaften zwischen einzelnen Kindern der Regelklassen und der Kooperationsklasse. In der Regel wurden der Sportunterricht, der Musikunterricht und Bildnerisches Gestalten gemeinsam durchgeführt. Es gab einzelne Projekte mit Stationenlernen und Offenem Unterricht im Naturkunde- und Kunstunterricht; diese Projekte wurden teilweise mit regelmäßigem Unterricht 1x pro Woche weitergeführt. Die Kinder der Kooperationsklasse arbeiteten in diesen Phasen jeweils einzeln mit einer beständigen Gruppe von drei Kindern der Grundschulklasse. Wandertage und alle Schulfeste wurden gemeinsam vorbereitet, durchgeführt und ausgewertet."(SCHÖLER 2007, 2)

Die Beteiligten und Jutta SCHÖLER bewerten die bisherigen Erfahrungen zusammenfassend so: "Die Kontakte sind zu selten; insgesamt ist das Wenige aber doch besser als gar nichts" (ebenda). Dennoch sind die Außenklassen in der Grundschule "angekommen", bzgl. der Auswirkungen der Kooperation auf Persönlichkeit, Sozialverhalten und Leistungen der Schüler, Schulklima, Teamentwicklung konstatiert SCHÖLER positive Ergebnisse (vgl. ebenda).
In einer neuen Außenklasse an der Wahlerschule konnte die Zusammenarbeit erheblich intensiviert werden, so dass dort täglich große Anteile des Unterrichts gemeinsam von Grundschullehrerin und Sonderpädagogin für alle Schüler (mit Binnendifferenzierung) gestaltet werden – eine Entwicklung, die hoffentlich bald auch in den anderen Außenklassen gelingen wird.
Unser Ziel ist es, in Kooperation mit den beteiligten Kollegien und Schulleitungen das integrationspädagogische Profil an beiden Standorten in den kommenden Jahren weiter zu schärfen.

AUSSENKLASSE AN EINER REALSCHULE

Leider gibt es in Bayern noch relativ wenige Erfahrungen mit integrativen Modellen im Sekundarstufenbereich. Umso erfreulicher war es, dass mit Beginn des Schuljahrs 2007/2008 Schülerinnen und Schüler, die seit 2003 bereits Kooperationserfahrungen mit Grundschülerinnen und Grundschülern gemacht hatten, eine Außenklasse in der 5. Jahrgangsstufe (Sekundarstufe) an einer Realschule (Geschwister-Scholl-Realschule) fortführen konnten. Die Weiterführung des gemeinsamen Unterrichts in der Sekundarstufe wurde von den Eltern der Schülerinnen und Schüler mit sonderpädagogischem Förderbedarf ausdrücklich gewünscht.
Kennzeichen der Zusammenarbeit der Partnerklassen von Real- und Förderschule ist, dass der Unterricht überwiegend in einer Lerngruppe stattfindet. Dies wird ermöglicht durch sehr differenzierte gemeinsame Lernplanung und Unterrichtsvorbereitung der beiden Lehrkräfte. Methodisch finden vor allem Formen des offenen Unterrichts (Lernwerkstatt, Wochenarbeit) sowie fächerübergreifende Projekte statt. Eine ausführliche Darstellung dieser Erfahrungen durch die beteiligten Pädagoginnen findet sich bei LANGENHORST/SEITZ (2010). Aufgrund der zu

beobachtenden positiven Auswirkungen des gemeinsamen Lernens bei den beteiligten Schülern und auf das Schulklima insgesamt wird das Projekt mit einer neuen Außenklasse (5. Jahrgang) für weitere zwei Jahre fortgeführt. Eine Erweiterung um eine weitere Außenklasse an der Realschule in den Klassenstufen 5 und 6 wäre wünschenswert, aus Platzgründen aber derzeit leider nicht möglich.

Auch in den Schuljahren 7 bis 9 sollen die Schüler der Jakob-Muth-Schule in Kooperation mit Regelschülern lernen. Die Einrichtung von Außenklassen unserer Schule an weiterführenden öffentlichen Schulen gestaltet sich bislang über die Zusammenarbeit mit der Geschwister-Scholl-Realschule hinaus als nicht realisierbar. Daher sollen in den kommenden Jahren Klassenpartnerschaften mit Regelschulen im Sekundarstufenbereich aufgebaut werden, in denen aufbauend auf den Kooperationserfahrungen der Grundschulzeit gemeinsame Unterrichtsvorhaben und Projekte verwirklicht werden.

INTEGRATIVES, PÄDAGOGISCH GESTALTETES GANZTAGSANGEBOT

Die Weiterentwicklung der Schule umfasst neben der Unterrichtszeit auch die unterrichtsfreie Zeit. Schrittweise entwickeln wir für die Schülerinnen und Schüler der Jakob-Muth-Schule und unserer Partnerschulen an den Außenklassenstandorten ein integratives, pädagogisch gestaltetes Ganztagesangebot, in dem die heilpädagogische Tagesstätte und andere Formen der Nachmittagsbetreuung zusammenarbeiten. Die Erfahrungen der heilpädagogischen Tagesstätte an der Wahlerschule, der Gebersdorfer Grundschule und der Geschwister-Scholl-Realschule zeigen, dass dieses Angebot von den Grundschülerinnen und -schülern gerne und zunehmend intensiv angenommen wird. Ein weiterer Ausbau ist vorgesehen. Die Zusammenarbeit von Schule und heilpädagogischer Tagesstätte wurde in Zusammenarbeit mit der Uni Würzburg evaluiert und bildet einen wichtigen Bestandteil unserer Schulentwicklung (vgl. ROTH 2008). Der "Index für Inklusion" bietet wertvolle Begleitungshilfen auf unserem Weg zu einer "Schule für Alle" (vgl. BOOTH/AINSCOW 2003), gerade auch im Hinblick auf den mehrfachen Integrationsbedarf vieler unserer Schüler.

Der nächste Schritt: Außenklassen einer Grundschule an der Jakob-Muth-Schule/ intensiv-kooperierende Klassen

Die Erfahrungen zeigen, dass Schulentwicklung nur mit der engagierten Beteiligung und konstruktiven Zusammenarbeit von Leitung und möglichst allen Mitarbeiterinnen und Mitarbeitern gelingen kann. Dies bedeutet für uns, dass sowohl die Kollegien der Jakob-Muth-Schule und ihrer Partnerschulen als auch Mitarbeiterinnen und Mitarbeiter der heilpädagogischen Tagesstätte, der integrativen Kindergärten, der Schulvorbereitenden Einrichtung, der Fachdienste und auch die Eltern und Vertreter des Schulträgers an der Weiterentwicklung teilhaben. Zur Einbindung der Erfahrungen, Kompetenzen, Ideen und Visionen aller auch zukünftig Beteiligten fand bereits im Dezember 2005 eine Zukunftswerkstatt zum Thema "Gemeinsame Bildung und Betreuung für alle Kinder" statt, deren Ergebnisse in die Zukunftsplanungen einflossen. Nach den überaus positiven Erfahrungen mit Außenklassen unserer Schule an Regelschulen soll nun ein (im BayEUG ausdrücklich vorgesehenes) Konzept der gemeinsamen Förderung von Schülern mit und ohne Behinderung realisiert werden: Außenklassen einer Grundschule werden in unserem Schulgebäude unterrichtet und erleben gemeinsam mit den Schülern einer jeweils in unmittelbarer räumlicher Nachbarschaft beheimateten Förderschulklasse möglichst umfassenden gemeinsamen Unterricht. In ähnlicher Weise, wie wir dies aktuell in einigen unserer Außenklassen an der Grundschule bzw. Realschule erleben, ist es Intention unseres Konzepts, dass sich die Schüler und Mitarbeiter der beiden kooperierenden Klassen als Mitglieder "einer gemeinsamen Klasse" erleben. Dies sehen wir als einen wichtigen weiteren Schritt auf dem Weg zu einer "Schule für Alle" in einem inklusiven Bildungssystem gemäß Art. 24 der UN-Konvention von 2008, der "... langfristig eine Veränderung des schulischen Systems" anstrebt, so dass "Barrieren für das Lernen und die Teilhabe abgebaut werden" (ISB 2005, 6).

Die inhaltlich-pädagogische und administrativ-organisatorische Vorbereitungsarbeit für die Aufnahme von Grundschülerinnen und Grundschülern als "Außenklasse der Regelschule" am Förderzentrum wurde von mehreren Arbeitsgruppen vorbereitet, in der alle Berufsgruppen, die in Schule, Tagesstätte und Kindergarten vertreten sind, zusammen arbeiteten. Die Ergebnisse wurden mit Frau Prof. Schöler diskutiert und bilden die Grundlage des Konzepts, das neben dem gemeinsamen Unterricht auch ein pädagogisches Ganztagsangebot für alle Schüler vorsieht.

Ein erster Umsetzungsversuch zum Schuljahr 2008/09 ließ sich aufgrund des zu knappen zeitlichen Vorlaufs nicht realisieren. Die Vorbereitungen für einen Start so genannter "intensiv-kooperierender Klassen" sind in vollem Gange. Mit Beginn des Schuljahrs 2010/11 werden wir mit zwei Außenklassen einer Grundschule beginnen; bis 2012/13 sollen dann vier Grundschulkassen in der Jakob-Muth-Schule in enger Kooperation mit Förderschulklassen unterrichtet werden. Mit der Dunantschule wurde bereits eine Partnerschule gefunden, die das Projekt aktiv und intensiv mitgestaltet. Entgegen unseren Befürchtungen fanden sich ausreichend Eltern von Grundschulkindern trotz verständlicher Bedenken bereit, ihr Kind für die Außenklassen anzumelden und ein Team hochmotivierter und kooperationserfahrener Kolleginnen aus beiden Schularten ist mit Eifer und Kreativität in die konkreten Planungen eingestiegen. Auch wenn noch manche organisatorischen und finanziellen Fragen zu klären sind, scheint es im Herbst 2010 loszugehen. Staatliches Schulamt, das Städtische Amt für Volks- und Förderschulen sowie die Abteilung Förderschulen der Regierung von Mittelfranken begleiten und unterstützen den Prozess schulaufsichtlich.

ZUSAMMENFASSUNG UND AUSBLICK

Die Lebenshilfe Nürnberg hat sich seit einigen Jahren auf jenen Weg gemacht, der bereits 1973 unter Leitung des Namenspatrons unserer Schule Prof. Jakob MUTH in den "Empfehlungen des Deutschen Bildungsrats zur pädagogischen Förderung behinderter und von Behinderung bedrohter Kinder und Jugendlicher"angestoßen, aber erst nach der UNESCO-Erklärung von Salamanca und den "KMK-Empfehlungen zur sonderpädagogischen Förderung"(beide 1994) auch in Bayern schulrechtlich und strukturell geöffnet wurde. Die Jakob-Muth-Schule hat sich zum Ziel gesetzt, ausgehend von den gesetzlichen Vorgaben des BayEUG (2003), ein differenziertes Angebot gemeinsamen Lernens von Kindern und Jugendlichen ohne und mit (geistiger) Behinderung entsprechend der individuellen Bedürfnisse der Schüler und ihrer Familien zu entwickeln.

Die durch den Mobilen Sonderpädagogischen Dienst (MSD) begleitete Einzelintegration an Regelschulen soll in den kommenden Jahren weiter ausgebaut und vertieft werden. Neben den hier bereits sehr innovativ und erfolgreich tätigen privaten Schulen reformpädagogischer Prägung (Montessori-Schule und Jenaplan-Schule) wollen wir auch zunehmend öffentliche Grundschulen gewinnen und unterstützen, einzelne Schüler mit Förderbedarf "geistige Entwicklung", nach Maßgabe der Art. 41 und 21 des BayEUG, aufzunehmen. Dies setzt allerdings eine deutliche Erhöhung der für den MSD zugewiesenen Lehrerstunden voraus.

Die an zwei öffentlichen Grundschulen (Wahlerschule im Nürnberger Nordwesten sowie Grundschule Gebersdorf im Südwesten der Stadt) mittlerweile nicht mehr wegzudenkenden Außenklassen unseres Förderzentrums sollen qualitativ weiterentwickelt und evtl. quantitativ zu zwei kompletten Zügen der Grundschulstufe ausgebaut werden. Sie werden von beiden Schulfamilien, in denen wir zu Gast sind, inzwischen als große Bereicherung und wertvolle Ergänzung der eigenen allgemeinpädagogischen Aufgabe und des spezifischen Schulprofils verstanden. Zusammen mit den Außenklassen des staatlichen Förderzentrums Merianschule an der Hegelschule im Nürnberger Norden ist dadurch ein flächendeckendes Netz integrativer Schwerpunktschulen in der Stadt Nürnberg entstanden.

Eine Ausweitung des Außenklassenkonzepts im Bereich der Sekundarstufe ist gewünscht und beabsichtigt. Die sehr ermutigenden Erfahrungen unserer Kooperation mit der Geschwister-Scholl-Realschule machen Hoffnung, dass dies in absehbarer Zeit an dieser und ggf. auch an anderen weiterführenden Schulen möglich sein wird. Zudem sollen Klassenpartnerschaften mit Regelschulklassen auch den Schülern in der Sekundarstufe eine Fortführung der Kooperationserfahrungen aus der Grundschulzeit ermöglichen.

Die Öffnung unseres Stammhauses in der Waldaustraße für Außenklassen einer Grundschule, spätestens ab dem Schuljahr 2010/11, ergänzt dieses differenzierte Integrationsangebot auf einer neuen Stufe der Kooperation. Mit einem hohen Anteil gemeinsamen Unterrichts in enger Zusammenarbeit aller Beteiligten (Pädagogen, Kinder, Eltern, Schulen) wollen wir uns dem eingangs beschriebenen und in der UN-Konvention Art. 24 geforderten Ziel einer "Schule für Alle" ("inclusive education") weiter annähern. Die in diesem Konzept beschriebenen Umsetzungsformen können, entsprechend der konkret gegebenen strukturellen und pädagogischen Voraussetzungen auch um weitere reformpädagogische Elemente, etwa das Lernen in altersgemischten Gruppen, erweitert werden, die die Heterogenität als förderliche Lernbedingung anerkennen. Wir wollen gleichzeitig mit zwei (altersgemischten) Außenklassen der Grundschule in der Jakob-Muth-Schule starten, um damit einer anfänglichen Isolierung der "ausgelagerten" Grundschüler und Lehrkraft zu begegnen und manche organisatorische Probleme (Vertretung u.a.) zu verringern.

Die aktuellen Willenserklärungen der bayerischen Staatsregierung zur Stärkung einer inklusiven Bildung machen Hoffnung, dass seitens der Schulaufsicht und des Ministeriums unsere Bemühungen um mehr gemeinsamen Unterricht erleichtert und gefördert werden, auch im Hinblick auf einen Verzicht der bislang gegebenen Einengung gemeinsamer Klassen auf einen Förderschwerpunkt und den Einstieg in ein zuverlässiges Zwei-Pädagogen-System in integrativ arbeitenden Klassen auch in Bayern.

"Die Qualität einer inklusiven Schule ist unlösbar an die Qualität der pädagogischen Arbeit gebunden. Gut ausgebildete, engagierte und kompetente Lehrer und Lehrerinnen sind erforderlich, um mit Heterogenität angemessen umzugehen. Dies gilt nicht nur für die Sonderpädagogen, die auch in Zukunft unverzichtbar sind, sondern ebenso für die Lehrer aller Schulformen" (ELLGER-RÜTTGARDT 2008, 448). Daher ist es unumgänglich, Pädagoginnen und Pädagogen an Regelschulen für die Idee des gemeinsamen Unterrichts zu gewinnen und zu begeistern und ihnen zu ermöglichen, sich auf die damit verbundenen Herausforderungen fachlich kompetent vorzubereiten, denn, wie unser Namensgeber Jakob MUTH dies formuliert hat: "Integration als Gemeinsamkeit von Behinderten und Nichtbehinderten will gelebt sein. Sie muss von den Lehrern und Lehrerinnen an jedem neuen Tag neu realisiert werden, gerade weil sie in demokratischen Ordnungen verfasst ist. Wichtiger als die Fixierung der Integration in Gesetzen und Erlassen, die immer die Gefahr mit sich bringen, dass die Wirklichkeit des Lebens erstarrt, ist deshalb die Ausbreitung integrativen Bewusstseins in den Köpfen der Menschen" (MUTH 1992, 188).

Literatur

BAYERISCHE STAATSKANZLEI (2009): Pressemitteilung Nr. 383 vom 28. Juli 2009. Online unter: http://www.bayern.de/Anlage10259215/PressemitteilungNr383vom28Juli2009.pdf (Download: 2009-10-21, 15:00)

BAYERISCHE STAATSREGIERUNG (2003): Bayerisches Gesetz über das Erziehungs- und Unterrichtswesen (BayEUG). München 2003. Online: http://www.verwaltung.bayern.de/Titelsuche-.116.htm?purl= http://by.juris.de/by/EUG_BY_2000_rahmen.htm (Downlaod: 2009-01-03, 17:00)

BAYERISCHER LANDTAG (2010): Antrag zur Umsetzung der UN-Behindertenrechtekonvention im bayerischen Schulwesen. Drucksache 16/3677. München

BOOTH, T. / ANSCOW. M.. (2003): Index für Inklusion. Ins Deutsche übersetzt von HINZ A./BOBAN, I., Martin-Luther-Universität Halle-Wittenberg. Online: http://www.gemeinsamleben-rheinlandpfalz.de/Bestell%20Index.htm (Download: 2009-07-30; 15:30)

BÜRLI, A. (1997): Internationale Tendenzen in der Sonderpädagogik. Vergleichende Betrachtung mit Schwerpunkt auf den europäischen Raum. (Fernuniversität / Sonderpädagogik / Studien- und Lehrmaterial). Hagen

DEPPE-WOLFINGER, H./PRENGEL, A./REISER, H. (Hrsg.) (1990): Integrative Pädagogik in der Grundschule. Bilanz und Perspektiven der Integration behinderter Kinder in der Bundesrepublik Deutschland 1976-1988. München

DEUTSCHER BUNDESRAT (2008): Entwurf eines Gesetzes zu dem Übereinkommen der Vereinten Nationen vom 13. Dezember 2006 über die Rechte von Menschen mit Behinderungen, Bundesrats-Drucksache 760/08. Berlin

ELLGER-RÜTTGARDT, S. (2008): Nationale Bildungspolitik und Globalisierung. Die Herausforderungen der UN-Konvention über die Rechte von Menschen mit Behinderungen – Pädagogik wird international. In: Z. f. Heilpädagogik Jg. 59, H. 12, 442-450

FEUSER, G. (1999): Aspekte einer integrativen Didaktik unter der Berücksichtigung tätigkeitstheoretischer und entwicklungspsychologischer Erkenntnisse. In: EBERWEIN, H. (Hrsg.): Integrationspädagogik. 5., Auflage. Weinheim und Basel, 215-226

HENTIG, H. VON (1993): Die Schule neu denken. Eine Übung in praktischer Vernunft. München, Wien

ISB (STAATSINSTITUT FÜR SCHULQUALITÄT UND BILDUNGSFORSCHUNG) (2005): Miteinander lernen. Die Außenklasse einer Förderschule an einer allgemeinen Schule. München 2005. Hrsg.: Bayerisches Ministerium für Unterricht und Kultus, 6. Online unter: http://www.km.bayern.de/imperia/ md/content/pdf/ schulen/foerderschule/aussenklasse_final. pdf (Download: 2009-08-31, 19:30)

LANGENHORST, CHR./ SEITZ, R. (2010): Die Musketiere – Einer für alle und alle für einen. Nürnbergs erste "integrativ arbeitende Klasse(n)"an einer Realschule. In: Zschr. Lernen konkret Jg. 29, H. 1, 29-32

MÜNCH, J. (2001): Wie die Sonderpädagogik wieder auf die allgemein pädagogischen Füße gestellt wurde. In: LUMER, B. (Hrsg.): Integration behinderter Kinder: Erfahrungen, Reflexionen, Anregungen. Berlin, 8–26

MUTH, J. (1984): Die Empfehlungen des Deutschen Bildungsrates von 1973 und ihre Wirkungen. In: MUTH, J. (1992): Schule als Leben. Prinzipien, Empfehlungen, Reflexionen. Baltmannsweiler, 260-267

MUTH, J. (1991): Zehn Thesen zur Integration von behinderten Kindern. Vierteljahresschrift für Heilpädagogik Jg. 60, H.1, 1-5; zit. nach: MUTH, J. (1992): Schule als Leben. Prinzipien, Empfehlungen, Reflexionen. Baltmannsweiler, 185-189

MUTH, J. (51999): Zur bildungspolitischen Dimension der Integration, in: EBERWEIN, H. (Hrsg.): Integrationspädagogik. Kinder mit und ohne Behinderung lernen gemeinsam. Ein Handbuch. Weinheim u.a., 17-24

PITSCH H.-J. (≥2002): Zur Didaktik und Methodik des Unterrichts mit Geistigbehinderten. Oberhausen

PRENGEL, A. (1993): Pädagogik der Vielfalt. Verschiedenheit und Gleichberechtigung in Interkultureller, Feministischer und Integrativer Pädagogik. Opladen, 1993

RATZ, CHR. (2006): Die Entwicklung des Arbeits- und Sozialverhaltens in einer integrativen Klasse. Eine Längsschnittuntersuchung. In: Z. f. Heilpädagogik Jg. 57, H. 5, 166-172

REUTER, U. / MALETIUS, U. (1999): Jugendräume für Altdorf. Behinderte und nichtbehinderte Schüler engagieren sich gemeinsam. Rückblick auf ein spannendes Projekt mit Zündstoff. In: Zschr. PLUS - Praktisches Lernen und Schule. Jg. 1, H. 2, 47 - 51

REUTER, U. (2009): Integration / Inklusion an bayerischen Montessori-Einrichtungen – Zur Klärung der Begrifflichkeiten. (Vortrag beim Montessori-Landesverbandstreffen Bayern in Freising 9. Mai 2009); online unter: http://www.montessoribayern.de/projekt01/media/Treffen/090509IntegrationInklusionVortragReuterRedetext.pdf (Download: 2009-10-21, 15:00)

REUTER, U. (2010): Die Jakob-Muth-Schule Nürnberg auf dem Weg zu einer "Schule für alle" – Zielsetzungen und Erfahrungen einer integrativen Schulentwicklung. In: Zschr. "Lernen konkret"Jg. 29, H. 1, 24-28

ROTH, CHR. (2008): Qualitätsentwicklung am Förderzentrum mit dem Förderschwerpunkt geistige Entwicklung - Eine Untersuchung der Kooperation von Förderschule und Heilpädagogischer Tagesstätte am Privaten Förderzentrum der Lebenshilfe Nürnberg, Waldaustraße. Wissenschaftliche Hausarbeit (unveröffentlicht). Universität Würzburg

SCHÖLER, J. (2004): Bilder in den Köpfen. Berlin. Online: http://bidok.uibk.ac.at/library/gl4-04-schoeler-koepfe.html (Download: 2009-10-21, 15:20)

SCHÖLER, J. (2007): Durch Kooperation zur Integration. Die Lebenshilfe Nürnberg auf dem Weg – Zusammenfassung der Erfahrungen von vier Jahren Außenklassen der Lebenshilfe an einer Grundschule. Berlin. Online unter: http://www. lebenshilfe-nuernberg.de/temp/Schlussbericht-2007.pdf (Download: 2009-10-21, 15:30)

SCHÖLER, J. (2008): Expertise zum Jakob-Muth-Preis für inklusive Schulen. Berlin. Online: http://www. bertelsmann-stiftung.de/cps/rde/xbcr/SID-0A000F0A-82A793C0/bst/xcms_bst_dms_27081_27082_2.pdf (Download: 2009-02-22, 17:30)

WOCKEN, H. (1998): Gemeinsame Lernsituationen. Eine Skizze zur Theorie des gemeinsamen Unterrichts. In: HILDE-SCHMIDT, A./ SCHNELL, I. (Hrsg.): Integrationspädagogik. Auf dem Weg zu einer Schule für alle. Weinheim/München, 37-52

WOCKEN, H. (2009): Inklusion & Integration. Ein Versuch, die Integration vor der Abwertung und die Inklusion vor Träumereien zu bewahren. Frankfurt. Online: http://www.hans-wocken.de/ (Download: 2009-05-07, 22:30)

Eine Schule für Alle. *Vielfalt leben!*

Eine Schule für Alle. *Vielfalt leben!*

Eine Schule für Alle. *Vielfalt leben!*

Eine Schule für Alle. *Vielfalt leben!*

Eine Schule für Alle. *Vielfalt leben!*

Eine Schule für Alle. *Vielfalt leben!*

Eine Schule für Alle. *Vielfalt leben!*

Eine Schule für Alle. *Vielfalt leben!*

Eine Schule für Alle. *Vielfalt leben!*

Eine Schule für Alle. *Vielfalt leben!*

Eine Schule für Alle. *Vielfalt leben!*

Eine Schule für Alle. *Vielfalt leben!*

Eine Schule für Alle. *Vielfalt leben!*

Eine Schule für Alle. *Vielfalt leben!*

Schule ohne SchülerInnen – Ein Förderzentrum Lernen als Unterstützungssystem

Wolfgang Lerch

Helene-Dieckmann-Schule
Auszug aus dem Schulprogramm von 2005

Präambel

Das Förderzentrum setzt sich seit dem Frühjahr 2005 aus den drei ehemals eigenständigen Förderschulen Pestalozzi-Schule Gettorf (Fusion mit Kronshagen 2003), der Eichendorff-Förderschule in Kronshagen und der Helene-Dieckmann-Schule (seit 1998 Schule ohne Schüler) in Altenholz zusammen.

Es betreut alle SchülerInnen im Dänischen Wohld sowie in der Region Kronshagen mit sonderpädagogischem Förderbedarf in den Förderschwerpunkten Lernen, Sprache, emotionale und soziale Entwicklung, geistige Entwicklung, körperliche und motorische Entwicklung.
Auch SchülerInnen mit sonderpädagogischem Förderbedarf in den Förderschwerpunkten Hören und Sehen werden in Zusammenarbeit mit den entsprechenden überregionalen Förderzentren in gleicher Weise wohnortnah beschult.

Die 26 Lehrkräfte des FöZ repräsentieren aufgrund vorhandener Studienqualifikationen die Pädagogik der Lern-, Sprach- und der geistigen Behinderung sowie der Verhaltensstörungen. Sie sind zuständig für die im Einzugsgebiet Kronshagen/Dänischer Wohld angesiedelten Kindergärten, Grundschulen, Hauptschulen und Realschulen. Knapp 120 SchülerInnen dieses Einzugsgebietes haben einen ausgewiesenen sonderpädagogischen Förderbedarf; circa 180 SchülerInnen werden präventiv betreut. Diese SchülerInnen werden ausschließlich in Regelschulklassen gemeinsam mit SchülerInnen ohne sonderpädagogischen Förderbedarf unterrichtet.

Das FöZ organisiert mit eigener Verwaltung und Schulleitung alle damit verbundenen Bedingungen in enger Zusammenarbeit mit den Regelschulen, den Eltern und den außerschulischen Organisationen. Es gibt die aus sonderpädagogischer Sicht notwendigen Voraussetzungen der gemeinsamen Beschulung vor, begleitet intensiv alle Integrationsmaßnahmen und passt die Maßnahmen laufend an die aktuellen Erfordernisse und Entwicklungen an.
Des Weiteren berät das FöZ die oben genannten Regelschulen in Fragen von Sprachentwicklungsstörungen, Verhaltensproblemen und besonderen Lernstörungen und initiiert und organisiert/vermittelt Therapieangebote in diesen Bereichen.

Das FöZ versteht sich darüber hinaus als Anlaufstelle für alle, die Beratung in Erziehungs- und Bildungsfragen im Bereich der Grundschulen und der Sekundarstufe I bzw. Beratung für die nachschulische Phase des Übergangs in das Arbeits- und Privatleben wünschen.

Leitsätze

- Alle Menschen haben unseres Erachtens in einer sozial verantwortlich handelnden Gesellschaft ein Recht darauf, gemeinsam zu leben und voneinander zu lernen. Das bedeutet für unsere Arbeit in der Schule, dass wir die gemeinsame Bildung und Erziehung aller Schülerinnen und Schüler für unverzichtbar halten.

- Wir streben Formen des sozialen Umgangs an, die bei den einzelnen Schülerinnen und Schülern Selbstbewusstsein, Selbstständigkeit und Handlungskompetenz fördern und so die Basis für das Annehmen des Anderen schaffen (Toleranz).

- Das Fundament unseres Schullebens ist die Bereitschaft zur Teamarbeit. Darunter verstehen wir eine Zusammenarbeit in der Bereitschaft zu Offenheit, gegenseitiger Akzeptanz, ständigem Austausch und intensivem Bemühen um Abstimmung in pädagogischen Grundfragen.

- Das Team verantwortet auf dieser Basis die gemeinsam erarbeiteten Unterrichtskonzepte sowie das tägliche Unterrichtsgeschehen.

- Wir verstehen unter Unterricht den Gemeinsamen Unterricht aller Schülerinnen und Schüler. Der Gemeinsame Unterricht umfasst die Erhebung der individuellen Lernvoraussetzungen aller Schülerinnen und Schüler, die darauf abgestimmte Planung des Unterrichts sowie dessen gemeinsame Durchführung und Reflexion. Das Team bemüht sich, das außerschulische Umfeld der Schülerinnen und Schüler (Familien, Heime, außerschulische Förderungen, Sport, Hobbys ...) einzubeziehen. Kontakte zu Personen und Einrichtungen werden gemeinsam gehalten und ausgewertet.

- Ziel des Gemeinsamen Unterrichts ist die Vermittlung von Kompetenzen zum Verstehen der Welt, zu wirkungsvollem Handeln und die Entwicklung einer Bereitschaft, die eigenen Fähigkeiten sozial einzusetzen.

- Wir streben Unterrichtsformen an, die ein hohes Maß an individualisiertem und selbstbestimmtem Lernen ermöglichen.

Gemeinsamer Unterricht

Ziel

Die optimale individuelle Entwicklung der Fähigkeiten und Fertigkeiten aller Schülerinnen und Schüler (bis zum Erreichen ihrer persönlichen Ziele).

Die Menschen werden in ihrer Unterschiedlichkeit und Vielfältigkeit akzeptiert. Nur bei der Akzeptanz von Unterschieden kann der gemeinsame Unterricht gelingen. Diese Akzeptanz verändert nach und nach den Unterricht und das gesamte Klassenleben, weil die Unterschiedlichkeit der Kinder nicht mehr als Störfaktor betrachtet wird, sondern als Ausgangslage und auch als Zielvorstellung der pädagogischen Arbeit.

Weg

Die gemeinsame Beschulung mit individuellen Angeboten erscheint uns als der geeignete Weg, dieses Ziel zu erreichen.

Individualisierte Angebote erfordern offene Unterrichtsformen, die selbstbestimmtes Arbeiten ermöglichen.

Voraussetzungen/Folgerungen für die Teamarbeit

- Unterricht wird gemeinsam geplant, durchgeführt und reflektiert, damit
- die Bedürfnisse und Möglichkeiten von allen Schülerinnen und Schülern erfasst werden;
- hierauf abgestimmte individuelle Arbeits- und Lernangebote möglich werden.

Gelingensbedingungen: Wünschenswerte äussere Bedingungen

- Räumlichkeiten
- Großer gemeinsamer Bereich
- Abgetrennter Bereich für Gruppen
- Feste Ecken (Bücher-, Spiele-, Ruheecken …)
- Benötigte Materialien müssen für die Teampartner gut zugänglich und frei verfügbar sein (schnelle Zugriffsmöglichkeit)
- Die Klassenstärke sollte zwischen 18 und 25 Schülern liegen
- Die Schülergruppen (Schüler ohne und mit besonderem Förderbedarf) sollten im Verhältnis 2:1 stehen

Gelingensbedingungen: Wünschenswerte innere Bedingungen

- Freiwilligkeit aller am Team Beteiligten
- Erhalt bewährter Partnerschaften
- Absprachen über Rollenverteilung und -tausch
- Toleranz und Offenheit für neue/andere Methoden des Partners
- Bereitschaft zur Arbeitsteilung
- Gemeinsame Aktivitäten auch außerhalb der Klasse
- Mindestens zehn gemeinsam doppelt besetzte Stunden (Klassenlehrerprinzip vor Fachlehrerprinzip)
- Regelmäßige Integrationskonferenzen für alle beteiligten Lehrkräfte

Förderzentrum als Unterstützungssystem

Auf der Grundlage des Schulprogramms unterstützt die Helene-Dieckmann-Schule als Förderzentrum ohne eigene Schülerinnen und Schüler ihre Partnerschulen bei der präventiven, integrativen und/oder inklusiven Förderung von allen Schülerinnen und Schülern

- systembezogen
    - durch Beratung
- kindbezogen
    - durch klassen- und schulübergreifende Förderangebote
    - durch Gemeinsamen Unterricht

Systembezogene Unterstützung

- Regionalkonferenzen
- Gespräche zwischen Förderzentrum und allen Schulen in der Region
- Feste Kontaktpersonen (FöZ)
- Beratung bei Einschulung
- Mitarbeit bei der Entwicklung eines Förderkonzeptes der Regelschule
- Beratung bei der Anwendung von Lernplänen

Kindbezogene Unterstützung

- gemischte Integrations-/Präventionsmaßnahmen
    - Beibehalten der Bündelung, um effektive Förderangebote zu ermöglichen
- am Förderbedarf orientierte Stundenzuweisung für Integrations/Präventionsmaßnahmen
    - keine feste Stundenzuweisung pro Kind
- klassen- und schulübergreifende individuelle Förderangebote
    - Leseförderung, Hörschule, Psychomotorik, ...

Gemeinsam leben und lernen.

Waldhofschule Templin: Wie aus einer Sonderschule eine Schule für alle wird

Wilfried Steinert

Von der Integration auf dem Weg zur inklusiven Schule

„Dies ist die erste Schule in Deutschland, die die Erkenntnisse aus PISA konsequent umsetzt!", sagte der damalige Brandenburger Bildungsminister Steffen Reiche im Rahmen der Einschulungsfeier für die Erstklässler des Jahrgangs 2003/2004. Was mit diesem Anspruch verbunden war, wie viel wir neu und weiterdenken mussten, haben wir im Prozess der Schulentwicklung gemerkt. Dazu kommt, dass wir konsequent eine Schule für alle sein wollen, also keinen ausschließen. Jeder Schüler und jede Schülerin hat bei uns den Anspruch, das optimale Bildungsangebot zu finden. Einzige Einschränkung: Der Anteil der Kinder mit diagnostiziertem Förderbedarf soll 50 % der Schülerschaft nicht überschreiten.

Die Fakten:
- Waldhofschule Templin – eine Schule für alle
- Anerkannte Ersatzschule in Trägerschaft der Hoffbauer gGmbH
- Zweizügige Grundschule mit den Jahrgängen 1–6 für alle Schülerinnen und Schüler (210 Schüler, davon 104 mit sonderpädagogischem Förderbedarf)
- Zwei Oberstufen- und drei Werkstufenklassen mit dem sonderpädagogischen Förderschwerpunkt geistige Entwicklung (51 Schüler)
- 37 Lehrkräfte, davon 23 Sonderpädagogen und 14 Grundschul- bzw. Fachlehrkräfte
- 11 pädagogische Fachkräfte
- 2 Schulsozialarbeiter
- 1 Schulpsychologin
- Adresse: Röddeliner Straße 36, 17268 Templin,
  eMail: waldhofschule@hoffbauer-bildung.de, Internet: www.waldhofschule.de

Damit haben wir einiges vorweg umgesetzt, was nun nach den Erfordernissen der Ratifizierung der UN-Konvention für die Rechte der Menschen mit Behinderungen für Schulen selbstverständlich sein sollte:
- Menschen mit Behinderungen sollen die gleichen Chancen auf Schul-, Berufs- und Erwachsenenbildung haben wie alle Menschen.
- Menschen mit Behinderungen sollen nicht nur in Sondereinrichtungen lernen. Sie sollen frei entscheiden können, welche Orte des Lernens für sie die richtigen sind.
- Menschen mit Behinderungen sollen die Möglichkeit haben, dort zu lernen, wo alle Menschen lernen.

Ausgehend von der Grundannahme, dass die individuellen Begabungen des einzelnen Kindes – ob Hochbegabung oder geistige Behinderung – sich in der Gemeinschaft entfaltet, wollten wir alles vermeiden, was zu einer Ausgrenzung führen könnte.

Doch zunächst ein kurzer Rückblick auf die Anfänge:
Der Waldhof in Templin ist seit mehr als 150 Jahren eine Einrichtung für geistig behinderte Menschen zum Wohnen und Arbeiten. Nach der Wiederherstellung der Deutschen Einheit wurde die Waldhofschule als Schule für geistig behinderte Kinder gegründet. Man war „unter sich": eine homogene Schülerschaft – höchst differenziert!
Eltern, die ihren geistig beeinträchtigten Kindern Normalität zumuten wollten, versuchten es mit der Integration in Regelklassen an den Grundschulen. Nicht wenige dieser Integrationsversuche scheiterten und die Kinder kamen nach der dritten, vierten oder fünften Klasse in die Waldhofschule, nun oftmals mit zusätzlichen Beeinträchtigungen.
Wie sollten wir als Schule damit umgehen? Einerseits das berechtigte Interesse der Eltern an optimaler Förderung und Integration ihrer behinderten Kinder – andererseits das immer wieder erlebte Scheitern aufgrund fehlender sonderpädagogischer Ressourcen an den anderen Schulen.

Warum nicht die Integration vom Kopf auf die Füße stellen? An unserer Schule waren schon damals fast alle sonderpädagogischen Qualifikationen vertreten – und ist nicht die geistige Behinderung die Kehrseite der Hochbegabung? Differenziertes Unterrichten, individuelle Förderung, Arbeiten mit Förder- und Entwicklungsplänen waren unseren Lehrkräften bekannte Arbeitsformen. Warum also nicht die Regelschüler zu uns einladen und Integration an unserer Schule gestalten?
Die Idee war geboren. Der durch die PISA-Studien geschärfte Blick auf andere Länder, auf zukunftsfähiges Lernen in heterogenen Gruppen, forcierte die Diskussion. Integration – ohne die zu Integrierenden zu stigmatisieren, war das Ziel. Nach langen Diskussionen stand fest: Die Klassen durften nicht zu groß sein, um die individuelle Förderung des Schülers zu ermöglichen; sie durften aber auch nicht zu klein sein, um genügend soziale Prozesse und unterschiedliche Beziehungen zu ermöglichen; mindestens zwei Lehrkräfte sollten in jeder Klasse gemeinsam unterrichten.
Ergebnis: 16 bis 18 Schülerinnen und Schüler bilden eine Klasse, davon die Hälfte mit diagnostiziertem Förderbedarf (Lernen, emotionale Entwicklung, geistige Entwicklung etc.). Diese Kombination der Schülerschaft erlaubt es, dass jeder Klasse im Durchschnitt 2,5 Pädagogenstellen (Grundschullehrkraft (90%), Sonderpädagoge (90%) und pädagogische Fachkraft (70%) zur Verfügung gestellt werden können.

„Das Konzept ist klasse – nur: Finden Sie Eltern, die ihre Kinder mit den ‚Blöden' lernen lassen?", war die Frage, die viele in der Bildungsadministration stellten. In einer Kleinstadt mit 17 000 Einwohnern wie Templin in der Tat eine ernst zu nehmende Frage. Dazu die Konkurrenz von drei weiteren Grundschulen.
Der Förderverein der Waldhofschule, der sich nicht nur als Unterstützungsverein für die eigene Schule sieht, sondern von seiner Satzung her auch eine Plattform für die Bildungsdiskussion

in der Region bietet, organisierte Informations- und Diskussionsabende für Eltern, betrieb eine breite Aufklärung über Anforderungen an eine zukunftsfähige Bildung. Die interessierten Eltern wurden einbezogen in die konzeptionelle Ausgestaltung der Schule. So entwickelte man gemeinsam die Schulphilosophie:

> Wir brauchen alle.
> Wir bleiben zusammen.
> Niemand bleibt zurück.
> Niemand wird beschämt.

Auf den Anfang kommt es an:
Die größten Anstrengungen unserer Schule gelten den kleinsten Menschen!
Auf dieser Grundlage wollen wir unsere Schülerinnen und Schüler fördern und herausfordern, sie darin begleiten und unterstützen, selbstbewusste, eigenständige Persönlichkeiten zu werden.

Das Ergebnis der gemeinsamen Vorbereitungen: Bereits im ersten Jahr der Umwandlung in eine integrative Grundschule, in eine Schule für alle, meldeten mehr Eltern ihre Kinder an, als aufgenommen werden konnten.

DAS STRUKTURELLE KONZEPT DER WALDHOFSCHULE

Die Schule wird als rhythmisierte Ganztagsschule von 8 bis 15 Uhr (freitags bis 13 Uhr) organisiert. Die Schülerinnen und Schüler können aber bereits ab 7 Uhr kommen und bis 17 Uhr (freitags bis 15 Uhr) bleiben.
In jeder Klasse lernen und leben maximal 18 Schülerinnen und Schüler mit und ohne diagnostizierten Förderbedarf gemeinsam.
Zwei bis drei Pädagogen arbeiten gemeinsam unter der Leitung einer sonderpädagogischen Lehrkraft.

Die pädagogischen Mitarbeiter arbeiten im Rahmen eines Präsenzzeitmodelles an der Schule (35 Stunden Präsenzzeit, davon 28 Stunden aktive Arbeit am und mit dem Kind). Jeder hat seinen individuellen Arbeitsplatz in den jahrgangsbezogenen Lehrerarbeitszimmern.
Für jede Klasse stehen ein Klassen- und ein Gruppenraum inklusive Küchenzeile zur Verfügung. Ein Exploratorium und eine Schülermediothek ermöglicht und unterstützen das experimentierende, selbst gesteuerte forschende Lernen. Therapie- und Auszeitenräume sowie ein Snoezelraum geben „Räume" für individuell gestaltete Lernprozesse.
Ein naturnaher Spielplatz im Wald mit vielen Buden und Kletterbäumen wurde von den Eltern mitgestaltet und bietet den Schülerinnen und Schülern hervorragende Möglichkeiten zur kreativen Entspannung und zum Austoben. Weitere Möglichkeiten bieten der Bolzplatz, der Verkehrsgarten und ein Streichelzoo.

Die Pädagogische Arbeit ist von dem Ziel geprägt, individuelles Lernen für alle Schülerinnen und Schüler zu ermöglichen, sie zu fördern und (heraus-)zufordern, gemeinsam sollen sie Lernen und Entdecken können. Auf keinen Fall aber darf der Spaß an der Schule und die Freude an der Neugier verschüttet werden.

Im Spannungsfeld von Heterogenität und Individualität leiten uns folgende Fragen:
- Wie ergänzen sich Stärken, wie lassen sich Schwächen kompensieren?
- Was kann der Einzelne zur Gruppe beitragen?
- Wer kann wem Partner und Helfer sein?
- Wer braucht was?

In individuellen Lernangeboten können die Kinder ihre eigenen Möglichkeiten ausloten und sich spezielle Aufgaben und Ziele erarbeiten. Dabei bemühen wir uns,
- die Kinder in ihren Stärken und Schwächen so gut wie möglich zu fördern, aber nur so viel wie unbedingt nötig, um sie nicht in Abhängigkeit zu halten,
- sie herausfordern, bis an ihre Grenzen zu gehen, sich in ihren eigenen Möglichkeiten zu erproben.

Die Entwicklung der Unterrichtsqualität in einer inklusiven Schule ist nach wie vor eine der schwersten schulischen Aufgaben, da (fast) alle Unterrichtsmaterialien selektierend und entweder auf Regel- oder Förderschüler zugeschnitten sind. So sind wir darauf angewiesen, inklusive Unterrichtsmaterialien selbst zu entwickeln, entsprechende Lernlandschaften zu modellieren, in den die Schülerinnen und Schüler nach ihren Möglichkeiten ihre Lernwege gehen können. Stationsarbeit, Lernwerkstätten und Projektwochen für einzelne Klassen oder die ganze Schule sind dabei zu wichtigen Elementen geworden. So fanden im Schuljahr 2008/2009 u. a. eine Projektwoche „Zirkus" statt. Für eine Woche hat ein Zirkus seine Zelte auf dem Schulgelände aufgebaut und alle Schülerinnen und Schüler eine Woche lang unterrichtet und trainiert, sodass zum Abschluss der Woche alle Schüler – auch die schwerstmehrfachbehinderten Schüler waren dabei – in zwei Galavorstellungen ihr Können als Artisten präsentieren konnten. Eine weitere Projektwoche in diesem Schuljahr beschäftige die Schülerinnen und Schüler mit dem Thema „Die Bäume in unseren Wäldern" im Rahmen eines Comenius-Projektes mit Lehrkräften aus Irland und Spanien.

Um auch in der Stundenplangestaltung mehr Raum für handlungsorientiertes, fächerübergreifendes Lernen zu schaffen, wurden folgende Freiräume geschaffen:
- Jeder Tag beginnt mit einer halben Stunden Frei- bzw. Wochenplanarbeit.
- Der Freitag ist im Stundenplan „nur" als Projekttag ausgewiesen, den die Klassen allein oder in Zusammenarbeit mit anderen Klassen nutzen können, um für sie wichtige oder interessante Themen und Projekte zu gestalten.
- Der Neigungsunterricht (auch zur Entdeckung von Begabungen), in den Stundenplan integriert, bietet den Kindern dreimal (montags, dienstags und donnerstags) die Möglichkeit,

aus zurzeit über 40 Neigungsangeboten zu wählen; wer in einer Stunde kein Angebot wählt, hat Freiarbeitsstunde. Mindestens ein Neigungsangebot muss jedes Kind wählen, kann aber auch in allen drei Stunden ein Angebot wählen. Angeboten werden u. a. Geigen-, Saxophon- und Keyboardunterricht, Crosslauftraining, Fußball, Wassersport, Angeln, Jugendfeuerwehr, Matheclub, Schreibwerkstatt, Theater, Chor, Kreativwerkstatt, Keramik, Reiten, Yoga, Judo, Tanz, Häkeln und Stricken.

UMGANG MIT HETEROGENITÄT UND LEISTUNGSANSPRUCH

Der Umgang mit Heterogenität ist der zentrale Kernbereich unserer Schule. Auch wenn wir bereits gute Fortschritte gemacht haben, bleiben wir in diesem Bereich lernende Schule. Und so wie für unsere Schülerinnen und Schüler gilt, dass wir aus Fehlern lernen, lernen auch wir aus Fehlern. Eine unserer schwerwiegendsten Fehlentscheidungen war im Schuljahr 2007/2008 die Einführung jahrgangsübergreifenden Unterrichts in den Jahrgängen 5 und 6. Wir gingen davon aus, dass der jahrgangsübergreifende Unterricht noch bessere Voraussetzungen für leistungsdifferenziertes, gemeinsames Lernen schafft. Dabei hatten wir aus dem Blick verloren, dass für zwei Schülergruppen damit der Zugang zum Lernen extrem erschwert wurde, weil sie für ihre eigene Lern- und Lebensgestaltung klare Strukturen und soziale Bezüge brauchen: Unsere autistischen Kinder und die mit sozial-emotionalem Förderbedarf waren mit dem Wechsel der Lerngruppen und der Bezugspersonen überfordert. Damit ging bei einigen von ihnen die bereits praktizierte Selbststeuerung des Lernens zurück, andere machten durch herausforderndes Verhalten auf ihre Orientierungslosigkeit aufmerksam. Wir mussten erkennen: Für unsere Form der Integration und des inklusiven Unterrichts bekam die Heterogenität durch den jahrgangsübergreifenden Unterricht eine zu große Spannweite und wurde nicht mehr gestaltbar. Die erneute Konzentration auf die gemeinsame, klassenübergreifende Arbeit im Jahrgang führte wieder zu einer deutlichen Verbesserung sowohl des sozialen Klimas als auch zu einer deutlichen Leistungsmotivation und -steigerung.

Um der breiten Spannweite der Leistungs- und Lernvoraussetzungen unserer Schülerinnen und Schüler gerecht zu werden, haben wir neben den vorhandenen Sonderpädagogen, die bis auf den Förderschwerpunkt Sehen alle sonderpädagogischen Förderbereiche abdecken, auch eine diplomierte Hochbegabten-Pädagogin in unserem Kollegium. Dabei gehen wir davon aus, dass Hochbegabung und geistige Behinderung die beiden Punkte darstellen, zwischen denen Bildungs- und Lernbedingungen geschaffen werden müssen. Sowohl das hochbegabte als auch das geistig behinderte Kind brauchen eine hochdifferenzierte Wahrnehmung ihrer Lernsituation und entsprechende Begleitung. Dabei ist ein wichtiges Anliegen der Hochbegabten-Pädagogin, Möglichkeiten zu schaffen, um überhaupt Begabungen zu entdecken.

Lebenspraktischer Unterricht für Schülerinnen und Schüler mit dem sonderpädagogischen Förderschwerpunkt geistige Entwicklung ist eine Selbstverständlichkeit. Entsprechend unserem inklusiven Konzept haben wir diese Möglichkeit auf alle Schülerinnen und Schüler erweitert. Jede Klasse hat seit dem Schuljahr 2008/2009 zusätzlich vier Lehrerstunden bekommen, um für die Kinder, für die es entsprechend dem individuellen Lernplan wichtig ist, parallel zum sonstigen Fachunterricht alternativ lebenspraktischen Unterricht anzubieten. Damit wurde eine zusätzliche individuelle Fördermöglichkeit für alle Schülerinnen und Schüler geschaffen.

Zur Leistungsbewertung gehören die Präsentation der eigenen Arbeit sowie die regelmäßigen Eltern-Kind-Gespräche über den Lern- und Entwicklungsstand, die mindestens dreimal im Schuljahr stattfinden, eines davon zum Schulhalbjahr statt eines schriftlichen Zeugnisses.

Ein wichtiger Punkt in der Vermeidung einer Misserfolgsorientierung war die Einführung eines gemeinsamen Zeugnisses für alle Schülerinnen und Schüler. Bisher wurde in den Schulen mit integrativem Unterricht bei den Zeugnissen doch wieder selektiert: Die einen bekamen das „normale" Zeugnis und die Integrationskinder das Zeugnis entsprechend dem sonderpädagogischen Förderstatus. Unser Zeugnisformular gilt für alle Schülerinnen und Schüler; Ziffernnoten gibt es erstmalig am Ende der 5. Klasse. Es werden dabei nur in fünf Fächern Ziffernnoten gegeben: Deutsch, Mathematik, Englisch, Naturwissenschaften und Gesellschaftswissenschaften. Die Leistungen in allen anderen Fächer werden weiterhin verbal beschrieben. Orientierung für die Leistungsbewertung aller Kinder ist der Grundschulrahmenplan. D. h. ein Kind mit dem sonderpädagogischen Förderschwerpunkt Lernen, welches am Ende der fünften Klasse den Leistungsstand der dritten Klasse gut erreicht hat, bekommt auf dem Zeugnis eine „2" mit der Fußnote „entsprechend dem Rahmenlehrplan Jahrgang 3".

DIE LEHRERROLLE – VOM EINZELKÄMPFER ZUM TEAMPLAYER

Die Lehrerrolle hat sich in der Waldhofschule grundlegend verändert. Nicht nur im Blick auf die Arbeitszeit, sondern vor allem im Blick auf die Zusammenarbeit im Team. Das Jahrgangsteam für die beiden Parallelklassen des jeweiligen Jahrgangs hat eine herausragende Verantwortung bekommen: Für einen Jahrgang sind zwei Sonderpädagogen (in der Regel als die KlassenleiterInnen) sowie zwei Grundschullehrkräfte und eine pädagogische Fachkraft verantwortlich.

- Die Lehrkräfte entscheiden über Stundenplan und Pausen.
- Das Klassenteam ist für die Unterrichtsgestaltung und das Erreichen der Ziele verantwortlich und entscheidet, wann wer was wie unterrichtet.
- Auch die pädagogischen Fachkräfte können unterrichten; die Fachlehrer sind dafür verantwortlich, dass in allen Projekten die fachlichen Anliegen von allen Kolleginnen und Kollegen umgesetzt werden.

Durch die Teamarbeit entsteht ein intensiver Dialog von Grund- und Sonderschulpädagogik. So wie die Grundschulpädagogik für die Arbeit mit geistig behinderten Kindern ein großes Anreizniveau geschaffen hat, öffnet die Sonderpädagogik sozial-emotionale und differenzierte Zugänge zu den Lernmöglichkeiten aller Schüler.

Gleichzeitig ist dies in der Entwicklung unserer Schule für alle das größte Problem: Bisher gibt es nur wenige Unterrichtsmaterialien, die für einen gemeinsamen inklusiven Unterricht geeignet sind. Es gibt auch noch kein integratives Curriculum (obwohl seit dem KMK-Beschluss von 1973 gemeinsamer Unterricht möglich ist!).

So müssen wir nicht nur gemeinsamen Unterricht planen und gestalten, sondern gleichzeitig die entsprechenden Materialien und den Rahmen eines integrativen Lehrplans erarbeiten, um Unterricht nicht zur Beliebigkeit werden zu lassen. Da es dafür keinerlei zusätzliche Ressourcen gibt, geraten die Lehrkräfte oft an die Grenzen ihrer Belastbarkeit. Dass sie ihren Unterricht trotzdem regemäßig für Hospitationen öffnen, spricht für ihr Engagement.

DIE ROLLE DER ELTERN

Ausgehend von der Grundthese, dass die Eltern die Experten für ihre Kinder, die Pädagogen Experten für Erziehung und Bildung sind, wird eine regelmäßige Zusammenarbeit gestaltet. Zwischen der Schulleitung und den Schulelternvertretern (Vorsitzende der Schulkonferenz und Vorsitzender der Schulelternkonferenz) ist ein 14-tägiger „Jour fixe" vereinbart; regelmäßig findet jede Woche eine Beratung über die Anliegen und weiteren Entwicklungen der Schule zwischen Eltern und Schulleitung statt. Ebenso gibt es auch in allen Klassen zwischen den Klassenelternsprechern und dem Lehrerteam einen „Jour fixe", einen regelmäßigen festen Gesprächstermin. Dies ist die Grundlage für eine gute Kommunikation mit den Eltern. Der Beschluss der Schulelternkonferenz, dass mindestens ein Elternabend pro Schuljahr zu einem pädagogischen Schulentwicklungsthema unter Beteiligung der Schulleitung stattfinden soll, zeigt das hohe Interesse der Eltern an der Mitgestaltung der Schule.
Ziel aller partnerschaftlichen Bemühungen ist es:

> Jedes Kind optimal zu fördern und herauszufordern zu einer
> selbstbewussten, neugierigen Persönlichkeit,
> die motiviert ist, die vor ihr liegende Zukunft zu gestalten!

EINIGE SCHLUSSGEDANKEN

Wir sind immer noch eine Schule in der Entwicklung. Wir haben einen Weg begonnen, den viele als unmöglich bezeichnet haben, weil es eine gemeinsame Schule für Kinder mit und ohne diagnostizierten Förderbedarf im Verhältnis von 1 : 1 so noch nicht gegeben hat. Wir machen auch Fehler. Aber was für unsere Kinder gilt, dass man aus Fehlern lernen kann, machen wir ihnen vor: aus Fehlern lernen!

Ob wir für andere Schulen ein Modell sein können, muss jede Schule für sich entscheiden. Sicher können wir an vielen Stellen zeigen, wie es gelingen kann, eine Schule für alle zu gestalten und wie alle Schülerinnen und Schüler vom Know-how der Sonderpädagogik und vor allem vom professionellen Dialog der Grundschul- und Sonderpädagogik profitieren können. Vielleicht kann es auch ein Weg sein, „inklusive Schwerpunktschulen" zu schaffen, die einerseits durch die breite Fachpräsenz das hohe Niveau der Sonderpädagogik sichern und andererseits Zugänge für alle Schülerinnen und Schüler ermöglichen.

Das Wichtigste und Entscheidendste aber ist, dass sich immer wieder der Blick auf die einzelne Schülerin oder den einzelnen Schüler richtet, dass Lehrerinnen und Lehrer befähigt werden, am Kind orientierten Unterricht zu gestalten: „Lehrer sein heißt Kindern Flügel zu verleihen!"

In der Vielfalt das Wesentliche entdecken: Didaktische Grundlegung inklusiver Bildung

Prof. Andrea Platte

Die Diskussion um das Recht auf Bildung in einem inklusiven Bildungssystem rückt die Bedeutung der Menschrechte in den bildungspolitischen und pädagogischen Blick. „Auf dem Weg der Verwirklichung dieses Menschenrechts sollen die Würde des einzelnen Menschen entfaltet, die Achtung vor den Menschenrechten, Grundfreiheiten und der menschlichen Vielfalt gestärkt werden" (Köppcke-Duttler 2010, 3). Die Gestaltung von Bildungssystemen und Lernprozessen in diesem Sinne mit dem Ziel der sozialen Inklusion erfordert einen gesamtgesellschaftlich getragenen Transformationsprozess. Dieser bedarf der entsprechenden Gesetzgebung ebenso wie der Reflexion gewachsener Überzeugungen und Strukturen im pädagogischen Alltag. Neben rechtlichen Fragen, Konsequenzen für Schulstruktur, Schulentwicklung und Professionalisierung betrifft das auch die Gestaltung von Unterricht: „Das Konzept inklusive Bildung stellt einen großen Teil dessen in Frage, wie Unterricht traditionellerweise in Schulen organisiert und koordiniert ist" (DUK 2009, 19). Soll inklusive Bildung Bildungsqualität garantieren – und das ist der Anspruch (vgl. a. a. O., 10) –, so müssen auch didaktische und methodische Entscheidungen im Sinne der Leitidee der Inklusion getroffen werden.

Didaktik wird in diesem Beitrag als Grundlegung inklusiver Bildung beschrieben, da sie sich den konkreten Momenten der Umsetzung im pädagogischen Alltag zuwendet. Ausgehend von Bilderbüchern wird hier zunächst das Thema menschlicher Vielfalt auf einer elementaren Ebene beleuchtet. Es folgt ein Blick auf didaktische Konzeptionen, die für eine inklusive Bildung relevant erscheinen. Überlegungen zur Aufgabe von Didaktik mit dem Ziel, Lernprozesse in Perspektivenvielfalt zu erleben, führen zur Auffächerung von Lerninhalten. Vielfältige Zugänge und Potentiale stehen dabei im Wechselspiel mit der Entdeckung wesentlicher Charakteristika eines (Unterrichts)inhalts.

„... mal gross, mal klein, mal umgekehrt": Mehrfache Vielfalt

Der kleine Herr Paul ist der liebenswerte Protagonist mehrerer kleiner Bücher von Martin Baltscheit (Autor) und Ulf K. (Zeichner). Im ersten Band „Der kleine Herr Paul stellt sich vor", heißt es: Der kleine Herr Paul ist klein. Alle anderen sind größer. Der Tisch ist größer, die Stühle, die Schränke, die Autos, die Häuser, die Menschen. Manchmal wäre der kleine Herr Paul gerne größer. Der kleine Herr Paul ist auch nicht stark, alle anderen sind stärker. Er ist kein Held, alle anderen sind mutiger.

Zum Abschluss des Buches erkennt der kleine Herr Paul: „Klein sein ist wie groß sein, bloß umgekehrt. Schwach sein ist wie stark sein, bloß umgekehrt. Dumm sein ist wie schlau sein, bloß umgekehrt. Die Erde dreht sich um sich selbst, und jeder findet seinen Platz. Mal groß, mal klein, mal umgekehrt" (Baltscheit 2008).

Es ist nicht immer leicht, anders als alle anderen zu sein und es ist zudem irritierend, sich selber unterschiedlich zu erleben – abhängig von der Tagesform, von der Umgebung, von den anderen. Damit trifft das Bilderbuch das Bewusstsein um Verschiedenheit und darüber hinaus das Bewusstsein um Veränderbarkeit durch Kontextbedingungen, durch Zusammenspiel, durch Entwicklung und weitere Faktoren. „Das Ausmaß der Vielfalt, wie es in Entwicklungsstudien zu beobachten ist, ist unvereinbar mit irgendwelchen Normvorstellungen" – resümiert der Zürcher Kinderarzt Remo LARGO (2000, 15) seine Erkenntnisse in Longitudinalstudien zu Entwicklung und Wachstum von über 800 Kindern innerhalb eines Zeitraumes von mehr als 40 Jahren. Largo beschreibt
- Heterogenität als interindividuelle Variabilität zwischen den Kindern,
- Singularität als Variabilität einzigartiger unterschiedlicher Entwicklungsverläufe bei Kindern,
- die Vielfalt in den Kindern selber z.B. was unterschiedliche Lernbereiche betrifft und
- die kontext-temporäre Variabilität der Kinder, abhängig von konkreten situativen Bedingungen (Largo 2009, 18).

Die Erfahrung intraindividueller Vielfalt kann unterstützt werden durch den bewussten Umgang mit Heterogenität und durch das Erleben interindividueller Variabilität in Unterricht und Lernumgebung. Empirische Forschungen belegen bereits für den Schulanfang erhebliche Leistungsunterschiede zwischen den Kindern, die sich im Verlaufe der Schulzeit häufig manifestieren. In der noch nicht ausgelesenen Schüler/innenschaft der Primarstufe kommt eine „real wachsende Heterogenität der Schülerschaft" zusammen (Hinz/Walthes 2009, 11).
Heterogenität zeigt sich in der Unterschiedlichkeit von sozialer Herkunft und Aufwachsbedingungen, in der Pluralisierung von Familienkonstellationen (vgl. Miller/Toppe 2009), im ethnischen, kulturellen, religiösen und sprachlichen Hintergrund (vgl. Schründer-Lenzen 2009), in der Differenz der Geschlechter (vgl. Rendtorff/Prengel 2008) sowie in der Verschiedenheit persönlicher Begabungen, Erfahrungen, Leistungen und Interessen (vgl. Carle 2009). Der schulpädagogische Diskurs um Homogenität und Heterogenität ist zunehmend gezwungen zu einem Paradigmenwechsel, der das Phänomen der Verschiedenheit Lernender positiv bewertet und das Recht auf Anderssein nicht nur toleriert, sondern als Ressource für die Gestaltung von Lernprozessen einsetzt. Im Sinne einer „egalitären Differenz" (Prengel 2001) geht es dabei um „die Anerkennung von Unterschiedlichkeiten, ohne diese mehrheitlichen Normalitätsvorstellungen zu unterwerfen" (Hinz/Walthes 2009, 12). Jenseits von Kategorisierungsversuchen und Gruppenidentifikationen ist es das Ziel von inklusiver Unterrichtsgestaltung, alle Lernenden, unabhängig von Geschlecht, Begabung und Herkunft in ihrer individuellen Lernbiografie zu unterstützen: Inklusiver Unterricht stärkt interindividuelle und intraindividuelle Verschiedenheit und lässt durch vielfältige Herangehensweisen und Perspektiven einen (Lern)gegenstand in seiner Ganzheit und Vielseitigkeit entdecken.

„Mit Menschenrechten ist es anscheinend wie mit Bildern auf großen Plakatwänden: Man erkennt sie immer nur von der anderen Straßenseite aus. Undenkbar, in Deutschland könnte mit dem Menschrechtsverständnis (abgesehen vielleicht von klitzekleinen Kleinigkeiten) etwas nicht in Ordnung sein. Jedes Land meint, es habe die Forderungen des UNO-Papiers vortrefflich erfüllt, während anderswo – leider, leider – noch immer erhebliche Defizite bestünden. Behauptet die Türkei oder China, im eigenen Haus stehe es mit Freiheit, Gleichheit und Würde zum Allerbesten, verziehen wir höhnisch den Mund – um gleich darauf zu verkünden, in Deutschland seien Menschenrechtsverletzungen natürlich völlig unmöglich." (Zeh 2005, 9)(1)

Der Blick von der anderen Straßenseite aus führte im Jahr 2006 Vernor Muñoz zu der Feststellung, die Ungleichheit von Bildungschancen im deutschen Schulsystem sei menschenrechtsfeindlich. Das Bildungssystem, so der UN-Sonderbotschafter, habe eine ausgrenzende Wirkung in der Benachteiligung von Kindern aus unteren sozialen Schichten, Kindern mit Migrationshintergrund und Kindern mit Behinderungen (vgl. Muñoz 2007, 22). Eine Studie des Deutschen Instituts für Menschenrechte über Exklusionrisiken und Inklusionschancen im deutschen Bildungssystem formuliert im selben Jahr: „Die spezifischen Regelungen und normativen Vorgaben des Menschenrechts auf Bildung sind in Deutschland noch nicht sehr bekannt, noch werden sie – insbesondere im Hinblick auf die Gewährleistung des Diskriminierungsschutzes in der Bildung – vollständig umgesetzt" (Bielefeldt/Seidensticker 2006, 5). Hat der Menschenrechtsansatz bisher in der bildungspolitischen Diskussion eine eher untergeordnete Rolle gespielt (vgl. ebd.), so hat die Unterzeichnung der UN-Konvention über die Rechte von Menschen mit Behinderungen diesen innerhalb des letzten Jahres zunehmend ins Bewusstsein gebracht. Dabei wird deutlich: Als „politische Gestaltungsprinzipien" verlangen die Menschenrechte Maßnahmen, die über die Vermeidung unmittelbarer Menschenrechtsverletzungen hinausgehen (vgl. ebd.). Das Recht auf Bildung hat zentrale Bedeutung für die Befähigung, die eigenen Rechte einzufordern und solidarisch für die Rechte anderer einzutreten. Diskriminierungsfreie Realisierung dieses Rechts bedeutet nicht nur Zugang zu Bildungseinrichtungen, sondern bezieht sich darüber hinaus auch auf die inhaltliche und formale Ausgestaltung von Bildungsangeboten. Diese werden präzisiert durch vier Strukturelemente, auch 4-A-Scheme genannt (vgl. Motakef 2006, 16; Deutsches Institut für Menschenrechte 2005, 263):

- **Availability:** Allgemeine Verfügbarkeit verlangt, dass ausreichend funktionsfähige Schulen mit ausgebildeten Lehrkräften und Materialien zur Verfügung stehen.
- **Access:** Insbesondere für die schwächsten Gruppen soll der diskriminierungsfreie Zugang zu Bildung garantiert sein – dies meint wirtschaftlichen und physischen Zugang (Barrierefreiheit).
- **Acceptability:** Die Annehmbarkeit von Bildung bezieht sich auf Form und Inhalt. Diese sollen sich an den Lebenslagen der Kinder und Jugendlichen orientieren und relevant, kulturell angemessen und hochwertig sein.
- **Adaptability:** In Ergänzung zu Annehmbarkeit meint die Adaptierbarkeit die Anpassung an sich verändernde Gesellschaften und Gemeinwesen und damit verbundene Erfordernisse.

Während es bei den ersten beiden Begriffen um Fragen der äußeren Bedingungen und damit um Schulstruktur und -entwicklung geht, so ist bei der Gewährung von Annehmbarkeit/acceptability und Adaptierbarkeit/adaptability mit Formen und Inhalten des Lernens die didaktische Perspektive gefragt. Daraus ergibt sich folgender Anspruch: Inklusiver Unterricht gestaltet Bildungsprozesse im Sinne der Menschenrechte und schafft in Wechselwirkung damit Grundlagen für den Respekt der Menschrechte. Aufgabe von Didaktik ist dementsprechend die Realisierung von Menschenrechten im Unterricht sowie in weiteren formalen und non-formalen Spiel- und Lernprozessen.

Didaktische Konzeptionen für den inklusiven Unterricht

Der Kampf um Verfügbarkeit und Zugänglichkeit von Bildung für benachteiligte Kinder und Jugendliche hat die Diskussion um Annehmbarkeit und Adaptierbarkeit und damit um den Umgang mit Formen und Inhalten scheinbar in den Hintergrund gedrängt. Es gibt im wissenschaftlichen Diskurs der Integrationspädagogik und Inklusiven Pädagogik wenige Beiträge zur Didaktik (Feuser 1989/1998; Wocken 1998; Platte 2005; Seitz 2005; Prengel 2009). Allerdings haben sich in Schulen und Kindertageseinrichtungen, die entschieden mit heterogenen Gruppen, z. B. im gemeinsamen Unterricht oder auch jahrgangsübergreifend arbeiten, vielerorts Praktiken entwickelt, die als beispielhaft für inklusiven Unterricht gelten können (vgl. u. a. Platte 1997; Schwager 2005; Stähling 2006; Thoma 2009). Die integrationspädagogische Begleitforschung bestätigt seit langem positive Ergebnisse für das Lern- und Leistungsverhalten aller Schüler/innen in heterogenen Lernfeldern (vgl. Demmer-Dieckmann/Preuss-Lausitz 2008).
Prinzipien für die Gestaltung integrativen und inklusiven Unterrichts, die sich in der Praxis entwickelt und bewährt haben, sind dementsprechend richtungweisend:
Einigkeit besteht hinsichtlich der Eignung offener Unterrichtsmethoden, die verschiedene Formen von Differenzierung ermöglichen. Entsprechend wird die Organisation integrativen und inklusiven Unterrichts von reformpädagogischen Ansätzen in der Regel unterstützt.
Das Kooperative Lernen, nach Norm und Cathy Green, wird im integrativen Unterricht ebenso eingesetzt wie in der inklusiven Schulentwicklung (vgl. Schwager 2005; Boban/Hinz 2007; Brokamp/Platte 2010). Die Methoden, die zunächst die Einzelperspektive befragen, um diese dann für Gruppenprozesse fruchtbar zu machen, stehen beispielhaft für den Einbezug vielfältiger Perspektiven bei der Gestaltung eines gemeinsamen Ganzen. Dasselbe gilt für demokratiepädagogische und partizipative Ansätze, in denen das Erleben von Engagement, Verantwortung und Wirksamkeit die Werteentwicklung Lernender unterstützt (vgl. Eikel 2007).
Im Rahmen des Projekts FISS (Forum für inklusive Strukturen an Schulen in der Region) schlägt Cornelia REHLE (2009) Grundlinien einer inklusiven, entwicklungsorientierten Didaktik vor: Lernprozesse werden organisiert im Sinne des Strebens nach der nächsten Stufe der Entwicklung (vgl. Feuser 1989) und als Gestaltung von kommunikativen, kooperativen, koexistenten und subsidiären Lernsituationen in Gruppen (vgl. Wocken 1998).
In der Allgemeinen Didaktik als Wissenschaft von Unterricht, Lehren und Lernen spiegelt sich bisher die bildungspolitische Orientierung an Inklusion wenig wieder. Nichtsdestotrotz gibt es Konzeptionen, die relevant für eine Theoriebildung inklusiven Unterricht sein können. So

argumentiert z.B. die konstruktivistische Didaktik für heterogen zusammengesetzte Lerngruppen, um „eine Vielfalt von unterschiedlichen Lernern zu fördern, die sich gegenseitig bereichern statt behindern" (Reich 2002,189). Die Verschiedenheit Lernender steht seit jeher im Zentrum didaktischer Fragestellungen. Bereits Herbart (1776–1841) sprach von der „Verschiedenheit der Köpfe" und Comenius (1592–1670) problematisierte als erster Reformpädagoge die Zugänglichkeit von Schule und Bildung: „Nicht nur die Kinder der Reichen oder Vornehmen müssen zur Schule angehalten werden, sondern alle insgemein. Vornehme und Geringe, Reiche und Arme, Knaben und Mädchen, in allen Städten, Flecken, Dörfern und Landhäusern" (Comenius 1912,52).

BILDUNGSTHEORIE, KRITISCH-KONSTRUKTIVE DIDAKTIK UND INKLUSIVE BILDUNG

Die von Wolfgang Klafki konzipierte und beständig weiterentwickelte Kritisch-konstruktive und Bildungstheoretische Didaktik kann als einflussreichste didaktische Konzeption des 20. Jahrhunderts bezeichnet werden. Zumindest für das letzte Drittel und bis heute mag gelten, dass Lehrer/innengenerationen aller Schulformen nach diesem Modell ausgebildet wurden. Wichtige zeitgenössische didaktische Beiträge lassen zumeist ihren Einfluss erkennen. KLAFKI machte bereits im Jahr 1985 mit Bezug auf empirische Forschungen darauf aufmerksam, dass es

a) Homogenität trotz aller Homogenisierungsversuche nicht gebe (Klafki 1985, 122) und dass

b) in homogenen Lerngruppen nicht besser gelernt werden könne als in heterogenen

(a. a. O., 123). Die Beschreibung von Bildung als selbsttätig erarbeitetes und verantwortungsvolles Zusammenwirken der drei Grundfähigkeiten Selbstbestimmungs-, Mitbestimmungs- und Solidaritätsfähigkeit lässt eine Entsprechung erkennen zum oben skizzierten Verständnis des Menschenrechts auf Bildung. Klafki versteht Bildung als demokratisches Bürgerrecht, als Bedingung der Selbstbestimmung und ausdrücklich als „Bildung für alle". Er erklärt ein humanes und demokratisches Ausbildungskonzept als „Anspruch und prinzipielle Möglichkeit eines jeden Menschen, zur Selbstbestimmungsfähigkeit zu gelangen, weiterhin die Auffassung vom Recht jedes Menschen auf pädagogisch zu unterstützende Entfaltung seiner Möglichkeiten" (Klafki 1985, 34).

Für die Gestaltung inklusiver Bildungs- und Lernprozesse ist zudem Klafkis Begriff der Doppelseitigen Erschließung interessant, in dem das Zusammenspiel objektiver Welterkenntnis und subjektiven Erkenntnisgewinns deutlich wird: Bildung wird verstanden als „Einheit eines objektiven (materialen) und eines subjektiven (formalen) Momentes" (Klafki 1963,43). Im Prozess der Bildung erschließen sich die Welt und die Dinge dem Menschen ebenso wie der Mensch sich für diese.

Veränderungen, die durch Bildung im einzelnen Lernenden ausgelöst werden, wirken gleichzeitig mit Veränderungen, die die Welt und die Lerninhalte in ihrer scheinbaren Objektivität erfahren. Bildung ereignet sich im Zusammenspiel von Selbstbildungsprozessen und Welterkennensprozessen als Doppelseitige Erschließung in der Begegnung von Lernenden (Subjekt) mit Inhalten (Objekt). Für inklusiven Unterricht ist dieses Bild insofern bedeutsam, als im Austausch von individuell verschiedenen Zugängen und Bedeutsamkeiten (formale Bildung) ein gemeinschaftliches Erkennen von Lerninhalten stattfindet (materiale Bildung), das zu deren elementaren Bestandteilen führt.

Vielfältige Zugänge lassen so in ihren Eigenheiten und Überschneidungen das erkennen, was als wesentlich und unverzichtbar für die Konturierung eines gemeinsamen Inhaltes erscheint. In Anerkennung von Heterogenität und Perspektivenvielfalt beleuchten inklusive Bildungsprozesse die Dinge und die Welt in ihrer Vielseitigkeit. Diesen Vorgang gemeinschaftlichen Entdeckens beschreibt die didaktische Auffächerung (Platte 2005):
Unterschiedliche Interpretationen eines gemeinsamen Inhalts stehen zueinander wie die Falten eines ungeöffneten Fächers. In verschlossenem Zustand noch nicht erkennbar, eröffnen sich vielfache Perspektiven auf ein gemeinsames Thema und werden dabei im Kern wie in der Achse des Fächers zusammengehalten. Die Entfaltung eröffnet zuvor nicht sichtbare Facetten. Vergleichbar erscheint ein Gegenstand bei erster Betrachtung einseitig und gewinnt an Dimensionen, je mehr Blicke auf ihn fallen. Die vorbereitende Auseinandersetzung mit einem Lerninhalt für eine Gruppe lässt dessen Vielseitigkeit zumeist erahnen; zusätzliche Aspekte ergeben sich jedoch in der Betrachtung aus unterschiedlichen Perspektiven. Die Bedeutsamkeit eines Inhalts für einen nicht sprechenden Schüler, für eine nicht sehende Schülerin oder für ein Kind, dessen Konzentrationsspanne vermeintlich gering ist, lässt dabei für alle Beteiligten überraschende Seiten wahrnehmen. Die Ergänzung durch unerwartete Sichtweisen im Prozess der Auffächerung führt erst zur vollständigen und ganzheitlichen Erfassung. Gelingt in gemeinschaftlichen Lernprozessen die Wahrnehmung unterschiedlicher Zugänge, Interessen, Strategien, Bedeutsamkeiten, Perspektiven, Interpretationen ... so kann intra- und interindividuelle Verschiedenheit wahrgenommen und zur vollständigen Erschließung genutzt werden.

Man möge sich diesen Prozess vergegenwärtigen an einem Werk von Pablo Picasso: Im Dezember 1945 zeichnete Picasso einen Stier, das erste von elf Bildern in der Reihe „La Metarmorfosis del Toro", die er innerhalb von knapp zwei Monaten vervollständigte. Während das erste Bild das Tier naturgetreu abbildet, entwickelt Picasso von Bild zu Bild eine einfacher scheinende Darstellungsweise, bis schließlich der letzte „Toro" nur noch aus wenigen Linien besteht – einer Kinderzeichnung ähnlich. Diese Linien machen offensichtlich das Unverzichtbare aus, das Wesentliche, was nicht wegfallen dürfte, solang der Stier als solcher erkennbar bleiben soll.

Der Weg von der naturgetreuen Abbildung hin zur Skizze erscheint „umgekehrt": Nicht die Entwicklung hin zur komplexen Darstellung wird hier ausgestellt, sondern anders herum: Ausgehend von der Abbildung, die – den Kompetenzen eines Künstlers gemäß – den Stier lebensnah wiedergibt, variiert Picasso sein Modell mehrfach und präsentiert abschließend eine einfache, schlicht erscheinende Zeichnung, die mit wenigen Strichen den Toro festhält. Alles, was wesentlich erscheint, ist hier enthalten – zugleich scheinen sich diese Grundlinien bereits in jedem der zehn vorhergehenden Bilder zu finden. Ein Weg vom vermeintlich komplexen Werk zum „Strichtier", zur Kinderzeichnung, die so viel weniger zeichnerisches Know-how zu verlangen scheint. Die Bilderreihe lässt sich betrachten wie ein Weg zur Entfaltung des Wesentlichen, des Unverzichtbaren, des Kerns. Didaktische Auffächerung führt im inklusiven Unterricht durch vielfältige Perspektiven zur Gestaltung eines gemeinsamen Ganzen.

Qualitätvolle Bildung zeigt sich in der konkreten inhaltlichen und formalen Umsetzung und geht damit über die quantitative Verfügbarkeit und Zugänglichkeit von Bildungseinrichtungen hinaus. Der Diskurs um Schulstruktur und Schulentwicklung braucht insofern Ergänzung durch den Diskurs um methodische und didaktische Fragen zur Realisierung von inklusiver Bildung. Unterrichtsentwicklung ist auch hier Kern von Schulentwicklung und bietet die Chance, an Inklusion orientierte Momente und Prozesse zu gestalten und damit die Bewusstseinsentwicklung Lernender und Lehrender zu prägen. Die Transformation in Richtung einer an Inklusion orientierten Gesellschaft basiert auf einer Wertehaltung, die jeden Einzelnen in seiner Individualität schätzt. Inklusive Unterrichtsgestaltung baut auf dieser Wertehaltung auf und reflektiert davon ausgehend didaktische Entscheidungen. Inklusive Bildung erfordert insofern nicht die Entwicklung neuer didaktischer Konzeptionen, sondern verlangt die Reflexion von Konzeptionen und Entscheidungen vor dem Hintergrund dieser Werte und in Orientierung an der Leitidee. Unterstützend kann dabei auch für die Unterrichtsentwicklung der Index für Inklusion eingesetzt werden; seine Indikatoren richten sich u. a. auf die Entwicklung einer inklusiven Wertehaltung und auf die Gestaltung inklusiver Praktiken (vgl. Boban/Hinz 2003).

In vielen Schulklassen, Lern- und Spielgruppen werden seit langer Zeit „inklusive Momente" gestaltet und gelebt, entwickelt sich „inklusive Selbstverständlichkeit" (Platte 2001,452), auch wenn die äußere Organisation noch weit von inklusiven Strukturen entfernt ist. Hier liegt die Chance von Didaktik: Sie realisiert Momente in einem Prozess, der noch weit in die Zukunft gerichtet ist und setzt damit eine Vision konkret um. Die Dokumentation inklusiver Momente, Situationen, Kommunikations- und Beziehungsformen, wie sie vielerorts bereits zu finden sind (2), ist für den Diskurs um Inklusion bedeutsam, belegen diese doch die Realisierbarkeit und auch die Effektivität einer Konzeption, die häufig als visionär oder utopisch abgetan wird. Die Bedeutung von Didaktik für den inklusionspädagogischen Diskurs ergibt sich aus ihren Aufgaben:

Didaktische Theoriebildung und Praxis sind immer verbunden mit aktuellen gesellschaftlichen, politischen und philosophischen Kräften und Entwicklungen und befinden sich im „Zusammenspiel von Wissenschaftsorientierung, Demokratisierung und Interpretation des gesamtgesellschaftlichen Systems als einem offenen, d.h. veränderbaren Prozeß" (vgl. Kron 1993, 9). Eine Ergänzung des inklusionspädagogischen Diskurses um didaktische Beiträge ist geboten, um Bildung qualitätvoll zu gestalten und den Unterricht nachhaltig für alle Lernenden zu verbessern.

Literatur

Baltscheit, Martin/ K., Ulf (2008): Der kleine Herr Paul stellt sich vor. Berlin: Bloomsbury Kinderbücher und Jugendbücher

Bielefeldt, Heiner/Seidensticker, Frauke (2006) : Vorwort. In: Motakef, Mona (2006): Das Menschenrecht auf Bildung und der Schutz vor Diskriminierung. Berlin: Deutsches Institut für Menschenrechte, S. 5

Boban, Ines/Hinz, Andreas (Hg.) (2003): Index für Inklusion. Lernen und Teilhabe in der Schule der Vielfalt entwickeln. Halle: Martin-Luther-Universität

Boban, Ines/ Hinz, Andreas (2007): Orchestrating Learning!?! Der Index für Inklusion fragt – Kooperatives Lernen hat Antworten. In: Demmer-Dieckmann, Irene & Textor, Annette (Hg.): Integrationsforschung und Bildungspolitik im Dialog. Bad Heilbrunn: Klinkhardt, S. 117-126

Carle, Ursula (2009): Leistungsvielfalt in der Grundschulklasse. In: Hinz, Renate/Walthes, Renate (Hrsg.): Heterogenität in der Grundschule. Weinheim und Basel: Beltz

Demmer-Dieckmann, Irene/Preuss-Lausitz, Ulf (2008): Gemeinsam lernen kommt allen zugute. Empirische Befunde zum Gemeinsamen Unterricht. In: blz 12/2008. http://www.gew-berlin.de/blz/18084.htm (Download vom 31.12.2009)

Deutsche UNESCO-Kommission (DUK) (2009): Inklusion: Leitlinien für die Bildungspolitik. Bonn: DUK

Eikel, Angelika (2007): Demokratische Partizipation in der Schule. In: Eikel, Angelika/De Haan, Gerhard (Hg.): Demokratische Partizipation in der Schule ermöglichen, fördern, umsetzen. Schwalbach: Wochenschau Verlag, S. 7-39

Feuser, Georg (1998): Gemeinsames Lernen am Gemeinsamen Gegenstand. In: Hildeschmidt , Anne/ Schnell , Irmtraud (Hg.): Integrationspädagogik. Weinheim: Beltz, S. 19-36

Feuser, Georg (1989): Allgemeine integrative Pädagogik und Entwicklungslogische Didaktik. In: Behindertenpädagogik 1/1989, S. 4-48)

Hinz, Renate/Walthes, Renate (Hrsg.): Heterogenität in der Grundschule. Weinheim und Basel: Beltz

Largo, Remo (2000): Kinderjahre. München: Piper Verlag GmbH. (17. Auflage 2009)

Largo, Remo (2009): Schülerjahre. München: Piper Verlag GmbH

Klafki, Wolfgang (1963): Studien zur Bildungstheorie und Didaktik. Weinheim und Basel: Beltz

Klafki, Wolfgang (1985): Neue Studien zur Bildungstheorie und Didaktik. Weinheim und Basel: Beltz.

Köppcke-Duttler, Arnold (2009): Die neue Konvention stärkt das Recht auf Bildung aller Menschen! In: Zeitschrift für Inklusion 2, 2009. http://www.inklusion-online.net/index.php/inklusion/article/view/33/40 (Zugriff am 15.4.2009)

Kron, Friedrich W. (1993): Grundwissen Didaktik (3. Auflage 2000)

Miller, Susanne/Toppe, Susanne: Pluralisierung von Familienformen und sozialen Aufwachsbedingungen. In: Renate/Walthes, Renate (Hrsg.): Heterogenität in der Grundschule. Weinheim und Basel: Beltz

Motakef, Mona (2006): Das Menschenrecht auf Bildung und der Schutz vor Diskriminierung. Berlin: Deutsches Institut für Menschenrechte

Muñoz, Vernor (2007): Bericht des Sonderberichterstatters für das Recht auf Bildung. Deutschlandbesuch 13.-21.06.2006:

http://www.gew.de/Binaries/Binary25150/Arbeitsübersetzung_März07.pdf (Download vom 15.04.2010)

Platte, Andrea (1997): Sonderpädagogik in der Regelschule. In: Die Deutsche Schule 4/1997, S. 474-484

Platte, Andrea (2001): Schullaufbahnen zwischen Segregation und Integration. In: Die Deutsche Schule 4/2001, S. 444

Platte, Andrea (2005): Schulische Lebens- und Lernwelten gestalten. Münster: m&v Verlag

Prengel, Annedore (2001): Differenz und Differenzierung in soziologischer Perspektive. In: Lutz, H./Wenning, N. (Hrsg.): Unterschiedlich verschieden. Opladen: Leske + Budrich, S.93-107

Prengel, Annedore (2009): Differenzierung, Individualisierung und Methodenvielfalt im Unterricht. In: Renate/Walthes, Renate (Hrsg.): Heterogenität in der Grundschule. Weinheim und Basel: Beltz

Rehle, Cornelia (2009): Grundlinien einer inklusiven, entwicklungsorientierten Didaktik. In: Thoma, Pius/Rehle, Cornelia: Inklusive Schule. Leben und Lernen mittendrin. Bad Heilbrunn: Klinkhardt, S. 183-194

Rendtorff, Barbara/Prengel, Annedore (2008) (Hrsg.): Kinder und ihr Geschlecht. Opladen & Farmington Hills: 2008

Schründer-Lenzen, Agi (2009): Multikulturalität und ethnische Herkunft. In: Renate/Walthes, Renate (Hrsg.): Heterogenität in der Grundschule. Weinheim und Basel: Beltz

Schwager, Michael (2007): Orientierung an den Ansprüchen einer inklusiven Schule. Das Beispiel der Gesamtschule Köln-

Holweide. In: Rumpler, Franz/ Wachtel, Peter (Hrsg.): Erziehung und Unterricht – Visionen und Wirklichkeiten. Würzburg: Verband Sonderpädagogik e.V., S. 57-64

Seitz, Simone (2005): Zeit für inklusiven Sachunterricht. Baltmannsweiler: Schneider Verlag Hohengehren

Stähling, Reinhard (2006): „Du gehörst zu uns" Inklusive Grundschule. Baltmannsweiler: Schneider Verlag Hohengehren.

Wocken, Hans (1998): Gemeinsame Lernsituationen. In: Hildeschmidt, Anne/ Schnell, Irmtraud (Hg.): Integrationspädagogik. Weinheim: Beltz Verlag, S. 37-52

Zeh, Juli (2005): Vorwort. In: Büchergilde Gutenberg (Hg.): Allgemeine Erklärung der Menschenrechte. Frankfurt: Büchergilde Gutenberg

Fußnoten

1   Vgl.: Zeh, Juli: Vorwort. In: Büchergilde Gutenberg (Hg.) (2005): Allgemeine Erklärung der Menschenrechte. (Das Buch mit ansprechenden Illustrationen ist für den Einsatz im Unterricht geeignet.)

2   Exemplarisch für Schulen, die sich als „inklusive Schule" entwickeln, seien hier genannt: Grundschule Burg Fidel/ Münster, Jenaplan Schule/ Würzburg, Peter Petersen Schule und Gesamtschule Holweide/ Köln

Eine Schule für Alle. *Vielfalt leben!*

Eine Schule für Alle. *Vielfalt leben!*

Eine Schule für Alle. *Vielfalt leben!*

Eine Schule für Alle. *Vielfalt leben!*

Eine Schule für Alle. *Vielfalt leben!*

Eine Schule für Alle. *Vielfalt leben!*

Eine Schule für Alle. *Vielfalt leben!*

Eine Schule für Alle. *Vielfalt leben!*

Eine Schule für Alle. *Vielfalt leben!*

Eine Schule für Alle. *Vielfalt leben!*

Eine Schule für Alle. *Vielfalt leben!*

Eine Schule für Alle. *Vielfalt leben!*

Eine Schule für Alle. *Vielfalt leben!*

Eine Schule für Alle. *Vielfalt leben!*

Gemeinsam statt einsam: Die Rolle der Sonder- und Regelschulpädagogen an der IGS Holweide

Ulrike Niehues und Isabel Hahn

Die Gesamtschule Köln-Holweide (IGS Holweide) begann 1975 nach zweijähriger Planungspha-se ihre Arbeit. Parallel zu einigen anderen Gesamtschulen und angelehnt an ein aus den USA stammendes Prinzip wurde in Holweide von Beginn an das im Vorfeld entwickelte Team-Klein-gruppen-Modell praktiziert: Jeweils drei Klassen werden zu einem Team zusammengefasst, das von einem Lehrerteam aus circa acht Lehrern betreut und unterrichtet wird. Das Lehrer-team agiert pädagogisch und organisatorisch weitgehend autonom. Es fällt im Rahmen der Erlasse und der Konzeption der Schule Entscheidungen über Lehrkräfteeinsatz, Vertretungs-unterricht, Projekte, Team- und Klassenfahrten etc. Jede Klasse wird von zwei bis drei Lehrern gemeinsam geführt. Auch die Schüler arbeiten in Gruppen: Jeweils vier bis sechs Schüler sitzen in einer heterogen zusammengesetzten Tischgruppe und arbeiten große Teile des Schulalltags gemeinsam. Die Lehrer-Teams eines Jahrgangs arbeiten und entscheiden auf Jahrgangsebene gemeinsam. So setzt sich die Teamstruktur bis zum Schulleitungsteam fort.

Seit 1986 werden an der Gesamtschule Holweide Schüler mit sonderpädagogischem Förder-bedarf beschult. Prinzipiell werden Schüler jeglichen Förderbedarfs aufgenommen, anteilig ungefähr entsprechend des realen Vorkommens in der deutschen Schülerschaft: Schüler mit dem Förderbedarf "Lernen" oder "Soziale und emotionale Entwicklung" bilden demnach eine große Gruppe unter unseren Förderschülern, während z. B. nur wenige sehbehinderte Kinder und Jugendliche unsere Schule besuchen.

Heute hat die Gesamtschule Holweide circa 1900 Schüler und knapp 200 Mitarbeiter – Re-gelschullehrer, Sonderpädagogen, Sozialpädagogen, Physiotherapeuten, Ergotherapeuten. Zudem nehmen Zivildienstleistende, junge Leute, die ein Freiwilliges soziales Jahr absolvieren, und Krankenschwestern, die einzelne Schüler begleiten, am Schulalltag teil.Die Jahrgänge sind jeweils neunzügig. Zwei von drei Klassen eines Teams sind inklusive Klassen: Von jeweils 26 Schülern einer inklusiven Klasse haben fünf Schüler sonderpädagogischen Förderbedarf. Die nicht inklusiven Klassen sind circa 30 Schüler stark. Das Existieren dieser nicht inklusiven Klas-se hat unter anderem organisatorische Gründe: Wären die 10 Schüler mit Förderbedarf eines Teams auf alle drei Teamklassen verteilt, wäre eine sinnvolle Verteilung personeller, zeitlicher und materieller Ressourcen schwieriger. Jedem Team gehört mindestens ein Sonderpädagoge an.

Nach wiederholter Verschlechterung der Rahmenbedingungen sind heute nur noch knapp die Hälfte der Unterrichtsstunden der inklusiven Klassen doppelt besetzt. Die an der Schule arbeitenden Sonderpädagogen sind von ihrer jeweiligen Stammschule an die Gesamtschule Holweide abgeordnet und gehören somit fest zum Kollegium der IGS Holweide.

Vor einigen Jahren "entdeckte" die Gesamtschule Holweide das Kooperative Lernen (nach Norman Green) für sich. Mittlerweile sind die Methoden fester und wichtiger Bestandteil der pädagogischen und didaktischen Arbeit. Das Kooperative Lernen setzt beim einzelnen Schüler an und führt schließlich zum Austausch und zur Zusammenarbeit in der Gruppe. Die Methoden bieten die Möglichkeit einer hohen Aktivierung des einzelnen Schülers, einer vielschichtigen und ganzheitlichen Betrachtung eines Stoffes und der Förderung kooperativer Fähigkeiten. Nach der individuellen Auseinandersetzung mit einer Aufgabe ist die wichtigste Bezugsgröße dabei die Tischgruppe.

TEAMARBEIT

Das Team trifft sich regelmäßig am unterrichtsfreien Nachmittag zur Besprechung und Planung. Die dafür aufgebrachte Zeit wird nicht als Unterrichtszeit angerechnet. Ein Ausgleich wird dadurch geschaffen, dass Lehrerkonferenzen an der IGS Holweide nur alle paar Monate stattfinden. Zudem besucht jeder Lehrer die Fachkonferenzen "seiner" Fächer und je ein Abgesandter des Teams die Konferenz der Teamsprecher und der Konferenz für den Gemeinsamen Unterricht. Letzteres übernimmt häufig – aber nicht zwangsläufig – der Sonderpädagoge des Teams. Einige Teams treffen sich zusätzlich außerhalb dieser fest eingeplanten Zeiträume zum Arbeiten.

Wie die Regelschullehrer sind die Sonderpädagogen selbstverständlicher Teil des Teams. Sie sind an allen Entscheidungen des Teams beteiligt – gleichgültig, ob diese Schüler mit Förderbedarf betreffen oder nicht. Umgekehrt sind alle Teammitglieder in die die Schüler mit Förderbedarf betreffenden Entscheidungen eingebunden. Alle Maßnahmen, die außerhalb von Unterricht stattfinden, wie Projektwochen oder -tage, Klassen- und Teamfahrten, Ausflüge, Maßnahmen zur Gestaltung des Gebäudes etc. sind immer Angelegenheit des Teams bzw. beider Klassenlehrer, ungeachtet ob Regel- oder Sonderschullehrer. Wie die Regelschullehrer haben auch die Sonderpädagogen gemeinsam mit einem Kollegen die Leitung einer Klasse inne.

Einige Aufgaben werden vorwiegend von Regelschul- bzw. Sonderschullehrern ausgeführt oder angeleitet. Welche Aufgaben das sind und wie stark die Beteiligung der jeweils anderen Teammitglieder ist, variiert jedoch von Team zu Team:
Klassenarbeiten werden in den meisten Fällen zunächst vom "federführenden Kollegen", der sowohl Regelschullehrer als auch Sonderpädagoge sein kann, verfasst und dann vom anderen/ zweiten Kollegen, der ebenfalls Regelschullehrer- oder Sonderpädagoge sein kann, individuell für die Förderschüler modifiziert.

Am Schreiben der Lernberichte für die Kinder und Jugendlichen mit sonderpädagogischem Förderbedarf sind alle Lehrer beteiligt, federführend sind aber mehr oder weniger die Sonderpädagogen. In einigen Teams sammelt der Sonderpädagoge lediglich die Textbausteine, in denen die Fachlehrer Verhalten und Leistung des Schülers in ihrem jeweiligen Fach beschreiben, und fügt sie zusammen. In anderen geben die Regelschullehrer nur stichwortartig Rückmeldung über die Fächer, in denen der Sonderpädagoge nicht anwesend ist, dieser berät sich mit den jeweiligen Kollegen eventuell noch über die Beurteilung angesichts der individuellen Stärken und Schwächen des Schülers und formuliert daraus und aus seinen eigenen Beobachtungen die Lernberichte. Zwischen diesen beiden Extremen entwickelt jedes Team eine individuelle Arbeitsweise.

Ähnlich gestaltet es sich beim Schreiben der Förderpläne: Einige Teams schreiben die Pläne bis hin zur letztendlichen Formulierung gemeinsam, in anderen sind die Förderpläne alleinige Aufgabe des Sonderpädagogen. Dazwischen werden verschiedene Methoden der Teamarbeit praktiziert, teils Bausteine des Kooperativen Lernens wie "Stumme Schreibgespräche" eingesetzt, die dann oft von den Sonderpädagogen vorbereitet und angeleitet werden.

Gespräche mit den Eltern der Schüler mit sonderpädagogischem Förderbedarf sind meist Aufgabe der Sonderpädagogen und der Klassenlehrer, je nach Thematik nehmen von Seiten der Schule zudem Fachlehrer, Sozialpädagogen oder Physio- bzw. Ergotherapeuten teil.
Als Klassenlehrer führt der Sonderpädagoge selbstverständlich auch Gespräche mit den Eltern "seiner" Schüler ohne Förderbedarf. Doch auch zu Elterngesprächen anderer Klassen des Teams kann er hinzugezogen werden, obwohl das betreffende Kind keinen sonderpädagogischen Förderbedarf hat. Dies kann sowohl in seiner Funktion als Fachlehrer geschehen als auch beratend bezüglich einer besonderen pädagogischen Problemstellung.

Ab der achten Klasse obliegt es hauptsächlich den Sonderpädagogen zusätzlich zu den für alle Schüler stattfindenden Maßnahmen zur Berufsvorbereitung Angebote für die Schüler mit Förderbedarf zu gestalten und durchzuführen. Wie weit sich diese dann mit den Maßnahmen für die Schüler ohne sonderpädagogischen Förderbedarf verknüpfen lassen, ist individuell unterschiedlich, da letztendlich für jedes Kind mit Förderbedarf – und auch für so manches ohne sonderpädagogischen Förderbedarf – eine ganz eigene Berufsvorbereitung gestaltet werden muss.

KONKRETE UMSETZUNG IM UNTERRICHT

Die Teams teilen die ihnen zur Verfügung stehenden Lehrerstunden zumeist so auf, dass zunächst die Fächer Deutsch, Mathematik und Englisch doppelt besetzt sind, möglichst mit einem Fachlehrer und einem Sonderpädagogen. Aber auch in anderen Fächern kann eine dDoppelbesetzung wichtig sein, abhängig von den Förderbedarfen der einzelnen Schülerinnen und Schüler. Es gibt durchaus Doppelbesetzungsstunden mit zwei Regelschullehrern und ebenso Stunden, in denen ein(e) Sonderpädagoge/in die gesamte Klasse allein unterrichtet.

Art und Arbeitsteilung der Vorbereitung und Durchführung der doppelt besetzten Stunden variieren nicht nur von Team zu Team, sondern sind je nach Kollegenpaar, das gemeinsam unterrichtet, und sogar je nach Unterrichtseinheit unterschiedlich. Während einmal der Fachlehrer die Einheiten alleine vorbereitet und der Sonderpädagoge für die zieldifferent unterrichteten Kinder einzelne Phasen oder Aufgaben verändert, reduziert oder erweitert, planen ein anderes Mal beide Pädagogen von Beginn an gemeinsam. Abhängig ist die Form der Zusammenarbeit in der Vorbereitung sowohl von der geplanten Unterrichtsform als auch von der Beziehung der Kollegen zueinander. Zwei Lehrer, die häufig miteinander unterrichten oder einen "guten Draht" zueinander haben, werden anders an eine Unterrichtsplanung herangehen können als Kollegen, die selten miteinander unterrichten oder unterschiedliche Auffassungen von einer gelungenen Unterrichtsstunde haben.

Lütjen-Klose/Willenbring (1999) beschreiben verschiedene Formen der Zusammenarbeit in der Doppelbesetzung:

- Lehrerin und Beobachterin
- Lehrerin und Helferin
- Stationsunterricht: Der Unterricht findet an zwei von je einer Lehrperson betreuten Stationen statt. Die Schüler sind in zwei Gruppen aufgeteilt, die nach einiger Zeit wechseln.
- Parallelunterricht: Jeweils die Hälfte der Klasse wird von einer Person unterrichtet. Beide bearbeiten dieselben Inhalte.
- Niveaudifferenzierter Unterricht: Jede Lehrperson unterricht auf unterschiedlichem Lernniveau.
- Zusatzunterricht: Ein Lehrer bietet zusätzliches Material und Hilfen für die Schüler an, die den Unterrichtsstoff zunächst nicht bewältigen können.
- Teamteaching: Beide Pädagogen unterrichten gleichberechtigt alle Schüler, die Führung wechselt.

All diese Formen der Zusammenarbeit kommen bei uns vor. Angestrebt wird jedoch das Teamteaching. Inwieweit sich dies realisieren lässt, ist – wie bereits oben erwähnt – abhängig von der Beziehung der jeweiligen Kollegen zueinander und zur Klasse und somit unter anderem von Strukturen, die ermöglichen, eine ausreichende Zeit in gleicher Konstellation miteinander zu arbeiten und sich aufeinander einzuspielen. Eine stabile Situation in den Teams, die wenig Einspringen von Lehrern aus anderen Teams erfordert und eine konstante Durchführung geplanter Doppelbesetzung sicherstellt, ist daher eine gute Grundlage für gelingendes Teamteaching.

Begünstigend wirkt sich auch die Teamarbeit auf Schülerebene und das Einsetzen der Methoden des Kooperativen Lernens aus. Die Reduzierung von stark lehrerzentrierten Phasen und die Moderation und Unterstützung der Lernprozesse jedes einzelnen Schülers und der Tischgruppe ermöglicht eine gleichberechtigte Rolle von Regelschul- und Sonderschullehrer. Jeder Schüler kann zudem auf seinem Lernniveau arbeiten und dennoch gleichzeitig am Lernen in der Gruppe beteiligt sein. Es wird dadurch größtenteils überflüssig, die Schüler mit Förderbedarf aus dem Lernprozess der Klasse zu lösen und somit ist auch der Sonderpädagoge weiter Teil des Gemeinsamen Unterrichts. Nicht immer ist es jedoch möglich, wirklich im Sinne des Teamteachings zusammen zu unterrichten. Spätestens wenn Lehrer in anderen als ihrem eigenen Team unterrichten müssen, macht die mangelnde Routine der Kollegen in der Zusammenarbeit und die geringe Erfahrung mit den Klassen des anderen Teams es nötig, andere der oben genannten Methoden anzuwenden.

Eine äußere Differenzierung, bei der die Kinder mit sonderpädagogischem Förderbedarf mit den Sonderpädagogen den Raum verlassen oder innerhalb des Klassenraumes an einem Extratisch arbeiten, findet kaum statt. Durchaus können aber Lerngruppen – Schülerpaare oder ganze Tischgruppen – phasenweise den Klassenraum verlassen und eventuell auch von einem der Lehrer in ihrer Arbeit unterstützt werden. Schüler können den Wusch separat zu lernen genauso äußern wie der Lehrer geplant oder spontan mit einer Schülergruppe außerhalb des eigentlichen Lernortes arbeitet, weil er es gerade für angebracht hält.

Auch in Fächern, in denen eigentlich eine äußere Differenzierung durch Grund- und Erweiterungskurse vorgesehen ist, versuchen wir verstärkt, diese zu umgehen. Dies geschieht beispielsweise im Englischunterricht einiger Teams, indem Wochenpläne eingesetzt werden, die Aufgaben auf zwei oder drei unterschiedlichen Leistungsniveaus bieten. Für jedes Niveau ist ein Lehrer zuständig (ähnlich dem weiter oben genannten "Niveaudifferenzierten Unterricht", allerdings offen und auf der Basis von Wochenplänen). Die Schüler können bei Bedarf von einem Niveau zum anderen wechseln. Phasenweise arbeitet eine der Lehrpersonen lehrerzentriert mit allen Schülern der Klasse, z. B. um ein neues Thema einzuführen, einen Text zu hören etc. Allerdings zeigt es sich, dass bei drei Lehrpersonen räumliche Ausweichmöglichkeiten (Flur, Nebenräume etc.) für die Schüler zwingend notwendig sind, da das Agieren von drei Lehrpersonen in einem Klassenraum viel Unruhe bringt.

SCHLUSSBEMERKUNG

In dieser Beschreibung unserer Arbeit haben wir uns bemüht, Aspekte, die uns wichtig erscheinen, zu beschreiben und zugleich einige der Fragen zu beantworten, die innerhalb unseres Workshops auf dem Kongress "Eine Schule für Alle" gestellt wurden.
Manches mag dem Leser zu wenig konkret sein. Da aber jedes Team seinen eigenen Weg geht, abhängig von den Kollegen und den Schülern, die aufeinandertreffen, gibt es bei uns viele Lösungen im Umgang mit Heterogenität und Kooperation. Manches funktioniert so gut, dass es sich bei vielen Menschen an unserer Schule durchsetzt, anderes wird erprobt, verworfen, neu gedacht und wieder erprobt.

Teamübergreifend lässt sich feststellen, dass wir uns zunächst als Lehrer dieser Schule verstehen und als Mitglieder unseres Teams. Erst danach sind wir Sonderpädagogen oder Regelschullehrer. Dabei sind wir uns sehr wohl bewusst, dass das Profil beider Professionen mit ihrem Expertentum nicht in "Gleichmacherei" unkenntlich werden sollte. Für die Schüler sind wir schlicht ihre Lehrer – sie unterscheiden nicht zwischen Sonder- und Regelschullehrer, genauso wie ihre Mitschüler einfach ihre Mitschüler sind.

Schülergruppen, die hauptsächlich aus Schülern mit Förderbedarf bestehen, gibt es in unseren Betriebsprojekten (ein Café, eine Druckwerkstatt und ein Schreibwarenladen) und in der "Mädchen-" bzw. "Jungengruppe". Die beiden letztgenannten Gruppen bestehen aus Schülerinnen bzw. Schülern mit einer starken Lernbehinderung oder einer geistigen Behinderung. Da sich häufig mit Einsetzen der Pubertät die Entwicklung von Schülern mit einer solchen Beeinträchtigung von der der Schüler ohne eine solche Einschränkung erheblich unterscheidet, sollen die Kinder und Jugendlichen in diesen Gruppen ein Forum finden, indem sie sich über die für sie gerade aktuellen Themen austauschen können.

Auf dem Kongress wurden wir unter anderem nach dem Aufwand für die Teamarbeit, wie sie bei uns praktiziert wird, gefragt:
Die Arbeit im Team ist eine Herausforderung, sie ist oft zeitaufwendig und bietet viel Reibungsfläche und auch Konfliktpotenzial. Manchmal ist sie nervenaufreibend und zäh. Dennoch ist sie eine Bereicherung. Und letztendlich können wir Kooperation nur dann von unseren Schülern fordern, wenn wir selbst dazu bereit und in der Lage sind.

Wir haben in diesem Artikel den Begriff "Sonderpädagoge" benutzt. Dies entspricht dem Sprachgebrauch in unserem Kollegium. Von den Kindern und Jugendlichen sprechen wir als "Schüler mit Förderbedarf bzw. ohne Förderbedarf", manchmal auch von "Förderkindern".

Das Ganze gemeinsam entdecken –

Chance und Herausforderung für einen inklusiven Mathematikunterricht

Natascha Korff

„Eine Geisteshaltung [wie die Mathematik] lernt man aber nicht, indem einer einem schnell erzählt, wie man sich zu benehmen hat. Man lernt sie im Tätigsein, indem man Probleme löst, allein oder in einer Gruppe – Probleme, in denen Mathematik steckt."
(Freudenthal 1982, S.140)

Können unterschiedliche Lösungswege gleichberechtigt nebeneinander stehen? Können verschiedene Lösungen richtig sein? Kann jede/r mathematisch denken?

Die TeilnehmerInnen des Seminars haben sich zu diesen Fragen gemeinsam auf eine kleine Entdeckungsreise begeben, um zu erfahren was Mathematik alles sein kann außer „rechnen lernen" (und wie man gerade dadurch besser rechnen lernt).

Die damit verbundene Perspektive auf mathematisches Lernen entspricht aktuellen fachdidaktischen Konzeptionen im Grundschulbereich und bezieht explizit einen produktiven Umgang mit Heterogenität mit ein. Der folgende Überblick über die Prinzipien dieses (aktiv) entdeckenden Lernens im Mathematikunterricht soll einen Einblick in diese Konzeptionen bieten. Außerdem werden Anknüpfungspunkte und Herausforderungen für einen inklusiven Unterricht diskutiert.

Heterogenität im Mathematikunterricht

Folgt man Freudenthal und den Erkenntnissen (mathematischer) Lehr-/Lernforschung, dann ist es für einen guten Mathematikunterricht notwendig, mathematisch **tätig** zu sein und gemeinsam komplexe Probleme anzugehen. So können sich die SchülerInnen die Welt der Mathematik und die Welt mit Mathematik nach und nach erschließen, indem sie die Zusammenhänge **entdecken**. Ein wichtiger Faktor ist dabei die Wertschätzung der Diversität von Lösungen und Lösungswegen. Im Alltagsverständnis herrscht im Kontrast dazu die Auffassung vor, dass es zu mathematischen Fragestellungen nur **eine** richtige Lösung gibt und **einen** effektiven Weg zu dieser zu gelangen.

Bevor auf die Thematik aus mathematikdidaktischer Sicht weiter eingegangen wird, sind die LeserInnen zu einem kleinen Selbstversuch aufgefordert:

1. Wie rechnen Sie 6+5 (wenn Sie es nicht auswendig wüssten)? Und wie 91-87 ?

2. Wie viele Punkte sind auf den Bildern zu sehen? Wie haben Sie dies (schnell) erkennen können? Welche Rechenaufgaben könnten hier dargestellt sein?

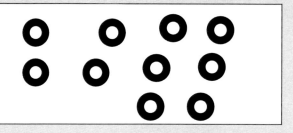 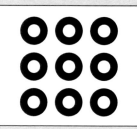

Fragen Sie auch einmal Ihre Kinder, SchülerInnen oder KollegInnen.
Lassen Sie sich erklären wie diese die Aufgaben rechnen und was sie genau in den Punktmustern sehen.

Wie die obigen Beispiele bereits zeigen, gibt es auch in der Mathematik verschiedene Lösungen und unterschiedliche Lösungswege, die jeweils ihren eigenen Reiz haben.

Ebenso findet sich natürlich bei den LernerInnen – in Mathematik wie in jedem anderen Fach – eine große Vielfalt. Vier Kindern wird folgende Aufgabe gestellt: 26+4. [1]
Julia ist zunächst unsicher. Dann entscheidet sie sich, die Aufgabe mit Hilfe der 100er-Tafel [2] zu lösen. Sie betrachtet die 100er-Tafel eine Weile suchend und zeigt dann auf die Zahl 62. Sie überlegt kurz und sucht dann erneut. Jetzt zeigt sie auf das Feld mit der Zahl 26 darin. Schnell legt sie dann den Zeigefinger der anderen Hand auf das Feld mit der 4. Nun überlegt Julia, tritt noch einmal einen Schritt von der 100er-Tafel zurück, sucht erneut das Feld mit der 4 und dann das mit der 26, legt ihre Finger auf die beiden Felder und schaut fragend von der 100er-Tafel zur Interviewerin.
Kevin antwortet sofort mit „30". Auch die folgende Aufgabe 26+14 beantwortet er schnell: „40, das eine kann man ja genauso rechnen und dann noch 2+1".
Tobias nickt viermal leicht mit dem Kopf und notiert dann „30" als Ergebnis.
Auch Clara nennt sehr schnell die Lösung „30". Für 26+14 überlegt sie einen Moment länger und nennt dann 40 als Ergebnis. Sie erklärt, sie habe erst die 10 dazu gerechnet und dann die 4.

Im weiteren Verlauf des Interviews lösen Clara und Kevin verschiedene Aufgaben im 100er-Raum recht sicher. Julia werden im Anschluss Aufgaben im 20er-Raum gestellt, die sie zum Teil richtig löst. Claras Ergebnisse liegen manchmal um einen Zehner daneben (23+57: „das ist 70, nein, gleich 80"). Kevin löst alle Aufgaben richtig und am Ende auch die selbst gewählte Aufgabe

273+125. Tobias löst die meisten weiteren Aufgaben richtig. Er nutzt bei höheren Zahlen die 100er-Tafel und zählt an ihr um den zweiten Summanden weiter.

Die vier beschriebenen Kinder besuchen gemeinsam eine zweite Klasse und sollen laut Lehrplan/Schulbuch in den folgenden Wochen in das Rechnen im 100er-Raum eingeführt werden. Bereits auf den ersten Blick wird deutlich, dass aber ganz andere – und sehr unterschiedliche Lernziele – angemessen wären. Eine vergleichbare Bandbreite an Kenntnissen konnte in verschiedenen Studien belegt werden (vgl. etwa Selter 1995, Schipper 1996).

Bei genauerem Hinsehen lässt sich außerdem erkennen, dass die SchülerInnen ganz unterschiedliche Strategien zum Lösen der Aufgaben wählen. Im Austausch über die Vor- und Nachteile der Lösungswege können die Kinder Einsichten in grundsätzliche Zusammenhänge gewinnen, die für ihr weiteres Mathematiklernen wertvoll sind. Aber wie könnte das konkret aussehen?

Würde es Tobias, der bereits mit Zahlen im 100er-Raum rechnet, nicht behindern, wenn er mit Julia zusammenarbeitet? Und würde es ihn nicht überfordern sich mit Clara oder Kevin auseinanderzusetzen?

Auf Basis von zahlreichen Forschungen zum Mathematikunterricht lassen sich diese Fragen eindeutig dahingehend beantworten, dass der Austausch unter LernerInnen mit verschiedenen Lernausgangslagen im Gegenteil sehr gewinnbringend ist. Voraussetzung ist allerdings, dass der Mathematikunterricht auf mehr abzielt, als bloß möglichst viele Rechenaufgaben zu beherrschen. Tobias kann beispielsweise mit Julia gemeinsam herausfinden, welche Aufgaben bis 20 sie beide bereits auswendig beherrschen oder als sehr leicht empfinden und wie sie die ihnen fehlenden Lösungen aus diesen ableiten können. Clara und Kevin können versuchen zu begründen, warum gerade diese Aufgaben so einfach und welche (aus welchen Gründen) besonders schwer sind. Sie können auch herausfinden, was die leichten Aufgaben von Tobias und Julia mit ihren eigenen leichten Aufgaben aus dem 100er- oder 1000er-Raum gemeinsam haben. Tobias kann zugleich von Clara und Kevin Anregungen zu Strategien erhalten, mit denen er auch zwei zweistellige Zahlen im 100er-Raum addieren kann, ohne sie an der 100er-Tafel abzuzählen. Kevin und Clara werden dabei herausfinden, dass sie beide unterschiedliche Strategien zum Lösen dieser Aufgaben nutzen und könnten etwa versuchen, Vor- und Nachteile ihrer Strategien zu verstehen. Julia wiederum könnte diverse Kopfrechenstrategien, die sie kennenlernen und einüben sollte, ebenso mit Zahlen im 100er-Raum üben und alle vier können sich dabei damit auseinandersetzen, was 6+4, 60+40 und 26+4 miteinander zu tun haben könnten.

Es geht also keineswegs darum, dass „schwächere Kindern" die vermeintlich „richtige Strategie" von den „stärkeren Kinder" erklärt bekommen, sondern darum, die Heterogenität der Lerngruppe in einem gemeinsamen Austauschprozess für den individuell unterschiedlichen Erkenntnisgewinn der einzelnen SchülerInnen zu nutzen.

Es zeigt sich bereits an diesen vier Kindern, von denen übrigens keines ein „Förderkind" ist, dass guter Mathematikunterricht eine inklusive Qualität braucht. Voraussetzung für einen solchen Mathematikunterricht ist es, den Kindern die Möglichkeit zu geben, Mathematik zu entdecken. Dieses Vorgehen bietet nicht nur Möglichkeiten für den produktiven Umgang mit der – in jeder Lerngruppe vorhanden – Heterogenität, sondern ist auch aus lehr-/lerntheoretischer Sicht sowie mit Blick auf die Struktur des Faches Mathematik angemessen.

MATHEMATIK – MEHR ALS RECHNEN

Folgt man aktuellen mathematikdidaktischen Konzeptionen geht es im Kern um das Verständnis von (Zahl-)Beziehungen. Die „schönen Muster", die Mathematik als Fachwissenschaft ausmachen (vgl. Hagstedt 1994), sollen gemeinsam erforscht und die so erkannten Zusammenhänge für mathematische Tätigkeiten genutzt werden. Das gilt auch für Inhalte, die auf den ersten Blick mit der Notwendigkeit des „stumpfen Auswendiglernens" verbunden scheinen. So werden z. B. die 1+1- und die 1x1-Tafel genutzt, um die Automatisierung dieser Aufgaben mit der Entwicklung operativer Kopfrechenstrategien[3] zu verbinden, die die Grundlage für das Rechnen in anderen Zahlenräumen bilden. Eine zentrale Rolle spielen insgesamt arithmetische und geometrische Gesetzmäßigkeiten, sowie die allgemeinen Lernziele Mathematisieren, Explorieren, Argumentieren und Formulieren.

Im grundschuldidaktischen Diskurs in Deutschland ist hierzu insbesondere auf das aktiv-entdeckende Lernen im Mathematikunterricht zu verweisen, dessen grundlegende Prinzipien sich auch in den Lehrplänen der meisten Bundesländer finden und das unter anderem im Projekt „Mathe 2000" in didaktische Materialien umzusetzen versucht wurde.

Die Zielsetzung eines solchen Mathematikunterrichts lässt sich wie folgt zusammenfassen:

> *„Den Aufgaben und Zielen des Mathematikunterrichts wird in besonderem Maße eine Konzeption gerecht, in der das Mathematiklernen als ein konstruktiver, entdeckender Prozess aufgefasst wird. Der Unterricht muss daher so gestaltet werden, dass die Kinder möglichst viele Gelegenheiten zum selbsttätigen Lernen in allen Phasen eines Lernprozesses erhalten. Die Aufgabe des Lehrers besteht darin, herausfordernde Anlässe zu finden und anzubieten, ergiebige Arbeitsmittel und produktive Übungsformen bereitzustellen und vor allem eine Kommunikation aufzubauen und zu erhalten, die dem Lernen aller Kinder förderlich ist."*
> (aus dem von H. Winter mitgeprägten Lehrplan Mathematik NRW 1985, nach Wittmann o. J., S. 5)

Die grundlegenden Prinzipien eines solchen Mathematikunterrichts (vgl. ausführlich Wittmann o. J.) werden im Folgenden mit Ausschnitten aus Interviews der Autorin mit Lehrkräften zu gutem (inklusiven) Mathematikunterricht veranschaulicht [4].

1. Selbsttätiges Lernen und individuelle Strategien
Wie oben bereits ausgeführt, ist es besonders gewinnbringend anhand von unterschiedlichen Lösungen und Lösungswegen mit den SchülerInnen gemeinsam die zugrunde liegenden

mathematischen Gesetzmäßigkeiten zu explorieren. Hierfür ist es notwendig, die Vielfalt der Lerngruppe wertschätzend in den Unterricht einzubeziehen. Dieses Prinzip legt zugleich nahe, dass Unterrichtssituationen und Aufgaben so konzipiert werden, dass SchülerInnen mit unterschiedlichen Vorkenntnissen gemeinsam arbeiten können.

> *„Wege vergleichen, das ist spannend. Und Dinge selber entdecken. Sei es durch den Hinweis vom Nachbarn, sei es durch, einfach, Aufgaben, die das nahelegen oder durch mich. [...] Dass jeder quasi, wo er arbeitet, sein Niveau finden kann"* (I-1:14.45).

2. Herausfordernde Anlässe
Um das selbsttätige Lernen zu ermöglichen und zugleich Raum für individuelle Strategien und gemeinsames Lernen zu geben werden herausfordernde Aufgaben/Situationen genutzt. Durch die Arbeit mit freien Eigenproduktionen kann der Unterricht noch weiter geöffnet werden, um den Kindern die Freiheit der eigenen Schwerpunktsetzung und Herangehensweisen zu ermöglichen (vgl. für den Anfangsunterricht dazu Selter 1997).
Die interviewte Lehrerin bemerkt dazu, dass sie „besondere Sternstunden" in ihrem Mathematikunterricht dann erlebt, wenn sie den Kindern die Möglichkeit gibt, ihre eigenen Schwerpunkte zu setzen und sie nicht durch enge Vorgaben begrenzt.

> *„Ich muss quasi den Kindern einfach mehr zutrauen, dann geht das [die eigenständige Entdeckung von mathematischen Zusammenhängen] vielleicht auch öfter"* (I-1: 6.05).

Durch offene und komplexe Lernsituationen besteht nicht nur die Möglichkeit des gemeinsamen Lernens von Kindern mit unterschiedlichen Fähigkeiten, sondern auch für alle Kinder die Chance, nach und nach Einsicht in komplexe mathematische Strukturen zu gewinnen. Beispielsweise wird von Beginn an mit mathematischen Ganzheiten, wie dem Zahlraum bis 20 oder 100 gearbeitet, um dadurch die Zahlzusammenhänge für die Kinder erkenn- und nutzbar zu machen.

3. Mathematisch ergiebige Arbeitsmittel
Mit diesen Hilfsmitteln können Kinder Aufgaben lösen und werden zugleich beim Erwerb von Rechenstrategien unterstützt. Die Arbeitsmittel sollten daher grundlegende mathematische Strukturen wie die „Kraft der Fünf" repräsentieren. Ein wichtiger Aspekt ist dabei der Aufbau von Vorstellungsbildern[5].

4. Produktive Übungsformen

> *„[Guter Mathematikunterricht ist,] wenn sie an den Gegenständen selbst Regelmäßigkeiten, Muster entdecken. Oder auch, wie gesagt, bei Aufgabenfamilien nenn ich das jetzt mal, wo sich Sachen wiederholen, wo sich systematisch Sachen wiederholen"* (I-1, 18.05).

Hiermit sind sogenannte „substanzielle Aufgabenformate" oder „produktive Übungsformen" angesprochen. Diese Aufgabenformate, die sich beispielsweise im „Handbuch produktiver Rechenübungen" (Wittmann/Müller 1990) finden, ermöglichen die (gemeinsame) Bearbeitung auf verschiedenen Niveaus und fordern die SchülerInnen neben dem Rechnen zur Entdeckung von Mustern und Strukturen heraus.

Es sollte bei der Nutzung der vorhandenen Materialien allerdings nicht außer Acht gelassen werden, dass (fast) jede Aufgabe zu einer Aufgabe mit Potenzial für die Entdeckung der Mathematik werden kann. Andersherum gilt jedoch, dass nicht jede Aufgabe mit hohem Potenzial auch automatisch zu mathematischen Entdeckungen führt. In Anlehnung an Freudenthal bleibt hier festzuhalten: Eine Geisteshaltung lehrt man aber nicht, indem einem einer schnell ein Buch mit guten Aufgaben in die Hand drückt.

Die befragte Lehrerin hält dazu fest:

> *„[Guter Mathematikunterricht ist,] wenn die Kinder angeleitet werden zu verstehen, was sie da tun. Also nicht schematisch irgendwas abarbeiten, sondern begründen, hinterfragen, die Hintergründe verstehen, warum ist das so"* (I-1: 18.30).

In diesem Sinne gibt es einige Fragen, die im täglichen Unterricht immer wieder den Horizont von SchülerInnen und LehrerInnen erweitern können:

- **Wie** hast Du es gemacht?
- Kann man es auch **anders** machen?
- Kann man es **immer** so machen?
- Gibt es noch andere Lösungen?
- **Warum?**
- Was fällt **Dir** auf?
- **Erfinde** eigene/leichte/schwere/besondere Aufgaben

5. Kommunikation und Kooperation

Als eines der ersten Merkmale für eine gelungen Mathematikstunde verweist eine interviewte Lehrerin auf den Austausch der Kinder untereinander:

> *„Und wenn so ne gewisse Lautstärke da ist, [...] Ich hab das Gefühl das ist produktiver und für die Kinder effektiveres Lernen , wenn so ein bisschen Gemurmel und ich steh mal auf und guck mal bei dem"* (I-1: 16.25).

Erst durch die Unterstützung der Kommunikations- und Kooperationsprozesse der Kinder untereinander ist es möglich, das Potenzial der Lerngruppe zu nutzen und die oben genannten Prinzipien umzusetzen. Auf die Bedeutung der Kommunikation verweisen auch Ruf und Gallin (2003), die in der Verbindung sprachlicher und mathematischer Lerninhalte eine an Kernideen orientierte Didaktik entwickelt haben. Der Unterricht steht hier unter dem Motto: „Ich mache das so! Wie machst du es? Das machen wir ab!"

Eine zentrale Herausforderung für SchülerInnen und Unterrichtsgestaltung ist daher die Verbalisierung der eigenen Herangehensweise.

> „In Mathe ist vielleicht außergewöhnlich, dieses über die Denkwege Sprechen. Was geht in meinem Kopf vor und das mit Worten zu beschreiben" (I-1: 25.11).

Dieser Aspekt ist unter inklusionspädagogischer Perspektive eine besondere Herausforderung, da bisher in der Mathematikdidaktik hierfür fast ausschließlich verbale oder schriftsprachliche Ausdrucksformen genutzt werden. In welcher Form sich auch Kinder, die über andere Kommunikationsmittel verfügen oder beispielsweise Deutsch als Zweitsprache erlernen gewinnbringend an den Austauschprozessen beteiligen können, muss noch entwickelt werden.
Bezüglich der Möglichkeiten des Austausches über Lösungswege ohne verbalsprachlichen Ausdruck stellt eine Lehrerin fest

> „Ich finde es schwierig, aus den Handlungen der Schüler immer zu erkennen, was jetzt genau für Gedanken dahinter stecken" (I-2: 27:00).

6. Konzentration auf die „Fundamentalen Ideen"
Die inhaltlichen Zielsetzungen orientieren sich an den „Fundamentalen Ideen" in den drei Bereichen Arithmetik, Geometrie und Sachrechnen (ausgeführt etwa in Wittmann o. J.).

Die fundamentalen Ideen der Mathematik werden dabei von der Lehrkraft über Impulse und Nachfragen immer wieder in den Unterricht eingebracht.

Die fundamentalen Ideen werden dabei im Sinne des Spiralprinzips auf verschiedenen Kompetenzniveaus aufgegriffen, weitergeführt und vertieft. Hierfür ist es auch notwendig, dass die Lehrkräfte bereits in scheinbar „einfachen" Aufgaben oder Veranschaulichungen das Potenzial für die daran anschließenden mathematischen Erkenntnisse erkennen und fördern [6].

INKLUSIVER MATHEMATIKUNTERRICHT?

Ein guter Mathematikunterricht zielt darauf, das mathematische Denken und damit das Denken in Zusammenhängen zu schulen, die SchülerInnen zu explorativem Lernen anzuregen und ihnen die Möglichkeit zu bieten, eigene Strategien im Umgang mit verschiedenen mathematischen Problemen zu entwickeln. Mit dem übergreifenden Lernziel, mathematisches Denken zu entwickeln, gewinnen unterschiedliche Herangehensweisen und die Vielfalt der möglichen Lösungen an Bedeutung. Der produktive Umgang mit Heterogenität ist folglich auch eines der didaktischen Ziele des Konzeptes.

Aber ist dieser Unterricht wirklich für alle SchülerInnen geeignet und wie sieht es mit den Potenzialen für eine inklusive Schule aus?

Zunächst kann festgestellt werden, dass die Prinzipien des aktiv-entdeckenden Lernens im starken Kontrast zu klassischen sonderpädagogischen Konzeptionen stehen. In diesen wird meist eine Reduktion des Stoffes vorgenommen und angenommen, dass die Isolierung von Schwierigkeiten sowie die Vorgabe konkreter Lösungswege für die „FörderschülerInnen" die angemessene Vorgehensweise sei. Eine solche Sicht zeigt sich beispielsweise in den wenigen didaktischen Materialen aus dem Bereich der „Geistigbehindertenpädagogik". Ziel ist hier ein Unterricht, der „in kleinsten Schritten systematisch in die primären Lernfelder der Mathematik einführt" und zugleich „[...]Tätigkeiten einzuüben, für die die eigentlich erforderlichen mathematischen Grundlagen (noch) nicht vorhanden sind" (Gräve 1996).

Nicht nur fachliche und lehr-/lerntheoretische Überlegungen sondern auch empirische Untersuchungen zeigen hingegen deutlich, wie wirksam ein aktiv-entdeckender Mathematikunterricht für alle SchülerInnen ist.

Einer möglichen „Überforderung" wird in einem solchen Unterricht nicht durch Reduktion des Lernstoffes „vorgebeugt", sondern den unterschiedlichen Lernvoraussetzungen der SchülerInnen durch Lernumgebungen begegnet, die durch ihre Komplexität vielfältige Herangehensweisen ermöglichen und verlangen. Für Kinder mit Lernschwierigkeiten im Mathematikunterricht und Kinder, denen der Förderschwerpunkt Lernen zugeschrieben wurde, gilt die Effektivität eines solchen Vorgehens als umfassend belegt. Sie sind nicht nur in der Lage, offene und herausfordernde Aufgaben und Lernanlässe zu bewältigen, sondern sie profitieren in besonderer Weise von einem Unterricht, der auf das Verständnis mathematischer Zusammenhänge abzielt und mit mathematischen Ganzheiten arbeitet, anstatt diese im Sinne der „Isolierung von Schwierigkeiten" in kleine Einheiten zu zerlegen (vgl. zusammenfassend Scherer 1995). In diesem Zusammenhang sind bereits zahlreiche didaktische Unterrichtsmaterialien entwickelt worden, die dieses Wissen für die Praxis für Kinder mit Lernschwierigkeiten im Mathematikunterricht nutzbar machen (vgl. etwa Scherer 1999). Auch für Kinder, die dem Förderschwerpunkt „Geistige Entwicklung" zugeordnet werden, konnte aufgezeigt werden, dass sie von einem entdeckenden Mathematiklernen profitieren (Moser-Opitz 2002; Ratz 2009; Schäfers 2002). Hier sind allerdings bisher kaum Materialien für den Unterricht entwickelt worden. Eine besondere Problematik scheint in der bisher stark verbal orientierten Umsetzung der Konzeption des aktiv-entdeckenden Lernens zu liegen. Dies stellt für einen inklusiven Unterricht eine noch zu bewältigende Herausforderung dar (vgl. auch Moser-Opitz 2009).

Wie sieht es also insgesamt mit dem Potenzial des aktiv-entdeckenden Lernens für die Unterrichtspraxis einer inklusiven Schule aus?
Durch die offenen und zur Differenzierung herausfordernden Lernumgebungen wird das gemeinsame Lernen von Kindern mit unterschiedlichen Lernvoraussetzungen ermöglicht. Eine natürliche Differenzierung „vom Kinde aus" soll durch offene Aufgaben, eigenständiges

Erarbeiten von Zusammenhängen sowie die Wertschätzung und produktive Nutzung verschiedenster Lösungswege und Herangehensweisen ermöglicht werden (vgl. z. B. Hengartner, Wälti 2006). Mathematik wird so zu einer gemeinsamen Tätigkeit individuell unterschiedlich Lernender.

Dies entspricht den Grundideen einer inklusiven Didaktik (vgl. z. B. Seitz 2006) und bietet für alle SchülerInnen die Möglichkeit, sich gemäß ihres aktuellen Lernstandes und Interesses die Mathematik zu erschließen. Bevor aktiv-entdeckendes Lernen für die Praxis eines inklusiven Unterrichts jedoch sein volles Potenzial entfalten kann, bedarf es allerdings einer Weiterentwicklung. Dabei gilt es insbesondere zu beachten, dass nicht ein bestimmtes Kompetenzniveau als vorausgesetzt und damit einigen Kindern die Teilnahme an der gemeinsamen mathematischen Tätigkeit verwehrt wird. Oben wurde bereits auf den Aspekt der verbalsprachlichen Kompetenz verwiesen, aber auch inhaltlich steht die Mathematikdidaktik hier noch vor einer Herausforderung. Es gilt zu vermeiden, dass herausfordernde Anlässe und eigenständige Entdeckungen nur für Kinder eines bestimmten (vermuteten) Kompetenzniveaus geschaffen werden und bestimmte inhaltliche Bereiche, wie beispielsweise die Entwicklung des grundlegenden Mengen- und Zahlverständnisses, von diesem Vorgehen ausgeschlossen werden.
Ein Lehrer weist auf die damit verbundene Anforderung hin:

> *„Wie man immer wieder auch bei einfachen Sachen neue Fragen stellt. Das finde ich ist eine große Herausforderung"* (I-3: 1:00:01).

Insgesamt kann – auf Basis der Literaturlage und erster eigener Untersuchungsergebnisse (vgl. Korff, Scheidt im Druck) – vermutet werden, dass Mathematik von LehrerInnen als eine besondere Herausforderung für einen inklusiven Unterricht wahrgenommen wird. Im Rahmen eines studentischen Forschungsseminars wurde beispielsweise deutlich, dass in Kooperationsklassen (in denen jeweils eine Klasse eines Förderzentrums „Wahrnehmung und Entwicklung" mit einer Regelschulklasse als Parallelklasse zusammenarbeitet), Mathematik mit Abstand am seltensten gemeinsam mit beiden Lerngruppen unterrichtet wird. Auch Ergebnisse aus Untersuchungen zum jahrgangsgemischten Unterricht weisen in diese Richtung (vgl. z. B. Kucharz, Wagener 2007).
Die obigen Ausführungen zeigen jedoch zugleich, dass ein guter Mathematikunterricht zahlreiche Anknüpfungspunkte für das gemeinsame Lernen aller Kinder bietet – auch wenn einige Fragen der Umsetzung noch unbeantwortet sind.
Abschließend soll hierzu noch einmal eine Lehrerin zu Wort kommen:

> *„Naja wir machen's jetzt halt.*
> *Ich mach's jetzt auch zum ersten Mal, während andere Fächer einfach selbstverständlich gemeinsam gemacht werden. [...]*
> *Und [...] irgendwelche Ideen, die kommen einfach bei anderen [Fächern], manchmal sofort.*
> *Aber vielleicht liegt das auch einfach nur daran, dass die anderen Fächer dauernd schon gemeinsam unterrichtet werden"* (I-3: 57.00).

Literatur

Hagstedt, H. (1994): Kann die Mathematik-Didaktik so frei sein wie die Mathematik? In: Die Grundschulzeitschrift, H. 74, S. 7–10.

Hengartner, E.; Hirt, U.; Wälti, B. (2006): Lernumgebungen für Rechenschwache bis Hochbegabte. Natürliche Differenzierung im Mathematikunterricht. Zug: Klett & Balmer

Freudenthal, H. (1982): Mathematik – eine Geisteshaltung. In: Grundschule, H. 4, S. 140–142.

Korff, N.; Scheidt, K. (im Druck): Guter Unterricht in einer Schule für alle. Zum Beispiel in Mathematik. Ergebnisse zweier Pilotstudien zur inklusiven Didaktik sowie zur inklusiven Fachdidaktik. In: Flieger, P. et al: Inklusionsforschung im Lichte der UN-Konvention über die Rechte behinderter Menschen

Kucharz, D.; Wagener, M. (2007): Jahrgangsübergreifendes Lernen. Eine empirische Studie zu Lernen, Leistung und Interaktion von Kindern in der Schuleingangsphase. Baltmannsweiler: Schneider-Verl. Hohengehren.

Moser Opitz, E. (2002): Welchen Mathematikunterricht brauchen Schülerinnen und Schüler mit einer geistigen Behinderung? In: Deutsche Behindertenzeitschrift, H. 6, S. 29–30

Moser Opitz, E. (2009): Integrativer Unterricht. Überlegungen zum Mathematiklernen. In: Grundschule H. 3, 12–15

Müller, G. N.; Wittmann, E. Ch. (1990/1992): Handbuch produktiver Rechenübungen, Band 1: Vom Einspluseins zum Einmaleins. Band 2: Vom halbschriftlichen zum schriftlichen Rechnen. Leipzig/Stuttgart: Ernst Klett Grundschulverlag

Radatz, H. (2005): Hilfreiche und weniger hilfreiche Arbeitsmittel im mathematischen Anfangsunterricht. In: Lorenz, J. H.; Radatz, H. (Hg.): Handbuch des Förderns im Mathematikunterricht. Hannover: Schroedel, S. 19–33

Ratz, C. (2009): Aktiv-entdeckendes Lernen im Mathematikunterricht bei Schülern mit geistiger Behinderung. Eine qualitative Studie am Beispiel von mathematischen Denkspielen. Oberhausen: Athena-Verlag

Ruf, U.; Gallin, P. (2003): Austausch unter Ungleichen (Grundzüge einer interaktiven und fächerübergreifenden Didaktik. Bd. 1). Seelze-Velber: Kallmeyer

Schäfers, M. (2002): Produktives Üben im Mathematikunterricht der Schule für geistig Behinderte – Bedeutung und unterrichtspraktische Erprobung. In: Zeitschrift für Heilpädagogik, H. 8, S. 322–328

Scherer, P. (1995): Entdeckendes Lernen im Mathematikunterricht der Schule für Lernbehinderte. Theoretische Grundlegung und evaluierte unterrichtspraktische Erprobung. Heidelberg: Winter Programm Ed. Schindele

Scherer, P. (1999): Addition und Subtraktion im Zwanzigerraum (Produktives Lernen für Kinder mit Lernschwächen: Fördern durch Fordern, Band 1). Leipzig: Klett

Schipper, W. (1996): Kompetenz und Heterogenität im arithmetischen Anfangsunterricht. In: Die Grundschulzeitschrift, Jg. 10, H. 96, S.11–15

Selter, Ch. (1995): Zur Fiktivität der „Stunde Null" im arithmetischen Anfangsunterricht. In: Mathematische Unterrichtspraxis. H. 2, S.11–10

Selter, Ch. (1997): Eigenproduktionen statt Fertigprodukt Mathematik! In: Die Grundschulzeitschrift, H. 110, S. 6–11

Seitz, S. (2006): Inklusive Didaktik: Die Frage nach dem „Kern der Sache". In: Zeitschrift für Inklusion. Online-Magazin, Ausgabe Nr. 1. www.inklusion-online.de

Winter, H. (1989): Entdeckendes Lernen im Mathematikunterricht. Einblicke in die Ideengeschichte und ihre Bedeutung für die Pädagogik. Braunschweig u. a.: Vieweg

Wittmann, E. Ch. (o. J.): Die Grundkonzeption von „Mathe 2000" für den Mathematikunterricht der Grundschule. http://www.mathematik.uni-dortmund.de/ieem/mathe2000/pdf/Grundkonzeption_20mathe_202000.pdf, zuletzt geprüft am 11. Oktober 2010

Wittmann, E. Ch. (1992): Wider die Flut der „bunten Hunde" und „grauen Päckchen"; Die Konzeption des aktiv-entdeckenden Lernens und des produktiven Übens. In: Wittmann, Erich Ch.; Müller Norbert N.: Handbuch produktiver Rechenübungen. Stuttgart, Düsseldorf, Berlin. Leipzig: Ernst Klett Schulbuchverlag 1992

Wittmann, E. Ch. (2002): Das unerschöpfliche Übungsangebot des „Zahlenbuchs" – und wie Kinder es selbständig nutzen können. Online verfügbar unter http://www.mathematik.uni-dortmund.de/ieem/mathe2000/pdf/uebungsangebot.pdf, zuletzt geprüft am 11. Oktober 2010

Wittmann, E. Ch.; Müller, G. N. (1990): Vom Einspluseins zum Einmaleins (Handbuch produktiver Rechenübungen Bd. 1). Stuttgart: Klett-Schulbuchverlag

Fußnoten

1   Die Namen aller Kinder sind geändert. Die beschriebenen Rechenstrategien wurden von der Autorin im Rahmen eines Praxis-Forschungsprojektes in diagnostischen Interviews erhoben. Die Aufgaben wurden den Kindern mündlich gestellt und dann von ihnen selbst notiert. Die Kinder konnten aus verschiedenen Hilfsmitteln wählen, wenn sie dies wollten.

2   Ein Quadrat mit 100 Feldern, in welchen die Zahlen von 1 bis 100 eingetragen sind. Kleiner Exkurs: Überlegen Sie einmal, auf welchem Wege eine solche 100er-Tafel Julia helfen könnte, die Aufgabe zu lösen.

3   Beispielsweise können aus der – vielen Kindern bereits bekannten – Lösung der Aufgabe 5+5 die Aufgaben 5+6, 6+5, 4+5, 5+4 abgeleitet werden. Auf diesem Weg ist es zunächst nur notwendig, bestimmte Kernaufgaben auswendig verfügbar zu haben. Zugleich sind diese Arten von „Ableitungen" ein wichtiges Lernziel bezogen auf das spätere Rechnen in größeren Zahlräumen.

4   Die Daten stammen aus der Pilotstudie zum Promotionsprojekt der Autorin zu „Belief-Systemen von Lehrkräften der Primarstufe zu einem inklusiven Mathematikunterricht" (vgl. auch Korff, Scheidt im Druck).

5   Mathematische Arbeitsmittel dienen im Anfangsunterricht als Hilfsmittel zum Rechnen und unterstützen die SchülerInnen dabei sich vom zählenden Rechnen abzulösen. Die Formel „Kraft der Fünf" verweist auf Kopfrechenstrategien, die sich die 5er- und 10er-Struktur des Dezimalsystems zunutze machen. Auf weitere Kriterien für gute Arbeitsmittel kann hier nicht weiter eingegangen werden. Einen Einblick bietet der Überblicksartikel „Hilfreiche und weniger hilfreiche Arbeitsmittel im mathematischen Anfangsunterricht" (Radatz 2005).

6   Ein eindrucksvolles Beispiel ist die Bearbeitung des Formates „Rechendreicke" mit Rechenplättchen (vgl. z. B. Scherer 1999, 182ff). Neben der Unterstützung der Bearbeitung mit konkreten Zahlen ermöglichen die Rechenplättchen einen Zugang zu den Mengenkonzepten hinter dem Vorgang der Addition/Subtraktion. Zugleich sind die Rechenplättchen auch als Anbahnung oder Veranschaulichung der Arbeit mit Variablen geeignet. Die Bandbreite der gemeinsamen Bearbeitung umfasst also „Vorschulmathematik" bis hin zum Stoff der Sekundarstufe.

Eine Schule für Alle. *Vielfalt leben!*

Eine Schule für Alle. *Vielfalt leben!*

Eine Schule für Alle. *Vielfalt leben!*

Eine Schule für Alle. *Vielfalt leben!*

Eine Schule für Alle. *Vielfalt leben!*

Eine Schule für Alle. *Vielfalt leben!*

Eine Schule für Alle. *Vielfalt leben!*

Eine Schule für Alle. *Vielfalt leben!*

Eine Schule für Alle. *Vielfalt leben!*

Eine Schule für Alle. *Vielfalt leben!*

Eine Schule für Alle. *Vielfalt leben!*

Eine Schule für Alle. *Vielfalt leben!*

Eine Schule für Alle. *Vielfalt leben!*

Eine Schule für Alle. *Vielfalt leben!*

Didaktische Aspekte des Umgangs mit Heterogenität – Erfahrungen aus der Gesamtschule Köln-Holweide

Dr. Michael Schwager und Daniel Scholz

1. Heterogenität und Unterricht

Im folgenden Beitrag sollen didaktische Aspekte des Umgangs mit Heterogenität skizziert und anhand von Praxisbeispielen aus der Gesamtschule Köln-Holweide konkretisiert werden. Dies geschieht auf dem Hintergrund schulpädagogischer und –politischer Diskussionen und Publikationen durch die das Thema Heterogenität seit einigen Jahren verstärkt in den Mittelpunkt der Aufmerksamkeit rückt. Auch in der Auseinandersetzung um eine inklusive Pädagogik und Didaktik werden unterrichtsbezogene Heterogenitätsaspekte diskutiert. Heterogenität wird in theoretischen Diskursen meist als Chance (Rebel 2009) oder Herausforderung (Katzenbach 2007) für die Gestaltung von Unterricht angesehen. Für den Bereich der Schulpraxis werden momentan zahlreiche Unterrichtsmethoden neu entwickelt oder wiederentdeckt, mit denen der Anspruch einer gezielten Berücksichtigung von Vielfalt erhoben wird. Des Weiteren sollen die Konzepte der individuellen Förderung und des individualisierten Lernens mit ihren Implementierungen für den Unterricht Antworten auf Fragen des Umgangs mit Heterogenität geben.

Die Gesamtschule Köln-Holweide setzt sich seit ihrem Bestehen, und vor allem seit der Einführung des Gemeinsamen Unterrichts im Jahr 1985, intensiv mit Konzepten zum Umgang mit der Heterogenität ihrer Schülerschaft auseinander. So wird beispielsweise versucht, durch die Organisationsstruktur des Team-Kleingruppen-Modells (vgl. Ratzki u.a. 1996), aber auch durch die breite Einführung des Kooperativen Lernens (Green/Green 2005), vielfältige Möglichkeiten der Individualisierung und Raum für gemeinsame Lernerfahrungen zu bieten. In den letzten Jahren beschäftigte sich die Schule außerdem eingehend mit dem Konzept einer inklusiven Schule. So führte die SchülerInnenvetretung im Jahr 2004 in Zusammenarbeit mit Andreas Hinz und Ines Boban eine SchülerInnenbefragung zu unterschiedlichen Aspekten des Schullebens durch (vgl. Heeger/Reinert 2006; Schwager/Pilger 2006). Angeregt durch die SchülerInnenbefragung entwickelten die Mitglieder des Schulausschusses für Gemeinsamen Unterricht im Anschluss daran einen Elternfragebogen zur Zufriedenheit der Eltern mit der Schule (vgl. Niehues u.a. 2009). Die Gesamtschule Holweide erhebt in diesem Zusammenhang nicht den Anspruch eine inklusive Schule zu sein. Dennoch haben sich „… in den letzten 30 Jahren eine ganze Reihe von Praktiken herausgebildet, die als inklusiv bezeichnet werden können" (Schwager 2007, 61).

Im Folgenden werden Aspekte des Unterrichts in heterogenen Lerngruppen, anhand von drei unterrichtsrelevanten Kategorien, vorgestellt. Insgesamt ist jedoch anzumerken, dass die einzelnen Kategorien nicht starr voneinander getrennt werden können. Sie sind vielmehr miteinander vernetzt und bedingen sich gegenseitig.

2. Heterogenität der Lerngruppe

Bezogen auf die Nutzung der Vielfalt innerhalb der Lerngruppe werden unterschiedliche methodische Ansätze zur Unterstützung eines aktiven Lernprozesses integriert. Als ein Unterrichtsprinzip ist zunächst das Kooperative Lernen zu nennen. Die SchülerInnen tauschen sich in kooperativen Arbeitsphasen aus, bringen ihr Vorwissen ein, arbeiten eigenverantwortlich an der Erreichung des gemeinsamen Lernziels und begeben sich somit in einen kommunikativen Austausch miteinander (vgl. Brüning/Saum 2006, 11ff.). Aufgrund der Heterogenität der SchülerInnen bringen diese unterschiedliche Voraussetzungen mit. Resultierend aus diesen Differenzen wird immer wieder auf eine erschwerte Umsetzung kooperativer Lernmethoden verwiesen. Meist sind es in diesem Zusammenhang die lernbeeinträchtigten SchülerInnen, bei denen die Voraussetzungen für kooperative Lernprozesse als nicht automatisch gegeben erachtet werden (vgl. Souvignier 2007, 143). Die Erfahrungen zeigen jedoch, dass dies nicht unbedingt zutrifft. Vielmehr gilt es, den SchülerInnen die Möglichkeit zu eröffnen, gemäß ihres aktuellen Entwicklungsstandes an einer Erweiterung der persönlichen Methodenkompetenz in gemeinsamen Lernsituationen teilhaben zu können. So zeigt insbesondere das Peer Tutoring positive Effekte. Gerade im inklusiven Unterricht können durch Formen des Peer Tutoring wichtige Grundlagen für die Einübung und Festigung kooperativer Lernmethoden gelegt werden (vgl. Benkmann 2010, 130). In der gegenseitigen Unterstützung der SchülerInnen wird ein Methodenkompetenztransfer angeregt, der nicht immer nur in einseitiger Form zu finden ist. So ist im Alltag auch zu beobachten, dass der vermeintlich lernschwächere Schüler die Tutorenrolle übernimmt und den vermeintlich lernstärkeren Schüler in der Erreichung des gemeinsamen Gruppenziels unterstützt. Dies zeigt sich sowohl auf der inhaltlichen sowie auf der sozialen und methodenorientierten Seite des Lernens. Hier wird deutlich, welche Potentiale in einer anregungsreichen Atmosphäre innerhalb heterogener Lerngruppen durch gegenseitige Unterstützung eröffnet werden können. Eine Reduktion der Methode, um so eine Anpassung an die Fähigkeiten der SchülerInnen zu erreichen, würde hier Entwicklungsperspektiven hemmen und Lernprozesse in der „Zone der nächsten Entwicklung" (Vygotskij 1987, 300) blockieren.

Die Phasen des Kooperativen Lernens wechseln mit eher lehrerzentrierten Phasen. Diese stehen in keinem Fall im Widerspruch zu den Grundsätzen einer Didaktik in heterogenen Lerngruppen, vielmehr wird auch hier das Unterrichtsangebot individuell angepasst. „Alle Schülerinnen und Schüler, von den besonders lernschwachen bis zu den besonders begabten, sind auf flexible Arbeitszeit, differenzierte Angebote und offene Lernformen angewiesen, um gründlich und gut arbeiten und ihre Fähigkeiten optimal nutzen zu können. [...] Es kommt also nicht darauf an, die eine Unterrichtsform gegen die andere auszuspielen, sondern darauf, ihre Vorteile durch sinnvolle Kombination zu nutzen" (von der Groeben 2008, 65). Auch Phasen der direkten Instruktion, deren Wirksamkeit an unterschiedlichen Stellen belegt ist (z.B. Weinert/Helmke 1997), können den Unterricht in heterogenen Lerngruppen, abhängig vom jeweiligen didaktischen

Kontext, bereichern. Ihm Rahmen der Methodenvielfalt wird ein Gleichgewicht von offenen und direkten Methoden angestrebt, welches den unterschiedlichen Lernwegen der SchülerInnen gerecht werden soll. So bieten beispielsweise kurze Tests, die nicht der Leistungsbewertung, sondern der persönlichen Kontrolle durch die SchülerInnen dienen, die Möglichkeit, den individuellen Lernerfolg nachvollziehen zu können und eine Selbststeuerung des Lernens anzuregen. Außerdem können LehrerInnen und SchülerInnen aufgrund der Ergebnisse eine gemeinsame Fehleranalyse betreiben und somit Fehler nicht als Defizite, sondern als Lernanlässe nutzen. Eine weitere Möglichkeit stellen Unterrichtsgespräche zu Beginn oder am Ende einer Gruppenarbeitsphase dar, die in den Erarbeitungsprozess eingebettet werden. Diese werden dabei von LehrerInnen eher angeregt und initiiert als dirigiert. Der Nutzen dieses Vorgehens liegt vor allem auch in der Bündelung und Wiederholung von bereits Gelerntem oder in der möglichen Klärung von offenen Fragen. Wichtig sind jedoch immer der gezielte Einsatz und die zuvor erfolgte Planung eines Verständigungsgespräches. „Jedes Gespräch ist also nur so gut wie seine Vor- und Nachbereitung. Dies gilt besonders in und für heterogene Lerngruppen, in denen aufgrund besonderer Heterogenität sehr unterschiedliche Bedürfnisse hinsichtlich inhaltlicher Entlastung und medialer Zugänglichkeiten befriedigt werden müssen" (Becker 2009, 23f.).

3. Individuelle Förderung

Individuelle (sonderpädagogische) Förderung an der Gesamtschule Köln-Holweide heißt, jeden Schüler entsprechend seiner Fähigkeiten und Möglichkeiten optimal zu unterstützen. Neben der Vielfalt der Gruppe als Gesamtes erscheint jeder einzelne Schüler mit seiner Individualität und seinen individuellen Lernbedürfnissen und –interessen. Im Rahmen der Individuellen Förderung gibt es eine Vielzahl von pädagogischen, methodischen und didaktischen Maßnahmen innerhalb und außerhalb des Unterrichts.

Eine Möglichkeit individueller Förderung an der Schule bietet zunächst der Einsatz geeigneter Methoden. Die SchülerInnen arbeiten in den einzelnen Fächern mit individuellen Arbeitsplänen, die sich an einem spezifischen Thema ausrichten. Dabei können sie das Lerntempo und die Auswahl der Aufgaben selbst bestimmen. Des Weiteren ermöglichen Freiarbeitsphasen die Entscheidung bezüglich des Zeitpunktes, an dem SchülerInnen an einer ausgewählten Aufgabe arbeiten möchten. Individuelle Projekte und Vorträge, bei denen die SchülerInnen selbst entscheiden an welchem Thema sie arbeiten wollen, enthalten ein großes Freiheitspotenzial. Hier wird ein hohes Maß an Eigenverantwortung auf Seiten der SchülerInnen für ihren individuellen Lernprozess vorausgesetzt. Dies erfordert allerdings eine Kultur des Vertrauens und damit eine förderliche Beziehung zwischen den am Unterricht beteiligten Personen. Es wird von der Annahme ausgegangen, „.... dass die menschlichen Beziehungen, die Interaktionen in Lehr- und Lernprozessen, entscheidend für den Sinn und Erfolg des Lernens sind" (Reich 2006, 31). Vor allem die Teamstruktur der Schule ermöglicht an dieser Stelle den Aufbau stabiler Beziehungen, eingebettet in das Konzept des sozialen Lernens. Einen weiteren Ansatz zur Beziehungsförderung bieten außerdem die so genannten „Tutorenstunden", die wöchentlich in jeder Klasse stattfinden. SchülerInnen können hier wichtige Klassengeschäfte ansprechen und verhandeln, die nicht ausschließlich unterrichtsrelevante Themen betreffen, sondern alle Aspekte des Klassenlebens.

Ein weiteres Element individueller Förderung stellen regelmäßige Gespräche und Absprachen zwischen LehrerInnen und SchülerInnen dar. Diese bieten neben ihrem Beitrag zur Beziehungsgestaltung vor allem diagnostische und beratende Funktionen. So entstehen im kommunikativen Austausch Möglichkeiten, individuelle Lernzugänge zu verstehen, Unterstützung anzubieten und Stärken zu erkennen und zu fördern. Die Ergebnisse werden wiederum in Lernverträgen oder individuellen Entwicklungsplänen festgehalten. Des Weiteren führen die SchülerInnen individuelle Lerntagebücher und Lernberichte, in denen sie ihre Lernfortschritte und -ziele dokumentieren und reflektieren. Diese von den SchülerInnen angefertigten Dokumente können wiederum als Grundlage in Gesprächssituationen und zur gemeinsamen Formulierung von Entwicklungsperspektiven genutzt werden.

In diesem Zusammenhang werden des Weiteren Formen der individuellen Leistungsbewertung integriert. Diese reichen von individuellen Rückmeldungen für schriftliche oder mündliche Leistungen, über ein Feedback in der Gruppe bis hin zu eingeübten Formen der Selbst- und Fremdkontrolle. Durch die Feedbackarbeit im Unterricht erhalten die SchülerInnen eine Transparenz in Bezug auf das, was sie für eine Optimierung von Lernprozessen tun können, „... denn die Lernenden sind an der Planung beteiligt, gestalten ihren Lernweg mit und sind verantwortlich in die Beurteilung einbezogen" (Bastian/Combe 2009, 129). In der dialogischen Aushandlung von zu erreichenden Lernergebnissen wird der Versuch angestrebt, danach zu fragen, „... welche Partizipations- und Bildungschancen differenzsensibel für die einzelnen Schülerinnen und Schüler in einer Weise eröffnet werden, die diese auch nutzen können" (Seitz 2010, 56). Dadurch soll den individuellen Entwicklungs- und Lernwegen, im Gegensatz zu den Kompetenzmodellen, welche die Gefahr beinhalten, einen verengten Blick auf nur eine Heterogenitätsdimension (Leistung) zu richten, eine größere Relevanz beigemessen werden.

4. FACHLICHE ASPEKTE

Wird Unterricht als soziales Geschehen verstanden, das immer in Beziehungen und Handlungen eingebunden ist (vgl. Hansen 2010), wird eine Auseinandersetzung mit der Balance von sozialen und fachlichen Aspekten erforderlich. Wurde in den vorangegangenen Ausführungen der Schwerpunkt auf den Bereich der Beziehungsgestaltung gelegt, so werden im Folgenden die fachlichen Aspekte des Lernens und der Umgang mit diesen in heterogenen Lerngruppen stärker in den Mittelpunkt gerückt.

Die Arbeitsaufträge innerhalb des Unterrichts werden zunächst aus den Bildungszielen abgeleitet. Die Aufgaben werden deshalb so gestaltet, dass SchülerInnen mit unterschiedlichen Lernvoraussetzungen diese individuell oder kooperativ erfolgreich bearbeiten können. In diesem Rahmen wird besonders darauf geachtet, Aufgaben nicht zu stark vor zu strukturieren.

Vielmehr erhalten die SchülerInnen die Möglichkeit, ihre Blickwinkel auf die jeweilige Thematik zu richten, um einen individuellen Zugang zum Lerninhalt finden zu können. In Anlehnung an Seitz (2008, 176f.) entscheiden hier nicht die LehrerInnen über den Lernweg der SchülerInnen, vielmehr entfalten diese ihre persönlichen Perspektiven über einen Lerninhalt und modellieren diesen ständig neu. Zu stark reduzierte oder vorstrukturierte Anforderungen würden auch hier diese Möglichkeiten begrenzen.

Die Maßnahmen der äußeren Differenzierung an der Gesamtschule Köln-Holweide sind – auch in den oberen Jahrgängen – sehr gering. „Insgesamt ist der Gemeinsame Unterricht in Holweide in starkem Maße gemeinsam" (Schwager 2005, 266). Alle SchülerInnen werden zumeist im Klassenverband unterrichtet, um ihnen die Chance zu geben, gemeinsam mit anderen an einem Thema zu arbeiten. Der Unterricht ist häufig durch zwei KollegInnen doppelt besetzt. LehrerInnen der allgemeinen Schule und FörderschullehrerInnen unterrichten im Team und können somit einen Austausch über ihre Kompetenzen und Sichtweisen anstreben und diese in die Durchführung und Reflexion von Unterricht einbringen. Formen der inneren Differenzierung unterstützen die SchülerInnen dabei in der Aneignung eines gemeinsamen Lerninhaltes durch die Eröffnung unterschiedlicher Zugänge. SchülerInnen, welche die Anforderungen schneller erreichen, erhalten stets die Möglichkeit, vertiefende Zusatzaufgaben unterschiedlicher Art zu bearbeiten. Dies gilt jedoch nicht nur für schneller lernende SchülerInnen, sondern auch für alle anderen Lerner, die ihre individuellen Fähigkeiten oder Kenntnisse in einem Bereich einsetzen wollen. So werden beispielsweise zu Beginn einer Unterrichtsstunde immer wieder freiwillige Kurzreferate angeboten, in denen SchülerInnen ihr Vorwissen präsentieren können.

Insgesamt erhalten alle SchülerInnen somit auf fachlicher Ebene die von ihnen benötigte Unterstützung bei der größtmöglichen Zurückhaltung durch die LehrerInnen. Es wird davon ausgegangen, dass jeder Schüler, unabhängig vom jeweiligen Entwicklungsstand, einen individuellen Zugang zu den Inhalten des Unterrichts findet, der an den individuellen Lernzugängen anknüpft. SchülerInnen werden somit „... dazu angehalten, ihre Intentionen im Blick auf den von anderen gesetzten Rahmen zu suchen, ihre Inhalte auszuwählen, die exemplarisch helfen, Konstrukte zu verstehen, ihre Medien zu wählen und zu gestalten, mit denen sie sich das zu Lernende veranschaulichen und einprägen, eine Methodenkompetenz zu entwickeln, auf welchen Wegen und wie dies besonders günstig gelingen kann. Insoweit sind Lehrende und Lernende heute gleichermaßen Konstrukteure und Didaktiker" (Reich 2006, 29).

5. Ausblick

In den vorangegangenen Ausführungen wurden anhand der Betrachtung lerngruppenspezifischer Aspekte, individueller Förderorientierungen und fachlicher Besonderheiten Perspektiven des Umgangs mit Heterogenität im Unterricht vorgestellt. In diesem Rahmen wurde verdeutlicht, dass neben aller Gemeinsamkeit immer auch die Gemeinsamkeit spezifischer Gruppen (Peergroups) mitgedacht und diesen genügend Raum zum gemeinsamen Austausch bereitgestellt werden sollte.

In der Vernetzung von theoretischen und praktischen Perspektiven wurden gelungene Beispiele des Unterrichts in heterogenen Lerngruppen aufgezeigt. Dieser erfordert stets einen flexiblen Umgang mit den unterschiedlichen Methoden und Phasen. Die Vielfalt der Schülerschaft bedingt somit eine Vielfalt innerhalb der didaktisch-methodischen Ausrichtung des Unterrichts. Unterricht in heterogenen Gruppen sollte so ausgerichtet sein, dass er die Entwicklung des Einzelnen in der Vielfalt der Lerngruppe unterstützt. Dabei kann es nicht darum gehen, Lerninhalte künstlich vorzustrukturieren und diese passgenau an die SchülerInnenfähigkeiten anzupassen. Vielmehr sollte die Konstruktionsfähigkeit der SchülerInnen auf ihren individuellen Lernwegen anerkannt und berücksichtigt werden.

Literatur

Bastian, J./Combe, A. (2009): Feedbackarbeit und Individualisierung. Zum Wechselverhältnis zweier Lehr-Lern-Formen. In: Kunze, I./Solzbacher, C. (Hrsg.): Individuelle Förderung in der Sekundarstufe I und II. Hohengehren: Scheider, 173-180

Becker, K.B. (2009): Gesprächsführung im Unterricht unter Berücksichtigung der Heterogenität der Lerngruppe. In: Höhmann, K./Kopp, R./Schäfers, H./Demmer, M. (Hrsg.): Lernen über Grenzen. Auf dem Weg zu einer Lernkultur, die vom Individuum ausgeht. Opladen: Budrich, 215-224

Benkmann, R. (2010): Kooperation und Kooperatives Lernen unter erschwerten Bedingungen inklusiven Unterrichts. In: Kaiser, A./Schmetz, D./Wachtel, P./Werner, B. (Hrsg.): Bildung und Erziehung. Behinderung, Bildung, Partizipation. Enzyklopädisches Handbuch der Behindertenpädagogik Bd. 3. Stuttgart: Kohlhammer, 125-13.

Brüning, L./ Saum, T. (2006): Erfolgreich unterrichten durch Kooperatives Lernen. Strategien zur Schüleraktivierung. Essen: NDS Verlagsgesellschaft

Green, N./Green, K. (2005): Kooperatives Lernen im Klassenraum und im Kollegium. Seelze: Kallmeyer

Hansen, G. (2010): Unterstützende Didaktik. Planung und Durchführung von Unterricht an Allgemeinen Schulen und Förderschulen. München: Oldenbourg

Heeger, M./Reinert, M. (2006): Was halten Schülerinnen und Schüler vom Gemeinsamen Unterricht? Die SchülerInnenbefragung der SV der Gesamtschule Köln-Holweide. In: Platte, A./Seitz, S./Terfloth, K. (Hrsg.): Inklusive Bildungsprozesse. Bad Heilbrunn: Klinkhardt, 97-100

Helmke, A. (2009): Unterrichtsqualität und Lehrerprofessionalität. Diagnose, Evaluation und Verbesserung des Unterrichts. Seelze: Kallmeyer

Katzenbach, D. (2007) (Hrsg.): Vielfalt braucht Struktur. Heterogenität als Herausforderung für die Unterrichts- und Schulentwicklung. Frankfurt am Main: Verlag Goethe Universität

Niehues; U./Jacobs, C./Kühn, S./Lammering, E./Noak, B. (2009): Eine Schule für Alle – zufriedene Eltern?!? Auswertung der Umfrage unter den Eltern der Gesamtschule Köln-Holweide. In: Börner, S./Glink, A./Jäpelt. B./Sanders, D./Sasse, A. (Hrsg.): Integration im vierten Jahrzehnt. Bilanz und Perspektiven. Bad Heilbrunn: Klinkhardt, 132-138

Ratzki, A./Keim, W./Mönkemeyer, M./Neißer, B. u.a. (Hrsg.) (1996): Team-Kleingruppen-Modell Köln-Holweide. Theorie und Praxis. Frankfurt am Main: Peter Lang

Rebel, K. (2010): Heterogenität als Chance nutzen lernen. Bad Heilbrunn: Klinkhardt

Reich, K. (2006): Konstruktivistische Didaktik. Lehr- und Studienbuch mit Methodenpool. 3. Aufl. Weinheim: Beltz

Schwager, M. (2005): Eine Schule auf dem Weg zur Inklusion? Entwicklungen des Gemeinsamen Unterrichts an der Gesamtschule Köln-Holweide. In: Zeitschrift für Heilpädagogik 56/7, 261-268

Schwager, M./Pilger, D. (2006): Evaluation als Beitrag zur Qualitätsentwicklung des Gemeinsamen Unterrichts. In: Platte, A./Seitz, S./Terfloth, K. (Hrsg.): Inklusive Bildungsprozesse. Bad Heilbrunn: Klinkhardt, 101-111

Schwager, M. (2007): Orientierung an den Ansprüchen einer inklusiven Schule. Das Beispiel der Gesamtschule Köln-Holweide. In: Rumpler, F./Wachtel, P. (Hrsg.): Erziehung und Unterricht – Visionen und Wirklichkeiten. Würzburg: Verband Sonderpädagogik e.V., 57-64

Seitz, S. (2008): Zum Umgang mit Heterogenität: Inklusive Didaktik. In: Ramseger, J./Wagener, M. (Hrsg.): Chancenungleichheit in der Grundschule. Ursachen und Wege aus der Krise. Wiesbaden: VS, 175-178

Seitz, S. (2010): Erziehung und Bildung. In: Kaiser, A./Schmetz, D./Wachtel, P./Werner, B. (Hrsg.): Bildung und Erziehung. Behinderung, Bildung, Partizipation. Enzyklopädisches Handbuch der Behindertenpädagogik Bd. 3. Stuttgart: Kohlhammer, 43-58

Souvignier, E. (2007): Kooperatives Lernen. In: Heimlich, U./Wember, F.B. (Hrsg.): Didaktik des Unterrichts im Förderschwerpunkt Lernen. Ein Handbuch für Studium und Praxis. Stuttgart: Kohlhammer, 138-148

Von der Groeben, A. (2008): Verschiedenheit nutzen. Besser lernen in heterogenen Gruppen. Berlin: Cornelsen Scriptor.

Vygotskij, L (1987): Unterricht und geistige Entwicklung im Schulalter. In: Ausgewählte Schriften. Bd. 2. Arbeiten zur psychischen Entwicklung der Persönlichkeit. Köln: Pahl-Rugenstein, 287-306

Weinert, F./Helmke, A. (1997): Entwicklung im Grundschulalter. Weinheim: Beltz

Eine Schule für Alle. *Vielfalt leben!*

Eine Schule für Alle. *Vielfalt leben!*

Eine Schule für Alle. *Vielfalt leben!*

Eine Schule für Alle. *Vielfalt leben!*

Eine Schule für Alle. *Vielfalt leben!*

Eine Schule für Alle. *Vielfalt leben!*

Eine Schule für Alle. *Vielfalt leben!*

Eine Schule für Alle. *Vielfalt leben!*

Eine Schule für Alle. *Vielfalt leben!*

Eine Schule für Alle. *Vielfalt leben!*

Eine Schule für Alle. *Vielfalt leben!*

Eine Schule für Alle. *Vielfalt leben!*

Eine Schule für Alle. *Vielfalt leben!*

Eine Schule für Alle. *Vielfalt leben!*

Workshop: Inklusion mit Qualität

Sibylle Hausmanns und Claudia Tietz

Der Workshop „Inklusion mit Qualität" war mit mehr als 70 Teilnehmenden überaus gut besucht und stiess an die Kapazitätsgrenze des Raumes. Neben betroffenen Eltern behinderter Kinder waren zahlreiche Sonderpädagogen, aber auch andere Lehrkräfte, Schuldirektorinnen sowie Vertreter aus Schul- und Sozialverwaltungen anwesend.

Zu Anfang wurden kurz die völkerrechtlichen Grundlagen des Rechts auf inklusive Bildung gemäß Art. 24 BRK und den Empfehlungen des UN-Sozialpaktausschusses gemäß der Allgemeinen Bemerkung Nr. 13 von 1999 erarbeitet, da diese das Raster der Diskussion im Workshop bilden sollten (siehe Gliederungspunkte).

Der gesamte Workshop war auf die breite Beteiligung der Betroffenen angelegt, um ihren Belangen eine Stimme zu geben. Bemerkenswert war, dass im Workshop die Qualitätsdebatte nur sehr wenig „materiell" (Ausstattung der Schulen, Fahrstuhl etc.) diskutiert wurde. Stattdessen lag der klare Schwerpunkt auf „immateriellen" Gehalten (Bildungsanspruch der Schule, Selbstverständnis der Schule, Haltungen, Prozesse etc.) Diese wurden in Workshop sehr ausführlich erörtert.

Strukturiert war der Workshop so, dass zunächst erarbeitet wurde, was gute inklusive Schule ausmacht (Vision), um daraus ableitend Wege und politische Forderungen zu generieren – letzteres konnte aufgrund der Zeit bedauerlicherweise nur kurz angesprochen werden.

In der Veranstaltung wurde deutlich, dass Art. 24 BRK nicht nur in der politischen Gesamtdebatte hilfreich ist, sondern auch im Einzelfall sehr nutzbringend und unterstützend wirken kann, da mit ihm das Recht behinderter Kinder auf Regelschule menschenrechtlich gestärkt wird und sich dies auch im Selbstverständnis der Eltern zunehmend wiederfindet: Ungeduld und das Selbstbewusstsein, offensiver Veränderungen einzufordern, wurden deutlich artikuliert.

Zu den Inhalten des Workshops, geordnet nach Qualitätskriterien des Sozialpaktausschusses, im einzelnen:

- Verfügbarkeit von Bildung – umfasst funktionsfähige Bildungseinrichtungen und -programme, die im Einzelfall notwendige Ausstattung und Unterstützung sicherstellen

Inklusion müssen Schulen als eigene Stärke verstehen und öffentlich offensiv kommunizieren. Es muss deutlich werden, dass Inklusion gut für alle Kinder ist, weil sie davon ausgeht, dass jeder etwas kann und jeder auch Grenzen hat. Dieser positive Blick trägt dazu bei, dass Schulen ein positives Selbstverständnis entwickeln können. Dies hilft, dass das Inklusionskonzept einer Schule für alle dort Arbeitenden verpflichtender Leitsatz der Arbeit wird. Die Schule muss zum Ort der „Indentifikation" werden.

Die bisherige Diagnostik wurde kritisch gewürdigt und stattdessen ein Verfahren gefordert, das auf die Beschreibung erforderlicher „angemessener Vorkehrungen" ausgerichtet ist und fortlaufend teilhabeorientierte Ausstattungs- und Unterstützungsleistungen entsprechend der individuellen Bedarfe des Kindes sicherstellt.

- Zugänglichkeit – umfasst nicht diskriminierenden Zugang, de-facto-Zugang, physischen Zugang (auch zumutbare Entfernung der Schule) sowie wirtschaftlichen Zugang

Während des Workshops wurden Einstellung und Selbstverständnis der Regelschulen in besonders breiter Weise thematisiert, da diese sich bislang nicht für behinderte Kinder „zuständig fühlen" und Zugang so behinderten. Eine inklusive Schule hingegen heißt alle Kinder willkommen, schickt niemanden weg. Die inklusive Schule sieht die Eltern behinderter Kinder nicht in einer Bettel- und Holschuld, sondern sieht ihr Angebot für behinderte Kinder als selbstverständliche eigene Bringschuld an.

Aussonderungs- und Etikettierungstendenzen im gegenwärtigen Schulsystem wurden ausführlich und sehr kritisch besprochen (siehe sogleich)

- Angemessenheit – in Form, Inhalt, Lehrplänen und Methoden hochwertig für alle Schüler und Schülerinnen zur Sicherstellung bestmöglicher Bildungsmöglichkeiten

Es wurde die Erwartungshaltung geäußert, Schulentwicklung müsse insbesondere „atmosphärisch positiv" auf Inklusion ausgerichtet werden. Dieser Prozess muss auf Augenhöhe und unter Einbeziehung (Partizipation) aller Akteursgruppen laufen. Die Bereitschaft zur Wertschätzung aller Beteiligter (Kinder, Eltern, Lehrer etc.) ist dabei zentrale Voraussetzung. Das Prinzip der Partizipation und der Kommunikation auf Augenhöhe muss auch schulisch- strukturell dauerhaft implementiert werden. Das Ziel demokratischer Erziehung und Bildung wurde hierbei angesprochen. Gefordert wurde, einen umfassenden Bildungsbegriff zu implementieren, der weniger auf Wissen, sondern vielmehr auf Kompetenzen setzt.
Gefordert wurde, dass Kinder im Mittelpunkt der schulischen Bildungsarbeit stehen müssten. Dementsprechend bedürfe es individueller – bestmöglicher – Bildungsangebote, die in multiprofessioneller Teamarbeit zu ermöglichen sind. Die Kompetenzen aller Beteiligter, insbesondere der Eltern als Experten ihrer Kinder, sind anzuerkennen und einzubeziehen. Offener und klassenübergreifender Unterricht, Zieldifferenz, Bewertungssysteme, Ganztag, bessere Schüler-Lehrer-Relation, kleinere Klassen, Didaktik für heterogene Gruppen waren hier weitere Stichworte.

Die inklusive Schule fokussiert nicht länger auf Defizite, Etikettierungen, Sortierung und Aussonderung der Kinder, sondern stärkt und unterstützt die Kinder in ihrer Vielfalt. Vor diesem Hintergrund wurden Noten und Bewertungsmaßstäbe, obligatorische Vergleichstests, Trennung nach 4 Jahren u. a. Instrumente sehr kritisch betrachtet. Auch die (etikettierende) Diagnostik wurde hier mehrfach kritisch angesprochen und Veränderungen gefordert.
Ressourcen im System müssten genutzt, aber auch transformiert und in Teilen reformiert werden.

Neben der Entwicklung inklusiver Schulstrukturen wurde deren Qualitätssicherung und -anpassung angesprochen.

- Anpassungsfähigkeit – Veränderungsfähigkeit der „Institution Schule" entsprechend den Bedürfnissen der Schüler und Schüler

Die „Veränderlichkeit" des Systems Schule wurde als zentrales Kriterium der Inklusion erörtert. Deutlich wurde, dass eine inklusive Schule kein festgefügtes Prinzip bedeuten kann, sondern im Gegenteil Variabilität und Anpassungsfähigkeit an die – sich verändernden – Bedürfnisse der Kinder zentrale Qualitätskriterien sind. Dazu muss Schule sich als Teil des gesellschaftlichen Kontextes begreifen und den Willen zur Veränderung entwickeln.

Als notwenige Veränderungsschritte auf dem Weg zur Inklusion wurden kurz angesprochen:
- Schulgesetze ändern
- insbesondere Rechtsanspruch des Kindes auf Zugang zur Regelschule,
- Diagnostik verändern,
- Recht auf Kontinuität des Personals absichern,
- Beteiligungsrechte der Betroffenen stärken

Eine Schule für Alle. *Vielfalt leben!*

Eine Schule für Alle. *Vielfalt leben!*

Eine Schule für Alle. *Vielfalt leben!*

Eine Schule für Alle. *Vielfalt leben!*

Eine Schule für Alle. *Vielfalt leben!*

Eine Schule für Alle. *Vielfalt leben!*

Eine Schule für Alle. *Vielfalt leben!*

Eine Schule für Alle. *Vielfalt leben!*

Eine Schule für Alle. *Vielfalt leben!*

Eine Schule für Alle. *Vielfalt leben!*

Eine Schule für Alle. *Vielfalt leben!*

Eine Schule für Alle. *Vielfalt leben!*

Eine Schule für Alle. *Vielfalt leben!*

Eine Schule für Alle. *Vielfalt leben!*

„SCHOOL IS OPEN"

Jonas Thiele, Dieter Asselhoven und Studierende der Universität zu Köln

DAS BILDUNGSRAUMPROJEKT „SCHOOL IS OPEN" WURDE 2008 AN DER UNIVERSITÄT ZU KÖLN DURCH DIE STUDIERENDENVERTRETUNG (StAVV) INS LEBEN GERUFEN. ZIEL DIESES PROJEKTS IST ZUM EINEN DIE GRÜNDUNG EINER INKLUSIVEN, EXPERIMENTELLEN UND OFFENEN SCHULE FÜR ALLE UND ZUM ZWEITEN, ANDERE LEHR- UND LERNFORMEN AN DEN UNIVERSITÄTEN UND SCHULEN ZU ERMÖGLICHEN. DADURCH SOLLEN AUCH SELBSTVERWALTUNGS- UND DEMOKRATISIERUNGSIDEEN UMGESETZT WERDEN. STUDIERENDE, DIE DIES HEUTE LERNEN, KÖNNEN DIE IDEEN EIGENSTÄNDIG UND MIT ÜBERZEUGUNG IN IHREM BERUF UMSETZEN UND WEITERGEBEN.

AUS DIESEN ZIELEN ERGEBEN SICH VERSCHIEDENE ARBEITSBEREICHE:

Für die Verbesserung der Lernumgebung durch Einsatz verschiedener Medien und Raumgestaltungen wurden beispielsweise experimentelle Räume erschaffen, deren Nutzung und Auswirkung dokumentiert wurden. Auch der gesamten Architektur des Gebäudes der Humanwissenschaftlichen Fakultät wurde dabei Aufmerksamkeit geschenkt.

Durch ein großes Seminarangebot können auch außerschulische Lernorte während Exkursionen sowie alternative Formen des Lehrens und (forschenden) Lernens erprobt werden. Auf die kritische Reflexion wird in diesen Projekten viel Wert gelegt.

All diese Aspekte sollen in die Ausbildung zukünftiger LehrerInnen mit emanzipatorischer Intention einfließen. In die Schulgründung sollen erworbene Erkenntnisse einfließen und wissenschaftlich belegt werden. Dadurch wird es möglich, sie zeitnah in die LehrerInnenausbildung zu integrieren sowie SchülerInnen von neuen Entwicklungen profitieren zu lassen.

Neben der Auseinandersetzung mit Lerntheorie und Lernkulturen, Architektur und Schulkritik gehört die Beschäftigung mit Erinnerungskultur, Bildungsökonomie und Ökologie im Kontext der LehrerInnenbildung zu den inhaltlichen Schwerpunkten. Nicht zu vernachlässigen sind dabei die Aspekte der sozialen Gleichheit und Geschlechtergerechtigkeit.

Im universitären Kontext der LehrerInnenausbildung ist ein inklusives und demokratisches Schulsystem bisher nicht vorgesehen. Die zukünftigen LehrerInnen werden noch immer strikt nach Schulformen getrennt ausgebildet. Die Ausbildung für das Lehramt für Sonderpädagogik überschneidet sich dabei kaum mit den Ausbildungen für die Lehrämter an Gymnasien und Gesamtschulen oder Grund-, Haupt- und Realschulen. In Vorbereitungsseminaren für die obligatorischen Praktika wird sogar explizit vom gemeinsamen Unterricht abgeraten.

Im Zuge der Bachelor- und Master-Reformen wird es zukünftig Seminare mit sonderpädagogischen Inhalten für alle Studierenden geben. Wir befürchten jedoch, dass sich die Inhalte hier hauptsächlich auf diagnostische Fragestellungen beziehen werden. Dadurch wird die Separierung der Schüler aufrechterhalten. Im Zuge der UN-Behindertenrechtskonvention zeigt sich zwar eine langsame Veränderung im Denken der Studierenden und Lehrenden. Dabei wird die Debatte um Inklusion dennoch häufig lediglich von Seiten der SonderpädagogInnen getragen. An der Uni Köln gibt es im Sommersemester 2010 wieder eine Handvoll Seminare zum Thema Inklusion/Integration. Zwei davon gehen aus studentischem Engagement hervor. Im Wintersemester 2009/2010 waren 10.663 Studierende [1] als ErsthörerInnen mit dem Ziel eines Lehramtsabschlusses an der Uni Köln eingeschrieben. Gehen wir davon aus, dass die Seminare etwa 150 Studierende aufnehmen können, so wäre dies eine Quote von ca. 1,4 Prozent. Die inklusive Schule, die aus „school is open" heraus gegründet werden soll, soll dazu beitragen die LehrerInnenausbildung in diesem Rahmen zu verbessern und Bedürfnisse an eine zeitgemäße LehrerInnenbildung deutlich zu machen.

Gegenüber anderen Schulgründungsvorhaben hat unser Vorhaben den Vorteil, direkt an das Universitätsnetzwerk der Uni Köln angeschlossen zu sein. Dazu gehören die Fachdidaktiken der jeweiligen Fächer, erziehungs- und sozialwissenschaftliche Einrichtungen wie auch verschiedene Forschungs- und Beratungsstellen sowie ein Modellkolleg für eine neue Form der Lehramtsausbildung. Dadurch können neue Wege des Lernens und Lehrens erprobt und dokumentiert werden. Bei Problemen können frühzeitig Lösungen gefunden und systematisch und wissenschaftlich erforscht und gesichert werden. Die einzige andere Schule mit dieser engen Verbindung von Wissenschaft und Praxis ist die Laborschule Bielefeld.

Eine Schule für alle

In unserer Schule soll versucht werden, einige der großen Defizite unseres bisherigen Schulsystems zu beseitigen. Kinder sollen unabhängig vom Geschlecht, der Herkunft oder einer Behinderung Zugang zur Schule haben. Die Schule soll ein Ort sein, wo Kinder und Jugendliche gern leben und lernen. Sie möchte ihnen wichtige Grunderfahrungen ermöglichen, die viele von ihnen sonst nicht machen könnten. Leben und Lernen sollen, so weit dies möglich und sinnvoll ist, eng aufeinander bezogen sein. Der projektorientierte Unterricht folgt dem Prinzip, Lernen an und aus der Erfahrung bei gleichzeitiger intellektueller, sozialer und ästhetischer Qualifikation und der Vermittlung des offenen Erbes der menschlichen Emanzipationsgeschichte. Jedes Kind muss von seinem individuellen Startpunkt aus die Welt entdecken können. Dies bedeutet ein Recht auf Anerkennung verschiedener Bildungsbiografien und die Berücksichtigung individueller Fähigkeiten. Es geht beim Lernen nicht darum, Wissen zu speichern sondern Wissen aktiv zu benutzen, zu verstehen und zu reflektieren. Dazu gehören ebenso theoretische Ideen und Konzepte wie auch praktisches Wissen.

Entgegen dem typischen Stillsitzen und Wissen-Aufsaugen soll es in dieser Schule den Kindern und Jugendlichen ermöglicht werden, in der Natur ihres Seins zu lernen. Der Neugierde darf aktiv nachgegangen werden. Der Drang, sich zu bewegen und in die Welt hinauszugehen, soll nicht unterdrückt werden. Daher wird es für unsere Schule wichtig sein, offen mit der Umwelt zu agieren. Raus aus dem starren Schulgebäude und hinein in die lebendige Welt, so entdecken SchülerInnen aktiv ihre Welt. Der zentrale Gedanke des Erfahrungslernens geht dabei davon aus, dass sich Lernende Neues aktiv aneignen, ihre Interessen verfolgen und eigene Fragen entwickeln können. Im Hintergrund dieses Verständnisses steht die aufklärerische Zielsetzung der Mündigkeit, die Autonomie und Selbstbewusstsein ebenso beinhaltet wie die Fähigkeit zur Partizipation und zum sozialen Handeln – eben auch zum selbstständigen Lernen. Unsere Schule soll mit Lerngelegenheiten ausgestattet sein, die Erfahrungs- und Rationalitätslernen begünstigen. Ohne Aktivierung unseres Gedächtnisses kann kein Lernen stattfinden. Deswegen spielt auch die Dimension des Erinnerns eine Rolle für alle Lernprozesse. Besonders in Hinsicht auf das kollektive Gedächtnis unserer Gesellschaft soll daher der Umgang mit Vergangenheit auch in unserer Schule eine Rolle spielen.

SCHULSTRUKTUR UND LERNORGANISATION

Die Experimentalschule „school is open" soll eine inklusive Ganztagsschule mit besonderem pädagogischem Profil sein, an der jedes Kind nach seinem Rhythmus leben kann. Um dies zu gewährleisten, wird sie von morgens 7 Uhr bis abends ca. 17 Uhr geöffnet sein. Der Unterricht beginnt jedoch erst um 9 Uhr. Die Kinder und Jugendlichen werden nicht nach Leistung selektiert. Bei der SchülerInnenauswahl sollen die Kriterien soziale Ausgewogenheit, Ausgewogenheit der Geschlechter, Berücksichtigung von migrantischen Kindern/Jugendlichen, Diversity/Behinderung und Wohnortnähe besonders berücksichtigt werden. Einzugsraum soll dabei die Stadt Köln sein. Die Schülerpopulation soll der durchschnittlichen gesellschaftlichen Schichtung entsprechen.

Nach momentanem Diskussionsstand werden SchülerInnen von Klasse 0 bis 13 aufgenommen werden. Die Oberstufe soll polytechnisch (dual) gegliedert werden, sodass sowohl allgemeinbildende als auch berufsbildende Abschlüsse erworben werden können. Betreut werden sollen die SchülerInnen in einem LehrerInnen-SchülerInnen-Schlüssel von 2:15. Neben LehrerInnen sollen auch Sonder-, Heil- und SozialpädagogInnen sowie ErzieherInnen, PsychologInnen und diverse Fachkräfte in der Schule vertreten sein. Die Schule soll eine soziale Größe haben, die den SchülerInnen einerseits ermöglicht, über alle anderen Schulangehörigen einen Überblick zu bekommen. Die soziale Gruppe soll aber andererseits groß genug sein, um sich unkontrolliert und unüberwacht zurückziehen und soziale Subsysteme bilden zu können. Wenn alle Schulstufen gebildet wurden, gehen wir von etwa 420 SchülerInnen aus. Auch das Schulgebäude soll den Bedürfnissen der Lernenden und Lehrenden gerecht werden. So dynamisch wie die Menschen in der Schule, so dynamisch muss auch das Schulgebäude sein. Es muss ein Ort sein, an dem sich die Menschen wohl und sicher fühlen, an dem lautes und leises Denken möglich ist. Es muss ebenso Fluchtpunkt, Arbeitsort und sozialer Treffpunkt sein können.

Den SchülerInnen steht in den ersten Jahren frei, was sie lernen. Wir gehen von einem natürlichen Lernprozess „am Tag entlang" aus, aus dem sich in den oberen Klassen zunehmend eine Spezialisierung der Tätigkeiten ähnlich den Unterrichtsfächern, z. B. dem Themenbereich Sprache oder Gesellschaft und Politik, ergibt. Mit höherem Alter wird es deutlich mehr Veränderungen und Ansprüche geben, sodass es in der Sekundarstufe einen Pflicht- und einen Wahlbereich geben wird, der die Voraussetzungen für die individuellen Abschlussprofile schafft. LehrerInnen verstehen sich dabei als Lernbegleiter und „-beraterInnen". Besonders wichtig ist uns die Vielfalt der Blickwinkel. Kein Thema soll für sich allein stehen, sondern im Kontext des individuellen Lebens- und Erfahrungsraums der SchülerInnen eingebunden sein. Die LehrerInnen stehen jedoch auch für spezielle Einzelförderungen zur Verfügung, die sowohl besondere Schwächen als auch besondere Stärken umfassen.

In der Sekundarstufe II, die auch die Klasse 13 umfasst, lernen die SchülerInnen unter anderem auch das für die Hochschullaufbahn wichtige wissenschaftliche Arbeiten. Die SchülerInnen können nach Klasse 10 bzw. 13 Prüfungen für die allgemeinen Schulabschlüsse (Haupt-/Realschulabschluss, Fachoberschulreife bzw. Abitur/allg. Hochschulreife) erwerben. Bis zu diesem Zeitpunkt werden den SchülerInnen keine Noten gegeben, sondern in individuellen Berichten ihre Entwicklungsfortschritte dokumentiert.

DEMOKRATIE UND SELBSTVERWALTUNG

Die SchülerInnen arbeiten zwar überwiegend fachübergreifend und nach individuellem Lernvermögen, sind aber dennoch in Bezugsgruppen organisiert, die es ihnen ermöglichen, eine Stammfläche zu nutzen und dort intensive soziale Kontakte zu knüpfen. Diese Gruppen bieten auch einen besonderen Raum, um den Umgang miteinander zu üben, sowohl als Individuen als auch als Meinungsgruppen. Die SchülerInnen lernen verschiedene Meinungen zu respektieren und mit Konflikten umzugehen. Sie lernen, einen sozial verantwortlichen Standpunkt in unserer Gesellschaft einzunehmen. Bei Vollversammlungen der an der Schule Tätigen und Lebenden wird jede/r gleiches Stimm- und Rederecht haben. Alle Entscheidungen, die hier getroffen werden (und nicht gegen Grundrechte verstoßen), werden für die gesamte Schule bindend sein. Minderheiten sollen dabei jedoch nicht übergangen werden (Minderheitenschutz). Die Schulleitung wird von der Vollversammlung gewählt.

Erster Schultag der Experimentalschule „school is open" soll der 1. September 2012 sein.

Das vorgestellte Konzept befindet sich zur Zeit noch in Bearbeitung. Daher kommt es immer noch zu Änderungen und Weiterentwicklungen. Wer Ideen, Anregungen oder Kritik äußern möchte, kann sich gern an uns wenden.

Fußnote

1 http://verwaltung.uni-koeln.de/stabsstelle01/content/statistik/zahlen_daten_fakten/e636/Zahlen_Daten_Fakten_2009.pdf

Eine Schule für Alle. *Vielfalt leben!*

Eine Schule für Alle. *Vielfalt leben!*

Eine Schule für Alle. *Vielfalt leben!*

Eine Schule für Alle. *Vielfalt leben!*

Eine Schule für Alle. *Vielfalt leben!*

Eine Schule für Alle. *Vielfalt leben!*

Eine Schule für Alle. *Vielfalt leben!*

Eine Schule für Alle. *Vielfalt leben!*

Eine Schule für Alle. *Vielfalt leben!*

Eine Schule für Alle. *Vielfalt leben!*

Eine Schule für Alle. *Vielfalt leben!*

Eine Schule für Alle. *Vielfalt leben!*

Eine Schule für Alle. *Vielfalt leben!*

Eine Schule für Alle. *Vielfalt leben!*

Eine Schule für Alle. *Vielfalt leben!*

Brückenbauer zwischen den Kulturen
Doppelte Integration durch MiBoCap

Annette Kellinghaus-Klingberg und Ibrahim Turhan

Annette Kellinghaus-Klingberg und Ibrahim Turhan helfen mit ihrem Kölner Projekt MiBoCap jungen MigrantInnen mit einer Behinderung, den Übergang von der Schule in die Arbeitswelt zu finden. Besonders wichtig ist es ihnen dabei, den kulturellen Hintergrund der Familien zu berücksichtigen.

Sie weiß genau, wie schwierig es ist, behinderten Jugendlichen mit Migrationshintergrund Motivation und Selbstvertrauen zu vermitteln, ihnen zu zeigen, dass sie vieles allein können. Die Diplom-Sozialpädagogin Annette Kellinghaus-Klingberg hat selbst eine schwere Behinderung (Glasknochen). Seit zehn Jahren arbeitet sie an der Integrativen Gesamtschule Köln-Holweide (IGS Holweide) zum Schwerpunkt Berufsvorbereitung und -orientierung, um behinderte SchülerInnen in den Arbeitsmarkt zu vermitteln. Dass der Übergang von der Schule in den Beruf hier so gut gelingt, liegt nicht zuletzt daran, dass die engagierte Rollstuhlfahrerin die SchülerInnen als Betroffene beraten kann. Sie lebt den Kindern und Jugendlichen praktisch vor, was alles mit einer Behinderung möglich ist. Das ist ein Riesenvorteil.

Insgesamt lernen an der IGS Holweide etwa 1 800 Kinder unterschiedlicher sozialer Herkunft aus vielen Kulturen. Etwa 180 von ihnen haben sonderpädagogischen Förderbedarf, 25 Prozent davon kommen aus anderen Kulturen. Das erschwert die Vermittlung in den Arbeitsmarkt erheblich. Denn Migranten mit Handicap haben häufig Defizite, fühlen sich stark verunsichert und versuchen, ihre Probleme zu verbergen. Die Familien dieser Jugendlichen stehen unter einer Doppelbelastung, was nach den Erfahrungen von Annette Kellinghaus-Klingberg oft kaum zu bewältigen ist. Sie müssen sich einerseits mit der Situation der Migration auseinandersetzen, andererseits müssen sie sich zusätzlich um ein behindertes Kind kümmern. Zumal es schwer für sie ist, die Behinderung ihres Kindes überhaupt zu akzeptieren – besonders eine Lernbehinderung wollen sie oft nicht wahrhaben. Häufig trauen sie sich nicht, ihre Bedürfnisse zu äußern und das Hilfesystem, das in Deutschland existiert, ist ihnen nicht bekannt. Viele beantragen deshalb nicht einmal einen Behindertenausweis.

Hinzu kommt oft die sprachliche Barriere, die auch Kellinghaus-Klingberg nicht nehmen kann. Viele Eltern (ca. 48 Prozent) haben sehr schlechte Deutschkenntnisse. Die Sozialpädagogin ist sich sicher, dass Integration nur dann gelingen kann, wenn die Unterstützung bei der Berufsorientierung schon früh gefördert wird und wenn man einen Zugang zu den kulturellen Hintergründen der einzelnen SchülerInnen findet.

Im Schuljahr 2007/08 absolvierte der Diplom-Sozialpädagoge Ibrahim Turhan sein Anerkennungsjahr an der IGS Holweide. Sein Arbeitsschwerpunkt lag in der Berufsorientierung für Schüler mit Behinderung und Migrationshintergrund. Kellinghaus-Klingberg erkannte die Chance: Turhan ist Türke und 70 Prozent der Förderschüler mit Migrationshintergrund kommen aus der Türkei. Gemeinsam entwickelten beide die Idee, ein Projekt ins Leben zu rufen, das auf die besonderen Anforderungen der SchülerInnen mit Migrationshintergrund und Behinderung reagiert. Denn die üblichen Beratungskonzepte reichten für diese Arbeit nicht aus. "Es ist wichtig, die Familien so anzusprechen, dass Hemmungen und Schamgefühle überwunden werden können. Behinderte Kinder werden bisweilen als Strafe für etwas betrachtet, das von Allah gewollt ist", erzählt Turhan. "Solche Kinder werden in manchen Kulturen eher verheimlicht und verschwiegen." Wenn diese Kinder dann in der Schule durch ungewöhnliches Verhalten auffallen, nimmt Turhan Kontakt zu den Eltern auf. Denn Menschen aus dem gleichen Kulturkreis haben einen besseren Zugang zueinander. Wenn die Eltern nicht in die Schule kommen, besucht der Sozialpädagoge sie zu Hause. So oft, bis schließlich offen über alle Probleme gesprochen werden kann. Und bis die behinderte Kollegin als Vorbild dazukommen und Maßnahmen vorschlagen kann.

Auf diese Weise waren Eltern plötzlich bereit, ihre Kinder nach der Schule in geeignete Fördermaßnahmen zu geben, und traten sogar auf Elternabenden in Erscheinung. Schnell wurde klar: Es wird ein Projekt zum Thema Migration und Behinderung gebraucht, bei dem ein Mitarbeiter aus einer der Herkunftskulturen der Familien gleichberechtigt beschäftigt ist.

Das Konzept zu diesem Projekt wurde in Kooperation mit dem Netzwerk ISS gGmbH - Interkultureller Sozialer Service entwickelt und im Februar 2009 wurde MiboCap (Migration und Berufsorientierung mit Handicap) als Xenos-Projekt* gestartet. Als interkulturelles Zentrum arbeitet das ISS-Netzwerk seit mehreren Jahren mit einem spezifischen interkulturellen sozialpädagogischen Ansatz. ISS verfügt über das Know-how in der Migrantenarbeit, es bietet u. a. Hilfen zur Erziehung, Betreuung sowie Begleitung für Familien, Kinder und Jugendliche mit Migrationshintergrund und kann im Bedarfsfall 30 Sprachen bedienen. Ibrahim Turhan wurde beim ISS für das Projekt MiBoCap fest angestellt.

"Wir sind ein ideales Gespann für diese Arbeit", erzählt Kellinghaus-Klingberg. Turhan bringt die Sprach- und Kulturkompetenz mit, die die Türen bei Eltern öffnet, Vertrauen weckt und letztendlich den Weg freimacht für Lebensverbesserungen, die nicht nur den Kindern zugute kommen, sondern der gesamten Familie. Sie selbst begleitet die Schüler nach dem Peer-Counseling-Prinzip (Betroffene beraten Betroffene), fördert vorhandene Stärken und vermittelt zusätzliche Kompetenzen. "Die Jugendlichen müssen ihre Behinderung zunächst verarbeiten, Menschen in ähnlichen Situationen kennen lernen und sich ihrer eigenen Bedürfnisse und Wünsche bewusst werden", weiß Kellinghaus-Klingberg. Das sind ihrer Meinung nach die

Voraussetzungen für ein selbstbestimmtes Leben. Zusammen ist es den beiden Sozialpädagogen so möglich, die SchülerInnen individuell zu unterstützen.

ARBEITSSCHWERPUNKTE DES PROJEKTES

Der Schwerpunkt der Arbeit liegt in der Beratung von 20 Förderschülern der 8. bis 10. Klassen. Ziel ist es, diese SchülerInnen mit ihren unterschiedlichen Behinderungen in Praktika auf den ersten, zweiten und dritten Arbeitsmarkt zu vermitteln und den Übergang von der Schule in den Beruf/Arbeit zu begleiten und zu fördern.

Dabei ist es zum einen wichtig, mit außerschulischen Kooperationspartnern wie zum Beispiel dem Zentrum Selbstbestimmtes Leben, der Lebenshilfe sowie mit Ärzten und Psychologen zusammenzuarbeiten.

Zum anderen muss das Netzwerk mit internationalen Unternehmen aus dem Stadtbezirk und der Bildungsregion Köln weiter ausgebaut werden. Viele ausländische Betriebe, die es mittlerweile in Köln gibt und die als spätere Ausbildungsbetriebe bzw. Arbeitgeber für die Jugendlichen in Frage kommen, bilden immer noch nicht aus. Sie sollen darüber aufgeklärt und beraten werden, welche Fördermaßnahmen es für die Beschäftigung von Menschen mit Behinderung gibt.

MIBOCAP IST EIN PROJEKT MIT ZUKUNFT

Die bisherigen Ergebnisse des Projektes zeigen, dass behinderte Jugendliche mit Migrationshintergrund durch MiBoCap gute Perspektiven haben, den Übergang von der Schule ins Arbeitsleben zu meistern. Die Mitarbeiter des Projektes hoffen nun, dass sie auch nach dem vorläufigen Ende des Projektes im Januar 2012 das Projekt weiterführen können. Dass der Landschaftsverband Rheinland sagt: Ein solches Projekt brauchen wir. Dann wäre die weitere Finanzierung gesichert.
Immerhin hat das Projekt bei der Verleihung des "Kölner Innovationspreis Behindertenpolitik 2008" den zweiten Platz belegt. Der damalige Oberbürgermeister von Köln, Fritz Schramma, betonte in seiner Rede zur Preisverleihung, warum ihm diese Preisverleihung so wichtig sei: "Behinderung ruft nicht nach Mitleid, Behinderung braucht partnerschaftliche Anerkennung. Braucht Diskussionen in der Üffentlichkeit. Braucht viel Unterstützung."

Der Artikel erschien in der Zeitschrift "B-Kids" im HUMANIS Verlag

* MiBoCap ist ein Xenos-Projekt. Das Bundesprogramm XENOS integriert Aktivitäten gegen Diskriminierung, Fremdenfeindlichkeit und Rechtsextremismus in arbeitsmarktbezogene Maßnahmen an der Schnittstelle zwischen (Berufs-)Schule, Ausbildung und Arbeitswelt. Abgeleitet vom altgriechischen xÈnos – der Fremde, der Gastfreund - steht der Name des Programms für Toleranz, Weltoffenheit und zivilgesellschaftliches Engagement.
MiBoCap wird außerdem gefördert durch das LVR-Integrationsamt

Eine Schule für Alle. *Vielfalt leben!*

Eine Schule für Alle. *Vielfalt leben!*

Eine Schule für Alle. *Vielfalt leben!*

Eine Schule für Alle. *Vielfalt leben!*

Eine Schule für Alle. *Vielfalt leben!*

Eine Schule für Alle. *Vielfalt leben!*

Eine Schule für Alle. *Vielfalt leben!*

Eine Schule für Alle. *Vielfalt leben!*

Eine Schule für Alle. *Vielfalt leben!*

Eine Schule für Alle. *Vielfalt leben!*

Eine Schule für Alle. *Vielfalt leben!*

Eine Schule für Alle. *Vielfalt leben!*

Eine Schule für Alle. *Vielfalt leben!*

Eine Schule für Alle. *Vielfalt leben!*

PROFESSIONELLES ARBEITEN MIT SCHÜLERINNEN UND SCHÜLERN MIT HERAUSFORDERNDEM VERHALTEN

Uta Gesenhues und Ingrid Heise

DIE SCHULE MINDENERWALD, FÖRDERSCHULE FÜR EMOTIONALE UND SOZIALE ENTWICKLUNG IST EINE ÖFFENTLICHE SCHULE UND FÖRDERT SCHÜLERINNEN UND SCHÜLERN DER KLASSEN 1- 4 IM BEREICH DES KREISES MINDEN-LÜBBECKE (NRW).

Neben der Intensiv-Förderung in der gut ausgebauten, mit einer reichhaltigen Ausstattung und Therapiemöglichkeiten versehen, multiprofessionell arbeitenden Stammschule gibt es die folgenden Angebote:

* ambulante Förderung in den Grundschulen des Kreises in Form von Einzelintegration
* Beratungsangebote für Lehrpersonen, Eltern und Kinder
* Fortbildungsangebote und Trainings von Kollegien im Umgang mit Kindern mit herausforderndem Verhalten

Die Schule Mindenerwald arbeitet neuerdings mit im Modellversuch "Kompetenzzentrum für sonderpädagogische Förderung" des Landes NRW und entwickelt gemeinsam mit den Grundschulen weitere Formen einer inklusiven Beschulung. Ziel ist es mit den Bausteinen Prävention, Beratung, Diagnostik und Unterricht eine inklusive Beschulung aller Kinder in der Grundschule ohne eine Form von" labeling" zu erreichen.

In einer Grundschule in Minden wurde von unserer Schule aus ein sehr erfolgreicher Modellversuch gestartet: Hier arbeitet eine Sonderpädagogin in einem Grundschulkollegium und fördert alle Kinder, die einen Förderbedarf haben oder entwickeln könnten, sehr frühzeitig in den Klassen.

Seit mehr als 10 Jahren arbeitet Frau Heise an dieser Grundschule mit 8 - 12 Kindern mit Förderbedarf in der sozialen und emotionalen Entwicklung. Die Kinder nehmen am Unterricht ihrer Klasse teil, der Förderbedarf wird sehr individuell im doppelt besetzten Unterricht, in Kleingruppenarbeit oder Einzelunterricht in einzelnen Stunden abgedeckt. Von den im täglichen Schulalltag angewandten Techniken stellten wir die positiven Interventionstechniken " Loben, Spiegeln, Umdeuten, Umgestalten, Regeln, Grenzen setzen und Konfliktgespräche " im Workshop vor. Grundlage dafür ist die Entwicklungstherapie von Mary M. Wood und die Umsetzung von Marita Bergsson und Heide Luckfiel, "Umgang mit schwierigen Kindern", erschienen bei Cornelsen.

Positive Interventionen werden eingesetzt, um das erwünschte Verhalten zu verstärken. Ich handle nicht, nachdem ein Kind ein unerwünschtes Verhalten gezeigt hat, sondern ich baue Verhaltensweisen auf, indem ich sie beim ersten beobachtbaren Ansatz verstärke. Die an der Schule arbeitenden Grundschulkolleginnen haben diese Interventionsstrategien übernommen.

Ganze Hand statt kleiner Finger!

Marion Deplewski

Sprach- und Kognitionsförderung für alle mit Gebärdenmethode IMS*

Herzlich willkommen, meine Damen und Herren!

Lassen Sie uns mit einer einfachen Frage beginnen:
Warum sind Sie hier? (lautsprachlich und gebärdend)
Lassen Sie uns direkt mit Blick in die Praxis beginnen:
Ich denke, Sie haben von meinen Gebärden gerade sowohl etwas unmittelbar verstanden
und zwar das, was beinahe „natürlich" ist: „Sie" und „hier",
d. h. Ihr Sprachverständnis war aktiviert – Sprachverständnis, das Sie schon mitbringen.
Und Sie wurden neugierig, haben „aufgehorcht" beim Sehen,
beim Wahrnehmen einer optischen Gestalt zum Wort „warum", die sich sogar bewegte.

Lassen Sie uns nun „praktischer" werden: Lassen Sie uns gemeinsam gebärden:
Warum – (bin) – ich – hier? (auch gebärdend)
(wird gemeinsam vollzogen)
Nachher werden Sie merken, dass gerade mehr geschehen ist, als Sie jetzt ahnen können.

Sie sind nun allerdings nicht die Gruppe, um die es in erster Linie geht, denn Sie haben ja Ihren
Spracherwerb, Ihren Mutterspracherwerb bereits hinter sich.
Es geht uns stattdessen vor allem um diejenigen, die vor Hürden stehen, die mitten in ihrer
Entwicklung sind und unterstützt werden sollen, um diese Hürden nehmen zu können.

Trotzdem – lassen Sie uns schon festhalten:
Sie sind eben zum einen etwas Vertrautem begegnet, zum anderen etwas Neuem,
das Sie – wie auch immer – anregt und bereichert.

Damit sind Sie bereits etwas Typischem begegnet im Kontext „Gebärden".

Kehren wir zurück zur Frage: Warum sind Sie hier?!
Weil Sie neugierig sind – neugierig aus Ihrer professionellen Erfahrung, aus Wissen heraus
und deshalb auch neugierig auf ergänzende Perspektiven, auf innovatives Handwerkszeug für
inklusiven Unterricht.

Methode IMS ist ein solches Handwerkzeug.
Methode IMS ist eine innovative, systemische Verbindung von Laut- und Gebärdensprache, ohne dass dafür die Gebärdensprache in Gänze erworben werden müsste. Bei Weitem nicht. Es werden aber die normierten Gebärden aus der Deutschen Gebärdensprache, DGS, benutzt.

Sie selber sind nun hier, weil Sie inklusive Bildung bereits „in die Hand nehmen", aber sie auch optimieren wollen.
Sie sind hier, weil Sie mit manchem nicht zufrieden sind und genau dies persönlich ändern wollen. Nicht, weil Ihr Konzept bislang defizitär wäre oder Sie hilflos wären; nicht, weil Ihre bisherigen Methoden keinen Erfolg gezeigt hätten.
Sie sind hier, weil Sie Profis sind und – zugleich Pioniere: Profis in Sachen Pädagogik, Didaktik, Unterricht, Entwicklungsförderung u. v. m. – Pioniere im Zuge der Inklusion bzw. im Aufbruch zu deren zu verbessernden Bedingungen.

Als Profis und Pioniere haben Sie sich entschieden für Werte, die in Inklusion geschaffen werden, sogar Werte, die dort erst entstehen, durch jeden Einzelnen, und Werte, die es gilt, zu intensivieren, für jeden Einzelnen.
Das Kind, jedes Kind, dabei zu erreichen, läuft in hohem Maße über Verständigung, d. h. über die Sprache. So wie das, womit sich die Schüler gegenseitig bereichern, ebenfalls in weiten Teilen über die Sprache realisiert wird. Sprachförderung bezieht sich somit natürlich nicht nur auf das Fach „Deutsch".

Sie sind nun hier, weil Sie alle an einem Strang ziehen – an jenem Strang, der zum roten Faden geworden ist und sich weiterentwickeln soll, mit den Kindern zusammen, für die Kinder, für Kinder mit heterogenen Lerndispositionen in der Gemeinschaft aller. Es geht also um die Konsolidierung dieser Gemeinschaft als einer für Bildung und Zusammenleben, für individuelle Entwicklung, für das Aneinander- und Miteinander-Lernen wie Wachsen – und es geht um die Konsolidierung dieser Gemeinschaft als Sprachgemeinschaft – es geht ganz speziell um Erweiterung von Sprachförderung als der eklatanten Vermittlungs-, Erfahrungs- und dann Kompetenz-Basis für Lerninhalte und so vieles im Leben.

Demnach gilt es, dafür heute gemeinsam nach weiteren und auch innovativen Möglichkeiten für die Didaktik im Gemeinsamen Unterricht (GU) Ausschau zu halten. Und Ausschau-Halten heißt jetzt:
gezielt nach Reserven suchen, die noch nicht hinreichend ausgeschöpft sind,
oder sogar sich Ressourcen zuwenden, die bislang übersehen wurden.

Methode IMS greift im wahrsten Sinne solche Reserven auf, gibt Ressourcen an die Hand – als eine Sprache für alle, als einen alternativen Zugang zu Sprache und Sprachfertigkeiten und bezieht sich dabei ganz intensiv nicht „bloß" auf das Sehen, sondern außerdem auf eines der wichtigsten Zentren des Menschen: auf seine Hände.

Mit ihren sensiblen Rezeptoren, die Reize weiterleiten – als Informationen über das „Außen" – und sie dann verarbeiten – „innen" – zu Bedeutung.

Unsere Sprache selbst spiegelt bereits in ihren Wörtern wider, wie zentral die Hände sind: Denken wir an „Hand in Hand gehen", „an die Hand nehmen", „an die Hand geben", t,von der Hand weisen" und „auf der Hand liegen" oder „handeln", „Handlung", „Handhabe" bzw. einge-deutscht auch „Handling", „Handy", „Handout".
Die Kette lässt sich fast endlos fortsetzen.

Nicht uninteressant ist: Diese Hände planen, werden gesteuert und verarbeiten Informationen in Arealen unseres Gehirns, die neben jenen liegen, die für die Mundregion zuständig sind – also für die Lautsprache – die laute Sprache, eben die, welche sich der Laute bedient.
Es gibt da also auch neurologisch Verbindungen zwischen Mund, Sprache und – Hand.

Methode IMS teilt „mit vollen Händen" aus – für kognitiv verbessertes Sprachverständnis – und lässt Sprache genauso aktiv wachsen – gleichsam von der Hand in den Mund – für praktisch verbesserte Sprachproduktion, d. h. für die jeweilige Rezeption und Expression des Kindes.
Wie das?!

Gehen wir hierzu vom Titel dieser kleinen Veranstaltung aus:

„Ganze Hand statt kleiner Finger" – ein Titel, der Erwartungen weckt, d. h. die Assoziation: Wir wollen mehr! – Denn es gibt einen Anspruch (siehe UN-Konvention)!
Und:
Wir geben mehr! – Wir geben mehr ein, mit unseren eigenen Händen!
Wir machen keine „halben Sachen", sondern „gehen aufs Ganze".
Gemeint ist: Wir erweitern den Blick und nehmen Potenzen ins Visier, die zusätzlich angezapft und ausgeschöpft werden können – und zwar handfest für Sprachförderung.

Kleines Beispiel in vivo:
Erinnern Sie sich noch, was meine ersten gesprochenen Worte eben waren?

Ich schätze, Sie werden sich „eingehender" und nachhaltiger an das Sichtbare von mir und Ihre eigene Aktivität erinnern können. Das bleibt sehr viel eindrucksvoller „hängen" als die flüchtigen Wörter und ist bei Ihnen bereits vernetzt zwischen „Hand" und „Mund" bzw. verbucht unter"bedeutungsträchtig" und „sprachrelevant".
Außerdem: stark verknüpft mit unserem visuellen Sinn, auf den wir als Menschen ohnehin primär gepolt sind – für Aufmerksamkeit und Merkfähigkeit.

Ich habe 1999 damit begonnen, mit Gebärden zu arbeiten und Methode IMS zu entwickeln – zunächst für Kinder mit schwerer geistiger Behinderung, d. h. vor allem in Bezug auf die Sprachanbahnung, und nach und nach auch für die sich tregelrecht entwickelnden Kinder ebenso und für alle Sprachkompetenzen.

Ich kann Ihnen heute versprechen: Zehn Jahre Erfahrung zeigen:

Zu gebärden bzw. die Methode IMS zu verwirklichen, nimmt Inklusion effizient in die Hand!

Mit Gebärden setzen wir Zeichen!

Zunächst aber kommen Ihnen sicherlich Fragen.

Einige Fragen, die man vor dem Gebärden hat, sind hier zusammengestellt.

vSicher haben Sie selbst dann auch noch andere, die ich später gern beantworten werde.

Häufige Fragen – Antwort: nein!

- gehörlos = Prädisposition?
- Reizüberfrachtung/Überforderung bei SEV?
- kontraproduktiv für Lautsprachkompetenzen?
- motorische Handicaps hinderlich?
- Zeitfenster 1.-5. Lebensjahr?
- nicht-abstrakte „Pantomime"?/Gesten?
- individuell?/unnormiert?
- Wort für Wort = Riesenvokabular zwingend?
- Grammatik different = zur Lautsprache irritierend?
- Methode IMS inkompatibel zu anderen Ansätzen?
- schwierig zu handhaben in Heterogenität?
- Vorteil nur für einige (behinderte) Kinder?

zu Punkt 1:

Gebärden – heißt dies nun: irgendwie zum „Gehörlosen werden" im Sinne von Verzicht, im Sinne einer „primitiven Notlösung", einer Vereinfachung von Sprache, einer Reduktion? Oder heißt dies zumindest: auf diverse Möglichkeiten des Hörenden freiwillig zu verzichten?! Nein! Ganz abgesehen davon, dass die DGS ein abstraktes, abstrahierendes Sprachsystem ist wie die Lautsprachen.

Die Methode IMS zielt nicht speziell auf Gehörlose ab, sondern gerade auf die Hörenden, und zwar auf alle: auf alle Kinder mit und ohne Behinderung, d. h. auf den „Überflieger" ebenso wie auf den „Spätzünder", auf „Zappelphilipp" und „Träumerchen" ebenso wie auf das ganz und gar „unauffällige" Kind. Sie alle profitieren davon, sogar in vielfältiger Hinsicht.

Methode IMS knüpft dazu an bisher unterschätzte Kapazitäten an, die in den Kindern nur darauf warten, mobilisiert zu werden.

Die Rede ist von Ressourcen, die in allen Hörenden liegen und – bislang als ungeahnte Entwicklungsoptionen brachlagen! Weil sie als solche noch nicht in Erwägung gezogen bzw.

methodologisch für alle ausgenutzt werden konnten.

Methodologisch heißt nicht eins zu eins, sondern systemisch verbunden, also nicht: Gebärdensprache so zu lernen, wie es für Gehörlose notwendig ist.

zu Punkt 2:

Gebärden hinzuzunehmen, heißt dies umgekehrt: das Kind mit Unnötigem zu überfrachten und das auch noch, wenn es sich ohnehin schon um Kinder handelt, die mit ihren Hürden oft mehr als genug gefordert sind?

Gebärden in Bezug auf die Sprachförderung – heißt dies womöglich: „Sprache" bzw. „Förderung" nun ganz neu zu definieren?

Nein!

Zur Lautsprache Gebärden hinzuziehen, bedeutet vielmehr:

das Bisherige mit Neuem zu verbinden – durch eine Methode, d. h. konstruktiv zu verbinden; dabei Wurzeln und Flügel zu verbinden, alte Wurzeln und neue Flügel:

intensiv zu Altem zurückzukehren – in uns selbst, in jedem von uns – und damit Entstehen von Neuem zu beflügeln. Es heißt demnach: „Sprache" über Lautsprache hinaus erweitert zu definieren.

Zur Lautsprache Gebärden hinzuziehen, bedeutet eben nicht, überfrachten, sondern entlasten, nämlich aus verschiedenen Quellen stärken.

zu den weiteren Punkten: (Erläuterungen zu den Fragen s. o.)

Methode IMS bedeutet: weg von der Spezialisierung und hin zu betont Ganzheitlichem – für die Spezialisierung, d. h. vor allem für Sprachkompetenzen.

Ich habe nun einige Aspekte zur Lautsprache zusammengestellt – zur Lautsprache, die uns so vertraut ist, dass wir oft gar nicht mehr darüber nachdenken, wie sie funktioniert. Dabei wird deutlich, wie beschränkt das Angebot ist, solange wir uns ausschließlich auf dieses System der Kommunikation beziehen – im Gegensatz zu den Möglichkeiten, die hinzugezogene Gebärden komplettieren.

LAUTSPRACHE

- Reizverarbeitung: nur ein Kanal
- lineare Reiz-Wahrnehmung (Laut um Laut)
- Sinn-Ganzes erschließt sich erst am Ende
- nur abstrakt (= spezialisiert)
- keine anderen Erfahrungsdaten nutzbar
- flüchtiger Eindruck
- zentrale Merkspanne kurzzeitig
- schwer erinnerbar (ohne Bild)
- Sequenzen akustisch nicht eindeutig

Dies alles gilt ebenso in Bezug auf die eigene Sprachplanung und Sprachproduktion.
Methode IMS ermöglicht nun im Unterschied dazu: Noch einmal Körper und Geist zu verbinden. – Diese Einheit zu betonen, in ihrer Kraft – kindgerecht.
Akustisches und Optisches zu koordinieren, um mehr als nur einen Verarbeitungskanal anzusprechen und sprechen zu lassen – und das für etliche Kompetenzen, auch über die Sprachfertigkeiten hinaus, wie wir später sehen werden.

Durch den Blick auf Spezialisierung – auch in der Sprachförderung, nämlich sich hier vor allem auf Lautsprache zu spezialisieren – ist Sprache in ihrem umfassenderen Sinne (wie sie für das Kind aber noch lange lebendig ist oder bleiben kann) „aus den Augen verloren".
Im wahrsten Sinne des Wortes: dem Blick entrückt.
Das Augenmerk richtet sich normalerweise ständig auf das Akustische und Auditive. Alles, was den Sehsinn betrifft, rückt dadurch in den Hintergrund. Erst recht das Taktile.

Unsere Kultur gebraucht übrigens auch entsprechend wenig Gestik als Verstärkung oder als Medium der Erläuterung zum Gesprochenen.
Sie alle kennen aber den Effekt, sobald Sie „Südländern" begegnen und diese ihre Hände beim Reden ins Spiel bringen: Wir verstehen allein durch die Gestik sogar schon manches, ohne die Fremdsprache zu beherrschen,
und: Wir verstehen besser.
Das Eine ergänzt hier das Andere und ist keineswegs ablenkend oder überfrachtend, sondern hilfreich und zweckdienlich. – Gebärden bedienen sich derselben Energiequelle wie die Gestik.

Zurück zur Schule:
Sprachförderung konzentriert sich auf das gesprochene Wort, phonologisches Bewusstsein, Hörtraining, Lese-Erwerb etc. – auch wenn dies „handlungsorientiert" vermittelt wird.
Unser Vorgehen, unsere Überzeugung beruft sich dabei auch auf neurophysiologische Untersuchungen etwa zu Sprachprozessen im Hirn, zu pathologischen Ausfällen, Störungen, bzgl. Sprachentwicklungsverzögerung – alles fokussiert sich auf jene Kontexte zur Sprache, die wir mit Gehör und Stimme assoziieren.
Aspekte wie Mimik und Körperausdruck fungieren da höchstens als luxuriöses Beiwerk.
Demzufolge gilt es generell bei Sprachförderung, sich vornehmlich auf das zu konzentrieren, was möglichst schnell eine Effizienz für die Lautsprache evaluieren lässt.
Das ist auch richtig so. – Aber es schöpft nicht alles aus.

Außerdem verleitet dies wiederum schnell dazu, hierfür (weitgehend) mit Didaktik zu operieren, die aus der Lautsprache selbst stammt – erst auf einfachem Niveau, dann gesteigert in Bezug auf Wortschatz, Grammatik, Artikulation ...
Auch das ist richtig so.
Aber: Es nutzt nicht alles aus, nicht für jedes Kind, um daraus zum Ziel „Sprachkompetenz" gemäß seinen, d. h. heterogenen Möglichkeiten zu kommen!
Sprachkompetenz – das ist für manchen nämlich ein Weg mit vielen Hürden.

Ein Weg, der oft nicht dadurch einfacher wird, indem man lautsprachliche Mittel einsetzt, um Sprache zu fördern, weil sich dabei Lautsprache nur „um sich selbst dreht". Ein Weg allerdings, den wir durchaus anreichern und anders „vorebnen" können als bisher gewohnt. – Uns sind die Hände nicht gebunden! Wir können ein weiteres Sprachsystem hinzuziehen: das der manuellen Sprache, der Gebärden, als Zusatzmodul, als zusätzliches Einstiegsfenster, für multisensorische Zugänge, neben dem betont auditiven Kanal.

Wie sieht ein solches multisensorisches Einstiegsfenster als Methode IMS aus?

Methode IMS bedeutet: multimodal zu arbeiten, mit mehreren Sinnen – als Ressourcen.
Was ist mit „multimodal" gemeint? Was können wir uns hier darunter vorstellen? Auf keinen Fall etwas Kompliziertes, Aufwendiges, nichts „von langer Hand" Einzuleitendes. Im Gegenteil: „Multimodal" heißt diesbezüglich: viele Kanäle, viele Modi nutzen und dabei sogar auf Natürliches Bezug nehmen können, auf etwas, das schon bereitsteht – und dieses eben methodologisch aufbauen.
Was passiert hier in erster Linie? An der Basis? „Natürlich"?
Gehen wir dazu ausnahmsweise trotzdem kurz von Lautsprache selbst aus, von einem Wort: „Begriff". Mit diesem Wort „Begriff" wählen wir sogar das, was das „sprachlichste" aller Wörter ist: Semantisch meint es ja: „Abstraktes", das in Sprache ge-fasst ist.
Nur auffälligerweise:
Das Wort „Begriff" trägt dabei in sich, was in der Lautsprache längst aufgegeben wurde.
Just mit dem Wort „Begriff" erhalten wir einen wichtigen Hinweis – auf uns selbst:
nämlich wie wir zur Sprache, zur Abstraktion kommen, d. h. als Kind:
Betrachten wir die Denk-Spur in diesem Wort „be-greifen",
so bewegen wir uns zu den Wurzeln des Denkens, des Abstrahierens zurück:
Im Zentrum erscheint – das Greifen!
Somit sind wir wieder bei den Händen.
Be-Greifen ist der Ausdruck für: etwas rundherum „betastet" schließlich er-fassen, ehemals mit den Händen, später kognitiv, also begriffen, verstanden und mit einem Wort versehen – dem Be-Griff der Sprache.

Genau an dieser Schnittstelle greifen Gebärden – sie greifen zu und exakt dies greifen sie auf. Sie treten nicht nur visuell prägnant in Erscheinung, sondern auch als Be-Greifen von Welt, von Dingen und Zusammenhängen – sogar nicht nur sichtbar, sondern dreidimensional räumlich, d. h. wie uns die Welt auch ansonsten begegnet und wie wir sie erleben.

Wenn Sie einmal beginnen, danach zu suchen, wie viele unserer Wörter ebenfalls einen solchen Körperbezug in sich tragen, werden Sie übrigens bald kaum noch ein anderes finden!

Methode IMS arbeitet auf diesem Fundament ganzheitlich, um aus dem Vollen zu schöpfen, körperlich für die Prozesse der Kognition und Sprache – d. h. „mit ganzem Einsatz", nicht mit „kleinem Finger", sondern mit „ganzer Hand" für die Förderung von dann spezialisierten Fähigkeiten:

für das Denken in Abstraktion, für die Lautsprachkompetenzen, für den Schriftspracherwerb, für Lesen, Grammatik und auch für die Erfassung des Zahlenraums und für Zweisprachigkeit.

Das Kind wird hier also nicht nur insgesamt ernst genommen mit all seinen Anlagen – für eine gestärkte, harmonische, ganzheitliche Entwicklungsdynamik. Jedes Kind steht zudem ernst genommen im Zentrum als Mensch, der ganzheitlich lernt und dem sich mittels dieser Didaktik ein „persönliches" Mehr an Möglichkeiten eröffnet, ein Mehr an Optionen für individuelles Lernen bei Heterogenität.

Probieren wir dieses Mehr einmal selber aus – in kleinem Rahmen, mit einem Wort: „Ball". Wenn es gesprochen wird, ereignet sich lediglich eine Lautabfolge: die Aneinanderreihung von B – A – L. Es wird hier ein Vokal umgeben von Konsonanten produziert bzw. gehört und zwar als Kombination, die zunächst an sich selbst nichts bedeutet, auf nichts schließen lässt und aus sich selbst keine Erfahrungsdaten abrufen lässt. Sie beruht lediglich auf einer schlichten Übereinkunft, d. h. der Übereinkunft einer Sprachgemeinschaft, die sich geeinigt hat, dieser Ton- und Geräuschreihe einen Sinn zuzuordnen.

Und: Dieser Sinn ist linear, d. h. erst am Ende der Einheit zu erschließen – für das Kind mit Problemen im Sprachverständnis bereits eine echte Hürde! Für den, der sich souverän in der Lautsprache bewegt, zwar eine Kleinigkeit, die sich in Blitzesschnelle realisiert – beim Hören und beim eigenen Sprechen als Planung der Motorik zur Artikulation –, allerdings für den, der sprachlich (und geistig) schwieriger seinen Zugang gewinnt, eine Herausforderung.
Erst recht in komplexen Sätzen!

Nehmen wir jedoch jetzt die Gebärde dazu: „Ball" (wird gebärdet)

Das Gebärden nun spielt sich nicht nur mit optischen Gestalten ab, nicht nur in optischen Gestalten motorisch und selber fühlbar bzw. umgekehrt in der Wahrnehmung – über die Spiegelneuronen, über die Verarbeitung zur Bewegung des Anderen – als Info, die man auf sich selbst überträgt;
das Gebärden spielt sich bei all dem auch noch im Raum ab – in der Sphäre des (vertrauten) Greifens. Nicht-sprachliche und vorsprachliche Informationen gesellen sich hinzu.

In solchen kindgerecht vervollständigten, lebhaften Spiel-Räumen für die geistige und sprachliche Entwicklung und zwar der Einzelnen mit unterschiedlichen Lerndispositionen können so Kompetenzen individuell heranwachsen, die man zuvor für unmöglich hielt oder an die man selber gar nicht dachte, nicht denken konnte, aus der lautsprachlichen Gewohnheit heraus. (Im Fall der regelrecht sich entwickelnden Kinder z. B. ein Sprachgefühl, das meisterhaft und fantasievoll kreativ mit Wörtern und Bedeutungsfeldern umgeht und dabei über eine Sicherheit verfügt, die dem Lebensalter vorauseilt.)

Alles in allem sei deshalb noch betont: die Wirkungskraft von IMS als einem Phänomen, einer Dynamik für Entwicklungsprozesse, die sich nie konkret im Voraus berechnen lässt und dennoch mit Sicherheit einsetzt.

Die Rede ist von: 1+1 = mehr als 2.

Übertragen: Akustik + Optik

bzw. auditive Verarbeitung + visuelle = mehr als verdoppelter Input bzw. Output.

Beide Modalitäten fügen sich zueinander, stabilisieren sich gegenseitig und lassen aus sich heraus Weiteres als nur 1+1 entstehen:

Sie lösen eine Zündung aus

... an Eigendynamik

... für eine ganzheitlich optimierte Entwicklung insgesamt mit Eigenaktivität!

Deshalb muss nach der Einstiegsphase dann auch nicht Wort für Wort erarbeitet werden.

Es zündet eine Eigendynamik von dem, was ausgelöst ist, und jedes Kind nimmt sich und entwickelt weiter –

... aus Einzelaspekten, die ihm bedeutungsvoll sind, mit denen es etwas anfangen kann,

... auf seine Art, in seinem Tempo.

Im Detail und in Zusammenhängen habe ich das in meinem Fachbuch dargelegt:

In „Frau Holle – Die Leib-Haftigkeit unseres Denkens" wird dies erläutert vor dem wissenschaftlichen Hintergrund von Anthropologie, Sprachphilosophie, Pädagogik, Linguistik, Lernpsychologie und Erkenntnissen der Neurowissenschaften.

Zur Frage: Wie entwickelt das Kind Abstraktion und Sprache?

Im Besonderen: das Kind mit Behinderung – auch (schwer) geistiger Behinderung – durch Hinzunahme von Gebärden – jedoch nicht irgendwie, sondern nach Methode IMS.

Die Phänomene des Gebärdens und die phänomenische Wirkungskraft der Methode für das hörende Kind werden hier erstmalig und ausführlich im Kontext der kindlichen Sprach- und Kognitionsentwicklung untersucht und geben Aufschluss über die Entwicklung von Abstraktionsvermögen und Sprachkompetenzen sowie über deren spezielle Förderung.

Schauen wir uns jetzt Methode IMS genauer an – eine Methode zum Händeln von Sprache, mit Wörtern zum Anfassen und Be-Greifen – mit allen Sinnen.

Gehen wir hierzu nochmals ins eigene konkrete Gebärden:

Vollziehen wir „ich", „du" und „lesen" (alle gebärden) – und „ich lese", „du liest", „hören" oder „sehen" – „geben" oder das Paar „vergessen" und „erinnern", „sagen" und „verschieden".

(Alle gebärden jeweils die entsprechenden Wörter.)

Kehren wir nun nochmals zurück zum Begriff „Ball":

Was passiert, sobald wir hier zum flüchtigen Wort auch etwas in Bewegung sehen?

Und: Sobald wir zum flüchtigen Wort auch etwas selber aktiv motorisch bewegen und uns selbst vor Augen führen?

Zur Verdeutlichung bitte ich Sie, „Ball" wiederholt zu gebärden und dabei sogar zunächst auf das Sprechen und den Sehsinn zu verzichten. Spüren Sie bitte, was sich da in Ihnen abspielt. (Alle gebärden.)
Und lassen Sie uns nun einfach mal grob zusammentragen, welche Gefühle, Assoziationen, Verbindungen sich in Ihnen gerade eben ereignet haben.

Kommentare werden gesammelt. – Interessant: Gerade die gehörlosen Teilnehmer lösen sich rascher als die hörenden vom Normierten der Gebärde, d. h. von dem in ihr rein sprachlich Gebundenen: Sie komplettieren die Bewegung (des nur frontalen Umfahrens) in sämtliche Richtungen des Raums; sie positionieren die Gebärde an diversen Stellen und machen somit ein „rundum Befühlen" der imaginären Kugel deutlich. Dabei wird der Zugang zur taktilen Qualität, die die Gebärde als zusätzlicher Datenquelle für den Menschen bietet, akzentuiert.

Das ist bei Weitem mehr Aktiviertes, als sich mit der Lautabfolge „B – A – L" zünden lässt! Ich habe einiges davon in der folgenden Skizze zusammengestellt:

Ball: visuell & kinetisch: gebärdet =
- Handstellung: Form & Spannung
- sichtbar, fühlbar, umfassbar, gekrümmt, gleichmäßig,
- rund, ganz, glatt, geschlossen in sich,
- innen/außen, oben/unten,
- alles/gesamt, vollendet, umhüllt, Oberfläche,
- belegen, Schale um Kern,
- Ball, Kreis, Sonne, Welt/Kugel,
- Haut – angenehm

Und dies sind Assoziationen, die jeder für sich als erlebendes, verarbeitendes Wesen hat, Assoziationen, die erregte Inhalte sind – zum Semantischen – zu semantischen Feldern, die sich in ihren Qualitäten gegenseitig komplettieren und einprägsam unterstützen können.

Es ist hier im Schaubild nun lediglich etwas von dem aufgezählt, was wiederum in Sprache auszudrücken ist. Man kann aber darüber hinaus getrost davon ausgehen:
Mit der Koordination von Laut- und Gebärdensprache wird noch mehr erregt und angelegt, vernetzt und verfügbar, als auf diesem Überblick festgehalten ist.
Es fließen also auch nicht-sprachliche Informationen und Erlebnisdaten ein und ergänzen sich für Sprachverständnis und eigenes, aktives Sprachproduzieren – Sprachhandeln.

Gebärden = Handlung
- sehen – Visuelles + Kinetisches
- spüren – Propriozeption (passiv/aktiv)
- erinnern – Erfahrung prägnant + vernetzt

ganzheitliches Sinn-Erleben
- im Raum
- mit sichtbarer Bewegung
- außen und innen

Mit der Koppelung beider Sprachsysteme wird ein Angebot geschaffen, das quasi wie eine „doppelte Festplatte" wirkt, wie eine mehrfach gefestigte Plattform für das Sprachliche – gleichsam eine „Universal-Grundfeste" aus unserem Gesamtwesen heraus als Sprungbrett, Sicherheitsnetz und Nährboden für die und während der Entwicklungvon Kognition und Sprachkompetenzen.

Hier nochmals anders im Überblick:

Störungskomponenten:
- Problem: Aufmerksamkeit/Konzentration
- Problem: Lernbehinderung
- Problem: Teilleistungsschwäche
- Problem: Koordinationsstörung
- Problem: analytisches/synthetisches Denken
- Problem: akustische Reizverarbeitung
- Problem: (auditives) Gedächtnis
- Problem: Dysgrammatismus
- Problem: Zweisprachigkeit

In der Heterogenität haben wir es mit Kindern mit unterschiedlichen Schwierigkeiten zu tun, d. h. es stellen sich verschiedene Hürden zur Überwindung ein:

Phänomenische Qualitäten:
- Motivation der Ausdrucks- und Sprechfreude
- Persönlichkeitsstärkung im sozio-emotionalen Selbstbewusstsein
- direkte soziale Resonanz (auch bei fragmentarischem SV/SP)
- Zusammengehörigkeitsgefühl durch sichtbar gemeinsame Sprache
- potenzierte Lernmotivation (auch für kommunikative Kompatibilität)
- Abbau von Stressfaktoren bei Rückzugsverhalten/Aggressionsbereitschaft
- Intervention bei Regulationsstörung: postulierte/kanalisierte Körperaktivität
- Stabilisierung von Lerninhalten durch physische Subvention/"Rücklager"
- Fokussierung der Aufmerksamkeit durch attraktiv optischen Appell
- Steigerung der Konzentration durch Reizbündelung/semantische Verdichtung
- ganzheitliche Evidenz im Körperbezug zur multifunktionalen Speicherung
- Gedächtniskapazität mit komplex koordinierten Abrufoptionen

Aus dem methodischen Vorgehen mit IMS bietet sich für all diese Hürden
neben den bereits erwähnten Förderoptionen noch mehr als Zugewinn; z. B.:
Praxis Basisprogramm:
- Zauberformel
- Startvokabular
- Einstiegssätze

Wir nehmen's in die Hand!

Was ist nun für die Methode IMS zu erwerben?

Einsatz der IMS-Gebärden:
- Tageseckpunkte (Begrüßung, Pausenbeginn …)
- Signalsequenzen (Appell, Fach-, Materialienwechsel …)
- Rituale (Kreis, Auftakt zum Lied …)
- Lieder/Singspiele (traditionelle, neue …)
- Themen/semantische Felder (Familie, Obst, Tiere …)
- Projekte (Römer, Gartenarbeit, Kochen …)
- Förderschwerpunkte (Grammatik, Leseprozess …)
- GU insgesamt (schreiben, rechnen, malen, turnen …)

Dieses Basisprogramm wird in der Fortbildung vermittelt und macht Sie selber fit für den eigenen Einstieg.
Sie werden sich jetzt vielleicht fragen: Was kommt da auf mich zu?
Wie groß ist der Umfang, ehe ich starten kann?
Wie lange brauche ich selber, um ein gewisses Vokabular zu beherrschen?
Reicht das dann aus, oder bleibt das Ganze doch Flickwerk?

Es geht nicht darum, die gesamte Gebärdensprache zu erlernen.
Das wäre nicht zu leisten.
Es geht nicht darum, die Gebärdensprache zu lehren, denn das ist nicht das Ziel.
Es geht vielmehr darum, die Potenzen von Gebärden für hörende Kinder zu nutzen,
die schon durch wenige Gebärden gezündet werden. Wenig ist hier bereits viel.
Ich kann Ihnen versichern:
Sie werden staunen, wie schnell das geht – schon während der Fortbildung.
Sie werden staunen, wie gering das Startvokabular ist, das sich direkt praktizieren lässt.
Sie werden staunen, wie rasch es sich selbst multipliziert – aus Kombinationen.
Sie werden staunen, in wie vielen Situationen sich dieselben Gebärden verwenden lassen.
Sie werden staunen, wie viel bereits in Ihnen und den Kindern schlummert und sich zeigt.
Sie werden staunen, wie süchtig Sie danach werden, immer mehr auch zu gebärden.
Sie werden staunen, wie viel Spaß es bringt und unbeschwerte Leichtigkeit.

Und: Nach dem Basisprogramm können Sie je nach eigenem Bedarf und Tempo weiteres Vokabular aufstocken – oder es dabei belassen.
Sinn ist nicht die Diskussion um Perfektion. Sinn ist: anzufangen im Hier und Jetzt!
Wo also ist Methode IMS einzusetzen? Und wie lässt sie sich in den GU integrieren oder in Ihre einzelnen, gezielten Fördereinheiten mit Schwerpunkten?

Methode IMS ist eine „runde Sache" – wie die Gebärde „Ball" –, die Zahlreiches in sich vereinigt, dadurch aus dem Vollen schöpft und in sich „schlüssig" ist.

Nicht zuletzt, weil sie in gewisser Weise natürlich bleibt bzw. davon zehrt.

Methode IMS wirkt sich nicht erst dann aus, wenn eine breite Basis mit immensem Vokabular ausgelegt würde, sondern zündet mit jedem Schritt. Fangen Sie einfach an!

Noch ein Erfahrungswert sei hier meinerseits erwähnt:
Das hörende Kind gibt das aktive Gebärden auf, sobald es in der Lautsprache stabil geworden ist. Die Gebärden verschwinden – sichtbar. Aber die zuträgliche Quelle versiegt damit nicht! Man kann sogar manchmal auch äußerlich beobachten, dass in Situationen, die für das Kind emotional sehr aufwühlend sind oder es verunsichern (z. B. im Kontext Leistungsforderungen), die Stabilisation aus dem einstigen Gebärden wieder herangeholt wird: Dann aktivieren die Hände nochmals „die Zündung" durch kleine Bewegungen, und aus ihnen macht sich der Geist unter der Belastung erneut mobil – um z. B. Wörter schneller zu finden oder sicherer die Sprachplanung des ganzen Satzes anzulegen oder grammatikalisch von einem Satzelement ins nächste einzusteigen.

Gebärden in der Sprachförderung hinzuzuziehen, ist bereits seit Jahren vor allem in der Therapie erprobt und als effizient evaluiert. Beispielsweise hat Etta Wilkens schon vor langer Zeit begonnen, insbesondere mit Kindern mit Down Syndrom, so zu arbeiten.
Es gibt etliche Ansätze zum Gebärden. Doch stößt man oftmals nach einiger Zeit der Erfolge an Grenzen – an Stagnation, nämlich dann, wenn es darum geht, dass das Kind eigenaktiv einen Transfer leisten soll, um Erworbenes auf noch nicht Eingeübtes zu übertragen.
Man kann sich nicht darüber hinwegtäuschen, dass Heterogenität von Entwicklung als reale Gegebenheit bleibt – meist in Bezug auf Abstraktion. Das ist auch gut so.
Allerdings kommt man mit vielen Kindern nach meiner Erfahrung trotzdem weiter als bisher, d. h. über die erwähnte Stagnation des Zugewinn-Prozesses hinaus, sobald man mit Methode IMS arbeitet – zumal mit denjenigen, bei denen der Einstieg in Sprache angebahnt wird.
Begründet liegt dies wohl in einem Verständnis des Menschen an sich, das genau mit der so genannten Zauberformel methodologisiert ist. Sie zieht sich durch die gesamte Methode IMS.

Ich hoffe, dass ich Ihnen hiermit also einen kleinen und überzeugenden Einblick geben konnte in jene Methode, die mit einfachen Mitteln große Effizienz erzeugt und im Grunde „uraltes" Handwerkszeug innovativ ausschöpft – eine Methode, die Ihnen Optionen in die Hand legt, handlungsorientiert wie alltagsrelevant Sprachförderung zu händeln, und die nicht nur auf der Hand liegt und von der Hand in den Mund wirkt, sondern außerdem leicht von der Hand geht. Ich hoffe, dass Sie neugierig werden konnten, als Profis und Pioniere aufzubrechen und das Ganze selbst in die Hand zu nehmen! – Ich danke Ihnen.

Eine Schule für Alle. *Vielfalt leben!*

Eine Schule für Alle. *Vielfalt leben!*

Eine Schule für Alle. *Vielfalt leben!*

Eine Schule für Alle. *Vielfalt leben!*

Eine Schule für Alle. *Vielfalt leben!*

Eine Schule für Alle. *Vielfalt leben!*

Eine Schule für Alle. *Vielfalt leben!*

Eine Schule für Alle. *Vielfalt leben!*

Eine Schule für Alle. *Vielfalt leben!*

Eine Schule für Alle. *Vielfalt leben!*

Eine Schule für Alle. *Vielfalt leben!*

Eine Schule für Alle. *Vielfalt leben!*

Eine Schule für Alle. *Vielfalt leben!*

Eine Schule für Alle. *Vielfalt leben!*

Mit den Händen lesen lernen und besser Begreifen

Kerstin Deckstein

In diesem Workshop wurde die Koch'sche Fingerlesemethode mit Abwandlungen vorgestellt. Bei dieser von Herr Koch entwickelten multimodalen Methode Menschen mit kognitiven Beeinträchtigungen das Lesen beizubringen wird jedem Laut eine Handbewegung zugeordnet. Die Handbewegungen haben dabei immer einen Bezug zu dem Laut. Sie orientieren sich an der Artikulationsbewegung, der Graphemgestalt oder auch anderen Merkmalen des dazugehörigen Buchstabens. Es wurde darauf hingewiesen, dass eine Abwandlung der Handzeichen in einigen Fällen dann sinnvoll ist, wenn die Kinder aufgrund ihrer motorischen Fähigkeiten Probleme bei der Ausführung der Handzeichen haben.

Durch die Verwendung von Handbewegungen erfolgen die Speicherung und der Abruf von Lauten, Silben und Worten nicht nur visuell und auditiv sondern auch motorisch und taktil-kinästhetisch. Zudem wird durch die fließenden Bewegungs-Übergänge die Synthese der Einzellaute zu Silben und Worten verbildlicht und so vereinfacht.

Der Workshop gab nach kurzer theoretischer Einführung eine praktische Anleitung für die Fingerzeichen und sollte zum nachmachen anregen.

Fragen und Anmerkungen zu der vorgestellten Methode senden sie an k.deckstein@gmx.de.

Eine Schule für Alle. *Vielfalt leben!*

Eine Schule für Alle. *Vielfalt leben!*

Eine Schule für Alle. *Vielfalt leben!*

Eine Schule für Alle. *Vielfalt leben!*

Eine Schule für Alle. *Vielfalt leben!*

Eine Schule für Alle. *Vielfalt leben!*

Eine Schule für Alle. *Vielfalt leben!*

Eine Schule für Alle. *Vielfalt leben!*

Eine Schule für Alle. *Vielfalt leben!*

Eine Schule für Alle. *Vielfalt leben!*

Eine Schule für Alle. *Vielfalt leben!*

Eine Schule für Alle. *Vielfalt leben!*

Eine Schule für Alle. *Vielfalt leben!*

Eine Schule für Alle. *Vielfalt leben!*

„It's fun to learn English"

Tobias Wolf

MIT VIER JAHREN ERHIELT TOBIAS WOLF SEINE ERSTE MC MIT ENGLISCHEN KINDERLIEDERN. ALS ACHTJÄHRIGER LERNTE ER DIE SONGS FOR KIDS VON RAFFI, DEM CHILDREN'S TROUBADOUR AUS VANCOUVER, KANADA, KENNEN.
HEUTE HAT TOBI'S BUSINESS AGENCY LTD. DIE LIZENZ FÜR EINE REIHE DIESER SONGS FOR KIDS, DIE MIT WORTKARTEN, VOKABELLISTEN UND ARBEITSBLÄTTERN IN ENGLISCH UND DEUTSCH ANGEBOTEN WERDEN. „MIT LIEDERN KÖNNEN ALLE KINDER ENGLISCH LERNEN", DAVON IST NICHT NUR TOBIAS WOLF ÜBERZEUGT.

Anlässlich des Kongresses EINE SCHULE FÜR ALLE stellte Tobias Wolf auch das Software-Programm SIMON S.I.O. vor. Entwickelt wurde dieses englische Computer-Lernprogramm in den USA. In öffentlichen und privaten amerikanischen Schulen wird es für Kinder mit Lese- und Schreibschwächen eingesetzt. Kinder, die im regulären Klassenunterricht Schwierigkeiten haben, Wörter automatisch zu erkennen, sind gefährdet, Texte nicht fließend lesen und verstehen zu können. Für diese Kinder wird mit SIMON S.I.O. das phonologische Bewusstsein und die Fähigkeit Laute zu erkennen explizit und systematisch trainiert.

Durch sechs verschiedene Aktivitäten ist das Programm auf das Erkennen von Anfangs- und Endlauten in Wörtern ausgerichtet. Dies bedeutet, die Schüler identifizieren für jedes Wort den Anfangslaut, den Endlaut und beide gleichzeitig. Sie buchstabieren das Wort und lesen das Wort. Sie finden das richtige Wort, das dem gesprochenen Wort entspricht, in einer Liste. Sie sehen und hören die Wörter wiederholt, was dem Verständnis und der Merkfähigkeit hilft. Das phonologische Bewusstsein und die Fähigkeit, Wörter in Silben und Laute zu trennen, wird geübt.

In einer Übung, die Redefluss und Leseverständnis trainiert, wird den Schülern ein Wort gezeigt, dazu neun verschiedene Bilder. Das Wort soll gelesen und so schnell wie möglich dem passenden Bild zugeordnet werden. SIMON S.I.O. unterstützt bei allen Übungen und Aktivitäten das Leseverständnis. Zu jeder Übung werden ein oder zwei Sätze zum Lesen angeboten, die immer eines der neun Schlüsselwörter enthalten. Das Programm kann ihnen die Sätze vorlesen, danach können die Schüler die Sätze selbst mit Mikrofon aufnehmen und abhören.

Weil SIMON S.I.O. auf einer Software basiert, erhält jeder Schüler eine individuelle Rückmeldung. Übungen können bis zur „Meisterschaft" wiederholt werden. Dann kann jeder Schüler im Programm fortfahren. Das Programm stellt sicher, dass sich die Schüler nicht mit einem unvollständigen Verständnis oder falschen Interpretationen der Lesekonzepte durch den Stoff arbeiten. Dieses Konzept unterstützt das automatische Erkennen von Wörtern bis zum Leseverständnis und basiert auf der Erkenntnis, dass neues Wissen auf altem Wissen aufbauen muss.

Die Schüler arbeiten nach ihrem eigenen Tempo und können die Ergebnisse durch Wiederholen der gleichen Übungen verbessern. Für jeden einzelnen Schüler können vom Lehrer alle Daten und Lernfortschritte im Programm abgefragt werden.

SIMON S.I.O. umfasst 2 CD-Roms (Stage 1 und Stage 2) mit je 33 Einheiten (levels). In jeder Übungseinheit werden vier neue Wörter einer Wortfamilie eingeführt und in Kombination mit früheren Wörtern geübt.

(Details siehe Research and Conceptual Basis for SIMON S.I.O. by Rob. Meyer, Edu.Consultant.
The paper presents the conceptual and research basis for an intervention reading software program designed to help struggling and delayed readers master decoding skills and increase word recognition fluency. Copyright 2007 Don Johnston Incorporated)

In Ergänzung des englischsprachigen Software-Programms SIMON S.I.O. stehen dem Schüler für jede Lerneinheit Wortkarten in Englisch und Deutsch, dazu die Bildkarten (bekannt aus den Übungen am PC) sowie Kontroll- und Übungsblätter in Deutsch/Englisch zur Verfügung. So können die englischen Wörter jeweils in Verbindung mit den deutschen Wörtern auch schriftlich wiederholt werden. Diese Übungen dienen auch der Wortschatzerweiterung im Deutschen.

Das Programm ist zu beziehen über Tobi's Business Agency Ltd. 82493 Klais, E-Mail-Kontakt: info@tobis-hits.de

Details zum Programm „Songs for Kids" über: info@tobis-hits.de.

Die Null zum Anfassen

Prof. André Zimpel

Normalität und Inklusion.
Warum es normal ist, verschieden zu sein, und was das für einen gemeinsamen Unterricht bedeutet.

I. Inklusive Didaktik [1]

Seit dem 26. März 2009 gilt in Deutschland die UN-Konvention für behinderte Menschen. Dieser UN-Konvention widerspricht die Abschiebung von Menschen in Sondereinrichtungen, wie z. B. Sonder-/bzw. Förderschulen. Erstmals gibt es dagegen ein Beschwerderecht. Zwar ist in der deutschen Übersetzung der Konvention noch missverständlich von einem „integrativen Schulsystem" die Rede. Doch im englischen Originaltext ist zweifelsfrei ein inklusives Schulsystem gemeint. Dies erfordert ein neues Entwicklungsverständnis.

Praxisbeispiel: Katrin war der Stolz der Lehrer und der ganzen Klasse. Die Integration eines Mädchens mit der Diagnose einer geistigen Behinderung ist schließlich etwas ganz Besonderes. Ich war eingeladen, eine Supervision zur Motiventwicklung der Schülerinnen und Schüler der Klasse durchzuführen. So traf ich früh in der Schule ein und nahm am gesamten Schultag teil. Der Klassenraum war hell, besaß viele Regale mit Büchern, Heftern und ansprechenden didaktischen Materialien. Gleich neben der Tür befand sich eine gemütliche Sitzecke. Hier trafen sich die Lernenden und plauderten mit dem Lehrer über ihre Erlebnisse am Vortag. Katrin, das Mädchen mit der Diagnose einer geistigen Behinderung, folgte der Unterhaltung wenig und träumte eher vor sich hin. Als die Schüler und Schülerinnen an ihre Arbeit gingen, war ich erstaunt, wie zielstrebig sie sich aus den Regalen ihre Hefte herausnahmen und von selbst eifrig zu arbeiten anfingen. Es war ihnen nicht vorgeschrieben, zu welchem Unterrichtsfach sie die Aufgaben lösen sollten. So übten die einen grammatische Strukturen, indem sie Lückentexte ausfüllten, andere rechneten Mathematikaufgaben und wieder andere füllten in eine Umrisskarte die fehlenden geografischen Bezeichnungen ein usw. Ich war begeistert von der Geschäftigkeit der Lernenden.

„Und Katrin lernt die Uhr", erklärte mir der Klassenlehrer. Ich sah, wie Katrin, etwas weniger emsig als die anderen, ein Puzzle mit verschiedenen Uhrzeigerstellungen und dazu zeitlich passenden Tätigkeiten legte. Genauer: Wenn die Zeigerstellung sieben Uhr anzeigte, war daneben die Abbildung eines Kindes, das gerade aus dem Bett aufstand, usw. Da ich ja wegen der Lernmotive da war, fing ich an, die Lernenden zu interviewen.

„Warum rechnest du diese Aufgaben?", fragte ich zum Beispiel einen Jungen. „Weil ich, wenn ich damit fertig bin, dann schon diese Aufgaben rechnen darf", antwortete er und zeigte mir zuvorkommend die Arbeitsblätter für die nächste Aufgabenserie. „Ja, aber wofür rechnest du gerade diese Aufgaben?", hakte ich nochmals nach. „Na, damit ich weiterkomme", jetzt schaute er mich an, als könne er nicht glauben, dass ich das nicht kapieren wolle. „Wenn ich diese Aufgaben alle gerechnet habe", jetzt zeigte er mir zwei große Aktenordner, „dann habe ich alles geschafft." Ähnlich antworteten auch die anderen. Nur Katrin beantwortete meine Frage nach dem Warum mit: „Weil ich die Uhr lernen möchte." Während ich mich mit Katrin unterhielt, kam ab und zu ein Schüler des Wegs und legte ihr im Vorbeigehen ein Puzzlestück richtig hin. Als ich weiterging, hörte ich, wie Katrin ihre Nachbarin flüsternd fragte: „Was ist eigentlich Zeit?" Die Nachbarin legte ein Teil von Katrins Puzzle an die richtige Stelle und sagte: „Siehst du, so musst du das machen!"

Ich hatte den Eindruck, dass allen Lernenden außer Katrin der ursprüngliche Sinn ihrer Lerngegenstände im Strudel einer didaktischen Schleife abhandengekommen war. Nur Katrin schien noch immer in stiller Verzweiflung zu hoffen, irgendwann hinter das Geheimnis der Zeit zu kommen.

Können Sie sich noch erinnern, wie Sie einst die Uhr lernten? Was bedeutet Zeit für Sie? Welche Vorstellung haben Sie vom Wesen der Zeit?

Der Klassenlehrer ließ sich von mir überreden, einen Wettbewerb auszurufen: Wem gelingt es, Katrin am besten zu erklären, was Zeit ist. Katrin wurde zur Schiedsrichterin ernannt und sollte bewerten, ob die Antworten etwas taugten. Dabei liefen alle zur Höchstform auf. Es kamen die tollsten Antworten wie:
„Zeit, das ist das, was man mit der Uhr stoppt." – „Zeit ist das, was meine Mutter für mich hat, auch wenn sie arbeiten gehen muss." – „Zeit ist Geld." – „Zeit ist das, was um ist, wenn wir Schulschluss haben." usw., usf.

Es wurde viel gelacht. Doch Katrin schüttelte jedes Mal amüsiert den Kopf, wenn wir sie fragten, ob sie jetzt verstanden habe, was Zeit ist. Schließlich schlug der Klassenlehrer für die Projektwoche den Titel „Alles über die Zeit" vor. Eine Gruppe baute Sanduhren, eine andere eine Sonnenuhr, und eine weitere Gruppe versuchte, eine Uhr mit einem Pendel zu basteln. Darüber hinaus lasen sie das Märchen „Momo" von Michael Ende, in dem ein Mädchen gegen sogenannte Zeitdiebe kämpft, überprüften die Pünktlichkeit von Zügen auf dem Bahnhof und besuchten ein Planetarium. Bei der Auswertung des Planetariumbesuchs kam die Rede darauf, dass man mindestens zwei Bewegungen braucht, um die Zeit zu messen. „Zwei Bewegungen", rief Katrin überrascht, „die Zeiger! Jetzt weiß ich – ich muss die Zeiger vergleichen!"

Das war es also. Katrin hatte im vollen Vertrauen auf ihr Lernmaterial die Zeigerpositionen auswendig gelernt. Aber je genauer sie dabei vorging, umso mehr Zeigerpositionen fand sie vor. So hätte sie sich prinzipiell unendlich viele Zeigerpositionen einprägen können, ohne dass ihr die Bewegung der Zeiger als Einzelne klar geworden wäre. Es war eine Sisyphusarbeit, die sie da geleistet hatte, deshalb war ihre Frage „Was ist Zeit?" so wertvoll, nicht nur für sie selbst, sondern für uns alle.

Welches neue Entwicklungsverständnis leitet sich aus diesem Beispiel für eine inklusive Didaktik ab? Antwort: Statt der Orientierung an Leistungsdifferenzen sollte sich inklusiver Unterricht an Handlungen, Sinn und individuellen Lernwegen orientieren:

1. Die Orientierung an Handlungen: Jedem Unterrichtsstoff gehen Handlungserfahrungen voraus, an denen sich anknüpfen lässt. Der Bereich, in dem sich die Lernenden – abgesehen von Flüchtigkeitsfehlern und kleinen Missverständnissen – selbstständig zurechtfinden, entspricht der Stufe ihrer aktuellen Entwicklung. Der Bereich, der das Interesse der Lernenden weckt, obwohl sie sich in ihm nur mit Hilfe zurechtfinden, kennzeichnet die Stufe ihrer nächsten Entwicklung. Irrtümer und Fehler haben hier eine spielerische Funktion. Mit ihnen tasten sich die Lernenden in ein Neuland vor.

2. Die Orientierung am Sinn: Jeder Unterrichtsstoff ist das Produkt einer langen historischen Entwicklung. Der ursprüngliche Sinn dieser Entwicklung lässt sich nur durch Geschichten vermitteln. Kybernetisch ausgedrückt: Lehrende sollten Lotsen sein, die sich auch von denen, die ihnen anvertraut wurden, lotsen lassen. Man könnte sie mit Reiseleiterinnen und -leitern vergleichen, die das ihnen vertraute Gelände mit den Augen ihrer Reisegruppe neu entdecken. Dabei fällt ihnen zu jedem Ort eine spannende Geschichte oder witzige Anekdote ein, die jeden Ort zu einem unvergesslichen Ereignis werden lässt.

3. Die Orientierung an individuellen Lernwegen: Die Aufmerksamkeit sollte sich auf die Nachhaltigkeit der Entwicklung richten. Selbst Hochbegabungen können sich mitunter sogar dadurch ankündigen, dass die Lernenden mehr Zeit für einen Entwicklungsschritt benötigen. Denn Hochbegabte geben sich nicht mit einfachen Antworten zufrieden und möchten auch die tieferen Zusammenhänge wirklich begreifen. Viel wichtiger als ein frühes Erreichen einer Bildungsnorm sind das Interesse am Gelernten, die Intensität des Nachfragens und die Ausdauer der Beschäftigung mit einem Problem. Die Begeisterung für eine selbst gefundene Lösung lässt sich durch nichts ersetzen.

II. DIE NULL ZUM ANFASSEN[2]

Der mathematische Begriff der Null ist ähnlich abstrakt wie der Zeitbegriff. In meinen Untersuchungen zu seiner didaktischen Vermittlung sammelte ich unverhofft interessante Beobachtungen, die mir eine Annäherung an das abstrakte Denken von Lernenden unter den Bedingungen einer Trisomie 21 (Down-Syndrom) ermöglichten. Zur Erläuterung dieser Beobachtungen möchte ich an dieser Stelle einige meiner Überlegungen zur Gegenstandsanalyse der Null darlegen: Die Null wurde aufgrund ihres paradoxen Charakters in der europäischen Tradition sogar als abstrakter empfunden als der Zeitbegriff. Deshalb lehnte die antike Mathematik Griechenlands die Null kategorisch ab. Ein Zeichen für nichts, wozu sollte das auch gut sein? Die Natur verabscheut alles Leere!

Noch heute bereitet die Null Mathematikerinnen und Mathematikern Kopfzerbrechen. Zum Beispiel ist die Division durch null ein Horror für jeden Computerenthusiasten. Regelmäßig ist bei einem Computerabsturz eine unvorhergesehene Division durch null im Spiel. Die abstrakte und paradoxe Natur der Null lässt sich gut am Beispiel der folgenden Frage illustrieren: Was ergibt null hoch null?

Zunächst erscheint das Problem recht trivial:
$0^4 = 0 \cdot 0 \cdot 0 \cdot 0 = 0$; $0^3 = 0 \cdot 0 \cdot 0 = 0$; $0^2 = 0 \cdot 0 = 0$; $0^1 = 0$ ... also auch $0^0 = 0$?
Es ist aber vielleicht auch ganz anders:
$4^0 = 1$; $3^0 = 1$; $2^0 = 1$; $1^0 = 1$ ... also doch $0^0 = 1$?
Eins erweist sich als Grenzwert der Funktion $y = x^x$, wenn wir über Differenzialrechnung immer kleinere Werte für x einsetzen bis x fast null erreicht. Dieses scheinbar eindeutige Ergebnis bestätigt sich jedoch nicht bei der infinitesimalen Verkleinerung von x in Richtung null von der anderen Seite des Zahlenstrahls über die Funktion $y = (-x)^{(-x)}$. Aus pragmatischen Gründen zeigen jedoch Taschenrechner und Computer bei der Eingabe von null hoch null entweder „1" oder „Error" als Ergebnis an. Eine mathematisch restlos überzeugende Lösung gibt es jedoch nicht.

Was ich mit diesem Beispiel zeigen wollte, ist: Nicht nur für Kinder mit Trisomie 21 erweist sich eine Vorstellung von der Null als sehr abstrakt. Immer wieder lerne ich Kinder kennen, denen unsere arabischen Ziffern wegen der Null unverständlich bleiben. Auch die traditionelle Veranschaulichung der Zahlen hilft den Kindern nicht weiter.
Die Anzahlen von Mengen aus einem, zwei oder drei Objekten sind selbsterklärend. Die Null ist aber alles andere als selbsterklärend. Sie erhält ihre Bedeutung erst im Handeln. Deshalb ist die Veranschaulichung der Null durch Mengen besonders problematisch: Mit nichts lässt sich eben nichts veranschaulichen!

Ein ganz anderes didaktisches Problem warf in einer Geistigbehindertenschule ein Schüler mit der Diagnose Autismus auf: Er erweckte den Eindruck, dass er Mengen mit weit mehr als hundert Elementen simultan erfassen konnte. Dabei schaute er nicht einmal richtig hin. Offensichtlich nahm er die vor ihm ausgelegten Mengen nur aus dem äußersten Blickwinkel war.
In Rechenoperationen sah dieser Schüler jedoch zunächst überhaupt keinen Sinn. Er hatte Freude daran, verschiedenen Anzahlen einen eigenen Namen zu geben. Die Null kam in seinem System allerdings nicht vor. In gewisser Weise war sie auch nicht notwendig, denn das dekadische Positionssystem ist eine Schreibweise, die Anzahlen für unser enges Aufmerksamkeitsfenster verdichtet. Für das weite Aufmerksamkeitsfenster bei Autismus wäre eine solche Verdichtung im Prinzip überflüssig.[3]
Eines der zentralen Anliegen der von mir entwickelten und praktizierten Methode der Gegen-

standsanalyse ist, Lerngegenstände nicht als fest Vorgegebenes, sondern als historisch Gewordenes zu betrachten. Daraus ergibt sich folgende Frage: Welche historischen Wurzeln lassen sich für die Null nachweisen?

Die Gegenstandsanalyse führte zu folgendem Ergebnis: Die ältesten Spuren der Null führen nach Uruk, einer Stadt auf dem Gebiet des heutigen Irak. Zirka dreitausend Jahre v. Chr. hielten die Bewohner dieses Landstrichs ihre Berechnungen auf Tontafeln fest. In Überlieferungen von Rezepten für die Herstellung verschiedener Getreideprodukte auf Tontafeln befinden sich Mengenangaben, zum Beispiel zur Herstellung von Gerstenbrot. Es wäre zweifelsfrei unverhältnismäßig mühsam gewesen, Gerstenkörner einzeln zu zählen. Für nicht zählbare Mengen nutzten die Einwohner von Uruk stattdessen ein Hohlmaßsystem. Die Babylonier und die Sumerer entwickelten aus diesem Hohlmaßsystem dann auch das erste Stellenwertsystem mit einer Null. [4]

Ein Hohlmaß ist wie eine Null zum Anfassen. Deshalb ist es naheliegend, Kindern die Bedeutung der Zahlen nicht über die Anschauung, sondern über Handlungen zu vermitteln. Dieser Blick in die Geschichte führte zu dem Entschluss, den Mathematikunterricht gleich auf einer abstrakteren Stufe zu beginnen, und zwar: gleich mit dem Messen von nicht zählbaren Mengen. Diese Methode hatte den Vorteil, dass die Mengen so groß waren, dass sie selbst der Schüler mit der Diagnose Autismus nicht simultan erfassen konnte. (Wäre dies doch der Fall gewesen, wäre dann ja noch die Option geblieben, Flüssigkeiten mit Hohlmaßen zu messen.)

In den ersten didaktischen Versuchen in einer Integrationsklasse zeigte sich jedoch ein weiterer, unerwarteter Effekt: Schülerinnen und Schülern, die unter den Bedingungen einer Trisomie 21 lebten und die im Gegensatz zu Lernenden mit Autismus eher zu einer ganzheitlichen Wahrnehmung neigen, schien diese Methode besonders entgegenzukommen. Darauf komme ich an späterer Stelle zurück. Zunächst möchte ich das didaktische Vorgehen kurz erläutern: Die Lernenden verschaffen sich auf Exkursionen in Geschäfte ihrer Umgebung einen ersten Eindruck vom Sinn des Messens. Sie lernen verschiedene Maße kennen, wie zum Beispiel Schuh- und Kleidergrößen, Gewichts- und Volumenmaße usw. Danach beginnt das eigentliche Projekt:

Im spielerischen Umgang mit Küchengeräten lernen die Kinder die Brauchbarkeit von Hohlmaßen kennen. Zum Beispiel messen sie Reis oder Wasser mit einer Tasse ab, um die Zutaten für den Kochtopf zu dosieren. Da sie noch nicht zählen können, nutzen sie Hilfsmengen als Gedächtnisstütze. Für eine in den Kochtopf geschüttete Tasse können sie zum Beispiel ein Stäbchen legen, eine Murmel in eine Schale werfen oder einen Strich an eine Tafel zeichnen. Später wiederholen sie diese Handlungen an Modellen, anfänglich mit Puppengeschirr oder im Kaufladenspiel, später auf dem Papier mit Buntstiften.

Mathematische Grunderfahrungen mit Hohlmaßen und Hilfsmengen, WABE e.V. im Lichtwarkhaus in Hamburg.

Für den Übergang zum Zählen und Rechnen biete ich den Kindern dann ein Hohlmaßsystem an, das unserem dekadischen Positionssystem entspricht. Geeignet ist beispielsweise eine Tasse, deren Inhalt zehnmal in eine extra dafür ausgewählte Kanne passt. So haben wir schon ein Hohlmaß für Einer und ein Hohlmaß für die Zehner. Für die Hunderter kann ein Eimer so geeicht werden, dass in ihn wiederum zehn Kannenfüllungen passen (siehe Abbildung 1).

Auf einer höheren Abstraktionsstufe können die Lernenden ihre Erfahrungen mit Hilfe von Arbeitsblättern (Abbildung 2) festigen: „Trage in den jeweils linken Rahmen die Anzahl der

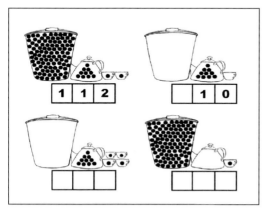

gefüllten Eimer ein! Trage in den jeweils mittleren Rahmen die Anzahl der gefüllten Kannen ein! Für eine leere Kanne schreibe eine Null! Trage in den jeweils rechten Rahmen die Anzahl der gefüllten Tassen ein! Für eine leere Tasse schreibe eine Null!" [5]

Zwei Kinder mit der Diagnose einer Trisomie 21 verstanden im Umgang mit Hohlmaßen sehr schnell die Bedeutung des Vorgangs. Als ich sie fragte: „Was wäre, wenn wir größere Tassen genommen hätten, um den Topf zu füllen?", antworteten sie: „Dann hätten wir weniger Tassen hineingießen müssen!" Der Abstraktionsgrad dieser Antwort spricht – wie ich finde – für sich. Offensichtlich war ihnen die Bedeutung der Null von Anfang an klar gewesen. Darüber hinaus hatten sie intuitiv das Prinzip der Proportionalität erkannt. Das ist immerhin die Grundlage der Bruchrechnung.

Arbeitsblatt aus dem Fördermaterial „Mia, Max und Mathix. Auf dem Weg zum Zahlbegriff".

III. ABSTRAKTES DENKEN UND TRISOMIE 21 [6]

Das Vorurteil, dass Menschen mit einer Trisomie 21 Probleme beim abstrakten Denken haben, führte dazu, dass man glaubte, das Erlernen der Schriftsprache sei ihnen nicht möglich. Deshalb erregte in den 1960er-Jahren das Buch „Die Welt des Nigel Hunt – Tagebuch eines mongoloiden Jungen" großes Aufsehen. Die Beteuerungen des Vaters im Vorwort illustrieren, dass dieses Buch keinesfalls den Erwartungen entsprach: „Ich erzähle die nüchterne, ungeschminkte Wahrheit, wenn ich sage, dass er das Lexikon aufs Geratewohl öffnete, das Wort „Arteriosklerose" buchstabierte, wobei er es fehlerfrei aussprach, und vergnügt kicherte: „Was für ein herrliches Wort!" [7]

In den 70er-Jahren zeigte sich, dass Nigel Hunt kein Ausnahmetalent war. Das frühe Lesenlernen wirkte sich bei vielen Kindern mit einer Trisomie 21 sogar zusätzlich positiv auf die Lautsprachentwicklung aus, wie in den 80er-Jahren Studien im englischsprachigen Raum [8] zeigten.

Auch der mittlerweile weltberühmte diplomierte Grundschullehrer Pablo Pi—eda mit einer Trisomie 21, der nun auch Hauptdarsteller in dem Kinofilm mit dem Titel: „Me Too – wer will schon normal sein?" ist, erlernte schon mit vier Jahren die Buchstaben. Auch ihm kam seine Neigung zur Gestaltwahrnehmung beim Einprägen von Begriffen entgegen: Mithilfe von geeigneten Bildern und Fotos lernte er, Begriffe als Ganzes zu erfassen und so von unwesentlichen Details zu abstrahieren.

Eigenen Untersuchungen zufolge scheint der eingeschränkte Aufmerksamkeitsumfang Menschen mit einer Trisomie 21 regelrecht zu zwingen, das Wesentliche in möglichst kurzen und knappen Mitteilungen unterzubringen. Diese Neigung zur Abstraktion von Details mit der Folge von verdichteten Mitteilungen, die nicht selten eine Sache so herrlich auf den Punkt bringen, zeigt sich für mich in eindrucksvoller Weise in den verdichteten Texten der Zeitschrift Ohrenkuss. Als ein – wie ich finde geniales – Beispiel, das für viele andere Texte dieser Art steht, möchte ich an dieser Stelle den Text von Carina Kühne mit dem Titel „Das nennt man Evolution" anführen: „Manche Fehler können korrigiert werden, einige können tödlich enden und aus manchen Fehlern entsteht etwas Neues." [9]

Kürzer und klarer geht es nicht! Ein geringerer Umfang der Aufmerksamkeit zwingt in diesem Sinne regelrecht zum Absehen, also zur Abstraktion im elementaren Sinne. Das weite Aufmerksamkeitsfenster bei Autismus und Williams-Beuren-Syndrom verführt dagegen eher zum konkreten Denken und birgt in sich die Gefahr einer Reizüberflutung mit Details. Besonders bequem lassen sich für Menschen mit Trisomie 21 verwirrende Zusammenhänge überblicken, wenn sie jeweils in zwei bis drei Gruppen von Superzeichen zusammengefasst sind.

Der russische Psychologe Wygotski würdigte schon in den 30er-Jahren des vergangenen Jahrhunderts die außerordentliche Abstraktionsleistung, die Kinder beim Erlernen der Schriftsprache vollbringen: „Die Situation der schriftlichen Sprache fordert von dem Kind eine doppelte Abstraktion, die von der lautlichen Seite der Sprache und die vom Gesprächspartner. [...] Die Schriftsprache ist gleichsam die Algebra der Sprache. Aber genauso wie die Aneignung der Algebra nicht das Erlernen der Arithmetik wiederholt, sondern eine neue Etappe der Entwicklung des abstrakten mathematischen Denkens darstellt, das das früher geformte arithmetische Denken umgestaltet und auf eine höhere Stufe hebt, genauso führt die Algebra der Sprache oder die schriftliche Sprache das Kind in die höchste abstrakte Ebene der Sprache ein und gestaltet dabei auch das früher gebildete psychologische System der mündlichen Sprache um." [10]
Natürlich wäre es fatal, wenn die zwar ermutigenden, aber immer noch sehr seltenen Beispiele von Menschen mit einer Trisomie 21, die über einen Universitätsabschluss verfügen, wie zum Beispiel Pablo Pi—eda, Aya Iwamoto und Francesco Aglio [11], dazu führen würden, den Erwartungsdruck auf das Sprechen- und Lesenlernen von Kindern unter den Bedingungen einer Trisomie 21 zu erhöhen. Zu hohe Erwartungen und Erwartungserwartungen können selbst wieder zu einer Behinderung der geistigen Entwicklung werden, weil sie das Vergnügen am Lernen nur allzu leicht zerstören. Einmal geweckte Aversionen können gerade bei Kindern mit einer Trisomie 21 nachhaltiges Vermeidungsverhalten provozieren.

Dass pädagogischer Optimismus bei gleichzeitigem Respekt vor dem einmaligen und unverwechselbaren individuellen Lernweg eines jeden Menschen immer angebracht ist, zeigt sich für mich besonders eindrucksvoll in dem Lebensbericht des legendären US-amerikanischen Psychiaters Milton H. Erickson (1901–1980). Er war selbst Legastheniker und von Geburt an farbenblind und unfähig gewesen, Tonmelodien zu erfassen. Er galt lange Zeit als geistig zurückgeblieben. Mit einer selbstentwickelten Methode brachte er sich jedoch später das Lesen und Schreiben bei. Er schreibt über seine frühe Kindheit:

„Viele Leute waren besorgt, weil ich schon vier Jahre alt war und immer noch nicht sprach. Ich hatte eine zwei Jahre jüngere Schwester, die sprach. Und sie spricht immer noch, aber gesagt hat sie eigentlich nichts. Viele Leute waren sehr besorgt, weil ich als Vierjähriger nicht sprechen konnte. Meine Mutter sagte ganz ruhig: „Wenn die Zeit kommt, wird er sprechen."" [12]

II. NORMALVERTEILUNG UND KOMPETENZRASTER [13]

Der Begriff der Diagnose (διάγνωσις) bezeichnet im Allgemeinen ein differenzierendes Urteil. Die ursprüngliche, etymologische Bedeutung dieses Wortes leitet sich aus dem griechischen Wort „δια-γιγνοσκειν" ab und meint so viel wie „etwas durch und durch zu erkennen". Da aber jeder Mensch über ein Universum von Eigenschaften verfügt, wäre der Anspruch an eine Diagnose, eine Persönlichkeit vollständig zu durchschauen, eine maßlose Überforderung.
Eine häufig praktizierte Strategie zur Vermeidung dieser Überforderung ist der Normvergleich, der auf der Normalverteilungsannahme beruht.

Normale Menschen — wer ist damit gemeint? Antwort: die Mehrheit in der Mitte unserer Gesellschaft. Normalität besitzt eine hohe Anziehungskraft. Nichts beruhigt Eltern so sehr, wie die Auskunft: Das ist völlig normal in diesem Alter.

Die große Gruppe der normalen Menschen ist umworben von Wirtschaft und Politik. In Deutschland nennt man die große Gruppe der normalen Menschen liebevoll „Lieschen Müller" und „Otto Normalverbraucher". Im englischen Sprachraum spricht man von „Average Joe" und „Average Jane", im Schwedischen von „Medel-Svensson" und „Erik Johansson" und im Norwegischen von „Ola Nordmann" und „Kari Nordmann" usw. In diesen Bezeichnungen spiegelt sich die breite Anwendung des mathematischen Modells der Normalverteilung in unserer Gesellschaft wider.

Ein umstrittenes Beispiel dafür ist die Intelligenzmessung. Die ursprüngliche Überlegung war: Wenn angeborene Körpergrößen normal verteilt sind, sollte das Gleiche für die angeborene Intelligenz eines Menschen gelten.

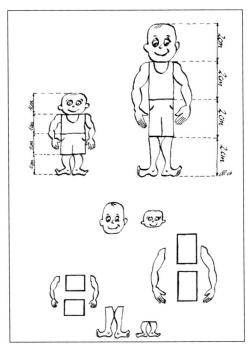

Doch warum sind Körpergrößen überhaupt normal verteilt? Das lässt sich an zwei Spielfiguren (Abbildung 3) leicht illustrieren: Sowohl die kleine als auch die große Figur besteht jeweils aus vier Teilen: Beine, Unterleib, Oberkörper mit Armen und Kopf:

Kombinierbare Steckfiguren mit unterschiedlichen Körperlängen.

Wir sehen auf Abbildung 4, dass es viel mehr Möglichkeiten gibt, verschiedene Figuren mittlerer Länge zu stecken. Allein darin liegt das Geheimnis der Normalverteilung. Wenn wir die Anzahl der Körperteile immer weiter vergrößern, nähert sich diese Verteilung immer mehr der typischen Glockenform an. Denn es gilt: Je mehr Teile, umso mehr Möglichkeiten gibt es, Durchschnittsmännchen zu basteln:

Je größer die Anzahl der Teile, umso stärker die Annäherung an die Normalverteilung.

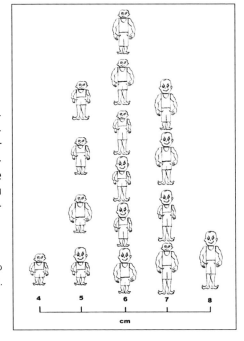

Bei sechs Teilen sind es zwanzig Durchschnittsmännchen und bei zehn Teilen schon zweihundertzweiundfünfzig! Es gibt also großköpfige und kleinköpfige, langbeinige und kurzbeinige Durchschnittsmännchen.

Die Durchschnittsmännchen sind zwar gleich groß, aber das auf verschiedene Weise! Das ähnelt dem richtigen Leben: Nur weil Sie eine mittlere Körpergröße haben, heißt das noch lange nicht, dass Ihnen Jacken und Hosen in mittlerer Konfektionsgröße passen.

Die Gleichheit normaler Menschen in einer Eigenschaft setzt ihre Ungleichheit in anderen Eigenschaften förmlich voraus. Keine Gruppe von Menschen ist in den Körperproportionen zwangsläufig so vielfältig wie die Gruppe normal großer Menschen. Wenn die Normalen aber alle verschieden sind, dann passt das eigentlich überhaupt nicht mehr zum Konzept von Lieschen Müller und Otto Normalverbraucher! [14]

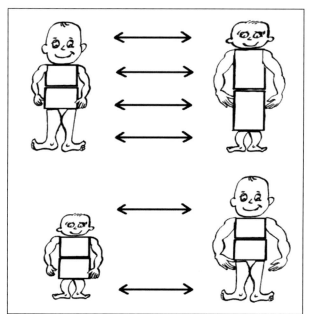

Mehr noch: Die Zusammensetzungen zweier Durchschnittsmännchen können untereinander verschiedener sein als die Zusammensetzung eines Durchschnittsmännchens im Vergleich zu der Zusammensetzung eines Männchens mit Extremgröße:

Verschiedene Teile (mit Pfeilen gekennzeichnet) und gleichgroße Teile (keine Kennzeichnung).

Wie zu zeigen war, ist allein die große Anzahl von Möglichkeiten der Zusammensetzung mittlerer Werte der Grund, warum Intelligenztestergebnisse und Körpergrößen wie auch Münzwürfe um ihren Mittelwert streuen. Das spricht nicht gegen Intelligenztests überhaupt. Es spricht aber auf jeden Fall gegen Zukunftsprognosen und die Schlussfolgerung: Weil Testergebnisse normal verteilt sind, seien sie größtenteils genetisch vorbestimmt wie Körpergrößen.

Es gibt jedoch eine weitere, in diesem Zusammenhang viel wichtigere Schlussfolgerung: Die Bildung homogener Gruppen aufgrund der Standardabweichung von einer Norm ist eine Illusion. Denn wenn eine Eigenschaft einer Personengruppe um einen Mittelwert streut, dann gerade deshalb, weil sich die einzelnen Personen in der Zusammensetzung dieser Eigenschaft gravierend unterscheiden. Die Gleichheit in einer Eigenschaft setzt also zwangsläufig die Unterschiedlichkeit in anderen Eigenschaften voraus!

Eine homogene Lerngruppe ist also streng genommen auch immer gleichzeitig heterogen! Bei jeder Beurteilung menschlichen Verhaltens treffen Erwartungen auf Erwartungserwartungen. Beispiel: In einem psychologischen Experiment kamen nacheinander ein Vorschulkind und ein Grundschulkind in einen Raum mit einem großen runden Tisch, auf dem in der Mitte Süßigkeiten lagen. In einer Ecke des Raumes lehnte unauffällig ein Stab.

Das jüngere Kind ging zielstrebig auf die Süßigkeiten zu. Es versuchte nach ihnen zu greifen und bemerkte, dass seine Arme zu kurz waren. Kurze Zeit tanzte es, vergeblich nach den Süßigkeiten hangelnd, um den Tisch herum. Die Versuche des Kindes wurden allmählich immer halbherziger. Es erkannte, dass es seine Position zu den Süßigkeiten durch Umkreisen des Tisches nicht verbessern konnte. Da entdeckte es den Stab in einer Ecke des Raumes! Das Gesicht hellte sich auf. Zum Stock eilen, die Süßigkeiten herunterfegen und sich den Mund vollstopfen waren eine einzige wirblige Handlung. „Intelligenztest" bestanden!

Das ältere Kind, das ebenfalls nicht an die Süßigkeiten heranreichte, schien dagegen den Stab nicht zu bemerken. Durch Springen mit immer größeren Anläufen versuchte es vergeblich, an die Süßigkeiten zu gelangen. War es weniger intelligent? Als man das ältere Kind fragte, warum es den Stab nicht genutzt hatte, antwortete es: „Mit einem Stab kann es ja jeder!" [15]

Dieser Zusammenhang von Erwartungen und Erwartungserwartungen findet sich auch in abstrakteren Testaufgaben. Beispiel: Der britische Intelligenztestforscher Hans Eysenck (1916–1997) behauptet, die Zahlenreihe 2, 4, 7, 11, 16 verlange als einzig richtige Lösung nur die 22. Der Informatiker Alexander Dewdney testete in den 1980er-Jahren einen Computer mit solchen Intelligenztestaufgaben. Bei manchen Zahlenfolgen fand er zwei gleichermaßen plausible Lösungen. Doch welche Lösung war die Richtige? Dazu müsste man wissen, welche Lösung die Testentwickler hören wollen.

Man könnte meinen, es handele sich um einen Einzelfall, der nicht weiter von Bedeutung ist. Doch weit gefehlt! Das Problem ist von grundlegender Bedeutung. Mit der Interpolationsformel des französischen Mathematikers Joseph-Louis de Lagrange (1736–1813) lässt sich für jede Zahlenfolge eine Formel finden, die beliebige Zahlen in der erwarteten Reihenfolge produziert. Wenn Eysenck zum Beispiel behauptet, die Zahlenreihe 2, 4, 7, 11, 16 verlange als einzig richtige Lösung nur die 22, so muss ihm widersprochen werden. Jede natürliche Zahl wäre eine mögliche Lösung! Denn es ist egal, welche Zahl man sich ausdenkt: Immer findet sich eine Funktion, die diese Zahl mit den anderen Zahlen in der vorgegebenen Reihenfolge durch Anwendung nur einer einzigen Regel verbindet! [16]

Es ist leicht zu übersehen, dass die Lösung einer Testaufgabe von uns mehr fordert als nur das Finden einer richtigen Lösung: Wir müssen auch herausfinden, welche Lösung von uns eigentlich erwartet wird. Die zentrale Rolle von Erwartungen erläutert der Bildungswissenschaftler Dietrich Schwanitz wie folgt: „Bildung ist der Name eines sozialen Spiels, das durch erhöhte Erwartungen und Erwartungserwartungen in Bezug auf das kulturelle Wissen der Mitspieler gekennzeichnet ist; diese dürfen die Erwartungen und Erwartungserwartungen nicht thematisieren. Ihre Geschicklichkeit besteht darin, diese Erwartungen gleichzeitig zu erkunden und zu erfüllen oder, wenn das nicht gelingt, es den anderen nicht merken zu lassen." [17]

Weder Schulnoten noch Tests können diese Selbstreferenz von Erwartungen hinreichend erfassen. Eine Alternative bietet die pädagogische Selbsteinschätzung, wie zum Beispiel in Kompetenzrastern [18]: Einerseits verhelfen sie Schülern vor allem zu „Ich-kann-Erlebnissen". Andererseits ermöglichen sie – wie der Schulpädagoge Manfred Bönsch hervorhebt – ein „Sich-über-die-Schulter-schauen". Dieses selbstreferenzielle Prinzip fördert metakognitives Wissen, indem es Selbstkontrollmöglichkeiten bietet, um gut begründet „Ich-kann-Markierungen" vornehmen zu können oder eben damit noch zu warten. [19]

Vorsicht ist jedoch bei einer zu starren Aufgliederung eines übergeordneten Lernziels in immer kleinere Lernziele geboten – birgt es doch die Gefahr, in eine „didaktische Schleife" zu geraten. Mit jedem Durchlauf dieser didaktischen Schleife kann es für Lernende – aber auch für die Lehrenden – immer schwerer werden, einen Überblick über den ursprünglichen Sinn des Lernziels zu gewinnen. Schlimmstenfalls verschwindet der ursprüngliche Sinn des Ziels spurlos im Strudel der didaktischen Schleife. [20]

Da hilft nur eine Stärkung der Schülerbeteiligung bei der Zielfindung, wie zum Beispiel Untersuchungen zum Projektlernen in Schülerfirmen [21] zeigen: Ständige Rückkoppelungen zwischen übergreifenden Zielen und anstehenden Tagesaufgaben fördern einen Dialog zwischen Erwartungen und Erwartungserwartungen.

Ziel jeder pädagogischen Diagnose sollte also nicht die Ausgrenzung, sondern die Steigerung der Achtung vor dem individuellen Entwicklungsweg einer Gesamtpersönlichkeit sein. Denn spätestens seit Janusz Korczak (1878–1942) ist bekannt, dass die Achtung der Persönlichkeit eines Lernenden die unmittelbare und allgemeine Voraussetzung für gelungene Bildung und nachhaltige Erziehung ist. [22] Korczak fordert das Recht des Kindes, so zu sein, wie es ist, und ächtet mit dem Recht des Kindes auf den heutigen Tag den starren Blick in die Zukunft: „Um der Zukunft willen wird gering geachtet ..." [23]

Wenn die UN-Konvention für behinderte Menschen im Widerspruch zur Abschiebung von Menschen in Sondereinrichtungen steht und ein inklusives Schulsystem fordert, dann ist das nur mit einem völlig neuen Entwicklungsverständnis möglich: Statt der Orientierung an Leistungsdifferenzen sollte sich inklusiver Unterricht an Handlungen, Sinn und individuellen Lernwegen orientieren.

Von diesem Entwicklungsverständnis, das Vielfalt und Selbstreferenz voraussetzt, werden in Zukunft auch Kinder profitieren, bei denen keine Behinderung diagnostiziert wurde. Leider geht dieser wichtige Gedanke bei den nicht selten überhitzt geführten sozialtechnischen Diskussionen um Strukturreformen in der Regel unter.

Hamburg im September 2010

Fußnoten

1 Vgl. auch: Zimpel, Andrè Frank (2009): Im Strudel der didaktischen Schleife: Die Pluralisierung der Lernwege als pädagogische Herausforderung. In: Praxis Schule 5–10 Heft 02, S. 14–17

2 Vgl. auch: Zimpel, A. F. (2010): Zur Neuropsychologie des abstrakten Denkens unter den Bedingungen einer Trisomie 21. In: Leben mit Down-Syndrom, Nr. 63, S. 28–35

3 Zimpel, A. F. (2008): Der zählende Mensch. Was Emotionen mit Mathematik zu tun haben. Göttingen: Vandenhoeck & Ruprecht, S. 33–66

4 Zimpel, A. F. (2008): Der zählende Mensch. Was Emotionen mit Mathematik zu tun haben. Göttingen: Vandenhoeck & Ruprecht, S. 137–138

5 Zimpel, A.F. (2009): Mia, Max und Mathix. Auf dem Weg zum Zahlbegriff. Göttingen: Vandenhoeck & Ruprecht, S. 30

6 Vgl. auch: Zimpel, A. F. (2010): Buchstaben sind die Algebra der Sprache – Aufmerksamkeitsumfang und Gestaltwahrnehmung als Bedingungen für die Sprachentwicklung bei Trisomie 21. In: KIDS aktuell – Magazin zum Down-Syndrom Nr. 21, S. 44–47

7 Hunt, N. (1979): Die Welt des Nigel Hunt – Tagebuch eines mongoloiden Jungen. 3. Auflage, München: Reinhardt, S. 21

8 Oelwein, P. L. (1995): Teaching Reading to Children With Down Syndrome: A Guide for Parents and Teachers. 1. Auflage. Bethesda, MD: Woodbine House
Buckley, S. J. (1999). Promoting the cognitive development of children with Down
syndrom: The practical implications of recent research. In Rondal, J. A., Perera, J.
and Nadel, L. (Eds.), Down's Syndrome: A review of Current Knowledge. London: Whurr

9 Kühne, C. (2009): Das nennt man Evolution. In: Ohrenkuss ... darein, daraus – Paradies, Nr. 23

10 Wygotski, L. S. (1964): Denken und Sprechen. Berlin: Akademie, S. 225

11 Halder, C. (2010): Dottore Francesco Aglio! In: Leben mit Down-Syndrom, Nr. 63, S. 53

12 Erikson, M. H.: Die Lehrgeschichten von Milton H. Erickson. 8. Auflage, Salzhausen: iskopress, S. 65

13 Vgl. auch: Zimpel A. F. (2010): Wer ist schon normal? – Entwicklungslogik und Entwicklungsbewertung. In: Praxis Schule 5–10 Heft 03, S. 4–7

14 Zimpel, André Frank (2010): Zwischen Biologie und Bildung. Förderung über biologische Grenzen hinaus. Vandenhoeck & Ruprecht, S. 27–31

15 Zimpel, André Frank (2008): Der zählende Mensch. Was Emotionen mit Mathematik zu tun haben. Vandenhoeck & Ruprecht, S. 96-97

16 Zimpel, André Frank (2010): Zwischen Biologie und Bildung. Förderung über biologische Grenzen hinaus. Vandenhoeck & Ruprecht, S. 183–184

17 Schwanitz, Dietrich: Bildung. Alles, was man wissen muss. Frankfurt am Main 1999, S. 396

18 Grotemeyer, Maria (2009): Eigenständiges Lernen mit Kompetenzrastern. In: Praxis Schule Nr. 6, S. 14

19 Bönsch, Manfred (2010): Erfolgreich lernen. In: Schule Praxis Nr. 1, S. 5–6

20 Zimpel, André Frank (2009): Im Strudel der didaktischen Schleife. In: Praxis Schule 2, S. 10–13.

21 Ravensburg, Nicole Göler von (2009): Stärkung der Schülerbeteiligung. In: Praxis Schule 6, S. 9

22 Korczak, Janusz: Das Recht des Kindes auf Achtung. 5. Auflage. Göttingen 1994, S. 23–37

23 Ebenda, S. 45

DIE INTERNETPLATTFORM INKÖ –
INTEGRATION/INKLUSION KÖLN – WWW.INKOE.DE

Prof. Kerstin Ziemen, Raphaela Fink und Kim Müller-Florath

Auf www.inkoe.de finden Sie Informationen rund um den Themenbereich schulische Integration/Inklusion. InKö ist ein Informationsportal, welches sich an Eltern, LehrerInnen, Studierende, WissenschaftlerInnen und alle Interessierten wendet. Eltern können sich über verschiedene wichtige Aspekte im Zusammenhang mit der integrativen/inklusiven Beschulung ihrer Kinder informieren, beispielhaft ist hier etwa ein im Januar dieses Jahres eingestellter FAQ-Bereich zu nennen, für den in Kooperation mit Elternvereinen, der Bezirksregierung und dem Schulamt der Stadt Köln häufig gestellte Fragen zum Themenfeld der schulischen Integration/Inklusion von Kindern mit Behinderungen gesammelt und beantwortet wurden.

Neben einer Literaturdatenbank, die neben einigen Volltexten vor allem einen Überblick über relevante Quellen zum Thema Integration/Inklusion bietet, wird ein Didaktikpool mit gut dokumentierten Beispielen aus dem Unterricht aufgebaut. Bei Letzterem geht es vor allem darum aufzuzeigen, wie an konkreten Ideen und Unterrichtsgegenständen einer großen Heterogenität der Klasse/Gruppe Rechnung getragen werden kann. Des Weiteren finden sich unter der Rubrik UN-Konvention mannigfache Informationen, Texte (Fachartikel, Übersetzungen, Pressestimmen etc.), Stellungnahmen und weiterführende Links, welche die UN-BRK fokussieren. Eine Sammlung von wichtigen Links, Adressen, Terminen und Informationen mit aktuellen Beiträgen zur Situation der Integration/Inklusion komplettiert das Portal.

Das Projekt InKö wird gefördert durch die Heidehof Stiftung.

Im August 2009 ist die Homepage des Projektes InKö – Integration/Inklusion Köln – online .

Universität zu Köln
Projekt InKö, Integration/Inklusion, Köln
Email: projekt-inkoe@uni-koeln.de
Prof.'in Dr. Kerstin Ziemen
Homepage: www.inkoe.de
Klosterstraße 79b, 50931 Köln
Datum: 05. Mai 2010
Tel.: 0221/470-5530 Fax: 0221/470-5580

Eine Schule für Alle. *Vielfalt leben!*

Eine Schule für Alle. *Vielfalt leben!*

Eine Schule für Alle. *Vielfalt leben!*

Eine Schule für Alle. *Vielfalt leben!*

Eine Schule für Alle. *Vielfalt leben!*

Eine Schule für Alle. *Vielfalt leben!*

Eine Schule für Alle. *Vielfalt leben!*

Eine Schule für Alle. *Vielfalt leben!*

Eine Schule für Alle. *Vielfalt leben!*

Eine Schule für Alle. *Vielfalt leben!*

Eine Schule für Alle. *Vielfalt leben!*

Eine Schule für Alle. *Vielfalt leben!*

Eine Schule für Alle. *Vielfalt leben!*

Eine Schule für Alle. *Vielfalt leben!*

Warum nur in der Schule? Das Inklusionsprojekt der Gemeinde Wiener Neudorf

Irene Gebhardt

In Wiener Neudorf, einer 9000-Einwohner-Gemeinde im Süden Wiens, startete mit Februar 2006 ein besonderes, in seiner Zielsetzung sehr visionäres Projekt, das Inklusionsprojekt. Die Bildungseinrichtungen der Gemeinde – vier Kindergärten, die 15-klassige Volksschule und die beiden Horte – sowie die Gemeinde als Betreiber setzten sich zum Ziel, auf Basis des Index für Inklusion (im Text weiterhin auch kurz Index genannt) eine Kultur des wertschätzenden Miteinanders zu entwickeln, das über institutionelle Grenzen hinausgeht und letztlich die ganze Gemeinde miteinbezieht.

Im Folgenden wird die Herangehensweise an den Begriff Inklusion aufgezeigt sowie das Basiskonzept des Projekts, der Index für Inklusion, basierend auf den inklusiven Werthaltungen, kurz vorgestellt. Der Einblick in das Projekt bzw. die Projektarbeit – die Voraussetzungen, Ziele, die ersten Schritte, die Entwicklung der Projektstruktur, Highlights aber auch Hemmnisse, Erfahrungen, Zukunftspläne etc. – soll als Anregung und Diskussionsgrundlage dienen für die Entdeckung und (Weiter-)Entwicklung inklusiver Räume in und um Bildungseinrichtungen im eigenen kommunalen Kontext.

1. Begriffsklärung und Basiskonzept

1.1. Orientierung an inklusiven Werten

Tony Booth, einer der Autoren des Index für Inklusion, bezeichnet Inklusion als "einen wertebasierten Ansatz zur Bildungs- und Gesellschaftsentwicklung" (Booth, 2008). Von diesem Inklusionsverständnis sind auch wir im Inklusionsprojekt ausgegangen: Werte zu bestimmen, wonach Qualität definiert wird. Die laufende einrichtungsübergreifende Auseinandersetzung mit den inklusiven Werten hat uns zu einem ersten Erahnen geführt, was mit Inklusion eigentlich gemeint ist. Sie hat in unserem Projekt von Beginn an einen wesentlichen Stellenwert eingenommen.

Ein Ansatz dazu waren Wanderplakate zur Bedeutung der Werte für den Arbeits- und Lebensalltag in den Kindergärten, der Schule und den Horten. Eltern, Kinder und Personal waren eingeladen, ihren Diskussionsbeitrag einzubringen. Im Steuerteam wurden die Beiträge schließlich zusammengefasst. Sie boten Anlass zu spannenden Diskussionen. Was bedeuten die Werthaltungen für unseren Lebensalltag? Was ist schon angelegt, wo müssen wir um- oder/und weiterdenken?

Zu den inklusiven Werten zählen Werthaltungen wie Vielfalt, Teilhabe, Gemeinschaft, Gleichberechtigung, Fairness, Hilfsbereitschaft und Nachhaltigkeit; Tony Booth zählt auch noch Lernen, Vertrauen, Mitgefühl, Ehrlichkeit, Mut und Freude dazu. Die folgende Auseinandersetzung mit diesen Werten soll einen Einblick in die (aktuelle) Diskussion ermöglichen.

Anerkennung von Vielfalt bedeutet, die Heterogenität der Menschen in all ihren Dimensionen wertzuschätzen, als Gewinn anzusehen und sie als Quelle für Lernprozesse verschiedenster Art nutzbar zu machen für alle.

Vielfalt anerkennen heißt Gleichwertigkeit in der Verschiedenheit bestehen zu lassen. "Das Bemühen um Anerkennung von Vielfalt lässt uns auch verstehen, welcher Schaden entstehen kann, wenn wir andere Menschen aufgrund eines wahrgenommenen Unterschieds ablehnen und sie als weniger wichtig oder sogar weniger menschlich als uns selbst betrachten" (Booth, 2008).

Anerkennung von Vielfalt heißt auch, kategorisierende Zuweisungen aufzuheben. Einen Menschen auf nur ein Merkmal zu reduzieren, würde ihn diskriminieren. Anerkennung von Vielfalt bezieht sich auf die Vielfalt in der Gemeinschaft bzw. in der Gesellschaft im Allgemeinen. Auf Bildungseinrichtungen bezogen heißt Anerkennen von Vielfalt die Umsetzung einer Pädagogik der Vielfalt. – Diese Haltung widerspricht den kategorisierenden Strukturen im Bildungssystem wie in der Gesellschaft im Allgemeinen, bedeutet ein Umdenken, eine Umorientierung und gibt auch im Projekt immer wieder Anlass zu Diskussionen. Ein Zitat aus den Wanderplakaten: "Anerkennung von Vielfalt ist für mich, wenn ‚Anderssein' ganz normal ist und geschätzt wird."

Teilhabe steht als Schlüsselkonzept im Mittelpunkt aller Bemühungen: Teil zu sein und teilzuhaben – in allen Lebenszusammenhängen. Dabei geht es um Selbstbestimmung, um Bewusstwerden und Entfaltung der Selbstwirksamkeit, um Urteils- und Entscheidungsfreiheit wie auch umÜbernahme von Verantwortung für sich selber und für andere, um Erziehung zu demokratischer Grundhaltung. Teilhabe ist der wirksamste Weg zur Vermeidung von Diskriminierung! Im Projekt hat das Konzept der Teilhabe einen Demokratisierungsschub bewirkt.

Gemeinschaft bedeutet, eine Kultur des Miteinanders, tragfähige Beziehungen als unterstützende Netzwerke aufzubauen. Für den Bildungsbereich heißt das Zusammenarbeit innerhalb und zwischen den Bildungseinrichtungen und darüber hinaus mit dem engeren und weiteren Umfeld, mit der Kommune (Aufbau von Bildungslandschaften). Derzeit wird im Projekt gerade daran gearbeitet, ein lokales Netzwerk zur Minderung/Beseitigung von Barrieren im sozial-emotionalen Bereich aufzubauen.

Gleichberechtigung bedeutet Gleichheit im Sinn von Gleichwertigkeit und Recht im Sinn von "für alle gleichermaßen". Hier geht es vor allem um das Recht auf gute Bildung, auf gemeinsames Lernen miteinander und voneinander – ohne Ausschluss oder Aussonderung. Es geht dabei aber auch um das Recht auf Nahrung, Versorgung und Schutz, um Generationengerechtigkeit, um Geschlechtergerechtigkeit und auch um Ressourcengerechtigkeit. In der Alltagsarbeit bedeutet es immer wieder eine Herausforderung, diese ganzheitliche Sichtweise bewusst und handlungsleitend werden zu lassen. "Gleichberechtigung ist für mich, wenn Kinder mitbestimmen können", stand auf einem der Wanderplakate zur Wertediskussion geschrieben. In der Nachhaltigkeitskonferenz haben vor allem die Kinder bewiesen, wie man "Schule" ganzheitlich denken kann bzw. muss. Ihre Diskussionsbeiträge bezogen ganz selbstverständlich das Umfeld mit seinen sozialen und ökologischen, teilweise auch ökonomischen Bedingungen mit ein.

Fairness heißt Unterschiede wahrzunehmen und im Sinne von Gleichwertigkeit wertschätzend zu handeln. Fairness bedeutet Empathie und Mitgefühl statt Mitleid sowie respektvoller Umgang mit sich selbst und mit der Umgebung. Fairness bedeutet, Teilhabe aller aktiv zu ermöglichen. – Im Projekt entwickelt sich langsam ein Bewusstsein in diese Richtung.

Hilfsbereitschaft hat viel mit Übernahme von Verantwortung zu tun – für sich selbst und für andere. Helfen hat viel mit Würde zu tun im Sinn von Gleichwertigkeit. Hilfeannehmen hat viel mit Vertrauen zu tun. – Im Projekt erweist es sich als wichtig, die vielen bestehenden und immer wieder neu entstehenden kleinen Hilfsgemeinschaften bewusst zu machen und ihre Erfahrungen an alle weiterzugeben.

Nachhaltigkeit zeigt sich im Sinn von "Dranbleiben" an Entwicklungen, Problemstellungen und im Finden von trag- und ausbaufähigen Lösungen. Nachhaltigkeit erfordert ein Zusammendenken der Bereiche Ökonomie, Ökologie und Soziales, braucht Bereitschaft zu Verantwortung und Solidarität. "Es macht wenig Sinn, Kinder und Jugendliche in Situationen, Gemeinschaften oder Umfelder zu integrieren, ohne uns um die Qualität der Welt zu kümmern, in die wir sie hineinbringen" (Booth, 2008).

Je länger das Projekt besteht, desto schwieriger erweist sich das Dranbleiben. Umso bedeutsamer ist es, auch kleinste Schritte sichtbar zu machen, auch kleine Erfolge zu feiern (z. B. die Initiative "Gesundes Essen" für die Kinder der Kindergärten und der Horte, mit Einbeziehung von ErnährungsberaterInnen, Verwendung regionaler Lebensmittel etc.).

Bereitschaft zu Verantwortung und Solidarität hat es in Wiener Neudorf immer schon gegeben. Die Herausforderung besteht darin, diese Haltung zu reflektieren und zu professionalisieren, um unterstützende Strukturen für eine nachhaltige Entwicklung schaffen zu können.

Lernen als integraler Bestandteil von Lebensqualität über formales und informelles Lernen, individuell und kooperativ, miteinander und voneinander – lebenslang. So lautet die Maxime im Projekt. Lernen ohne künstliche Einschränkung nach Lehrplänen oder Einschätzungen. Lernerfolge und Leistung werden jedem nach jeweils individuellem Maßstab zugetraut. – Der Hochschullehrgang "Kommunale Bildung" (s. u.) ist ein gelungenes Beispiel für lebenslanges Lernen nach inklusiven Parametern, für ein Lernen aus Freude am (gemeinsamen) Forschen, ohne jegliche Zugangsbeschränkungen.

Vertrauen ist die Basis für das Einlassen auf Beziehungen sowie auf das Einlassen auf Lernprozesse jeglicher Art. Es braucht Vertrauen, auf Schwierigkeiten oder Barrieren aufmerksam zu machen, und es braucht Vertrauen, dass diese (gemeinschaftlich) überwindbar sind. Es braucht Vertrauen, dass mir vertraut wird. – Im Projekt stand und steht Vertrauensaufbau an oberster Stelle. Unterstützend dabei waren alle Aktivitäten, die Begegnungen auf gleicher Augenhöhe zuließen, vor allem institutionenübergreifende Aktivitäten (s. u.) oder auch Elterngespräche auf Basis des Modells "Schulische Standortgespräche" (PH Zürich).

Mut braucht es, tradierte Werthaltungen und eigenes Tun immer wieder in Frage zu stellen und an inklusiven Werten zu messen. Mut braucht es, neue Wege zu gehen. Mut braucht es, Diskriminierungen aufzudecken. Mut braucht es, gegen die Mehrheitsmeinung zu bestehen. Mut braucht es, ehrlich zu sein. – Wir kämpfen noch immer täglich darum, ausreichend Mut aufzubringen, vor allem auch, um uns Veränderungen selber zuzutrauen.

Freude steigert das Wohlbefinden, bedeutet Motivation und Unterstützung für Lernprozesse, macht das Leben erst lebenswert. Freude am Tun, Freude am Sein sollte daher Leitspruch jeder Bildungseinrichtung sein! Freude und Leichtigkeit sollte auch ein Riesenmobile symbolisieren, das die Kinder mit Unterstützung von Mitgliedern der örtlichen Vereine und einiger Studierender zum Projektauftakt herstellten. Teile davon hängen noch immer als tägliche Erinnerung in den einzelnen Einrichtungen.

1.2. Der Index für Inklusion als Basis in der Projektarbeit

Im Index für Inklusion, Ausgangspunkt und Wegweiser im Inklusionsprojekt, sind inklusive Werthaltungen systemimmanent. Er verbindet das Konzept der Organisationsentwicklung mit dem Leitbild für Inklusion. Der Index ist in drei Dimensionen – bezogen auf inklusive Kulturen, inklusive Strukturen und inklusive Praktiken – in 44 Indikatoren und diesen zugeordneten, etwa 560 Fragen gegliedert. Er unterstützt bei der Durchforstung der eigenen Einrichtung nach Möglichkeiten für gelebte Teilhabe bzw. nach Barrieren, die einer selbstbestimmten Teilhabe entgegenstehen, die Diskriminierung oder Aussonderung bzw. sogar Ausschluss zur Folge haben (können), und bietet Anregungen zur gemeinschaftlichen Beseitigung dieser: der Index als Materialiensammlung zur Selbstevaluation nach inklusiven Parametern.
Ursprünglich zur Unterstützung von Integrationsprozessen einzelner SchülerInnen gedacht, entwickelte er sich in den 1990er-Jahren in Großbritannien zu einem Basismaterial für Schulentwicklung nach inklusiven Werthaltungen. Mittlerweile ist er nicht nur in 35 Sprachen übersetzt und kommt weltweit in Schulen zum Einsatz, es gibt ihn nun auch in einer Fassung für Kindertagesstätten. Ein deutschsprachiges Handbuch für Kommunen ist im Entstehen. Es ist in Form eines Arbeitsbuches gerade in der Erprobungsphase und sowohl für die Entwicklung eines Konzepts für das menschliche Zusammenleben in Kommunen gedacht als auch zur Organisationsentwicklung für "jegliche Arten von Institutionen, Organisationen oder Unternehmen": Inklusion als "realistischer und realisierbarer Anspruch und Leitidee für jegliche Institution, die die Verschiedenheit von Menschen anerkennen und einbeziehen will" (Montag Stiftung Jugend und Gesellschaft, 2010, S. 2)! Damit reicht der Inklusionsbegriff über die Arbeit in den

Bildungseinrichtungen hinaus, stellt "einen wertebasierten Ansatz mit Blick auf gesellschaftliches Handeln im Allgemeinen dar." (Booth, 2008)

2. EINBLICK IN DAS WIENER NEUDORFER INKLUSIONSPROJEKT

Das Wiener Neudorfer Inklusionsprojekt ist ein Projekt der Basis. Es entstand aus dem Wunsch von PädagogInnen nach mehr Vernetzung zwischen den Bildungseinrichtungen sowie nach Qualitätsentwicklung in der schulischen Arbeit. Was im Kindergarten Grundlage war, sollte in der Schule Fortsetzung finden. In Schule und Hort gab es den Wunsch nach engerer Zusammenarbeit auf organisatorischer und auf pädagogischer Ebene. In der Schule wollte man sich mehr austauschen, voneinander profitieren, die eigene Arbeit weiterentwickeln.
Nach dem Besuch eines Workshops bei Ines Boban und Andreas Hinz, den HerausgeberInnen des deutschsprachigen Index für Inklusion , im Herbst 2005 war klar: Der Index sollte die Basis für das Vorhaben bilden.

So entstand das Inklusionsprojekt mit zwei parallel und zugleich überlappend laufenden Prozessen: einem Vernetzungsprozess zwischen den Bildungseinrichtungen des Ortes sowie der Gemeinde als Betreiber und dem Schulentwicklungsprozess.

2.1. Projektstruktur

Zu den örtlichen Bildungseinrichtungen gehören vier Kindergärten, die 15-klassige Volksschule, die beiden Horte und die Musikschule (diese ist seit 2009 im Projekt aktiv). Der Index für Inklusion bildet die gemeinsame Grundlage und Ausrichtung im Projekt.
Der Vernetzungsprozess wird vom Index-Team gesteuert, der Schulentwicklungsprozess vom Schulsteuerteam.

Das Index-Team ist aus VertreterInnen der Bildungseinrichtungen, Eltern und einem Gemeindevertreter zusammengesetzt. In letzter Zeit kamen auch VertreterInnen von Vereinen und anderen Einrichtungen der Gemeinde dazu. In monatlichen Sitzungen werden gemeinschaftlich alle konzeptionellen, inhaltlichen und organisatorischen Angelegenheiten bearbeitet und anschließend in den einzelnen Einrichtungen eingebracht, diskutiert, weiter bearbeitet, umgesetzt. Die Sitzungstermine sind in den Einrichtungen öffentlich bekannt gemacht, sodass sich jede und jeder Interessierte einbringen kann.

Das Schulsteuerteam besteht aus PädagogInnen und ElternvertreterInnen. Da die Direktorin der Schule und einige LehrerInnen in beiden Teams vertreten sind, ist für den Informationsfluss gesorgt. Arbeitsgruppen, an denen PädagogInnen, Eltern und teilweise auch Kinder teilnehmen, bearbeiten Nahtstellen- bzw. Schulthemen.

In der Startphase – den ersten drei Jahren (2006–2009) – wurde das Projekt von der Pädagogischen Hochschule für Niederösterreich im Rahmen eines Forschungsprojekts in Form einer formativen Evaluation wissenschaftlich begleitet. Die wissenschaftliche Begleitung war/ist auch Mitglied des Index-Teams.

Das Projekt befindet sich derzeit im fünften Jahr. Manches war schon da, wurde nur sichtbar gemacht, vieles hat sich entwickelt und dennoch stehen wir da und dort noch ganz am Anfang. Inklusion ist als Grundhaltung zu verstehen, als Maßstab für ständige Weiterentwicklung. Da das Inklusionsprojekt ein Projekt der Basis ist, bestimmt die Basis Inhalte, Tempo und Art der Auseinandersetzung. Das schafft Raum für nachhaltige Entwicklungen.

2.2. Was schon da war. – Die Voraussetzungen
In Wiener Neudorf war schon einiges da an inklusiven Bausteinen:
Da gab es die langjährige Erfahrung mit Integration von Kindern mit Behinderung in den Bildungseinrichtungen, in den Vereinen und zunehmend auch im Arbeitsleben. Kein Kind wird abgewiesen, weder im Kindergarten, noch in der Schule oder im Hort. Erst kürzlich wurde das 20-jährige Jubiläum für den gemeinsamen Unterricht von Kindern mit und ohne Behinderung in der Volksschule gefeiert. Der jetzige Bürgermeister kämpfte damals als Vater dreier nicht behinderter Kinder an vorderster Front für die Einrichtung der Integrationsklasse. Heute sieht er in den damaligen Bemühungen einen ersten wesentlichen Schritt in Richtung Inklusion. Zum ersten Mal wurde das Menschenrecht auf Bildung – auf gemeinsame Bildung in der allgemeinen Schule – bewusst eingefordert und die Entwicklung einer Schule der Vielfalt unterstützt. Verschiedenheit war nun augenscheinlich und musste mit Hilfe entsprechender pädagogischer Konzepte gelebt werden.

Auch der Vizebürgermeister, zugleich Bezirksschulinspektor, ist ein Unterstützer des gemeinsamen Unterrichts. Er erstellte schon vor Jahren in seinem Bezirk ein Gesamtkonzept für Integration im Pflichtschulbereich (Grundschule und Sekundarstufe I). In seiner Doppelfunktion hat er sowohl großes Interesse an Qualitätsentwicklung im Bildungsbereich als auch an der Entwicklung von kommunalen Bildungsnetzwerken.

Hohes Engagement für Bildung und Soziales ist in der Gemeinde traditionell verankert. Ein reges Vereinsleben – Wiener Neudorf hat an die 70 Vereine – verweist auf die Existenz von vielen kleinen regionalen Netzwerken.

Als Industriegemeinde verfügt Wiener Neudorf auch über entsprechende finanzielle Mittel zur Unterstützung von Projekten.

2.3. Leitidee und Ziele
Die Leitidee für das Projekt war: Jede und jeder soll sich willkommen und wertgeschätzt fühlen können – in ihrem/seinem So-Sein – unabhängig von sozialer, kultureller oder ethnischer Herkunft, Religion, Begabung, physischer oder psychischer Beeinträchtigung, Geschlecht, Alter oder sexueller Ausrichtung. Jede und jeder soll sich – je nach eigenem Dafürhalten – in die

Gemeinschaft einbringen können. Jede und jeder soll sich in der Gemeinschaft sicher und unterstützt fühlen.

Die Ziele des Projektes sind:

- Der Aufbau einer Kultur des Miteinanders auf Basis der inklusiven Werthaltungen
- Die Ermöglichung von stressfreien, entwicklungsförderlichen Nahtstellen (im Allgemeinen und im Speziellen amÜbergang Kindergarten/Schule sowie Schule/Hort)
- Die Optimierung der Ressourcen zur Unterstützung für Inklusion durch effiziente institutionenübergreifende Zusammenarbeit
- Der Aufbau eines Netzwerks mit bestehenden und zukünftigen Einrichtungen im Ort
- Die Entwicklung inklusiver Kulturen, Strukturen und Praktiken im Schulalltag im Rahmen von Schulentwicklung
- Die Etablierung einer Kultur der Qualitätssicherung über Selbstevaluation auf Basis des Index für Inklusion
- Die Ziele sind auch nach vier Jahren noch aktuell, allerdings hat sich der Aktionsradius erweitert.

2.4. Der Aktionsplan

Das Projekt wurde im Juni 2006 mit einer großen IST-Stand-Erhebung auf Basis der Indikatoren des Index gestartet. Das Erfreuliche: der Willkommenfühlfaktor wurde in allen Einrichtungen als sehr hoch bestätigt. Potentielle Baustellen kristallisierten sich in den Bereichen Kommunikation und Konfliktmanagement heraus. Arbeitsgruppen wurden installiert. Diese setzten sich aus verschiedenen Blickwinkeln in gemischten Gruppen (PädagogInnen, Eltern, teilweise auch Kinder) mit der Thematik auseinander und eruierten den spezifischen Entwicklungsbedarf. Dieser diente dann schließlich als Basis zur Erstellung eines Aktionsplans für die Schuljahre 2007/08/09 im Juni 2007. Er enthielt:

- Grundkurse und Coaching in Gewaltfreier Kommunikation (GFK, nach Marshall B. Rosenberg) für das Personal und die ElternvertreterInnen aller Bildungseinrichtungen (institutionenübergreifend)
- Die Friedenstreppe als Konfliktlösungsmodell für Kinder – Seminar für PädagogInnen
- GFK für Kinder als Mitspieltheater (Kinder spielen für Kinder und mit Kindern)
- Teamcoaching – als Hilfe zur Selbsthilfe
- Ausbau der Zusammenarbeit an den Nahtstellen (Bildungseinrichtungen untereinander, Bildungseinrichtungen/Elternhaus, Bildungseinrichtungen/Gemeinde)
- Ausbau des Netzwerks zur Unterstützung von Inklusion (Einbeziehung der SeniorInnen, der Vereine und Institutionen)

2.5. Highlights im Projekt

Im Laufe der Jahre gab es viele Highlights. Das wohl größte war die Auszeichnung durch die Österreichische UNESCO-Kommission als Dekadenprojekt der UN-Dekade "Bildung für nachhaltige Entwicklung". Sie hat wesentlich dazu beigetragen, den Stellenwert des Erreichten für die ganze Gemeinde greifbar zu machen.

Im Brief des UNESCO-Büros stand geschrieben: "In der Begründung der Jury wurde vor allem lobend hervorgehoben, dass die Initiative die gesamte Gemeinde im Kontext einer kontinuierlichen Weiterbildungsmaßnahme ansprechen will. Das Pilotmodell könnte als gute Praxis an andere Gemeinden herangetragen werden ..."

Die Vernetzung mit der Gemeinde bzw. das Einbetten des Projekts in die Gemeindestrukturen ist wohl das Innovativste am Wiener Neudorfer Inklusionsprojekt. So ist es möglich, nicht nur die Bildungseinrichtungen nach inklusiven Parametern weiterzuentwickeln, sondern inklusive Werte auch in der Gemeindeverwaltung und schließlich auch im Gemeindealltag handlungsleitend werden zu lassen. Unterstützend wird da vor allem die Einwilligung der Gemeinde sein, als Pilotgemeinde für den Einsatz des Kommunalen Index zu fungieren. Die Auseinandersetzung mit den inklusiven Werten auf so breiter Basis kann wesentlich zur Nachhaltigkeit der Projektidee beitragen.

In der Schulentwicklung brachte das Projekt einen Demokratisierungsschub: Einrichtung von Schulgemeinschaftskonferenzen mit Einbeziehung des gesamten Schulpersonals, Eltern- und SchülervertreterInnen sowie der Gemeindeführung (z. B. zur Leitbilderstellung bzw. zur Erstellung des Roten Fadens für das Zusammenleben in der Schule), Einrichtung eines Kinderparlaments mit gewählten KlassenvertreterInnen, mehr Mitbestimmung im Schulalltag im Rahmen der Schulpartnerschaft und Roundtable-Gespräche.

Die Vernetzungsarbeit brachte viel an Vertrauensbildung, Abbau von informellen Hierarchien, Aufbau einer dialogischen Kultur unter den Bildungseinrichtungen, aber auch mit der Gemeinde, sowie das befreiende Gefühl, nicht mehr alles allein konzipieren, durchstehen, erkämpfen zu müssen. Wichtig war auch die Erkenntnis, die eigene Arbeit wertgeschätzt und fortgesetzt zu sehen, an einem Strang ziehen zu können und somit rascher zu Erfolgen zu gelangen.
In der Vernetzung Kindergärten und Schule stehen – neben Schulschnuppertagen für Eltern und Kinder – bis dato gemeinsame Leseprojekte im Vordergrund. Die Kindergartenkinder lieben es, von den Schulkindern ihre Lieblingsbücher vorgelesen zu bekommen, und die Schulkinder genießen es, ob ihrer Lesefertigkeiten von den Kindergartenkindern bewundert zu werden. Ganz nebenbei entwickeln sich so schon erste Beziehungen, das Schulhaus und das Schulpersonal werden ein Stück vertrauter, und wenn die Kinder dann ihren ersten Schultag haben, sind sie in der Schule fast schon zu Hause. In der laufend tagenden Arbeitsgruppe wird bereits an neuen Ideen zur konstruktiven Gestaltung der Nahtstelle gearbeitet.

Ein Highlight in der Vernetzung Schule/Hort ist die gemeinsame pädagogische Konferenz der Schul- und HortpädagogInnen. Mit Erlaubnis der Eltern werden zweimal pro Schuljahr die HortpädagogInnen zu einer pädagogischen Konferenz in die Schule geladen. In diesem Rahmen können neben organisatorischen Absprachen auch gemeinsame Strategien im Umgang mit einzelnen Schülern entworfen werden. Meist haben solche Absprachen dann auch ein Roundtable-Gespräch mit den Eltern zur Folge. In manchen Fällen werden – mit Zustimmung der Eltern – auch noch weitere Stellen einbezogen. So entstehen kleine Netzwerke zur Unterstützung von Inklusion.

Ein Kooperationsprojekt aller Bildungseinrichtungen war das Projekt "Gewaltfreie Kommunikation für Kinder". Um die Grundzüge von Gewaltfreier Kommunikation (GFK) auch als hilfreiche Werkzeuge im Kinderalltag greifbar zu machen, wurde im Index-Team die Idee des Mitmachtheaters geboren. Eine Gruppe von Hortkindern beider Horte entwickelte im Rahmen eines dreimonatigen Theaterworkshops gemeinsam mit einer Theaterpädagogin und einer GFK-Trainerin ein Theaterstück – ein Mitmachtheater nach dem Konzept des Forumtheaters –, das dann wöchentlich einer bunt gemischten Gruppe von Kindern präsentiert wurde. Die Kinder rappten und tanzten, überlegten gemeinsam gewaltfreie Strategien und freuten sich über gelungene Lösungen. Alle waren mit großem Eifer dabei. Eine theaterbegeisterte Oma unterstützte tatkräftig.

Dieses Theaterprojekt brachte erstmalig die Verschränkung von Schul- und Hortbetrieb. Lehrerinnen unterstützten am Nachmittag die Erarbeitung des Theaterstücks, die Hortleiterin präsentierte es gemeinsam mit ihrer Theatergruppe am Vormittag im Rahmen des Schulbetriebs. Der Elternverein der Schule unterstützte das Vorhaben finanziell.

Im Laufe des dritten Jahres intensivierte sich der Vernetzungsprozess mit der Musikschule. In der Volksschule etablierte sich in einer der dritten Klassen eine Bläserklasse, in der auch die Volksschuldirektorin als Schülerin mit ihrer Klarinette dabei ist. Seit dem heurigen Schuljahr gibt es auch ein gemeinsames Projekt mit den Kindergartenkindern. Kinder und PädagogInnen sind mit Feuereifer dabei und es gibt schon erste hörbare Erfolge. Musik als Ausdrucksmittel, als Kommunikationsform, als Beitrag zur Persönlichkeitsentwicklung.

Auch die SeniorInnen der Gemeinde sollten in die Arbeit mit den Kindern eingebunden werden. So entwickelte sich als ein weiteres Highlight der "Generationendialog": SeniorInnen kommen nach Absprache in die Kindergärten, die Schule oder die Horte und bringen ihre Fähigkeiten und Fertigkeiten ein. Sie basteln, lesen, spielen, tanzen, kochen, plaudern mit den Kindern, erzählen von ihrer Kindheit oder unterstützen sie bei der Arbeit in der Schule oder bei den Hausübungen. Auch hier gilt: im Miteinander voneinander profitieren.

Ein besonderes Ereignis stellte die Nachhaltigkeitskonferenz im April 2009 dar. Hier wurde es zum ersten Mal deutlich: Inklusion lässt sich nicht nur auf die Bildungseinrichtungen beziehen! Kinder und Erwachsene aus unterschiedlichen Ebenen und Bereichen des Bildungssystems, Eltern und Wiener Neudorfer BürgerInnen entwarfen gemeinsam Zukunftsvorstellungen für ein inklusives Zusammenleben in Wiener. Neudorf. Vermutlich werden nicht alle Ideen (sofort) zu verwirklichen sein, aber sie geben eine Richtung vor, an der sich zukünftige Vorhaben orientieren können.

Die Beteiligung der Gemeinde zieht sich wie ein roter Faden durch das Projekt: Sie ist mit dem Gemeinderat für Bildung im Index-Team präsent, was den Kommunikationsfluss erheblich erleichtert und direkter gestaltet. Sie stellt jährlich ein bestimmtes Budget für das Projekt zur Verfügung, mit dem z. B. laufend Grundausbildung und Coaching in GFK, Vorträge und andere Fortbildungen, Feste und Feiern finanziert werden können, und unterstützt das Inklusionsprojekt auch inhaltlich.

Innovativ und in Europa einzigartig ist die Kooperation der Gemeinde mit der Pädagogischen Hochschule für Niederösterreich. Als eine erste Nachhaltigkeitsmaßnahme entwickelte sich der für alle Interessierten offene Hochschullehrgang Kommunale Bildung. Die Inhalte des Lehrgangs entsprechen den Interessen der Wiener Neudorfer BürgerInnen. Sie wurden im Rahmen eines Workshops zusammengetragen und von der Hochschule zu einem Lehrgangscurriculum weiterentwickelt. Der Kreis der StudentInnen ist so vielfältig wie die Lehrgangsinhalte. Da sitzen z. B. PensionistInnen aus sehr unterschiedlichen ehemaligen Berufsfeldern neben GemeindemitarbeiterInnen, StudentInnen, PädagogInnen und Menschen aus anderen Herkunftsberufen. Auch zwei MitarbeiterInnen einer Lebenshilfewerkstatt gehören ganz selbstverständlich dazu. In diesem Lehrgang wird Studieren wieder zu dem, was es ursprünglich bedeutete: zur Freude am gemeinsamen und auch individuellen Forschen und Lernen. Die Heterogenität der Gruppe wird grundsätzlich – auch von den ReferentInnen – durchwegs als große Bereicherung erlebt. Mit seiner Einbindung in die kommunalen Strukturen bringt der Lehrgang nicht nur theoretische Wissensbereicherung, er zeigt schon nachhaltige Wirkung in der Sozialraumgestaltung – im engeren und weiteren Sinne – innerhalb der Gemeinde. Zum einen hat sich daraus ein Elternschuleprojekt entwickelt und zum anderen die Mitarbeit in einer Arbeitsgruppe des Sozialausschusses zur Konzepterstellung für eine geplante Senioreneinrichtung im Ort. Eine weitere Gruppe der LehrgangsteilnehmerInnen setzt sich mit der Situation von Jugendlichen im Ort auseinander. Mit der Einbindung des kommunalen Index bei der Ideenentwicklung und Konzepterstellung ist für eine inklusive Qualität zukünftiger Entwicklungen gesorgt. Wen auch nicht alles gleich umgesetzt werden kann, in einer ersten Sitzung mit den Ausschussmitgliedern wurde zumindest viel Offenheit signalisiert.

2.6. Schwierigkeiten und Hemmnisse

Das Projekt entstand an der Basis, aus dem Wunsch nach mehr institutionenübergreifender Kooperation, Sicherung des Erreichten an den Nahtstellen, einem gemeinsamen Ziehen an einem Strang, Weiterentwicklung im Umgang mit Vielfalt. Es wird getragen vom Gefühl des Erfolgs, gemeinsam etwas erreicht zu haben, sich auf gleicher Augenhöhe austauschen zu können, sich und seine Arbeit wertgeschätzt zu wissen, ehrliche Anerkennung zu erhalten.

Stolpersteine könnten darin begründet sein, dass jegliche Vernetzungsarbeit in der Freizeit stattfinden muss. Das betrifft die monatlich stattfindenden Index-Teamsitzungen ebenso wie Arbeitsgruppentreffen. Im derzeitigen Index-Team steckt der Pioniergeist. Fraglich ist, ob NachfolgerInnen unter diesen Rahmenbedingungen das Engagement und den Qualitätsanspruch mittragen werden.
Die Teilhabe aller im Ort befindlichen Bildungsinstitutionen erfordert eine besondere Sensibilität im Umgang mit den Nahtstellen. Die Bildungseinrichtungen haben unterschiedliche vorgesetzte Stellen, es sind unterschiedliche Behörden für sie zuständig. Verstärkt wird dies durch die Tatsache, dass es sich bei diesem Projekt um eine Initiative der Basis handelt.

Auch für die Fortbildung sind unterschiedliche Stellen zuständig. Das macht es kompliziert, gemeinsame Fortbildung ohne Fremdfinanzierung zu organisieren. Positiv ist in diesem

Zusammenhang zu sehen, dass durch die Institutionenvielfalt auch eine Vielzahl von Stellen bzw. Menschen mit der Thematik in Berührung kommen. Die Anwesenheit von VertreterInnen aus Bund (BMUKK), dem Land Niederösterreich und der Gemeinde bei der im April 2009 stattgefundenen Nachhaltigkeitskonferenz ist als große Bestätigung zu werten!

In der Projektlaufzeit hat sich viel entwickelt. Das Inklusionsprojekt ist in der Öffentlichkeit auf große Aufmerksamkeit und Anerkennung gestoßen. Da es sehr komplex ist und viele Menschen darin involviert sind, ist es manchmal schwierig, den Informationsfluss zu garantieren und vor allem die positive Emotion der Anerkennung für alle spürbar zu machen.

3. AUSBLICK

Das Projekt ist jetzt im fünften Jahr. Viel ist geschehen, aber längst sind noch nicht alle Menschen in Wiener Neudorf erreicht, alle Aspekte vorhandener Vielfalt wahrgenommen. Die größte Herausforderung besteht wohl darin, eine nachhaltige Kultur der Selbstevaluation auf Basis der inklusiven Werte als Parameter für unser Handeln zu entwickeln. Nur in der ständigen Auseinandersetzung mit den eigenen Haltungen, Denk- und Handlungsmustern, gelebten Kulturen, Strukturen und Praktiken wird es möglich sein, sich der Vision Inklusion zu nähern. Für die kommenden beiden Jahre soll der Schwerpunkt dem Thema "Sprache/n, Kultur/en, Migration aus inklusiver Sicht" gewidmet sein. Gemeinsam mit dem Schulamt in Bonn, zwei Bonner Schulen und der Montag Stiftung wurde ein COMENIUS-Regio-Projekt eingereicht, das dem Erfahrungsaustausch und der gemeinsamen Weiterentwicklung nach inklusiven Parametern dienen soll. Gemeinsame Fortbildungen zur Arbeit mit dem Index werden die Entwicklungsarbeit und den Ausbau der Netzwerkarbeit unterstützen.

Die Auseinandersetzung mit dem Index auf kommunaler Ebene – Wiener Neudorf ist eine der Pilotgemeinden für die Erprobung des neuen Handbuchs – ermöglicht eine Diskussion auf erweiterter Basis, ein Mehr an Bewusstseinsbildung als Samenkörner für Wachstum –inneres und äußeres.

Warum nur in der Schule? – Wenn wir inklusiv denken, ist "Nur in der Schule" gar nicht möglich!

Literatur

Boban/Hinz (Hg.) (2003): Der Index für Inklusion. Lernen und Teilhabe in Schulen der Vielfalt entwickeln. Halle (Saale): Martin-Luther-Universität

Boban/Hinz (2004): Der Index für Inklusion – ein Katalysator für demokratische Entwicklungen in der "Schule für alle". In: Heinzel/Geiling (2004): Demokratische Perspektiven in der Pädagogik. Wiesbaden: VS Verlag für Sozialwissenschaften, S. 37–48

Booth/Ainscow/Kingston (2006): Index für Inklusion (Kindertageseinrichtungen für Kinder) – Lernen, Partizipation und Spiel in der inklusiven Kindertageseinrichtung entwickeln. Originalfassung: CSIE, Bristol. Deutsche Fassung: GEW, Frankfurt am Main

Booth (2008): Eine internationale Perspektive auf inklusive Bildung: Werte für alle? In: Hinz/Körner/Niehoff (Hg.) (2008): Von der Integration zur Inklusion: Grundlagen – Perspektiven – Praxis. Marburg: Lebenshilfe Verlag, S. 53–73

Dannenbeck/Dorrance (2009): Inklusion als Perspektive (sozial)pädagogischen Handelns – eine Kritik der Entpolitisierung des Inklusionsgedankens. In: Zeitschrift für Inklusion, Nr. 2 (2009). Download unter: www.inklusion-online.net

Montag Stiftung Jugend und Gesellschaft (Hg.) (2010): Kommunaler Index für Inklusion. Arbeitsbuch. Bonn. Das Projekt im Internet: Download unter www.kommunen-und-inklusion.de

PH Niederösterreich: Hochschullehrgang Kommunale Bildung. Download unter: http://www.ph-noe.ac.at/ausbildung/lehrgaenge/lbk.html

PH Zürich: Schulische Standortgespräche. Ein Verfahren zur Förderplanung und Zuweisung von sonderpädagogischen Maßnahmen. Download unter: http://www.phzh.ch/dotnetscripts/forschungsdb/read.aspx?idpr=61

Download Formulare: http://www.schule-kilchberg.ch/schule/sonderpaedagogische_angebot/ssg/start.html

Das Bildungssystem in Bewegung. Vernetzung von Schule und Jugendhilfe in der inklusiven Offenen Ganztagsschule

Dr. Karin Kleinen

Die Behindertenrechtskonvention ist in Deutschland nunmehr geltendes Recht. Bund und Länder haben sich damit verpflichtet, die Menschenrechte von Menschen mit Behinderungen sicherzustellen, Benachteiligungen von Menschen mit Behinderungen zu verhindern und geeignete Gesetzgebungs-, Verwaltungs- und sonstige Maßnahmen zu treffen, damit die Vorgaben der Konvention realisiert werden (Art. 4). Dazu gehört auch die Verpflichtung, „ein inklusives Bildungssystem auf allen Ebenen und lebenslanges Lernen zu gewährleisten" (aus dem Englischen, Art. 24, Abs. 1). Über geeignete Maßnahmen soll sichergestellt werden, „dass Kinder mit Behinderungen gleichberechtigt mit anderen Kindern an Spiel-, Erholungs-, Freizeit- und Sportaktivitäten teilnehmen können, einschließlich im schulischen Bereich" (Art. 30, Abs. 5.d). Mädchen und Jungen sollen „lebenspraktische Fertigkeiten und soziale Kompetenzen" erwerben, um ihre „volle und gleichberechtigte Teilhabe an Bildung und als Mitglieder der Gemeinschaft" zu erleichtern (Art. 24, Abs. 3).

Das sind anspruchsvolle Ziele, denen sich auch die Offene Ganztagsschule im Primarbereich in Nordrhein-Westfalen (OGS) verpflichtet weiß. Als allgemeinbildendes, eben Spiel-, Erholungs-, Freizeit- und Sportaktivitäten mit „schulischen" oder vielmehr: eher kognitiven und vielen weiteren Lerngelegenheiten verbindendes Angebot ist sie genau der richtige Ort, um inklusive Konzepte mit Leben zu füllen.

Die Offene Ganztagsschule im Primarbereich – das familien- und bildungspolitische Programm der Landesregierung NRW für die Mädchen und Jungen im Grundschulalter

Im Jahr 2003 als familien- und bildungspolitisches Programm der Landesregierung eingeführt, hat die OGS den in einem Erlass festgeschriebenen Auftrag, die Bildungspotenziale von Schule und Jugendhilfe unter dem Dach von Schule zusammenzuführen und zu einem Gesamtkonzept von Bildung, Erziehung und Betreuung zu verknüpfen (vgl. BASS 12 - 63 Nr. 4). Die OGS soll ein Haus des Lebens und Lernens werden, in dem die Mädchen und Jungen in ihrer Entwicklung ganzheitlich gefördert und in ihren Bedürfnissen und Interessen ernst genommen werden. Zugleich soll dem Wunsch der Eltern nach einer Vereinbarung von Familie und Beruf Rechnung getragen werden.

Die Offene Ganztagsschule will mehr Zeit für Erziehung, individuelle Förderung, Spiel- und Freizeitgestaltung und eine bessere Rhythmisierung des Schulalltags ermöglichen. Sie zielt auf den Ausgleich von Benachteiligungen und ebenso auf die Herausforderung der Lernpotenziale von Mädchen und Jungen. Arbeitsgemeinschaften, (sozial-)pädagogische Förderangebote, Mittagessen, Hausaufgabenbetreuung - oder eher doch Lernzeitbegleitung, Freizeitgestaltung mit der Möglichkeit zu Rückzug, Muße und freiem Spiel, aber auch mit organisierten Angeboten (Sport, Musik, Kunst) gehören zusammen mit dem Unterricht zum Angebot der OGS, die wiederum, von der Schulkonferenz beschlossen, fester Bestandteil des Schulprogramms ist.

Menschen verschiedener Professionen sollen in der OGS zusammenarbeiten und mit den Eltern eine Erziehungspartnerschaft eingehen. Das sind in erster Linie die pädagogischen Fachkräfte (Erzieherinnen und Erzieher, Sozial- und Heilpädagoginnen und -pädagogen) und die Lehrerinnen und Lehrer. Hinzu kommen je nach Interessen der Mädchen und Jungen oder ihren spezifischen Förderbedarfen Theater- und Tanzpädagoginnen, Übungsleiter aus dem Sport, Musiklehrer, Handwerkerinnen, Künstler, Logo- und Motopäden, Therapeuten u. a.

Es gibt inzwischen gute Erfahrungen mit dem Gemeinsamen Unterricht von Kindern mit und ohne Behinderung oder anderen besonderen Förderbedarfen, der aber längst noch nicht allerorten etabliert und zum Regelangebot geworden ist. Dies zu erreichen ist die eine Herausforderung.

Als neue Herausforderung kommt hinzu, das gemeinsame Leben und Lernen auch außerhalb des Unterrichts im Offenen Ganztag fortzusetzen und von den besonderen Möglichkeiten und Chancen sozial- sowie freizeitpädagogischer Arbeit und den dadurch angestoßenen informellen Bildungsprozessen zu profitieren. Ziel ist es, jedem Kind die Entfaltung seiner Fähigkeiten durch vielfältige soziale Erfahrungen zu ermöglichen und das Anregungspotenzial, das in der Partnerschaft von Kindern mit und ohne Behinderung oder anderen besonderen Förderbedarfen liegt, zu nutzen.

Ohnehin muss es im Sinne einer biografie- und lebenslaufbezogenen Förderung von Bildungsprozessen darum gehen – dies ist gleichsam die dritte Herausforderung –, Mädchen und Jungen mit und ohne Behinderung institutionenübergreifend zu fördern, Übergänge zu gestalten und Programme und Konzepte aufeinander abzustimmen.

Der Aufbau der Offenen Ganztagsschule sollte in diesem Sinne integraler Bestandteil kommunaler Schul- und Jugendpolitik sein, bei der neben den Kommunen insbesondere die Träger der freien Kinder- und Jugendhilfe, aber auch andere relevante gesellschaftliche Organisationen (z. B. aus den Bereichen Kultur und Sport, die Kirchen) aktiv mitwirken.

Die Offene Ganztagsschule will Lern- und Lebenswelt für alle Kinder in ihrer Vielschichtigkeit und Unterschiedlichkeit sein. Der Begriff der Inklusion meint nichts anderes, auch wenn er derzeit vorwiegend im Zusammenhang mit der Förderung von Menschen mit Behinderung gedacht wird. Er weist aber darüber hinaus, denn Inklusion geht von der Besonderheit und den jeweils individuellen Bedürfnissen eines jeden Kindes aus und erhebt die Verschiedenheit aller Kinder zum Ausgangspunkt einer Pädagogik der Vielfalt, die niemanden ausschließt, sondern sich an den Bedürfnissen, Interessen und Besonderheiten des einzelnen Kindes orientiert.

Derzeit hat die OGS jedoch große Schwierigkeiten, inklusive Konzepte umzusetzen. Es gibt hierzu mehr offene Fragen als Antworten, geschweige denn gesicherte Ergebnisse. Festhalten lässt sich aber, dass die OGS hinsichtlich der Förderung inklusiver Konzepte erschwerte Ausgangsbedingungen hat, die sie gegenüber der Ausstattung von Kindertagesstätten erheblich ungünstiger stellt. Mit Blick auf die Tageseinrichtungen für Kinder und hier gezielt auf die Aufgabe der Förderung von Mädchen und Jungen mit (drohender) Behinderung legt der Gesetzgeber beispielsweise andere Anforderungen und Mindeststandards zugrunde als in der OGS. Sie fehlen bezogen auf die OGS.

OFFENE FRAGEN
- Inwiefern nehmen Schülerinnen und Schüler, die den „Gemeinsamen Unterricht" einer Grundschule besuchen, auch an ihrem Offenen Ganztagsangebot teil?
- An welchen Angeboten können sie hier teilnehmen? Sind diese Angebote grundsätzlich für alle Kinder, ob mit oder ohne Behinderung, offen?
- Inwiefern werden sie dabei angemessen, ihren Fähigkeiten und Neigungen entsprechend, gefördert?
- Welches Personal wird wie und in welchem Umfang eingesetzt?
- Inwiefern arbeiten z. B. Heil- und Sonderpädagoginnen, Therapeuten, Schulsozialarbeiterinnen, Integrationshelfer in der OGS – wie es der Fördererlass vorsieht?
- Wie wird dieses Fachpersonal ggf. bezahlt? Wer ist hier Kostenträger?
- Inwiefern gibt es mit den Kindern, ihren Eltern und dem (multiprofessionellen) Team abgestimmte Bildungs- und Förderpläne?
- Gibt es auf kommunaler Ebene ein Bildungsgesamtkonzept, das auch eine bedarfsgerechte, wohnortnahe Förder- und Bildungsplanung für Mädchen und Jungen mit (drohender) Behinderung umfasst?
- Welche sozialen Dienste und Hilfesysteme sowie Kostenträger am Ort sind darin ggf. einbezogen und wer hat dabei die Federführung inne?
- Inwiefern und mit welchen Ergebnissen arbeiten dazu die Schulentwicklungs- und Jugendhilfeplanung und die Sozialberichterstattung zusammen? Liefern sie brauchbare Daten?
- Inwiefern arbeiten im Rahmen der OGS die verschiedenen Rehabilitationsträger – Jugendhilfe, örtliche Sozialhilfe, Kranken- und Pflegekassen, Sozialpädiatrische Zentren ... – miteinander und mit der Schule zusammen?
- Werden Eltern frühzeitig einbezogen und umfassend beraten?

Dies sind noch offene Fragen, die mehr Entwicklungsbedarfe aufzeigen, als Antworten liefern, darin aber Wege für integrative und längerfristig auch inklusive Konzepte weisen können, die wiederum verschiedene Verantwortungsebenen ansprechen.

DIE INTEGRATION VON KINDERN MIT BEHINDERUNG IN DER OGS – ENTWICKLUNGSBEDARFE UND VERANTWORTUNGSEBENEN

In diesem Sinne gibt es Entwicklungsbedarfe, die der Unterstützung des Landes, andere, die der Unterstützung der Kommune als Schul-, Jugendhilfe- und Sozialhilfeträger bedürfen, um über verbesserte Rahmenbedingungen die Qualitätsarbeit in Unterricht und außerunterrichtlichen Angeboten und dabei die individuelle Förderung aller Mädchen und Jungen zu sichern und auf Dauer zu stellen.

DAZU GEHÖREN:
- ausreichend qualifiziertes, multiprofessionelles, angemessen bezahltes Personal (um auch personaler Fluktuation vorzubeugen, Planungssicherheit zu gewährleisten) anregungsreiche, gestaltungsoffene, barrierefreie Räume, die zu eigenverantwortlichem Arbeiten auffordern und die Selbsttätigkeit der Schülerinnen und Schüler fördern
- eine infrastrukturelle Vernetzung mit Bildungsangeboten und sozialen Diensten im Gemeinwesen, prozessbegleitende Fachberatung und Fortbildungen für die Schul- und Unterrichtsentwicklung, gemeinsame Methodentrainings für Lehr- und pädagogische Fachkräfte
- Fachkonferenzen, die Fortbildungen und Supervision organisieren

Außerdem gibt es Entwicklungserfordernisse, die zu einem wesentlichen Teil nur vor Ort von der Schule/den Lehrerinnen und Lehrern im Kollegium und den pädagogischen Fachkräften des Jugendhilfeträgers gemeinsam erfüllt werden können – und erfüllt werden müssen.

DAZU GEHÖREN:
- die Entwicklung eines gemeinsamen Grundverständnisses, eines gemeinsamen Leitbildes von Inklusion („Es ist normal, verschieden zu sein")
- eine gemeinsame – stärkenorientierte – Konzeptentwicklung
- „stabile Heterogenität" – es braucht die „bunte Mischung"! Zu vermeiden ist die Zusammenfassung von Mädchen und Jungen mit sonderpädagogischen Förderbedarfen in einer Klasse oder Gruppe bzw. sind an den „Defiziten" der Kinder orientierte Fördergruppen – was spezifische Einzel- oder Gruppenförderung (z. B. Logopädie) nicht ausschließt. Die Dauer dieser Art der Förderung jedoch muss flexibel gestaltet sein und nach einem vereinbarten Termin überprüft und ggf. fortgeschrieben werden
- jahrgangsgemischte Klassen (möglichst 1 bis 4); sie erleichtern den Umgang mit Heterogenität und differenziertes, auf individuellen Förderplänen basierendes Arbeiten
- kooperative Lerntechniken
- offene Unterrichtsformen, Projektunterricht, individuelle Lernpläne

- gemeinsame Methodentrainings
- kollegiale Beratung

Land und kommunale Spitzenverbände sind gefordert, inklusive Konzepte und die erforderlichen Rahmenbedingungen zu beraten sowie gemeinsam deren Finanzierung zu sichern, damit Mädchen und Jungen mit und ohne Behinderung gemeinsam sowohl am Gemeinsamen Unterricht in der Allgemeinbildenden Schule als auch an den außerschulischen Erziehung und Betreuung umfassenden Bildungsangeboten teilnehmen können.

Unerlässlich ist es dazu, die außerschulischen Angebote der OGS als non-formale und informelle Bildungsangebote anzuerkennen und weiter zu qualifizieren sowie die hohen Teilnahme- und Teilhabechancen, die das gemeinsame Lernen, Spielen und Arbeiten in den Gleichaltrigengruppen bergen, auch zu nutzen und auszugestalten.

Dies kann nur in gemeinsamer Verantwortung und auf der Basis abgestimmter Konzepte geschehen. Die verschiedenen Rehabilitationsträger und sie wiederum mit der Schule müssen dazu eng zusammenarbeiten.

WER IST WANN WIE ZUSTÄNDIG? – KINDER MIT BEHINDERUNGEN UND IHRE ELTERN BRAUCHEN EINEN FESTEN ANSPRECHPARTNER, DER MÖGLICHE LEISTUNGEN FÜR SIE KOORDINIERT

Nicht immer sind die Grenzen zwischen den Leistungen, die durch Schule, Jugendhilfe und andere sozialen Dienste und Sozialleistungsträger für die betroffenen Kinder und ihre Eltern und Familien erbracht werden können, klar und die Zuordnung zu den jeweiligen Förder- und Hilfsangeboten eindeutig. Häufig sind verschiedene Systeme auch über einen längeren Zeitraum gemeinsam zuständig - und zwar für ein und dasselbe Kind. Dabei kann es zu Unklarheiten kommen über das Aufgabengebiet und das Leistungsspektrum des jeweils Anderen.

Erforderlich ist darum eine enge Kooperation zwischen den Bildungs- und Erziehungspartnern und den einzelnen Hilfssystemen und Rehabilitationsträgern, denn die Eltern sind vielfach damit überfordert, die geeigneten Hilfen für ihr Kind zu beantragen, die verschiedenen Zuständigkeiten zu durchschauen, die verschiedenen Stellen aufzusuchen. Auch müssen sie vielfach erhebliche Anstrengungen unternehmen, damit die Integrationshilfe, die ihrem Kind morgens im Gemeinsamen Unterricht zur Verfügung steht, ihm auch den Besuch der außerunterrichtlichen Angebote der OGS ermöglicht.

Es braucht eine kommunale Steuerung und strukturelle Verankerung dieser Kooperation, Organisationsstrukturen, die die potenziellen Kooperationspartner erfassen und die Kontinuität der Kontakte gewährleisten.

Im Jahr 2001 trat das Neunte Buch Sozialgesetzbuch (SGB IX) in Kraft, das genau diese strukturelle Verankerung zu befördern sucht. Im § 12 SGB IX wird die Zusammenarbeit der Rehabilitationsträger folgendermaßen festgeschrieben: Sie sind „im Rahmen der durch Gesetz,

Rechtsverordnung oder allgemeine Verwaltungsvorschrift getroffenen Regelungen [dafür] verantwortlich, dass

1. die im Einzelfall erforderlichen Leistungen zur Teilhabe nahtlos, zügig sowie nach Gegenstand, Umfang und Ausführung einheitlich erbracht werden,
2. Abgrenzungsfragen einvernehmlich geklärt werden,
3. Beratung entsprechend den in § 1 und 4 genannten Zielen [1] geleistet wird,
4. Begutachtungen möglichst nach einheitlichen Grundsätzen durchgeführt werden sowie
5. Prävention entsprechend dem in § 3 genannten Ziel [2] geleistet wird.

Die Rehabilitationsträger und ihre Verbände sollen zur gemeinsamen Wahrnehmung von Aufgaben zur Teilhabe behinderter Menschen insbesondere regionale Arbeitsgemeinschaften bilden. § 88 Abs. 1 Satz 1 [3] und Abs. 2 [4] des Zehnten Buches gilt entsprechend."

Die derzeit entstehenden Kompetenzzentren für sonderpädagogische Förderung könnten in diesem Sinne die verschiedenen Rehabilitationsträger an einen Tisch bringen. Sie sollten zudem eng mit den kommunalen Qualitätszirkeln für die Weiterentwicklung des (Offenen) Ganztags und beispielsweise auch mit den Familienzentren zusammenarbeiten.

DIE KOMMUNALE STEUERUNG – ZENTRAL AUCH BEIM THEMA DER INTEGRATION VON KINDERN MIT BEHINDERUNG IN DER OGS

Die UN-Behindertenrechtskonvention zielt auf wohnortnahes Lernen ab und lenkt damit den Blick auf Bildungsregionen und Schulstandorte mit ihren jeweiligen Spezifika. Inklusive Schulentwicklung kann letztlich nämlich nur gelingen, wenn sich Inklusion auch außerhalb der Schulmauern fortsetzt. Gefordert ist insofern eine inklusive Entwicklung im Gemeinwesen, auf kommunaler Ebene. Dem entspricht, dass über den Fördererlass zur Offenen Ganztagsschule des Landes eine deutliche Verlagerung von Verantwortung für Schulentwicklung auf die kommunale Ebene erfolgt ist, die mit der kommunalen Verantwortung für die Jugendhilfe korrespondiert.

Es wird in den nächsten Jahren darum gehen, für die Aufgabe der Inklusion in der Kooperation von Jugendhilfe und Schule innerhalb der OGS und darüber hinaus im gesamten Bildungs- und allgemeinbildenden Schulwesen zu sensibilisieren und zunehmend mehr Teilhabechancen in sämtlichen Bereichen des gesellschaftlichen Lebens zu gewährleisten. Dazu müssen neue Handlungs- und Kommunikationsstrukturen aufgebaut werden – ein Prozess, bei dem die Verantwortlichen in Politik und Verwaltung Unterstützung und fachliche Begleitung sowie kollegialen Austausch über die kommunalen Grenzen hinweg benötigen.

Bildungsfragen hängen unweigerlich mit Fragen der Finanzierung zusammen
Der qualitative Ausbau der OGS – und darüber hinaus die notwendige Reformierung des Bildungssystems von Anfang an, u. a. mit einer Gestaltung der Übergänge von der Kindertagesstätte in die Grund- und von hier in die weiterführende Schule – erfordert eine Aufstockung der

Ressourcen. Bund, Land und Kommunen sind dabei gleichermaßen gefordert. In einem Handlungsplan müssen Prioritäten festgelegt werden, um die Finanzierung langfristig zu sichern. Als gesicherte Erkenntnis kann dabei festgehalten werden, dass sich Investitionen in Bildung sowohl auf kommunaler Ebene als auch gesamtgesellschaftlich auszahlen (OECD-Veröffentlichung „Bildung auf einen Blick". Wesentliche Aussagen der OECD zur Ausgabe 2002. Hg. v. Bundesministerium für Bildung und Forschung/Kultusministerkonferenz, S. 14 bis 22 – ganz aktuell auch der Bildungsmonitor 2010 des Instituts der Deutschen Wirtschaft, Köln).

Die Erweiterung der Gestaltungsspielräume der Kommune könnte, um eine Empfehlung des 12. Kinder- und Jugendberichts aufzugreifen, „durch einen Transfer finanzieller Ressourcen vom Land auf die Kommunen" begleitet und unterstützt werden (12. Kinder- und Jugendbericht. Bildung, Betreuung und Erziehung vor und neben der Schule. Hg. v. Bundesministerium für Familie, Senioren, Frauen und Jugend. Berlin 2005, S. 560).

Zugleich muss es darum gehen, die vorhandenen Ressourcen effizienter und durchdachter einzusetzen – und auch darum, das Denken in Zuständigkeiten zu überwinden. Klemm und Preuss-Lausitz schlagen in Anlehnung an die European Agency vor, das in der Bundesrepublik vorherrschende Input-System durch eine Mischung aus Troughput und Output zu ersetzen. Das Input-System schaffe nämlich vielfach erst Bedarfe, weil deren Feststellung mit Ressourcen belohnt werde (je höher der Bedarf, desto höher die zugewiesenen Mittel). Das Troughput-System hingegen arbeite mit Pauschalen: Mittel werden nach der Gesamtzahl der Schülerinnen und Schüler einer Region, unabhängig von der Anzahl der Förderbedarfe, zugewiesen. Man geht hierbei davon aus, dass es in jeder Schülerpopulation einen gewissen Anteil an Kindern gibt, die sonderpädagogische Förderung brauchen.

Ergänzt werden sollte das Troughput- durch ein Outputsystem, das die Rechenschaftslegung über die sachgemäße Verwendung von Mitteln und eine Wirksamkeitskontrolle von schülerbezogenen und strukturellen Maßnahmen verlangt. Hierbei müssen Zielmarken definiert, Belohnungs- und Erfolgsmerkmale festgelegt werden (Klemm, K./Preuss-Lausitz, U.: Gutachten zum Stand und zu den Perspektiven der sonderpädagogischen Förderung in den Schulen der Stadtgemeinde Bremen. Essen, Berlin 2008, S. 25ff.).

Für die Offene Ganztagsschule würde dies die Sicherung einer sonderpädagogischen Grundausstattung garantieren, die ihr die für ihre qualitativ gute pädagogische Arbeit unerlässliche Planungs- und Handlungssicherheit gewähren würde.

Die Mädchen und Jungen und ihre Familien und die in der OGS und für sie engagiert arbeitenden multiprofessionellen Teams haben diese Anerkennung und Wertschätzung redlich verdient – das Ziel, die Entwicklung von Schulen der Vielfalt, die allen Kindern Wege zu ihrer vollen und gleichberechtigten Teilhabe an Bildung und als Mitglieder der Gemeinschaft erleichtern, ist es wert und lohnt den Einsatz!

1 § 1 SGB IX Selbstbestimmung und Teilhabe am Leben in der Gesellschaft; ß 4 SGB IX Leistungen zur Teilhabe
2 § 3 SGB IX Vorrang von Prävention: „Die Rehabilitationsträger wirken darauf hin, dass der Eintritt einer Behinderung einschließlich einer chronischen Krankheit vermieden wird."
3 SGB X Zusammenarbeit der Leistungsträger untereinander: § 88 Auftrag: „(1) Ein Leistungsträger (Auftraggeber) kann ihm obliegende Aufgaben durch einen anderen Leistungsträger oder seinen Verband (Beauftragter) mit dessen Zustimmung wahrnehmen lassen, wenn dies 1. wegen des sachlichen Zusammenhangs der Aufgaben vom Auftraggeber und Beauftragten, 2. zur Durchführung der Aufgaben und 3. im wohlverstandenen Interesse der Betroffenen zweckmäßig ist."
4 SGB X § 88 „(2) Der Auftrag kann für Einzelfälle sowie für gleichartige Fälle erteilt werden. Ein wesentlicher Teil des gesamten Aufgabenbereichs muss beim Auftraggeber verbleiben."

Kommunale Bildungslandschaften und Inklusion

Barbara Brokamp, Dr. Karl-Heinz Imhäuser und Raimund Patt

Der Kommunale Index für Inklusion

Seit einigen Jahren unterstützt die Montag Stiftung Jugend und Gesellschaft[1] Bildungseinrichtungen auf ihrem Weg, sich zu inklusiv denkenden und handelnden Einrichtungen zu entwickeln. Dabei wird als Instrument der Index für Inklusion[2] zur Grundlage genommen, der sich mit seinen 560 Fragen zu Kultur, Strukturen und Praktiken als Reflexionsinstrument in den unterschiedlichen Bereichen als sehr hilfreich erwiesen hat.

In der Begleitung von Bildungseinrichtungen (zurzeit überwiegend Schulen, zunehmend Kindertageseinrichtungen und neuerdings Einrichtungen kultureller Bildung wie z. B. Musikschulen, Jugendkunstschulen) wurde die Eingebundenheit des einzelnen Systems in kommunale Strukturen und systemübergreifende Zusammenhänge deutlich: Inklusive Werte weisen über die Einzeleinrichtung hinaus und verlangen die Wirkungsmöglichkeit im lokalen und regionalen Kontext. Das verlangt Kooperation mit Verwaltungsträgern und politischen Entscheidungsträgern ebenso wie die Verständigung und gemeinsame Konzeptionsentwicklung mit angrenzenden Bildungseinrichtungen durch die Gestaltung von Übergängen: frühkindliche und schulische Bildung, berufliche Bildung, Unterricht und Gestaltung des Ganztags et al.

Die Leitidee der Inklusion für eine ganze Kommune:

Die Entwicklung eines Kommunalen Index für Inklusion

Neben den Versionen des Index für Inklusion für Schulen und Einrichtungen frühkindlicher Bildung wird zurzeit von der Montag Stiftung Jugend und Gesellschaft unter Beteiligung von einzelnen Einrichtungen, Organisationen, Verbünden und einzelnen Kommunen ein deutschsprachiger „Kommunaler Index für Inklusion" erarbeitet. Die Idee, den Index für Schulen an die Arbeit im Gemeinwesen anzupassen, wurde bereits im britischen Suffolk umgesetzt. Dort wurde dieses Instrument entwickelt, um inklusives Handeln in allen kommunalen Bereichen umzusetzen. Diese Initiative wurde nun im deutschsprachigen Raum aufgegriffen, um Mitglieder aller Arten von Einrichtungen darin zu unterstützen, sich in Orientierung an der beschriebenen Leitidee weiterzuentwickeln und zu vernetzen. Das bedeutet einen Prozess der Verständigung zwischen einzelnen Einrichtungen und den Beginn der Kooperation sehr unterschiedlicher Partner in einer Kommune.

Mit Hilfe eines ersten Arbeitsbuches [3] können insgesamt 322 Fragen zu Kultur, zu Strukturen und Praktiken der jeweiligen Einrichtungen für eine Bestandsaufnahme, als Anregungen für Weiterentwicklungen oder Diskussionen über mögliche Verbesserungen benutzt werden. Dabei sind die Fragen nicht als Regulativ oder Kontrolle gedacht, sondern als Initiator für Diskussionen, aus denen dann Entwicklungsprozesse entstehen können.

Die vielen Fragen sollen nicht „abgearbeitet" oder als Checkliste benutzt werden, vielmehr bietet es sich an, mit nur einer einzigen Frage bei einer Teamsitzung oder Konferenz zu beginnen, sich Zeit zum Nachdenken und Besprechen zu nehmen. Realisiert durch Veränderungsprozesse in Organisationen, Einrichtungen und Kommunen können neue Potentiale entdeckt werden, das Engagement erhöht und damit auch neue Ressourcen gewonnen werden. Ausdrücklich werden Organisationen auf allen Ebenen angesprochen: Vereine, Einrichtungen, Unternehmen, Kirchen, kommunale und öffentliche Dienstleister sowie Verwaltungen.

VOM ARBEITSBUCH 2010 ZUM HANDBUCH 2011

Aus diesem Arbeitsbuch soll durch die Mitwirkung interessierter Bürgerinnen und Bürger, Einrichtungen oder Kommunen ein praktikables Handbuch entwickelt werden, welches für viele nutzbar wird. Aus diesem Grund freut sich die Montag Stiftung Jugend und Gesellschaft über Rückmeldungen erster Erfahrungen mit dem Arbeitsbuch, über Rückmeldungen zu den Fragen und auch zu methodischen Ideen in der Anwendung. Vielleicht können auch Fotos von Prozessen abgebildet werden.

Das Arbeitsbuch ist unter www.montag-stiftungen.com/kommunenundinklusion-ueberblick/ oder in der Stiftung zu beziehen. Der Kommunale Index für Inklusion soll der Herausforderung gerecht werden, Kommunen oder Gemeinden, Stadtteile oder Verbünde bei der inklusiven Weiterentwicklung inhaltlich und methodisch zu unterstützen [4]. Dazu soll das zu erstellende Handbuch beitragen.

Fußnoten

1   http://www.montag-stiftungen.com/index-fuer-inklusion/

2   Boban Boban, Ines und Hinz, Andreas (Hg): Index für Inklusion. Martin-Luther-Universität Halle-Wittenberg 2003

3   Montag Stiftung Jugend und Gesellschaft (Hrsg.), Kommunaler Index für Inklusion, Arbeitsbuch, 2010

4   Ein Beispiel für die Qualitätsentwicklung einer gesamten Gemeinde mit dem Index für Inklusion findet sich im österreichischen Wiener Neudorf: http://www.wr-neudorf.at/system/web/default.aspx

Workshop VOM ZAUBER DES LOSLASSENS

Ilse und Hanna Furian

WIE WIR UNSERE ERWACHSENEN BEHINDERTEN KINDER IN DIE WELT SCHICKEN KÖNNEN –
BEGLEITEN UND LOSLASSEN. UND WAS DANN PASSIERT.
HOPELESSLY IN LOVE WITH LIFE!

Bericht

Wir haben den Workshop als Mutter (Ilse) und Tochter (Hannah, Rollstuhlfahrerin) gemeinsam gestaltet, weil Hannah vor 1,5 Jahren ausgezogen ist und seitdem selbstbestimmt in einer eigenen Wohnung, 600 km entfernt von ihren Eltern, in Berlin lebt.

Im Workshop wurde zuerst thematisiert, welche Kunst im Loslassen von behinderten Kindern steckt, wie achtsam wir sie weitergeben, wie wir sie sorgfältig und liebevoll begleiten, wie wir darauf achten, dass sie aufgefangen werden und sie trotzdem loslassen. Es wurden Ängste aufgezählt, Erfahrungen geschildert und Strategien erwähnt.

Die Teilnehmer waren in erster Linie daran interessiert zu erfahren, welche konkreten Schritte Hannah unternommen hat, um selbstbestimmt leben zu können. Vom Finden der eigenen Wohnung, über das Suchen der ersten Mitbewohnerin bis hin zu dem Beantragen des persönlichen Budgets wurden alle Stationen des Loslöseprozesses beleuchtet. Natürlich galt die Aufmerksamkeit auch dem emotionalen Ablöseprozess von Mutter (Eltern) und Tochter.

Der Zauber des Loslassens wird sichtbar, als deutlich wird, dass sich Dinge entwickeln, die wir beide, Mutter und Tochter, nicht erwartet haben, die aber wunderbar sind.

Die Rückmeldungen der Teilnehmer waren positiv: Es wurden Erfahrungen weitergegeben, die Mut machen.

Zur Vertiefung kann die Radiosendung des Deutschlandfunks aus der Reihe „Länderzeit" vom 21. Oktober 2009 angehört werden, die aus Hannahs Wohnung gesendet wurde und in der sie und ihr Vater als Gesprächsgäste teilnahmen.

Des Weiteren gibt es einen Bericht des 3sat-Magazins „Nano" vom 11. Januar 2010, in dem Hannah ebenfalls zum Thema persönliches Budget berichtet.

Eine Schule für Alle. *Vielfalt leben!*

Eine Schule für Alle. *Vielfalt leben!*

Eine Schule für Alle. *Vielfalt leben!*

Eine Schule für Alle. *Vielfalt leben!*

Eine Schule für Alle. *Vielfalt leben!*

Eine Schule für Alle. *Vielfalt leben!*

Eine Schule für Alle. *Vielfalt leben!*

Eine Schule für Alle. *Vielfalt leben!*

Eine Schule für Alle. *Vielfalt leben!*

Eine Schule für Alle. *Vielfalt leben!*

Eine Schule für Alle. *Vielfalt leben!*

Eine Schule für Alle. *Vielfalt leben!*

Eine Schule für Alle. *Vielfalt leben!*

Eine Schule für Alle. *Vielfalt leben!*

Unabhängige Beratung – Visionen – Ideen zur Umsetzung – konkrete Schritte

Sybille Hausmanns, Brigitte Flicker und Wolfgang Blaschke

Der Workshop „Unabhängige Beratung" war gut besucht. Neben Eltern aus Initiativen waren Pädagogen und Vertreter aus Schulverwaltungen anwesend.

Zu Beginn des Workshops wurden kurz die rechtlichen Grundlagen, wie sie sich auch aus der UN-Konvention über die Rechte von Menschen mit Behinderungen ergeben, dargelegt. Hier wurde insbesondere auf die Präambel hingewiesen, in der es unter anderem heißt, dass Menschen mit Behinderungen und deren Familienangehörige die ihnen notwendige Unterstützung zur gesellschaftlichen Teilhabe erhalten sollen. Zudem haben sich die Staaten verpflichtet zu gewährleisten, die Absonderung von Kindern mit Behinderungen zu verhindern (BRK Art. 23.3). Dazu sind frühzeitig umfassende Dienste, Informationen und Unterstützung zur Verfügung zu stellen. Hieraus leiteten die Teilnehmer ab, dass ein umfassendes unabhängiges Netz von Beratungsstellen aufgebaut werden muss, da die klassischen Beratungsstellen sowie Beraterinnen und Berater überwiegend – so die Erfahrung der Eltern – im Sinne ihrer Einrichtungen beraten und zumeist die Sonder- oder Fördereinrichtung als den besten Förderort für das betroffene Kind empfehlen.

Im Anschluss daran fand ein reger Erfahrungsaustausch über die derzeitige Praxis der Beratungsarbeit statt, die in der Regel ehrenamtlich von Eltern geleistet wird.
Die Teilnehmer des Workshops waren sich einig darin, dass diese ehrenamtliche Arbeit professionelle Unterstützung (ein „professionelles Rückgrat") braucht, wenn sie den Anforderungen und Herausforderungen eines inklusiven Systems weiterhin gewachsen sein will.

In der Diskussion kristallisierten sich drei Punkte heraus, die unabhängige Beratung gewährleisten muss, um qualitativ hochwertig und erfolgversprechend zu sein.

Unabhängige Beratungs- und Anlaufstellen müssen ...
• Bedingungen durchsetzen, dass Eltern ihre Kinder mit Behinderungen in ein selbstbestimmtes Leben begleiten können
• gesellschaftliche Teilhabe zum Ziel haben, damit Menschen mit Behinderungen ihr Leben selbstbestimmt führen können
• finanziell und institutionell autonom sein

Konkretisiert wurden diese Kriterien mit den Stichworten:

Beratung muss ...
- mit einer „inklusiven Haltung" geschehen
- menschenrechtsbasiert sein
- parteilich und insoweit nicht beliebig sein
- in der Lage sein, Querschnittsaufgaben zu übernehmen (Vernetzung!)
- auf Freiwilligkeit, aber auch auf einem Anspruch auf Beratung beruhen
- in Kooperation geschehen
- eine eigene, von Geldgebern und Anbietern unabhängige Plattform haben
- Der Anbieter muss die Unabhängigkeit (zu)sichern

Beratung muss in der Praxis ...
- lebensbegleitend verfügbar sein
- institutionenunabhängig und interdisziplinär erfolgen
- niederschwellig, mobil, ambulant sein
- barrierefrei sein
- emotional begleitend sein
- quer zu den zersplitterten Zuständigkeiten verschiedener Behörden stehen

Die Unsicherheit einer dauerhaften Finanzierung von Beratungsstellen erschien den Teilnehmern als zentrales Problem.

Neben den klassischen Geldquellen – Spenden, Sponsoring, Stiftungen und Bußgelder – kommen dafür in Frage:
- Förderung der Selbsthilfe durch die Krankenkassen. Hier käme die pauschale Förderung oder auch die Projektförderung in Betracht. Die Erfolgsaussichten sind ungewiss, da die Betroffenen dort in der Regel nicht als klassische Organisation der gesundheitlichen Selbsthilfe gelten. Aber auf jeden Fall versuchen.
- Europamittel – ein zu beackerndes Feld
- Verkauf von Fortbildungsmodulen. Hier wäre eine Zusammenarbeit der Beratungsstellen möglich und hilfreich.

Gemeinsame Aufgaben – gemeinsame Lehrerbildung

Dr. Jürgen Münch

Lehrerbildung für eine inklusive Schulkultur

Normative und didaktische Implikationen der UN-Konvention (2006) für die Lehrerbildung [1]
Die mit der UN-Konvention (2006) [2] rechtsverbindlich vorgegebene bildungspolitische und erziehungswissenschaftliche Entwicklungsaufgabe eines "inklusiven Bildungssystems auf allen Ebenen" (Art. 24) schließt die Entwicklung einer inklusiven Lehrerbildung ein.

Lehrerbildung erfordert eine mehrdimensionale Betrachtung, die sich mindestens auf eine normative, eine strukturelle und eine curriculare Dimension bezieht [3]. Die normativen Orientierungen sind im Folgenden als Ausgangspunkt gewählt, denn sie spiegeln den Begründungskontext, die Zielvorstellungen und vor allem auch die Interessen der am Diskussions- und Entwicklungsprozess Beteiligten – oder mit Paul Watzlawick formuliert: "Für die Deutung der Realität ist die Interessenlage maßgeblich."

1. Rechtsverbindlichkeit der Zielorientierung "Inklusives Bildungssystem"

Was ist das "Neue" der UN-Konvention? Die UN-Konvention 2006 ist wesentlich auf Betreiben und unter Mitwirkung von Menschen mit Behinderungen in einem mehrjährigen Prozess von 2002 bis 2006 am Sitz der Vereinten Nationen in New York erarbeitet worden (Beauftragte der Bundesregierung für die Belange behinderter Menschen, 2009, 8ff.; Qinn/Degener, 2002; Fink, 2009). Während vorangegangene Dokumente vorrangig vom Gedanken der Fürsorge bestimmt waren, ist dies das erste internationale Dokument der UN, welches zu Fragen der Behinderung bzw. Behindertenpolitik in allen Bereichen durchgehend aus der Perspektive der Menschenrechte argumentiert. Im Kern geht es in der UN-Konvention um Fragen der Gleichstellung, Antidiskriminierung und Barrierefreiheit in allen Lebensbereichen – formuliert aus der Interessensperspektive von Menschen mit Behinderungen, insbesondere auch von Kindern mit Behinderungen. Die Artikel der Konvention haben nicht lediglich Empfehlungs-, sondern Rechtscharakter.

Insbesondere der auf Bildung bezogene Artikel 24 enthält die rechtsverbindliche Verpflichtung der ratifizierenden Staaten zur Schaffung eines inklusiven Bildungssystems auf allen Ebenen ("inclusive education system at all levels"). Eine entsprechende Neuorientierung ist damit Zielvorgabe für Schulen und Lehrerbildung. Zu betonen ist, dass die Argumentation nicht schulorganisatorischer oder bildungspolitischer Art ist, sondern normativ an Art. 26 (Recht auf Bildung) der allgemeinen Menschenrechte von 1948 orientiert ist. Die Organisationsfrage ist abhängig davon in den Vertragsstaaten neu zu beantworten.

2. BILDUNG ALS MENSCHENRECHT, ÖFFENTLICHE AUFGABE UND ALS WERTORIENTIERTER PROZESS

Seitens der UN wird Bildung als Menschenrecht und als ein wertorientierter Prozess gesehen, der darauf (abzielt), Wissen und Erkenntnis zu schaffen, um dem Leben Würde zu verleihen. ... Dem Leben Würde zu verleihen, hat ... zu tun mit dem Aufbau egalitärer Verhältnisse im Wirtschaftlichen, im Sozialen und im Kulturellen ... Denn unter Qualität von Bildung verstehen wir nicht nur schulische Leistungen ... die einzige notwendige, relevante und nützliche Bildung ist jene, die die Grundlagen legt für den Respekt und die Entwicklung der Menschenrechte ..." (Muñoz, 2009).

Diese Perspektive des UN-Sonderberichterstatters für das Recht auf Bildung und der UN-Konvention enthält eine Absage an eine neoliberale Umdeutung von Bildung als Dienstleistung und Ware – statt als öffentliche Aufgabe und Recht – sowie an eine Reduktion von Bildungszielen auf "die rein utilitaristische Ausrichtung auf das Wirtschaftswachstum" (ebd.) und auf entsprechende berufsbezogene (Aus-)Bildungskonzepte, die lediglich auf die Fähigkeit des Individuums zur Herstellung der eigenen Beschäftigungsfähigkeit (Employability) abheben. "... Wenn man die Bildung nur als Dienstleistung begreift, kann Bildung nicht in einen Zusammenhang gebracht werden mit der Entwicklung öffentlicher Programme, die die Voraussetzung für die Verwirklichung der Menschenrechte sind. ... wenn man die Bildung nicht als Recht sieht, dann ist sie auch nicht ... vor Gerichten einklagbar ... Wenn Bildung nicht als Recht angesehen wird, bedeutet dies, dass sie eingestellt, verweigert und verkauft werden kann. Und wenn Bildung verkauft wird, bedeutet dies, dass jene Familien, die sie nicht bezahlen können zu Nichtwissen ... verurteilt sind ..." (ebd.) [4]

Diese Sichtweise der UN-Konvention korrespondiert mit KLAFKIS bildungstheoretischer bzw. kritisch-konstruktiver Didaktik, die sich als erziehungswissenschaftlicher Bezugsrahmen für die Gestaltung von Unterricht, Schule und Lehrerbildung versteht und hier als Begründungskontext für die weiteren Überlegungen herangezogen wird (Klafki, 1959, 1985/1996). Ausgehend von "Bildung" als zentraler wissenschaftlicher und pädagogischer Kategorie hat Klafki als übergreifende Bildungsziele die zusammenhängenden Fähigkeiten zu "Selbstbestimmung", "Mitbestimmung" und "Solidarität" formuliert und als didaktische Vorgehensweise einen problemorientierten Unterricht vorgeschlagen, der sich auf epochaltypische Schüsselprobleme bezieht (Klafki, 1996, 56 ff.), zu denen neben beispielsweise Fragen der Ökologie oder der Informationstechnologie auch die der "gesellschaftlich produzierten Ungleichheit" gehört. Bildungsfragen werden von Klafki ausdrücklich als Gesellschaftsfragen gesehen, wobei dies sowohl die bewusste Kenntnisnahme, Analyse und Bewertung als auch die Mitgestaltung gesellschaftlicher Verhältnisse einschließt (ebd., 49ff.).

Bildung wird von ihm dabei als Allgemeinbildung in dreifacher Hinsicht verstanden: Bildung muss zum einen Bildung für alle sein, zu der alle Zugang haben und die keine Ausgrenzung zulässt. Sie muss zum anderen Bildung im Medium des Allgemeinen sein, d. h. es geht um die Auseinandersetzung mit und Aneignung von Frage- und Aufgabenstellungen, die alle Menschen betreffen und angehen und vor einem globalen bzw. globalisierten Welt-Horizont zu sehen sind. Zum Dritten muss Bildung alle Dimensionen menschlicher Fähigkeiten und Interessen wie emotionales, kognitives und soziales Erleben, handwerkliches, hauswirtschaftliches, technisches und ästhetisches Gestalten, ethisches und politisches Handeln berücksichtigen und darf sich nicht auf die Ausbildung kognitiver Leistungen bzw. affirmativer Wissensreproduktion reduzieren (ebd., 52 ff.).

Für alle drei Aspekte von Klafkis Allgemeinbildungskonzept lässt sich der Bezug zu den derzeit exkludierend gestalteten schulischen Bedingungen für Kinder mit "special needs" und für Kinder in marginalisierten Lebensverhältnissen im Sinne der Salamanca-Erklärung (UNESCO, 1994), beispielsweise für SchülerInnen mit geistiger Behinderung bzw. Lernschwierigkeiten in allgemeinen Schulen, leicht herstellen. Diese theoretischen Grundlegungen, Begrifflichkeiten und Zielsetzungen werden hier als konstituierend für eine an der UN-Konvention orientierte Konzeption von Lehrerbildung vorgeschlagen (für eine Übersicht zu Grundlagen und Wirkgeschichte von Wolfgang Klafkis bildungstheoretischer und didaktischer Konzeption sowie zum Gebrauchswert in der aktuellen fachwissenschaftlichen Diskussion (vgl. Koch-Priewe, Stübig & Arnold, 2007; Koch-Priewe, 2007, 2010) [5].

Der Kritik an der Sicht von Bildung als Dienstleistung oder Ware wird mitunter mit Attribuierungen bzw. Abwertungen der Kritik als weltfremd, unzeitgemäß und ideologisch begegnet: Bildung soll wertfrei sein. Angesichts des historischen Diktums von Adorno, dass die allererste Forderung an Erziehung ist, "dass Auschwitz nicht noch einmal sei" (Adorno, 1966) und der aktuellen Feststellungen des UN-Sonderbeauftragten für das Recht auf Bildung (Muñoz, 2009), dass es "... niemals zuvor ... so viele gebildete Menschen gegeben (hat), die so viele andere getötet haben ... niemals zuvor so viele Gebildete so viel Schaden in der Umwelt angerichtet (haben), gemäß der Weltgesundheitsorganisation das 20. Jahrhundert das gewalttätigste Jahrhundert der Menschheitsgeschichte (war) ..." ist eine so argumentierende Kritikabwehr nur über Ausblendung oder Negation des Zusammenhangs von öffentlichem und individuellem Bildungsverständnis und gesellschaftlichem Unrecht, von gesellschaftlichen Exklusionstendenzen bzw. Problemlagen aufrecht zu halten. Die offensive, medial gesteuerte und unterstützte Besetzung von Deutungsmustern von neoliberaler Seite hat System und ist als zielorientierte Strategie zu charakterisieren (Barth 2006; BertelsmannKritik, online; Knobloch 2010; Krautz 2009).
Demgegenüber ist festzuhalten, dass "Ideologie" als Lehre von den Ideen zunächst ein neutraler Begriff für den wissenschaftlichen Versuch ist, die unterschiedlichen gesellschaftlichen Vorstellungen und Denkschulen über den Sinn des Lebens, Ziele und Gestaltung des Zusammenlebens zu ordnen (Schubert & Klein, 2006). Es handelt sich demnach bei dem unterschiedlichen Verständnis von Bildung als Dienstleistung und Ware vs. Bildung als öffentliche Aufgabe und Menschenrecht beiderseits um interessengebundene Optionen, bei denen jeweils zu fragen ist, welcher Nutzen und welcher Schaden wem entsteht und wer jeweils in welchem Umfang vom

jeweiligen Nutzen profitiert bzw. den jeweiligen Schaden trägt (zu Nutzen und Schaden vgl. Krautz, 2009 und Knobloch, 2010). Eine Reflexion des Zusammenhangs von Erkenntnis und Interesse (Habermas, 1968) und der Begriff des "erkenntnisleitenden Interesses" (ebd., 155) und die in Bundes- und Länderverfassungen formulierten Zielorientierungen für ein demokratisches und zivilgesellschaftliches Gemeinwesen könnten für diese Güterabwägung weiterführend sein.

3. BARRIEREFREIE UND ZUGÄNGLICHE BILDUNG STATT "BE-HINDERUNG" UND "SONDERPÄDAGOGISCHER FÖRDERBEDARF"

Behinderung wird nach heutigem wissenschaftlichem und politischem Verständnis nicht als Eigenschaft einer Person gesehen, sondern als offener und situativer Prozess, der vor allem bestimmt wird durch ein einschränkendes bzw. hilfreiches Bedingungsfeld, in dem sich eine Person mit einer Beeinträchtigung bewegt bzw. bewegen kann. Be-hinderung wird als Konstruktion gesehen.

MUÑOZ hat dies als "Mathematik der Behinderung" anschaulich so formuliert (2009):
"Behinderung ist keine Eigenschaft, die den Menschen anhaftet, die unterschiedliche Fähigkeiten haben. Behinderung ist eine Bezeichnung, die die Gesellschaft diesen Menschen aufzwingt. Dies habe ich richtig verstanden, als man mir die mathematische Formel der Behinderung erklärt hat. Diese Formel multipliziert den Grad der körperlichen Einschränkung mit dem Grad der Reaktion der Umgebung. Also wenn eine Person eine körperliche Einschränkung mit dem Grad 2 hat und die Reaktion der Umgebung den Grad 2, so wird sich als Behinderung der Grad 4 ergeben. Eine Person mit der Einschränkung 1 und der Umgebungsreaktion 10 hat einen Behinderungsgrad 10. Wenn jedoch eine Person einen körperlichen Einschränkungsgrad 10 hat, der sehr hoch wäre, aber einen Grad der Umgebungsreaktion von 0, nun, dann würde es keine Behinderung geben. Das ist die große Verpflichtung und die große Herausforderung, vor denen unsere Gesellschaften gegenwärtig stehen: den Menschen mit Behinderungen einen Reaktionsgrad 0 anzubieten."

Für eine solche Neufassung von Behinderung haben Selbstvertretungen von Menschen mit Behinderungen und NGOs lange gekämpft (Degener, 2008, Degener & Quinn, 2002, 2002a; Münch, 1997), bis die UN bzw. ihre Unterorganisation WHO mit der 2001 verfassten "International Classification of Functioning" (ICF) in Annäherung an Sichtweisen der NGOs diese mit Zentralbegriffen wie activity, participation und context factors festgeschrieben haben. Der Begriff der Be-hinderung wird dort im Wesentlichen als soziale Konstruktion beschrieben, nach der nicht schädigungsorientiert, sondern – im Sinne der Ermöglichung weitestgehender Aktivität und Teilhabe – zielorientiert die individuellen Entwicklungspotenziale, vor allem jedoch die Veränderungsnotwendigkeiten und Entwicklungspotenziale der Umgebung identifiziert und realisiert werden sollen (zur kritischen Diskussion der ICF vgl. Meyer, 2004). Auch hier zeigt sich die Korrespondenz zur erstgenannten Dimension von Klafkis Allgemeinbildungskonzept: Bildung muss Bildung für alle sein, zu der alle Zugang haben. In der Terminologie der UN-Konvention (insbes. Art. 9) steht hier für den Begriff "accessibility" bzw. "Zugänglichkeit"bezogen auf eine Barrierefreiheit im weitesten Sinne.

Die Unterscheidungen in zwei Klassen von Menschen als normal vs. nicht normal oder behindert vs. nichtbehindert mit ihren derzeit überwiegend exkludierenden Institutionsformen haben in der Perspektive der UN-Konvention bzw. der Allgemeinen Menschenrechte keinen wissenschaftlichen oder rationalen Rückhalt mehr. Das Festhalten daran erklärt sich weniger durch ihre Sinnhaftigkeit, denn durch gewohnte und überholte Denkweisen, vor allem aber auch Machtstrukturen. Dazu sei noch einmal Muñoz (2009) zitiert:

"All diese Hindernisse befinden sich, genau betrachtet, in einem patriarchalen Bezugsrahmen. Mit Patriarchat oder Patriarchalismus ist nicht allein der Prozess des Dominierens der Männer über die Frauen gemeint, sondern Patriarchalismus meint mehr noch einen Bezugsrahmen, innerhalb dessen Menschen in Situationen der Ungleichheit wahrgenommen werden. Tatsächlich handelt es sich um eine Ideologie [6], die Menschen zueinander in Machtbeziehungen setzt. Insofern meint Patriarchat auch jene Herrschaft, die Menschen ohne Behinderungen über Menschen mit Behinderungen ausüben. Menschen, die ohne Behinderungen leben, scheinen davon auszugehen, dass sie ein Recht haben, die Bedingungen festzulegen, unter denen Menschen mit Behinderungen zu lernen haben. Diese grundlegende Ideologie schafft Verhältnisse des Nachteils, der Asymmetrie, die in unserem Bildungssystem immer wieder reproduziert werden. Es handelt sich gewissermaßen um einen ideologischen Überbau, der alle gesellschaftlichen Beziehungen bestimmt. Deshalb ist es so wichtig, dass wir ausgehend von der persönlichen Erfahrung der Menschenrechte einen Übergang schaffen können, weg von diesem patriarchalen Bezugsrahmen hin zu einem Bezugsrahmen, der uns erlaubt, eine Kultur der Menschenrechte aufzubauen. Diese patriarchale Superstruktur hat gewissermaßen alle unsere sozialen, ökonomischen und kulturellen Beziehungen sowie unser Verständnis von Gesellschaft, von Staat und sicherlich auch unser Konzept des Bildungssystems bestimmt."

In diesem Sinne forderten 2009 die Teilnehmer einer vom Bundesministerium für Arbeit und Soziales, der Behindertenbeauftragten des Bundes und mehrerer Selbstvertretungsvereinigungen ausgerichteten Tagung: "In der Qualifizierung von Lehrkräften müsse in einer "Pädagogik für alle" ein inklusives Menschenbild vermittelt werden ... Der Begriff des sonderpädagogischen Förderbedarfs sei abzuschaffen, stattdessen müssten Curricula für Inklusion entwickelt werden ..." (Beauftragte der Bundesregierung für die Belange behinderter Menschen 2009, S. 22). Dies würde der Perspektive einer nichtausgrenzenden und barrierefreien Bildung für alle entsprechen.

4. "LERNEN AM WIDERSPRUCH" IN EINER SEGREGIERENDEN KULTUR

Bei der Etablierung eines inklusiven Bildungssystems bzw. einer inklusiven Lehrerbildung – weiter gefasst geht es eigentlich um eine inklusive Kultur – handelt es sich nicht um Fragen, die am Tisch der Wissenschaft entschieden werden, sondern vorrangig um politische, genauer machtpolitische Entscheidungen. Bildungsfragen sind, so Klafki (1996, 46) in Anlehnung an Heydorn (1970), nicht nur gesellschaftliche Fragen, sondern immer auch Machtfragen.

An der aktuellen Schulstrukturdebatte um die Mehrgliedrigkeit des Schulsystems ist dies beispielhaft ablesbar. Versuche, die Hauptschule als Schulform zu halten, jegliche Problematisierung gymnasialer Praxis und Privilegierung diskussionslos abzuwehren, die Neugründung von Gesamtschulen zu verhindern, die Schulform mit dem Förderschwerpunkt Lernen (früher: Schulen für Lernbehinderte) als optimalen Förderort herauszustellen, sind mit dem Stand der aktuellen erziehungswissenschaftlichen Fachdiskussion bzw. mit empirischen Befunden nicht mehr in Einklang zu bringen. Dennoch wird am System mehrgliedriger und getrennter Bildung "mit Macht" festgehalten.

Dies gilt bereits für die Wahl und die Deutung von Begriffen. Die Auseinandersetzung um die Übersetzung von "inclusive education system" als "integratives" bzw. "inklusives Bildungssystem" ist hierfür ein anschauliches Beispiel (Fink, 2009; Schattenübersetzung UN-Konvention, 2009). Hierzu ein Dialog zwischen Humpti Dumpti und Alice aus CAROLLS Erzählung "Durch den Spiegel und was Alice dort fand" aus dem Jahre 1871:

"Ich weiß nicht genau, was Sie mit 'Herrlichkeit' meinen', sprach Alice.
Humpti Dumpti grinste verächtlich. "Natürlich weißt du das nicht – bis ich es dir sage. Ich meinte: "Da hast du ein schönes Argument, das dich umhaut!" "
"Aber "Herrlichkeit" bedeutet nicht 'ein schönes Argument, das einen umhaut' ", wandte Alice dagegen ein.
 "Wenn ich ein Wort gebrauche", sprach Humpti Dumpti in ziemlich höhnischem Ton, "bedeutet es genau, was es nach meinem Belieben bedeuten soll – nicht mehr und nicht weniger."
"Die Frage ist", sprach Alice, "ob Sie ein Wort so viele verschiedene Dinge bedeuten lassen können."
"Die Frage ist", sprach Humpti Dumpti, "wer Herr im Haus ist – das ist alles" (Caroll, 2000, 100).

Der Begriff "Deutungshoheit" ist wohl kaum schöner zu illustrieren wie mit diesem Dialog zwischen Humpti Dumpti und Alice.

Für Lehrerbildner und für Studierende ist es wichtig, zur Kenntnis zu nehmen, dass sie sich mit einer inklusiven Orientierung derzeit im Widerspruch zu einem anders organisierten, nämlich exklusiv und exkludierend orientierten Bildungssystem befinden oder – allgemeiner gefasst – sich in einer segregierenden Kultur befinden und arbeiten.
Dies könnte missverstanden werden, als handelte es sich lediglich um Fragen und Denkweisen, welche die Organisationsebene betreffen. Doch gravierender und nicht so offensichtlich sind die dem Bildungssystem und den Denkweisen zugrunde liegenden und aufrechterhaltenden, ab- und ausgrenzenden sozialen, ökonomischen und machtpolitischen Mechanismen, die von HEYDORN (1970) als "Widerspruch von Bildung und Herrschaft" beschrieben werden. Bezogen auf die Lehrerbildung bedeutet dies: Zum einen benötigen LehrerInnen wie alle anderen Fachleute eine Bildung, die ihnen ermöglicht, in den komplexen Situationen und Anforderungsstrukturen ihres Berufes und ihres gegebenen Arbeitsfeldes Schule professionell zu agieren und reagieren. Dazu bedarf es institutionalisierter Bildung, die historisch gesehen immer dann etabliert wird, wenn eine Gesellschaft einen Differenzierungsgrad erreicht hat, der dieses notwendig macht. Diese institutionalisierte Bildung – beispielsweise zur "Standortsicherung" – wird eingerichtet und beispielsweise als "akademische Lehrerbildung" oder im Rahmen eines international verabredeten "Bolognaprozesses" als "polyvalente Bachelor-/Masterausbildung"

gestaltet von, im Sinne und gemäß der Interessenlage der jeweiligen "Macht" bzw. "Herrschaft". Zum anderen jedoch ist mit dieser institutionalisierten Bildung und ihren entsprechenden fachbezogenen Zielvorgaben immer auch die Möglichkeit einer "wilden" nichtintendierten individuellen und kollektiven Selbstbildung und Infragestellung dieser vorgegebenen Gestaltung gegeben – über die intendierte fachliche Bildung des "Humankapitals" (Keeley, 2007) bzw. des "Produktionsidioten" (Heydorn, 1970, 83) hinaus. Mit dem Zugang zur Bildung ist die Wahrnehmung der Widersprüche – und damit auch der Zugang zum Widerspruch – gegeben. Allerdings bleibt die Wahrnehmung möglicher Alternativen zum vorherrschenden System so lange beliebig und weitgehend folgenlos, wie die bisherigen und alternativ zu denkenden Strukturen nicht in ihrem Zusammenhang zu den jeweiligen eigenen und anderen Interessenlagen betrachtet werden. Watzlawicks (7) Hinweis ("Für die Deutung der Realität ist die Interessenlage maßgeblich!") sei hier nochmals angeführt. Erst über die Offenlegung der Interessengegensätze bzw. -konflikte werden die Kräfte und Mechanismen sichtbar, verstehbar, öffentlich kritisierbar und angreifbar, die das bisherige System tragen, das sich als das "Selbstverständliche", "Immer-Da-Gewesene" und evident "Rationale" darstellt. Erst dann werden sie in ihrem historischen Zusammenhang als "Gewordenes" und damit auch "Veränderbares" erkannt. Für das Bildungssystem hat hier insbesondere auch Bourdieu (1971, 1983, 2001) hilfreiche Analysekriterien geliefert.

Kaum jemand der aktuell Lehrenden und Studierenden hat eine inklusive Schule erlebt – in den Köpfen ist die dreizehnjährige Erfahrung des segregierend-selektierenden mehrgliedrigen Schulsystems und die Annahme – in der Regel auf das Hörensagen gestützt – eines behütenden und optimal fördernden Sondersystems. Doch die Setzung eines Rechtsanspruchs auf inklusive Schulen durch die Selbstvertretungen von behinderten Menschen über die UN macht den Widerspruch zwischen Anspruch und Wirkungen des dualen und mehrgliedrigen Schulsystems deutlicher bzw. bei näherer Betrachtung unübersehbar. Genau hier setzen die von Klafki formulierten Bildungsziele der Selbstbestimmungs-, Mitbestimmungs- und Solidaritätsfähigkeit ein, die für Studierende bzw. angehende LehrerInnen die Möglichkeit beinhalten und anstreben, ihre eigene Situation, das Bildungssystem in dem sie sozialisiert wurden und werden und auf das sie vorbereitet werden, zu befragen, zu kritisieren, zu entwickeln, zu gestalten. Die Bildungsziele verweisen auf die Möglichkeit, das Schlüsselproblem sozialer Ungleichheit und dessen Wirkungen in Bezug auf Schulerfolg und Persönlichkeitswerdung für sich und die SchülerInnen zum Thema zu machen – eben nicht nur im Unterricht, sondern auch im gesellschaftlichen Handeln und Kontext. Lehrerbildung muss also Studierenden Anstoß, Raum und Zeit geben, sich im Sinne Klafkis, Heydorns oder Bourdieus – um nur einige theoretische Gewährsleute zu nennen – mit den Bedingungen, Prozessen, Institutionen von Bildung bezogen auf ihre selbst erlebten und angestrebten Tätigkeitsfelder auseinanderzusetzen. Erst mit der individuellen und kollektiven Bewusstwerdung und Erkenntnis kann die Bereitschaft entstehen, innezuhalten und die Notwendigkeit und Möglichkeit, die subkutan und subtil wirkenden Mechanismen der Steuerung und Verschleierung wahrzunehmen, zu problematisieren und in der Praxis verändern zu wollen. Studierende müssen also nicht nur die Zielsetzung der Inklusion in den Blick bekommen, sondern darüber hinaus in die Lage versetzt werden, die exkludierenden Strukturen und die Mechanismen, die sie aufrechterhalten, als solche wahrzunehmen. Dies gilt nicht nur für die institutionellen Bedingungen, sondern auch für die

Wirkmechanismen korrespondierender pädagogisch-didaktischer Denkweisen und Vorge-
hensweisen.

Verwiesen sei hier vor allem auf STEIN (2006, 2008), die im gleichen Begründungskontext – erweitert durch die Orientierung an Sève, Gramsci, Kulturhistorischer Schule – mit der von ihr
formulierten Perspektive des "Lernens am Widerspruch" (2009) genau dies geleistet hat und in
einer Studiengangskonzeption an der Ev. Fachhochschule Darmstadt konkretisiert hat, bei der
mittlerweile auf mehrjährige Erfahrungen zurückgeblickt werden kann.

Stein verweist mit Bezug zu Erfahrungen in der Gemeinwesenarbeit, insbesondere in der Sozi-
alpsychiatrie, auf eine weitere Erfahrung, dass nämlich häufig "auf Seiten der Ausgegrenzten
wie der ausgrenzenden Gesellschaft" – aufgrund der bestehenden Segregation und der damit
verbundenen Entfremdungsprozesse (2008, 295) – die über-individuellen ausgrenzenden Strukturen und Mechanismen nicht mehr als solche wahrgenommen werden. Ein Phänomen, dass
aus der Stigmatisierungs- und Attribuierungsforschung hinreichend bekannt ist. Mit Lyotard
(zit. nach Kal, 2006, 29) charakterisiert sie dies als "Widerstreit". "Dieser ist ein notwendiger Streit
über den Streit, der entsteht, wenn der andere den Streit gar nicht als solchen erfährt" (Stein
2008, 295).

5. NORMATIVE REFLEXION GEGEN DIE "WIEDERKEHRENDE WIRKUNGSLOSGKEIT"

Dies entspricht Erfahrungen in der Schulentwicklung und Lehrerbildung seit Beginn der Integrationsbewegung in den 1970er-Jahren und ist auch aufzeigbar an der Schulstrukturdebatte – bezogen auf die systembedingten negativen Effekte der Mehrgliedrigkeit des allgemeinbildenden Schulsystems – oder ist wahrnehmbar in der innerstudentischen und öffentlichen
Diskussion grundlegender Forderungen von Studierenden im aktuellen Bildungsstreik, wenn
Studiengebühren und Leistungsdruck lediglich als Anlass individueller Unzufriedenheit und
nicht vor dem Hintergrund einer auch normativen, ökonomischen und politischen Umsteuerung des Bildungssystems wahrgenommen werden. Ohne Reflexion dieser Begründungskon-
texte institutionalisierter Bildung kommt es nur zum folgenlosen und nicht weiterführenden
Schlagabtausch an der Oberfläche, für den das Streitgespräch zur Zukunft des Sonderschulsystems zwischen einem Sonderschulleiter und einem Hochschullehrer (Preuß-Lausitz/Stöppler, 2010)
als Beispiel genannt sei.

Insbesondere aufgrund des aus der Rechtsverbindlichkeit der UN-Konvention erwachsenen
Legitimationsdrucks ist im Sonderschulsystem wie auch vor allem im gymnasialen Bereich des
allgemeinen Schulsystems "Widerstreit" zu erwarten. Für die Lehrerbildung und die angehenden LehrerInnen ist es deshalb eine aktuelle und noch offene Entwicklungsaufgabe, diesen
Widerstreit in den Bildungsinstitutionen wie in der Öffentlichkeit zu führen, ihn auszuhal-
ten und ihn so zu thematisieren, dass die zugrunde liegende und gesellschaftlich zu lösende
Aufgabe einer öffentlich verantworteten, chancengleichen und demokratischen Bildung für
alle sichtbar wird. Dazu bedarf es vor und neben strukturellen und curricularen Überlegungen
vor allem auch einer verstärkten normativen Diskussion in der Lehrerbildung, damit nicht "bei
Strafe immer wiederkehrender Wirkungslosigkeit" die "... tatsächliche(n) Hindernisse ..." einer
"ernsthaft an (den) Zielen Gerechtigkeit und Emanzipation orientierte(n) Praxis" (Bourdieu, 2001, 10)

verborgen und unbearbeitet bleiben und LehrerInnen sich nicht in Denk- und Organisationsstrukturen abarbeiten, die einer solchen humanen Praxis und einer inklusiven (Schul-)Kultur entgegenstehen.

Literatur

Adorno, T.W. (1966): Erziehung nach Auschwitz. In: Adorno, T.W. (1969): Stichworte, Kritische Modelle 2 (S. 85–101). Frankfurt.

Barth, Th. (Hrsg.) (2006). Bertelsmann: ein Medienimperium macht Politik. Hamburg

Beauftragte der Bundesregierung für die Belange behinderter Menschen (2009). alle inklusive! Die neue UN-Konvention und ihre Handlungsaufträge. Ergebnisse der Kampagne alle inklusive! Berlin. Online unter URL: http://www.alle-inklusive.behindertenbeauftragte.de/cln_115/nn_1369658/AI/Kampagne/Kampagne__node.html?__nnn=true (07.02.2010)

Behindertenrechtskonvention. Online unter URL:

http://www.institut-fuer-menschenrechte.de/fileadmin/user_upload/PDF-Dateien/Pakte_Konventionen/CRPD_behindertenrechtskonvention/crpd_de.pdf

BertelsmannKritik: Broschüre gegen Ökonomisierung und Bertelsmann. Online unter URL: http://www.bertelsmannkritik.de/pdf/broschuere-2009.pdf (24.08.2010)

Bourdieu, P. & J.C. Passeron (1971). Die Illusion der Chancengleichheit. Stuttgart

Bourdieu, P. (1983). Ükonomisches Kapital, kulturelles Kapital und soziales Kapital. In R. Kreckel (Hrsg.) Soziale Ungleichheiten (Soziale Welt, Sonderband 2, 183–198). Göttingen

Bourdieu, P. (2001). Wie die Kultur zum Bauern kommt. Hamburg.

Caroll, L. (2000): Durch den Spiegel und was Alice dort fand. Stuttgart

Degener, Th. (2008). Disability Studies. Behindertenrechtskonvention. Vortrag 5. Mai 2008 (PPT-Version). Online unter URL: http://www.google.de/search?hl=de&client=safari&rls=de-de&q=theresia++degener+2008+ppt&btnG=Suche&a q=f&aqi=&aql=&oq=&gs_rfai= (7.10.2009)

Fink, R. (2009). Die Konvention über die Rechte von Menschen mit Behinderung. Weg in eine inklusive Zukunft oder realitätsferne Utopie? Universität zu Köln: Examensarbeit. Online unter URL: http://www.hf.uni-koeln.de/data/gbd/File/ inkoetext/Examensarbeit%20Raphaela.pdf

Habermas, J. (1968). Erkenntnis und Interesse. Frankfurt am Main.

Heydorn, H.-J. (1970). Über den Widerspruch von Bildung und Herrschaft. Frankfurt am Main.

Heydorn, H.-J. (1979). Bildungstheoretische Schriften. Bd. 1. Frankfurt am Main.

Kal, D. (2006). Gastfreundschaft. Das niederländische Konzept Kwartiermaken als Antwort auf die Ausgrenzung psychiatrieerfahrener Menschen. Neumünster

Keeley, B. (2007): Human Capital. How what you know shapes your life. OECD insights. Paris

Knobloch, C. (2010): Wir sind doch nicht blöd! Die unternehmerische Hochschule. Münster

Klafki , W. (1959). Das pädagogische Problem des Elementaren und die Theorie der kategorialen Bildung. Weinheim

Klafki, W. (1996). Neue Studien zur Bildungstheorie und Didaktik. Zeitgemäße Allgemeinbildung und kritisch-konstruktive Didaktik (4. Aufl.; 1. Aufl. 1985). Weinheim

Koch-Priewe, B., Stübig, F. & Arnold, K.-H. (2007). Das Potenzial der Allgemeinen Didaktik. Stellungnahmen aus der Perspektive der Bildungstheorie von Wolfgang Klafki. Weinheim/Basel

Koch-Priewe (2007). Didaktik: Vermittlungswissenschaft oder (doch) bildungstheoretisches Konzept? Pädagogische Rundschau 61, 545–558

Koch-Priewe (2010). Wolfgang Klafki. Einführung in Leben, Werk und Denken. In Zierer und Saalfrank, Zeitgemäße? Klassiker der Pädagogik. Paderborn (im Druck)

Krautz, J. (2009). Bildung als Anpassung? Das Kompetenz-Konzept im Kontext einer ökonomisierten Bildung. Online unter URL: http://fachbereich-bildungswissenschaft.de/wp-content/uploads/krautz-bildung-als-anpassung.pdf lässt sich nicht abrufen (24.08.2010)

Lieb, W. (2010). Von der Leyen spielt die Bildungskarte aus – oder die Kapitulationserklärung der Bildungspolitik (Online unter URL: http://www.nachdenkseiten.de/?p=6542)

Meyer, A.-H. (2004). Kodifizieren mit der ICF: Klassifizieren oder Abklassifizieren? Heidelberg.

Münch, J. (1997). Be-hindert – Schicksal, Fakt oder soziales Konstrukt? Zum aktuellen Stand der wissenschaftlichen und politischen Diskussion um den Behinderungsbegriff. neue praxis. Zeitschrift für Sozialarbeit, Sozialpädagogik und Sozialpolitik, 27, 236–243

Muñoz, V. (2009). Bildung ist ein Recht und keine Ware – Für eine Bildung gleich hoher Qualität für alle. Vortrag des UN-Sonderberichterstatters am 07.06.09 in Oldenburg. Online unter URL: http://www.munoz.uri-text.de/ (07.10.2009)

Preuß-Lausitz, U./Stöppler, Th. (2010, 04. Februar). Das Recht auf Miteinander. Ein Streitgespräch. DIE ZEIT, Nr. 6, Online unter URL: http://www.zeit.de/2010/06/Streitgespraech-Integration?page=1 (20.02.2010)

Quinn, G. & Degener, Th. (2002). Human Rights and Disability. The current use and future potential of United Nations human rights instruments in the context of disability, United Nations, New York, Geneva. Online unter URL: http://www.unhchr.ch/disability/study.htm

Quinn, G. & Degener, Th. (2002a). A Surway of International, Comparative and Regional Disability Law Reform. Online unter URL:
http://www.nuigalway.ie/law/Common%20Files/Disability%20Research%20Unit/GQ/Degener%20-%20Quinn%20paper.pdf

Schattenübersetzung UN-Konvention (2009). Online unter URL: http://www.netzwerk-artikel-3.de/index.php/dokumente/doc_details/2-schattenuebersetzung-un-konvention- (25.08.2010)

Schubert, Klaus/Martina Klein: Das Politiklexikon. 4., aktual. Aufl. Bonn: Dietz 2006. (Stichwort "Ideologie" online unter URL: Bundeszentrale für politische Bildung: Ideologie. Online unter URL: http://www.bpb.de/popup/popup_lemmata.html?guid=YEFPU0 (24.08. 2010)

Stein, A.-D. (2006). Inkludierende Lern- und Lebensbedingungen herstellen – Begründungen und Ausbildungsziele im Internationalen BA- und MA-Studiengang Integrative Heilpädagogik/Inclusive Education an der EFH Darmstadt. Gemeinsam leben. Zeitschrift für integrative Erziehung 14, 4–12

Stein, A.-D. (2008). Integration als Möglichkeitsraum der Vergesellschaftung von Individuen. In Behindertenpädagogik 47, 283-298.

Stein, A.-D. (2009). Lernen am Widerspruch - eine Skizze zum Studiengang Integrative Heilpädagogik/Inclusive Education. EFH Darmstadt: Unveröffentl. Manuskript

UN (2006). UN-Convention on the Rights of Persons with Disabilities. Online unter URL: http://www.un.org/disabilities/convention/conventionfull.shtml (07.02.2010)

UN (1948): Allgemeine Erklärung der Menschenrechte. Online unter URL http://www.humanrights.ch/home/?idcat=7 (07.09.2009)

UNESCO (1994): The Salamanca Statement and Framework for Action on Special Needs Education. Online unter URL: http://www.unesco.org/education/pdf/SALAMA_E.PDF (07.02.2010)

World Health Organization. (2001) International Classification Functioning, Disability and Health (ICF). Geneva: World Health Organization. Online unter URL: Online unter URL: http://www.dimdi.de/static/de/klassi/icf/index.htm (24.08.2010)

Fußnoten

1 Überarbeitetes Manuskript eines Vortrags beim Kölner Kongress "Eine Schule für alle – Vielfalt gestalten" an der Universität zu Köln am 13. März 2010, veranstaltet von der Elterninitiative mittendrin e.V.:
"Gemeinsame Aufgaben – Gemeinsame Lehrerbildung. Zur Neuorientierung der Lehrerbildung für eine inklusive Schule in Deutschland und Schweden. Konzepte, Erfahrungen, Perspektiven."

2 In deutscher Übersetzung als Behindertenrechtskonvention (BRK) nach Ratifizierung durch den Bundesrat im Bundesgesetzblatt Teil 2 Nr. 35 am 31.12.2008 veröffentlicht und seit dem 26.3.2009 in Deutschland völkerrechtlich bindend.

3 Der Text enthält nur Teil 1 des Vortrags zur normativen Dimension, Teil 2 und 3 zur strukturellen und curricularen Dimension werden an anderer Stelle veröffentlicht.

4 Nachträgliche Anmerkung des Verfassers: Die geplante limitierte Portionierung von "Bildung" und "Nachhilfe" auf einer "Chip-Karte" für Kinder ist – bereits in der Idee – sichtbarer Ausdruck des "Erfolgs" neoliberaler Umdeutungen, Verknappung und almosenhaften Zuteilung von Bildung als Ware für die, die sie sich nicht leisten können (vgl. auch Lieb, 2010).

5 Aktualität und Gebrauchswert der Klafkischen Theorie hat sich auch während des Bildungsstreiks 2010 an der Kölner Universität gezeigt. Dieser hat sich insofern als bildungswirksam erwiesen, als sich in den studentischen Diskussionen und Forderungen genau ein solches Konzept von Bildung widerspiegelte, wenn auch nicht immer die theoretischen Bezugspunkte aufgezeigt wurden.

6 Mit Bezug zum oben dargelegten Verständnis von "Ideologie" (vgl. Schubert & Klein, 2006) hält der Verfasser in diesem Zusammenhang den Begriff des "Mythos" für zutreffender. "Mythos" kann als „Erzählung" einer gesellschaftlichen Gruppe oder Kultur charakterisiert werden, welche deren Geschichte, Identität, Ansprüche, Rechte etc. repräsentiert. Ein Mythos ermöglicht die Selbstvergewisserung nach innen und legitimiert die Aufrechterhaltung, Tradierung und Verteidigung dieser "Erzählung" und der damit verbundenen Ansprüche und Rechte nach außen.

7 Der Quellennachweis ist verlorengegangen. Hinweise nehme ich gern entgegen (J. M.).

Eine Schule für Alle. *Vielfalt leben!*

Eine Schule für Alle. *Vielfalt leben!*

Eine Schule für Alle. *Vielfalt leben!*

Eine Schule für Alle. *Vielfalt leben!*

Eine Schule für Alle. *Vielfalt leben!*

Eine Schule für Alle. *Vielfalt leben!*

Eine Schule für Alle. *Vielfalt leben!*

Eine Schule für Alle. *Vielfalt leben!*

Eine Schule für Alle. *Vielfalt leben!*

Eine Schule für Alle. *Vielfalt leben!*

Eine Schule für Alle. *Vielfalt leben!*

Eine Schule für Alle. *Vielfalt leben!*

Eine Schule für Alle. *Vielfalt leben!*

Eine Schule für Alle. *Vielfalt leben!*

„KUNST GIBT NICHT DAS SICHTBARE WIEDER, SONDERN KUNST MACHT SICHTBAR" (Paul Klee, 1920)

Dr. Jürgen Münch

Intentionen, Konzeption und Perspektiven des Vertiefungsmoduls „Heterogenität und Inklusion" im sonderpädagogischen Lehramtsstudium – Ein universitäres Theorie-Praxis-Seminar in Zusammenarbeit mit integrativen Schulen in Köln unter besonderer Berücksichtigung des Förderschwerpunkts geistige Entwicklung (2006–2010)[1]

In einem je einjährigen Projektseminar zur „Inklusiven Schulentwicklung im Kölner Raum" haben mittlerweile in vier Durchgängen etwa 130 Studierende des Lehramts für Förderpädagogik im Hauptstudium in Tandems bzw. Teams den Gemeinsamen Unterricht an Kölner Schulen kennengelernt, erforscht und für ihre eigene Berufsperspektive reflektiert. Gleichzeitig erfolgte in Verbindung mit dem Seminar eine Vertiefung der bestehenden und sukzessiv erweiterten Vernetzung der Universität bzw. des Lehrstuhls „Pädagogik und Didaktik bei Menschen mit geistiger Behinderung" mit Schulen, Selbstvertretungsorganisationen, Elternverbänden, Schulaufsicht, Stadtverwaltung, Politik, Stiftungen und Medien im Kölner Raum (s. Projektseminar Sonderpädagogisch-Didaktische Kompetenzen 4 – SDK4. Online unter URL: http://www.hf.uni-koeln.de/32894).

1. INTENTIONEN

Sowohl bundesweite als auch regionale Untersuchungen weisen aus, dass der Anteil von SchülerInnen mit dem Förderschwerpunkt geistige Entwicklung im Gemeinsamen Unterricht absolut und proportional unterrepräsentiert ist und seit 15 Jahren auf einem zahlenmäßig niedrigen Niveau stagniert (Koch, 2010; Frühauf, 2008; Schnell, 2006). Die damit einhergehende generalisierende und (de-)klassifizierende Einteilung in leichter, schwerer und gar nicht zu integrierende SchülerInnen entspricht einerseits nicht den von der UNESCO (1994, 2010) wie von der UN (2006; Muñoz, 2009) und von Vertretungsorganisationen (Bundesvereinigung Lebenshilfe 2009; Hinz, Körner & Niehoff, 2010) vorgegebenen bildungspolitischen und pädagogischen Leitorientierungen und hat andererseits aus Sicht und nach Erfahrungen des Verfassers weder in der Theorie noch in der Empirie einen argumentativen Rückhalt.

Zentrale Intention des nachfolgend beschriebenen Seminars für angehende LehrerInnen ist es von daher, mit Bezug zu diesen Leitorientierungen – wie auch zu den verbreiteten negativen Generalisierungen – die Möglichkeiten der inklusiven Bildung, insbesondere von SchülerInnen mit dem Förderschwerpunkt geistige Entwicklung, im Kölner Raum zu erforschen und zu erweitern, qualitativ angemessene Bedingungen zu beschreiben und zu stärken, die Weitergabe von Erfahrungen anzuregen. Daraus lässt sich für das Seminar eine zweifache Zielsetzung ableiten:

- Kooperative Lehrerbildung durch Situiertes und Forschendes Lernen
- Kooperation und Vernetzung in der Region Köln

2. DIDAKTISCHER KONTEXT

Didaktische Leitidee ist die Parallelität und Verschränkung von universitären und schulischen Lehr-/Lernsettings in einem aufgabenorientierten und herausfordernden Kontext. Für die erziehungswissenschaftliche Reflexion und pädagogische Arbeit wird dabei in Hochschule und Schule auf einen gleichen theoretischen Hintergrund abgehoben, insbesondere auf die bildungstheoretische, kritisch-konstruktive Didaktik Wolfgang Klafkis (1959, 1996) und auf didaktische Konzeptionen, die sich auf die Kulturhistorische Schule in der Psychologie beziehen (Feuser, 2004; Jantzen, 2000, 2008; Vygotskij, 1931/2001; Zimpel, 2010). Diese didaktische Korrespondenz in der universitären wie schulischen Arbeit ermöglicht den Studierenden einen Transfer ihrer eigenen Erfahrungen als Lernende in ihre Praxis als (lernende) Lehrende. Konzepte offener Lernorganisation und selbstverantworteten Lernens in der Schule bedürfen der vorherigen Erfahrung in der eigenen Lernbiografie.

Allerdings steht nicht wie in den Unterrichtspraktika die Einübung in das Lehrerhandeln im Vordergrund dieses Theorie-Praxis-Seminars, sondern die (forschende) Reflexion über den Kontext und die Gelingensbedingungen schulischer Praxis. Übergreifendes Ziel ist die theoretisch-konzeptuelle Durchdringung und Analyse beobachteter oder selbst erfahrener Praxis. In engem Zusammenhang damit sehen wir das Ziel einer erweiterten (Selbst-) Wahrnehmung und einer erweiterten eigenständigen Urteils- und Dialogfähigkeit bezogen auf die hier erlebte und zukünftige eigene Schul- und Unterrichtspraxis.

„Wissenschaft hat nicht nur die Gegebenheiten oder realen Erscheinungen zu analysieren, sondern vielmehr nach dem Verborgenen, hinter der Erscheinung Liegenden, zu fragen. Das Reale kann Ausgangspunkt des Denkens bzw. der Betrachtung sein, Forschung muss jedoch nach Möglichkeiten der Erklärung suchen ..." (Ziemen, 2004, S. 256). Insbesondere schließen die genannten didaktischen Konzeptionen in alle Überlegungen zur theoretischen Begründung und Praxis von Unterricht und Schulentwicklung gesellschafts- und bildungspolitische Kontexte wie soziale Umverteilung und Marginalisierung im Zusammenhang mit Armut, Migration, Gender, Behinderung explizit ein, damit nicht „bei Strafe immer wiederkehrender Wirkungslosigkeit" die „...tatsächliche(n) Hindernisse..." einer „ernsthaft an (den) Zielen Gerechtigkeit und Emanzipation orientierte(n) Praxis" (Bourdieu, 2001, S.10) und eine faktische Stagnation in den Wirkungen pädagogischen Handelns unerkannt, unbefragt und unbearbeitet bleiben (Münch 2010a). Hierüber begründet sich auch die Verknüpfung vorstehender didaktischen Konzepte mit der Reflexiven Soziologie Bourdieus, die ebenfalls Gegenstand und theoretischer Hintergrund dieses Seminars ist (Friebertshäuser, Rieger-Ladich & Wigger, 2006; Ziemen, 2002, 2008).

Die eingangs eher pragmatisch und auf die Organisationsebene bezogene Beschreibung der Seminarintentionen lässt sich hinsichtlich der Frage, welcher didaktische Erkenntnishorizont für die Studierenden angestrebt wird, mit einer auf das Seminar zu transferierenden Formulierung von Paul Klee erweitern und auf den Punkt bringen: Kunst gibt nicht das Sichtbare wieder, sondern Kunst macht sichtbar" (1920). Dazu werden parallel und gleichwertig mehrere Ebenen thematisiert, die der Reflexion zugänglich gemacht werden sollen:

- die Gegenstands- bzw. Inhaltsebene, die sich in der Schul- und Hochschulwirklichkeit wie in theoretischen Diskursen sowie der Projektidee bzw. dem Praxis- und Forschungsprojekt manifestiert,
- die Beziehungsebene, die sich in diskursivem Dialog und Vereinbarungen, Kommunikation und Kooperation in Schulc und Hochschule zeigt,
- die Ebene des Erlebens bezogen auf sich selbst, auf andere und den Gegenstand/die Projektidee/das Projekt.

Entsprechend sind in der Modulbeschreibung als Qualifikationsziele die theoriegeleitete und praxisgestützte Aneignung und Reflexion von drei Modul-Bausteinen ausgewiesen:

- **Baustein 1 – Diskurs**
  Theoretisches Grundlagenwissen/Humanwissenschaftl. Diskurse

- **Baustein 2 – Reflektierte Praxis**
  Pädagogisch-didaktisches Wissen/Kompetenzen
  Selbsterfahrung in offenen/selbstverantworteten Lehr-/Lernformen
  Kooperation im Team

- **Baustein 3 – Forschung**
  Innovationskompetenzen/Forschungskompetenzen

Zusammengefasst stehen bei der hochschuldidaktischen Realisierung Momente und Annahmen im Vordergrund, die neben der Verankerung im erwähnten theoretischen Kontext auch eine Begründung in korrespondierenden Konzepten des Forschenden und Situativen Lernens und in Befunden neurowissenschaftlicher Forschung haben (vgl. Koch-Priewe, 2007; Münch, 2008; Roters u.a, 2009).

- (Aufgabenorientiertes) Lernen in situativen Handlungskontexten
- Lernen als selbstverantwortete, individuell sinnhaft erlebte Aneignung von Wissen und Fähigkeiten
- (Forschendes) Lernen und Aufbau kognitiv-reflexiver Strukturen im sozialen und kooperativen Prozess
- Aufbau beruflicher Identität als zentrales Anliegen („Professionelles Selbst")
- Situative (Handlungs-)Kontexte entwickeln sich mit den lernenden Menschen weiter

TeilnehmerInnen und Sozialformen. Das Schwerpunkt- bzw. Vertiefungsmodul Sonderpäda-gogisch-Didaktische Kompetenzen 4 (SDK 4) ist im modularisierten Lehramtsstudiengang für Förderpädagogik an der Universität zu Köln als Seminar mit drei Veranstaltungen von je zwei Semesterwochenstunden verteilt über zwei Semester eines Studienjahres ausgewiesen. Das Seminar wurde bislang im Teamteaching von zwei bzw. drei DozentInnen und einer studen-tischen Mitarbeiterin [2] mit 36 Studierenden durchgeführt. Im Studiengang ist es das einzige Seminar, bei dem die Studierendengruppe über drei Veranstaltungen und ein Jahr konstant bleibt. Dabei bilden die Studierenden zu viert ein Team, je bestehend aus zwei Tandems, ord-nen sich als Team zwei verschiedenen Klassen einer integrativen Schule zu und arbeiten in verschiedenen Sozialformen

- Individuelle Arbeit
- Arbeit im Tandem
- Arbeit im Team (2 Tandems bilden je ein Schulteam)
- Arbeit in vier Theorie-Werkstätten (je 9 Studierende, je 1 Stud. aus jedem Schulteam) und kooperativer Wissenstransfer im Workshop
- Plenum

Teams, Schulen und Jour fixe. Bislang waren sieben Grundschulen und zwei Gesamtschulen angefragt und an dem Projekt beteiligt. Die „aufnehmenden" und begleitenden LehrerInnen-teams an den Schulen werden jeweils vor Beginn der schulischen Praxis- bzw. Erkundungs-phase der Studierenden zu einem jährlich im November stattfindenden Jour fixe eingeladen, bei dem die Forschungsergebnisse des je vorhergehenden Studierendenjahrgangs vorgestellt werden. Des Weiteren erfolgen dort ein Austausch und Verabredungen zwischen vorherge-henden wie neuen Studierendenteams und den LehrerInnenteams. Darüber hinaus sind im Sinne der Seminarintention bezogen auf die Kooperation und Vernetzung in der Region auch Schulleitungen und wie eingangs beschrieben weitere TeilnehmerInnen aus anderen Instituti-onen eingeladen und beteiligt.

- Team 1 Städtische Gemeinschaftsgrundschule Weimarer Straße
- Team 2 Integrative Gesamtschule IGS Rodenkirchen
- Team 3 Städtische GGS Mülheimer Freiheit
- Team 4 Städtische GGS Zwirnerstraße
- Team 5 Städtische Ev. Ernst-Moritz-Arndt-Schule
- Team 6 Integrative Gesamtschule IGS Holweide
- Team 7 Städtische Kath. Célestin-Freinet-Schule
- Team 8 Peter-Petersen Schule Am Rosenmaar
- Team 9 Aktive Schule Köln (AKS) Wasseramselweg

Theoriewerkstätten und Seminarverlauf im Studienjahr. Die vier parallel durchgeführten The-oriewerkstätten sind zu Beginn des Studienjahres platziert und ermöglichen im Sinne des Ko-operativen Lernens (Green, 2005) eine nur kooperativ zu erbringende Aneignung und Reflexion der theoretischen Inhalte (u.a. an einem Workshoptag) sowie ihren kooperativen Transfer in die anschließende schulische Erkundungsphase und Forschungsprojekte. Jedes Team teilt sich dazu zeitweise auf die Werkstätten mit folgenden Themenfeldern auf:

- Bildungstheorie und kritisch-konstruktivistische Didaktik von Wolfgang Klafki
- Theorie der Kulturhistorischen Schule und didaktische Aspekte
- Bildung/Bildungssysteme in der Perspektive der Reflexiven Soziologie Pierre Bourdieus
- Heterogenität und Inklusion – aktuelle Diskurse und Entwicklungen (international, BRD und Köln)

Seminarverlauf: Die drei Seminarveranstaltungen entsprechen von den inhaltlichen Anforderungen den drei beschriebenen Modulbausteinen. Zur Anbahnung und Vertiefung einer integrierten Sicht von Theorie und Praxis sind die Bausteine 1 und 2 zu Beginn in einer vierstündigen Veranstaltung zusammengefasst, deren erstes Drittel zu Beginn des Wintersemesters der Einführung in die Modulthematik während universitärer Seminartermine, das zweite Drittel den Erkundungen in den Schulen (mindestens 5 Schultage verteilt über 5 Wochen) und das letzte Drittel der Reflexion dieser Inhalte und Erfahrungen sowie der Exploration eines Forschungsprojekts in Gespräch und Abstimmung mit Lehrenden in Schulen und Hochschule gewidmet ist. Baustein 3 ist der konkreten Planung, Durchführung und Auswertung des Forschungsprojektes in den Schulen im Sommersemester zugeordnet. Im folgenden eine Skizze zum Seminarverlauf im Studienjahr:

Wintersemester: Baustein 1 und 2

- Team- und Tandembildung,
- Diskurse, Werkstattarbeit und Workshoptag
- Jour fixe
- Erkundungsphase in Schulen und parallele Portfolio-Reflexion
- Forschungsmethoden I und Expose zum Forschungsprojekt
- In den Semesterferien optional: Teamtreffen, Schulbesuche, Praktika

Sommersemester: Baustein 3

- Forschungsmethoden II
- Begleitete Durchführung des Forschungsprojekts in Schulen
- Forschungsbericht
- Diskurse, Portfolio-Reflexion und Feedbackgespräche
- Abschlussfest

Nachfolgendes Wintersemester

- Jour fixe: ffifentliche Präsentation der Forschungsergebnisse und Beratung der Nachfolgeteams (einmaliger Termin)
- Optional: Mündliche oder schriftliche Modulprüfung; Examensarbeit zum Modulthema bzw. als Fortführung des Forschungsprojekts

Studienleistungen, Erkundungsphase und Forschungsprojekte. In der Studienordnung sind für das Modul SDK4 Studienleistungen im Umfang von 240–270 Stunden bei 8 bis 9 Creditpunkten vorgesehen. Im Seminar verteilt sich dies auf die Bearbeitung der Werkstattaufgaben, auf die Erstellung eines Portfolios zur Ergebnissicherung und Entwicklungsreflexion (Umfang und Inhalt sind abgesehen von strukturellen Vorgaben freigestellt), auf die Realisierung eines Forschungsprojekts (Exposé – Projektdurchführung – Forschungsbericht) sowie auf die öffentliche Ergebniskommunikation und die Einführung des Nachfolgeteams beim Jour fixe. Die Leistungsbewertung erfolgt in Kooperation von Lehrenden und Studierenden gemäß zu Seminarbeginn getroffener Vereinbarungen.

Die Erkundungsphase in der Schule ist hinsichtlich der Vorgaben und Anforderungen aufgrund der nun mehrjährigen Erfahrungen nicht mehr „produktbezogen" auf die Gestaltung einer Unterrichtsstunde oder -einheit, einer detaillierten Schülerbeschreibung o.ä. ausgerichtet, sondern kann nach jeweiligen Vereinbarungen von Studierenden und LehrerInnen frei gestaltet werden. Ziel ist es, dass die Studierenden sich in den Klassen- und Schulalltag „einfädeln", die Schule und das Bedingungsgefüge des Gemeinsamen Unterrichts kennenlernen und dies für sie mit einer teilnehmend-beobachtenden Aktivität (nicht lediglich Hospitation) verbunden ist. Das Spektrum kann hier von einer definierten Schülerbegleitung, Unterrichts- oder Aktivitätsangebot, Materialerstellung und -erprobung, Beteiligung an Unterrichtsvorbereitung, usw. reichen. Die Studierenden machen sich dazu seit dem aktuell laufenden Durchgang im Vorhinein den LehrerInnen als Team bekannt: „Was wir können ..." Im Idealfall sollte die Erkundungsphase für Schüler, Schule und den Unterrichtsablauf sinnvoll, für die LehrerInnen bereichernd, hilfreich und entlastend und für die Studierenden mit neuen Erfahrungen und Kenntnissen verbunden sein. Bei den Erkundungen können die Studierenden zum einen auf die Vorarbeiten und Dokumentationen ihrer Vorgänger zurückgreifen. Zum anderen haben sie sich während der Theoriewerkstätten mit Methoden der Schüler- und Unterrichtsbeobachtung, mit dem Dokumentationsraster zur inneren Differenzierung von Klafki (1996, S.187 f.) sowie mit dem systemisch orientierten „Index für Inklusion" vertraut gemacht, so dass ihnen nun ein flexibel einzusetzendes Beobachtungs-, Dokumentations- und Reflexionsinstrumentarium zur Verfügung steht. Für ihre Selbstreflexion und Portfolieaufzeichnungen sind außerdem die Möglichkeiten des Forschungs- bzw. Lerntagebuchs während der Einführungsphase thematisiert worden (Altrichter & Posch, 2007; Gläser-Zikuda & Hascher 2007).

Die Forschungsprojekte werden aus den Erkundungsphasen heraus und jeweils bezogen auf die vorgefundene Schul- und Unterrichtssituation durchgeführt und sollten neben Ausbildungsaspekten vor allem auch die konkreten Bedürfnisse der Schulen bzw. SchülerInnen und LehrerInnen berücksichtigen. Entsprechend der eingangs hervorgehobenen Seminarintention geht es darum, die Möglichkeiten der inklusiven Bildung im Kölner Raum auszuweiten. Bedingungsfelder, Erfahrungs- und Entwicklungsstand des Gemeinsamen Unterrichts (GU) in Grundschulen und in der Sekundarstufe allgemeiner Schulen sollen dokumentiert, reflektiert und öffentlich zugänglich gemacht und ein Erfahrungs- und Kompetenztransfer zwischen den Schulen unterstützt werden, insbesondere auch bei Schulen, die bislang noch keine SchülerInnen mit dem Förderschwerpunkt geistige Entwicklung aufgenommen haben. Mögliche Forschungsziele sind:

- Lernsituation und emotional-soziale Situation und von Kindern/Jugendlichen – insbesondere von SchülerInnen mit dem FS geistige Entwicklung – im GU beschreiben und dokumentieren
- SchülerInnen-, Eltern-, LehrerInnen-, Schulleitungsperspektiven darstellen, reflektieren und dokumentieren
- Vorliegende Erfahrungen und Geschichte einzelner allgemeinen Schulen mit der Bildung und Erziehung – insbesondere von SchülerInnen mit dem FS geistige Entwicklung – im Überblick und an Beispielen darstellen, reflektieren und dokumentieren
- (Fach-)Didaktische Konzepte und Methoden in integrativen/inklusiven Kontexten unter Berücksichtigung von Entwicklungsorientierung und Differenzierung an Kölner Schulen beschreiben, erproben, reflektieren, dokumentieren
- Konzepte diagnostischer Lernbegleitung und Unterstützung im Hinblick auf die individuelle Entwicklung von Kindern und Jugendlichen mit sonderpädagogischem Förderbedarf – insbesondere mit dem Förderschwerpunkt geistige Entwicklung – erarbeiten, durchführen, reflektieren, dokumentieren
- Kooperationsformen und -prozesse in Universität und Schule bzw. mit weiteren Institutionen erleben, entwickeln, beschreiben, reflektieren, dokumentieren
- Inklusive Entwicklungsideen, schulrechtliche Grundlagen, kommunale Perspektiven, Aktivitäten von Initiativen oder Netzwerke in der Stadt Köln wahrnehmen, beschreiben, dokumentieren
- Schulentwicklung an Kölner Schulen – u.a. orientiert am Index für Inklusion – teilnehmend erleben, reflektieren und dokumentieren

Während bisherige Studierendendurchgänge vielfach Fragen der sozialen und emotionalen Entwicklung und der sozialen Integration thematisiert haben, ist für den fünften Durchgang eine Fokussierung auf didaktische Fragestellungen vorgeschlagen. Die Einführung in Forschungsmethoden und die Durchführung der Forschungsprojekte folgt dabei einem hochschuldidaktischen Modell, welches anderenorts beschrieben ist (Erbring & Münch, 2009).

4. ERGEBNISSE UND PERSPEKTIVEN

Rechnet man das vorausgegangene Pilotseminar des vorhergehenden Lehrstuhlinhabers, Prof. Dr. em. Walther Dreher, dazu, haben bereits vier Durchgänge jeweils ein Jahr lang neben ihren theoretischen Studien die Praxis des Gemeinsamen Unterrichts in Kölner Schulen kennenlernen können. Ein fünfter Durchgang mit 36 Studierenden hat im WS 2010/11 begonnen, so dass mit Abschluss dieses laufenden Studienjahres etwa 160 Studierende an diesem Theorie-Praxis-Seminar zu Heterogenität und Inklusion teilgenommen haben. Wir erleben, dass die Studierenden bislang mit nur geringem, seit Ratifizierung der UN-Konvention mit ein wenig erweitertem Vorwissen, überwiegend jedoch ohne praktische Einblicke in den GU das Projektseminar beginnen. Doch bis zum Ende des Studienjahres haben sie sich auch bei der vergleichsweise geringen Erkundungszeit ein sehr differenziertes Bild von den Schwächen und Stärken des Gemeinsamen Unterrichts erarbeitet und – trotz der häufig als unzulänglich erlebten Rahmenbedingungen – in der Mehrzahl einen positiv-konstruktiven Standpunkt zur Frage inklusiver Schulentwicklung entwickelt. Die Tätigkeit an einer Regelschule ist für viele eine mögliche und für manche eine attraktive Option für Ihre Berufsbiografie geworden. Hierzu hat vor allem auch die langfristige Bereitschaft der Schulleitungen, die Schule für dieses Seminar zu öffnen, das lebendige Modell unterrichtender LehrerInnenteams und das Engagement von KollegInnen bei der Begleitung und im Austausch mit den Studierenden – und nicht zuletzt das Erleben der SchülerInnen im GU – beigetragen. Für die weitere Entwicklung in der Region können insbesondere angesichts des begonnenen und anstehenden Generationswechsels in vielen Schulen mit Gemeinsamem Unterricht diese 160 angehenden LehrerInnen eine nicht unerhebliche Ressource darstellen, so sie denn für die Kölner Region angefragt und gewonnen werden können.

Nachstehende Forschungsprojekte, die im Seminar durchgeführt wurden, bzw. derzeit durchgeführt werden und teilweise als Examensarbeiten aus dem Seminar erwachsen sind, mögen als Beispiele für Realisierungen der Seminarintention dienen.

- Köln – eine Stadt auf dem Weg zu inklusiven Schulen??Eine Studie zur Entwicklung des Gemeinsamen Unterrichts von 1995–2010 unter besonderer Berücksichtigung der Schülerinnen und Schüler mit dem Förderschwerpunkt geistige Entwicklung
- Schriftspracherwerb mit SchülerInnen mit dem Förderschwerpunkt geistige Entwicklung im integrativen Unterricht der Grundschule
- Teil 1: Didaktische Konzepte zum Schriftspracherwerb – Zum Stand der Fachdiskussion in der Fachdidaktik und in der Geistigbehindertenpädagogik; Teil 2: Unterrichtskonzepte und Erfahrungen im integrativen Unterricht an der Ernst-Moritz-Arndtschule in Köln-Rodenkirchen (Kooperationsarbeit)
- Ist die „non-direktive Pädagogik", wie sie an der Aktiven Schule Köln umgesetzt wird, für die SchülerInnen mit dem Förderschwerpunkt geistige Entwicklung didaktisch sinnvoll?
- Langzeitbegleitung eines schwerst mehrfachbehinderten Jungen in der Peter-Petersen-Schule Am Rosenmaar
- „Tribes Learning Communities". Ein Konzept für den Unterricht in heterogenen Gruppen unter besonderer Berücksichtigung von SchülerInnen mit dem Förderschwerpunkt geistige Entwicklung (entstanden im Kontext der Unterrichtserfahrungen an der GGS Zwirner Straße)

Lokale und regionale Vernetzung. Gemeinsamer Unterricht hat im Kölner Raum eine etwa 30-jährige Geschichte, an der mittlerweile über 20 Schulen beteiligt sind. Trotz eingeschränkter Ressourcen und nur bedingt integrationsfreundlicher bildungspolitischer Rahmenbedingungen haben die Schulen ihre interne Schulentwicklung vorangetrieben. Mit dem Beschluss des Rates der Stadt Köln zum Gemeinsamen Unterricht (2007), der die Verwaltung beauftragte, ein Konzept zu entwickeln, welches die GU-Plätze in Köln bis 2010 verdoppelt, einem weiteren Beschluss mit der Beauftragung der Verwaltung zur Erstellung eines Inklusionsplans (2010) sind Rahmenvorgaben gemacht, die eine deutliche quantitative und qualitative Ausweitung des GU induzieren, auch wenn die Vorgabe von 2007 noch nicht erfüllt wurde. Der hier skizzierte lokale Prozess ist verschränkt mit Aktivitäten der kommunalen und regionalen Schulverwaltung und Schulaufsicht sowie mit einem Netzwerk teilweise langjährig bestehender lokaler und regionaler schulbezogener Arbeitskreise insbesondere von LehrerInnen und SchulleiterInnen. Des Weiteren ist 2007 in Köln die Position einer Städtischen Behindertenbeauftragten eingerichtet worden, deren Informations- und Vernetzungsarbeit – u.a. auch in Zusammenarbeit mit der Stadtarbeitsgemeinschaft Behindertenpolitik – die beschriebene Entwicklung unterstützt. Maßgeblich beeinflusst wurde die Gesamtentwicklung in jüngster Zeit durch Forderungen und Veranstaltungen von Eltern, insbesondere durch die von der Kölner Elterninitiative „mittendrin e.V." in der Universität veranstalteten Kongresse „Eine Schule für alle!" im November 2007 und „Vielfalt leben!" im März 2010, mit denen der aktuelle Bedarf an GU-Plätzen in die öffentliche Diskussion und in den Rat der Stadt gebracht worden sind. Die bezogen auf diese Institutionen und Inititativen angestrebte Vernetzung in der Region, wie eingangs bei der Erläuterung der Intentionen beschrieben, ist erfolgt und hat sich über den mittlerweile dritten Jour fixe, über kontinuierliche wechselseitige Information und gemeinsame Aktivitäten – nicht zuletzt im Zusammenhang mit dem am Lehrstuhl aufgebauten Internetportal „Integration/Inklusion Köln" (www.inkoe.de) – bei konkreten Kooperationen etabliert.

Ein wesentlicher hochschuldidaktischer Schritt bleibt jedoch noch zu tun. Der teilnahmeberechtigte Adressatenkreis des Seminars ist derzeit auf Studierende des Lehramts für Förderpädagogik im Hauptstudium mit dem Förderschwerpunkt geistige Entwicklung begrenzt. Im Studiengang wird das Modul SDK 4 aktuell nur als Vertiefungsstudium im Wahlpflichtbereich als fachrichtungsspezifisches Modul im Förderschwerpunkt geistige Entwicklung angeboten. Diese Einschränkung ist gegenüber vorhergehenden Studienordnungen ein Rückschritt, wie an langjährigen und dokumentierten Erfahrungen des Verfassers in der Zusammenarbeit von Schulpädagogik und Sonderpädagogik in gemeinsamen Seminaren mit Studierenden aller Lehrämter im Zeitraum 2000–2004 aufgezeigt werden kann (Koch-Priewe & Münch, 2005, 2006). Die Einschränkung entspricht vor allem nicht der nach Art. 24 der UN-Konvention mit der Ratifizierung rechtsverbindlich zugesicherten Gewährleistung eines „inklusiven Bildungssystems auf allen Ebenen", die mit der vorrangigen Weiterentwicklung der allgemeinen Schulen auch eine entsprechende Weiterentwicklung der Lehrerbildung für alle LehrerInnen notwendig macht. Deshalb ist kurzfristig eine Verknüpfung des Moduls als fachrichtungsübergreifendes und vor allem studiengangsübergreifendes Modul mit anderen Studienangeboten, mittel- und langfristig ein an der UN-Konvention (2006) orientiertes gemeinsames Lehramtsstudium für alle Lehrämter, anzustreben (Münch, 2010). Dazu könnte bereits heute eine informelle Tandembildung zwischen Lehrenden und Studierenden mit und ohne sonderpädagogische Schwerpunktsetzungen – insbesondere auch unter Einbezug der Fachdidaktiken – ein guter Beginn sein.

Fußnoten

1   Üerarbeitetes Manuskript eines Vortrags von Dr. Jürgen Münch, Prof.'in Dr. Kerstin Ziemen und Studierenden („Vertiefungsmodul ‚Heterogenität und Inklusion' im Lehramtsstudium") beim Kölner Kongress „Eine Schule für alle – Vielfalt gestalten" an der Universität zu Köln am 13. März 2010, veranstaltet von der Elterninitiative mittendrin e.V.

2   Andreas Köpfer, Kim Müller-Florath, Jürgen Münch, Kerstin Ziemen

Literatur

Altrichter, H. & Posch, P. (2007). Lehrer erforschen ihren Unterricht (4.Aufl.). Bad Heilbrunn

Bourdieu, P. (2001). Wie die Kultur zum Bauern kommt. Hamburg

Bundesvereinigung Lebenshilfe (2009): Gemeinsames Leben braucht gemeinsames Lernen in der Schule. Schulische Bildung im Zeitalter der Inklusion. Ein Positionspapier der Bundesvereinigung Lebenshilfe für Menschen mit geistiger Behinderung e.V. Marburg. Online unter URL:http://www.lebenshilfe.de/wDeutsch/aus_fachlicher_sicht/downloads/GemeinsamesLebenbrauchtgemeinsamesLernen.pdf

Erbring, S. & Münch, J. (2009). Forschen lernen durch Forschendes Lernen. In B. Roters, R. Schneider, B. Koch-Priewe, J. Thiele & J. Wildt (Hrsg.), Forschendes Lernen im Lehramtsstudium. Hochschuldidaktik - Professionalisierung - Kompetenzentwicklung (175-195). Bad Heilbrunn

Feuser, G. (2004). Lernen, das Entwicklung induziert. Grundlagen einer entwicklungslogischen Didaktik. In U. Carle & A. Unckel (Hrsg.), Entwicklungszeiten. Forschungsperspektiven für die Grundschule (S. 142-153). Wiesbaden

Friebertshäuser, B, Rieger-Ladich, M. & Wigger, L. (Hrsg.) (2006). Reflexive Erziehungswissenschaft. Forschungsperspektiven im Anschluss an Pierre Bourdieu. Wiesbaden

Frühauf, Th. (2008). Schülerinnen und Schüler mit dem Förderschwerpunkt geistige Entwicklung in Sonderschulen und in allgemeinen Schulen. Gemeinsamer Unterricht bundesweit weiterhin auf niedrigem Niveau. Geistige Behinderung, 4, 301-318

Gläser-Zikuda, M. & Hascher, T.(Hrsg.) (2007). Lernprozesse dokumentieren, reflektieren und beurteilen. Lerntagebuch und Portfolie in Bildungsforschung und Bildungspraxis. Bad Heilbronn

Green, N. & K. (2005). Kooperatives Lernen im Klassenraum und im Kollegium. Seelze-Velber

Hinz, A., Körner, I. & Niehoff, U. (Hrsg.) (2010). Auf dem Weg zu einer Schule für alle. Marburg

Jantzen, W. (2000). Möglichkeiten und Chancen des gemeinsamen Unterrichts mit behinderten und nichtbehinderten Kindern: Didaktische Grundfragen. Zeitschrift für Heilpädagogik, 51, 46-55

Jantzen, W. (2008). Eine Schule für alle – nicht ohne umfassende Integration behinderter Kinder! Pädagogische, psychologische und sozialwissenschaftliche Aspekte. In K. Ziemen (2008) (Hrsg.), a.a.O. , S. 15-33

Klafki , W. (1959). Das pädagogische Problem des Elementaren und die Theorie der kategorialen Bildung. Weinheim

Klafki, W. (1996). Neue Studien zur Bildungstheorie und Didaktik. Zeitgemäße Allgemeinbildung und kritisch-konstruktive Didaktik (4. Aufl.; 1. Aufl. 1985). Weinheim

Klee, P. (1920).Schöpferische Konfession. Berlin

Koch, C. (2010). Köln – Eine Stadt auf dem Weg zu inklusiven Schulen? Eine Studie zur Entwicklung des Gemeinsamen Unterrichts von 1995–2010 unter besonderer Berücksichtigung des Förderschwerpunkts geistige Entwicklung. Universität zu Köln: Unveröff. Examensarbeit (in gekürzter und überarbeiteter Form ab Dezember 2010 online unter URL: http://www.inkoe.de)

Koch-Priewe. B. (2007). Didaktik: Vermittlungswissenschaft oder (doch) bildungstheoretisches Konzept? Pädagogische Rundschau, 61, 545-558

Koch-Priewe, B. & Münch, J. (2005). Lehrerbildung für gemeinsamen Unterricht. Konzepte und Erfahrungen aus der Kooperation von Schulpädagogik und Sonderpädagogik. Die Deutsche Schule. Zeitschrift für Erziehungswissenschaft, Bildungspolitik und pädagogische Praxis, 97, 480-492

Koch-Priewe, B. & Münch (2006). Heterogenität und Kooperation im Gemeinsamen Unterricht. Entwicklung und Evaluation fakultätsübergreifender Lehrerbildung. In A. Platte, S. Seitz, K. Terfloth (Hrsg.), Inklusive Bildungsprozesse (S. 159-170) Bad Heilbrunn

Münch, J. (2008). Didaktik und die einzelne Synapse. Zum möglichen Nutzen neurobiologischer Forschungsbefunde für die Entwicklung didaktischen Denkens. In K. Ziemen (Hrsg.), Reflexive Didaktik. Annäherungen an eine Schule für alle (S. 119-143). Oberhausen

Münch, J. (2010) Lehrerbildung neu denken – jetzt! – Zu den Folgerungen für Schule und Lehrerbildung aus der „UN-Conventon on the Rights of Persons with Disabilities, 2006" in A. Köker, S. Romahn & A. Textor (Hrsg.). Herausforderung Heterogenität (S.90-105). Bad Heilbrunn

Münch, J. (2010a). Lehrerbildung für eine inklusive Schulkultur. Normative und didaktische Implikationen der UN-Konvention (2006) für die Lehrerbildung. Überarbeitetes Manuskript eines Vortrags beim Kölner Kongress „Eine Schule für Alle. Vielfalt leben!" an der Universität zu Köln am 13. März 2010, veranstaltet von der Elterninitiative mittendrin e.V. (in diesem Band)

Muñoz, V. (2009). Bildung ist ein Recht und keine Ware – Für eine Bildung gleich hoher Qualität für alle. Vortrag des UN-Sonderberichterstatters am 07.06.09 in Oldenburg. Online unter URL: http://www.munoz.uri-text.de/ (07.10.2009)

Roters, B., Schneider, R. , Koch-Priewe, B., Thiele.J. & Wildt, J. (Hrsg.) (2009). Forschendes Lernen im Lehramtsstudium. Hochschuldidaktik – Professionalisierung – Kompetenzentwicklung. Bad Heilbrunn

Schnell, I. (2006). An den Kindern kann's nicht liegen ... Zum aktuellen Stand gemeinsamen Lernens von Mädchen und Jungen mit und ohne sonderpädagogischen Förderbedarf in Deutschland. Gemeinsam leben. Zeitschrift für integrative Erziehung, 14, 195-213. Online unter URL: http://bidok.uibk.ac.at/library/schnell-schule.html

UN (2006). UN-Convention on the Rights of Persons with Disabilities. Online unter URL: http://www.un.org/disabilities/convention/conventionfull.shtml (07.02.2010)

Übersetzungen:

Behindertenrechtskonvention (2009). Online unter URL: http://www.institut-fuer-menschenrechte.de/fileadmin/user_upload/PDF-Dateien/Pakte_Konventionen/CRPD_behin-dertenrechtskonvention/crpd_de.pdf

Schattenübersetzung UN-Konvention (2009). Online unter URL: http://www.netzwerk-artikel-3.de/index.php/dokumen-te/doc_details/2-schattenuebersetzung-un-konvention- (25.08.2010)

Unesco (1994): The Salamanca Statement and Framework for Action on Special Needs Education. Online unter URL: http://www.unesco.org/education/pdf/SALAMA_E.PDF (07.02.2010)

Unesco (2010). Inklusion: Leitlinien für die Bildungspolitik. Online unter URL: http://www.unesco.de/uho_0110_inklusi-on.html (Redaktionsstand 30.9.2010), (Zugriff 09.10.2010)

Vygotskij, L.S. (2001). Zur Frage kompensatorischer Prozesse in der Entwicklung des geistig behinderten Kindes (Original 1931). In W. Jantzen, (Hrsg.) Jeder Mensch kann lernen – Perspektiven einer kulturhistorischen (Behinderten-) Pädagogik (S. 113-134). Neuwied, Kriftel, Berlin

Ziemen, K. (2002). Eine Chance für alle Kinder und Jugendlichen „ die „Vermittlung". Grundproblem der Didaktik. Zeitschrift für Heilpädagogik, 54, 134-138

Ziemen, K. (2004). Das integrative Feld im Spiegel der Soziologie Pierre Bourdieus. In R. Forster (Hrsg.) Soziologie im Kontext von Behinderung (S. 264-277). Bad Heilbrunn

Ziemen, K. (Hrsg.) (2008). Reflexive Didaktik. Annäherungen an eine Schule für alle. Oberhausen

Zimpel, A. (Hrsg.) (2010). Zwischen Neurobiologie und Bildung. Göttingen

Eine Schule für Alle. *Vielfalt leben!*

Eine Schule für Alle. *Vielfalt leben!*

Eine Schule für Alle. *Vielfalt leben!*

Eine Schule für Alle. *Vielfalt leben!*

Eine Schule für Alle. *Vielfalt leben!*

Eine Schule für Alle. *Vielfalt leben!*

Eine Schule für Alle. *Vielfalt leben!*

Eine Schule für Alle. *Vielfalt leben!*

Eine Schule für Alle. *Vielfalt leben!*

Eine Schule für Alle. *Vielfalt leben!*

Eine Schule für Alle. *Vielfalt leben!*

Eine Schule für Alle. *Vielfalt leben!*

Eine Schule für Alle. *Vielfalt leben!*

Eine Schule für Alle. *Vielfalt leben!*

Eine Schule für Alle. *Vielfalt leben!*

Autorinnen- und Autorenverzeichnis

Aichele, Dr. Valentin, Leiter der Monitoringstelle beim Deutschen Institut für Menschenrechte, Berlin

Asselhoven Dieter, Projekt „School is open" Projekt, Universität zu Köln

Bick, Hans-Werner, Montessori-Gesamtschule Borken

Blaschke, Wolfgang, mittendrin e.V., Köln, mittendrinev@netcologne.de, www.eine-schule-fuer-alle.info

Braselmann, Matthias, Windrather Talschule – Freie Waldorfschule, Panner Str. 24, 42555 Velbert-Langenberg, Tel. 02052/9264-0, Fax 9264-11, www.windrather-talschule.de

Brokamp, Barbara, Montag Stiftung Jugend und Gesellschaft; Gemeinnützige Stiftung; Raiffeisenstraße 2, 53113 Bonn, Tel. 0228/26716-310; www.montag-stiftungen.com/

Deckstein, Kerstin, Logopädin, Frechen, k.deckstein@gmx.de

Deplewski, Marion, M. A. phil., Logopädin, Pädagogin, Köln

Ferdigg, Dr. Rosa Anna, ehem. Leiterin der Dienstelle für Unterstützung und Beratung, Deutsches Schulamt, Bozen, Leiterin der Schulabteilung beim italienischen Generalkonsulat in Frankfurt, rosaanna.ferdigg@esteri.it

Feuser, Prof. em. Georg, Universität Zürich, Institut für Erziehungswissenschaft (Sonderpädagogik), Hirschengraben 48, CH-80 55 Zürich

Fink, Raphaela, Universität zu Köln, www.inkoe.de

Flicker, Brigitte, LAG Baden-Württemberg Gemeinsam leben – gemeinsam lernen

Furian, Ilse, Sonderpädagogin für Hörbehinderte mit Gebärdensprachkompetenz und Feldenkraislehrerin, Ilse.Furian@furian-heidelberg.de

Furian, Hanna Sophie, Studentin der Rehabilitationspädagogik an der Humboldt-Universität zu Berlin, Hannah.Furian@furian-heidelberg.de

Gebhardt, Irene, Inklusionsbeauftragte der Gemeinde Wiener Neudorf

Gesenhues, Uta, Schule Mindenerwald, Förderschule für emotionale und soziale Entwicklung Minden-Lübbecke (NRW)

Grube, Katrin, IGS Bonn-Beuel

Hahn, Isabel, IGS Köln-Holweide

Hausmanns, Sibylle, BAG Gemeinsam leben – gemeinsam lernen, www.gemeinsamleben-gemeinsamlernen.de

Heise, Ingrid, Schule Mindenerwald, Förderschule für emotionale und soziale Entwicklung Minden-Lübbecke (NRW).

Hülswitt, Angelika, Grundschule Ebert-Schule Kamp-Lintfort

Hüppe, Hubert, Beauftragter der Bundesregierung für die Belange behinderter Menschen

Imhäuser, Dr. Karl-Heinz, Montag Stiftung Jugend und Gesellschaft, Gemeinnützige Stiftung, Raiffeisenstraße 2, 53113 Bonn, Tel. 0228 26716-310, www.montag-stiftungen.com/

Kellinghaus-Klingberg, Annette, IGS Köln-Holweide

Klein, Dr. Agnes, Dezernentin für Bildung, Jugend und Sport der Stadt Köln

Kleinen, Dr. Karin, Fachberaterin für die Offene Ganztagsschule im Primarbereich (OGS) beim Landesjugendamt Rheinland, karin.kleinen@lvr.de

Korff, Natascha, Universität Bremen

Langenhorst, Christine, Klassenleiterin der Außenklasse der Jakob-Muth-Schule an der Geschwister-Scholl-Realschule Nürnberg, Jakob-Muth-Schule Nürnberg, Waldaustr. 21, 90441 Nürnberg

Lerch, Wolfgang, Schulleiter der Helene-Dieckmann-Schule (Schleswig-Holstein)

Manske, Christel, www.christel-manske-institut.de

Meyer-Lauber, Andreas, Vorsitzender des DGB NRW, ehemals Vorsitzender der GEW NRW

Müller, Boris, Sonderpädagoge, IGS Bonn Beuel

Müller-Florath, Kim, Universität zu Köln, www.inkoe.de

Münch, Dr. Jürgen, Universität zu Köln, Humanwissenschaftliche Fakultät, Lehrstuhl Pädagogik und Didaktik bei Menschen mit geistiger Behinderung, juergen.muench@uni-koeln.de

Muñoz, Prof. Vernor, Sonderberichterstatter der UNO für das Recht auf Bildung

Niehues, Ulrike, IGS Köln-Holweide

Patt, Raimund, Montag Stiftung Jugend und Gesellschaft, Gemeinnützige Stiftung, Raiffeisenstraße 2, 53113 Bonn, Tel. 0228/26716-310, www.montag-stiftungen.com

Plachetka, Renate, Abteilungsleiterin für den 7./8. Jahrgang an der IGS Bonn-Beuel

Platte, Prof. Andrea, Fachhochschule Köln, Institut für Kindheit, Jugend, Familie und Erwachsene (KJFE) der Fakultät für Angewandte Sozialwissenschaften, andrea.platte@fh-koeln.de

Preuss-Lausitz, Prof. Ulf, TU Berlin, Institut für Erziehungswissenschaft, preuss-lausitz@tu-berlin.de

Reuter, Ullrich, Dipl. Pädagoge, Schulleiter der Jakob-Muth-Schule Nürnberg, ReuterU@Lhnbg.de

Riedhammer, Heribert, Montessori-Schule der Aktion Sonnenschein in München

Rittmeyer-Breu, Annekatrin, Montessori-Schule der Aktion Sonnenschein in München

Schnell, Dr. Irmtraud, Wissenschaftliche Mitarbeiterin, Goethe-Universität Frankfurt, Fachbereich Erziehungswissenschaften, Institut für Sonderpädagogik, I.Schnell@em.uni-frankfurt.de

Schöler, Prof. em. Jutta, TU Berlin, Institut für Erziehungswissenschaft, jutta-schoeler@gmx.de

Scholz, Daniel, IGS Köln-Holweide

Schwager, Dr. Michael, IGS Köln-Holweide

Steinbrück, Dr. Joachim, Beauftragter des Landes Bremen für die Belange von Menschen mit Behinderung

Steinert, Wilfried, Bildungsexperte, ehemaliger Schulleiter der Waldhofschule Templin, Platanenstr. 1, 17268 Templin, Mobil 0173/2344775, W.W.Steinert@t-online.de

Thiele, Jonas Projekt: "School is open", Universität zu Köln

Tietz, Claudia, SoVD-Sozialverband Deutschland, Berlin

Treuberg, Christl von, Montessori-Schule der Aktion Sonnenschein in München

Turhan Ibrahim, Projektmitarbeiter der IGS Köln-Holweide

Wallbrecht, Monika, Leiterin der städtischen Grundschule Pannesheide/Herzogenrath

Wocken, Prof. em. Hans, Universität Hamburg, Fachbereich Erziehungswissenschaft, Behindertenpädagogik: Lernen und Entwicklung, www.hans-wocken.de, hans-wocken@t-online.de

Wolf, Tobias, info@tobis-hits.de

Ziemen, Prof. Kerstin, Universität zu Köln, Pädagogik und Didaktik bei Menschen mit geistiger Behinderung, www.inkoe.de, kziemen@uni-koeln.de

Zimpel, Prof. André, Universität Hamburg, Fakultät für Erziehungswissenschaft, Psychologie und Bewegungswissenschaft, zimpel@erzwiss.uni-hamburg.de